喜劇の誕生

マキァヴェッリの文芸諸作品と政治哲学

村田 玲
Akira MURATA

風行社

〔目次〕

序論　マキァヴェッリ問題

「ヴェルト会戦の砲声がヨーロッパの大空にとどろきわたっているときに、この書物の父たる資格を与えられた詮索家にして謎の友なる者は、アルプス山中のとある一隅にあって、ひたすら詮索と模索に耽っていた。……数週間後には、彼みずからもメッツ城壁のもとに出陣の身となったが、あいかわらず彼の念頭を去らないものがあった。それは、いわゆるギリシア人ならびにギリシア芸術の『明朗性』Heiterkeit なるものに対して、彼が以前から抱いていた疑問であった。しかし、ヴェルサイユで講和談判が開かれていたあの極度に緊迫せる月日に、ついに彼もまた自己との和解に達して……『音楽の精神からの悲劇の誕生』という最終的結論に到達したのであった」(S. 5)[1]。一八七一年、若きフリードリヒ・ニーチェ (Friedrich Nietzsche, 1844-1900) は、処女作『音楽の精神からの悲劇の誕生』*Die Geburt der Tragödie aus dem Geiste der Musik* に付せられたリヒャルト・ヴァーグナーに対する献呈文 (S. 17-18) 中、おのれのギリシア悲劇研究が巨大な政治変動の対応現象であることを示唆したのであった。「愛国的興奮と美的耽溺」、あるいは「勇敢な真剣さと快活な遊戯」の間に「対立」を見出す世上の憶断にもかかわらず、『悲劇の誕生』の成立は、火焔のごとき北ドイツ連邦諸軍団の前進、そしてフランス第二帝政崩壊とドイツ帝国樹立の対応現象であるという。それは「真剣なドイツ的問題」、ひとつの「ドイツ的希望」の輝かしい記念碑として世に送り出されたというのである。事実、悲劇の誕生、死滅、そして再生について語るこの書物は「音楽の精神」、つまりは酒神讃歌 Dithyrambos から発生したアッティカ悲劇の死滅以降、ながらく沈滞を余儀なくされた「悲劇的世界観」が「ドイツ精神」の勃興、わけてもヴァーグナー楽劇において絶頂に達する「ドイツ音楽」の隆盛とともに、いまや再生しつつあるという期待に奉げられている。「今次戦役に示された無敵の勇武と血に染め上げられた栄光」は、悲劇の再生の「外的準備」であり「鼓舞」であった (S. 144)。しかるに真正の悲劇の再生は、あくまで偉大な芸術家や詩人たちによる「激烈な戦い」をつうじて成就されねばならない[2]。かくして若きニーチェは、ヴァーグナー楽劇とともに悲劇の再生の魁たらんという、まこと青年らしいおおいなる抱負とともに処女作を脱稿したのであった。「いまはただ、敢然として悲劇的人間となれ！」(S. 127)。

「悲劇的世界観」の勃興を、時代を画する重大な政治的事件、とくに激越な軍事的闘争の対応現象とする理解は、『悲劇の誕生』中のアッティカ悲劇論にも反映されている。「……現代ドイツにおいて悲劇が奇跡的に目覚めてきたということ、このことが、ある民族の最も内面的な生の根底にとって、どのような意味あいのものであるかということは、ただギリシア人からのみ学び取れる。ペルシア戦争を戦った民族は、悲劇的秘祭をもった民族であった。あの戦争を戦いぬいた民族は、欠くことのできない回復の飲物として悲劇を必要としていたのである」(S. 127)。紀元前五〇〇年前後、マラトンの戦士たちの世代、したがってアイスキュロスの時代に最高潮に達したギリシア人の生の旺盛なる活力が、悲劇の奔流のごとき陶酔を欲望していたとされる。アッティカ悲劇とは、溢れんばかりの健康、精神の充実から発生したところの、「生存」の「過酷なもの」、「戦慄的なもの」、「邪悪なもの」、「問題的なもの」に対する偏愛、いわゆる「強さの〔強さからくる〕悲観論」Pessimismus der Stärke の顕現であったというのである (S. 5-6)。かの天才的民族は、その生の諸相が最も強靭となり、極彩色の光輝を放射して、鋭敏なる政治的衝動においてさえも頂点にあった英雄的時代、恐るべき運命の猛威に直面した人間の禍災を是認するのみならず、人間の大罪をも是認して、そしてこれらに起因する人間のおおいなる苦悩の大氾濫をも、陶然たる美的快楽とともに是認することができたのであった。おそらく、プロメテウス伝説に仮託された「強さの〔強さからくる〕悲観論」とは、やがてニーチェが多用することになる「運命愛」amor fati、さらには「永劫回帰」ewige Wiederkunft の概念の核心である (S. 63-64)。

アッティカ悲劇の誕生が、マラトンの古強者らの英雄的戦いの対応現象である一方で、「悲劇的世界観」の死滅もまた、その政治生活、あるいは社会生活における対応現象をもつ。すなわち、ペリクレス統治下におけるアテナイ民主政である。アッティカ悲劇の殺害者にして、アッティカ新喜劇の模範としてのエウリピデスは、同時代のアテナイの保守的市民らの目に、「啓蒙」Aufklärung を推進する「民衆煽動者」の一員として映じたとされる。「身心両面における昔のマラトン的たくましさが、ますますいかがわしい啓蒙の犠牲となって、体力ならびに精神力が日一日といじけてゆくのは、これら民衆煽動者のせいだというのである」(S. 82)。エウリピデスは、それまでの悲劇の舞台を支配した神々や半神、あるいは英傑にかえて観客を、したがって「日常生活の人間」を舞台の中心に据えた点において、新興喜劇の先駆者にしてアテナイ民衆の啓発者であった。「わたし〔ソフォクレス〕は、人間をそうあるべきものとして詩につくるが、エウリピデスは人間のありのままに詩をつくる」(3)。アテナイ民衆らは、舞台上のおのれらの分身が流麗に発話して、はなはだ技巧的にソフィスト流儀を駆使するのを鑑賞して狂喜したという。エウリピデスは、かくして「市民的凡庸性」に発言の機会を与えるのみならず、これら「啓蒙された大衆」を基礎として、あらゆる政治的希望までも構築したというのである。「いまや全大衆が哲学し、かつてない利口さで土地や財産を管理し、また訴訟を行なうようになったのも、彼の功績であり、彼が民衆に植えつけた知恵の成果であると〔エウリピデスは〕語っている……」(S. 71)。アッティカ悲劇が死滅するに至ったのは、かくしてアテナイ民主政下、「第五階級」が、つまりは「奴隷階級」が精神生活において支配権を簒奪したためであった(4)。

「……まるで将棋でもさしているような理ぜめの芝居、しかもいつでもずるく立ち回って抜け目のない奴のほうが勝つという、例の種類の演劇、すなわち新興喜劇がすぐに興ってくる……」(S. 71-72)。エウリピデスが異常ないしは「急進的傾向」(S. 73) を帯びることとなった根本原因は、その劇作において、「強さの〔強さからくる〕悲観論」ないしは「運命愛」に由来する快楽、強大なる英雄的、巨人的精力によってはじめて可能となるところの、陶然たる美的快楽ではなく、「悟性」Verstand が指導原理として機能している点にもとめられる (see, S. 75)。エウリピデスは、アイスキュロスら偉大な先達たちの悲劇作品を批判的に吟味して、薄明の中に浮上する諸々の人物像の輪郭の曖昧さ、倫理的問題の解決や禍福の配分の疑わしさ、さらには至極単純な事物の描写に際しても仰々しく、装飾過剰な修辞を見出し、反発を感じていたとされる。そしてその背後では、同様の反発を抱いたいまひとりの同時代人の「キュクロペスにも似たあの大きなひとつ目」(S. 86)が、アッティカ悲劇を凝視していたという。若きニーチェが、ほとんど歴史的事実を改竄してまでも強調せずにはいなかったのは、アリストファネスの喜劇『雲』中に暗示され、あるいはデルフォイ神託において明示されたというエウリピデスとその後見者prompter、ソクラテスとの同盟関係である。すなわち、エウリピデスの口を借りて語っていたのは、「まったく新たに生まれたダイモン」(S. 77)、弁証法 Dialektik の怪物、ソクラテスだったというのである。アッティカ悲劇を葬り去ったのは、かの「知者だけが有徳である」という原則の並行命題としての、いわゆる「美的ソクラテス主義」、つまり「美であるためには、すべてが理知的でなくてはならない」という命題の発生と伝播であった(S. 79)。徳とは知であり、ただ無知からのみ罪は犯されるのであって、それゆえに有徳者は幸福であるとするならば、「悲劇的世界観」の美的価値は失墜せねばならなかったのである(see, S. 88-89)[5]。

「……ソクラテスの影響は、今日この瞬間に至るまで、否、未来永遠にわたって、まるで夕日を受けて次第に大きくなってゆく影のように、後世に広がっていった……」(S. 91)。「悲劇的世界観」の滅却ののちに出来したのは、「理論的世界観」であった。それは、「自然が究明できるものであり、知識が万能薬的な力を持っているという、あの信念」、つまりは「科学の精神」を核心とする新しい世界像である。若きニーチェが「アレクサンドリア的文化」と命名するところの、最高の認識力を具備して科学のために精勤する人間、つまりはソクラテスを原像とする「理論的人間」たちを理想視した文化は、近代世界に至っていよいよ隆昌し、ついに支配的となったようにみえる(S. 110)。これらすべてを勘案するならば、ソクラテスこそは「いわゆる世界歴史のひとつの転換点にして渦巻」ein Wendepunkt und Wirbel der sogenannten Weltgeschichte(S. 94)であることが明らかとなるという。「理論的世界観」が「悲劇的世界観」と絶対的に両立できず、否むしろ敵対的とならねばならないのは、それが根源的な「楽観論」Optimismusを包蔵しているからである。「こういうソクラテス的文化sokratische Culturの胎内に何が隠蔽されているか、いまとなっては隠蔽しておくべきではない！　自分が無制限だと妄想している楽観論だ！」(S. 111)。弁証法は、結論に至るたびに歓声を上げて笑う(S. 88)。そしてソクラテスに起源する愉快きわまる「妄想」は、人間的思惟が因果律の連鎖を遡行して存在の最も奥深い深淵にまで到達することができるという倨傲、さらには人間的思惟が存在を「認識」することができるばかりか、これを「訂正」することさえもできるという「妄想的観念」にまで上昇してゆくのである。かかるソクラテス的な「楽観論」の、近代世界における政治的帰結は明白である。「すべての人間が地上の幸福を手に入れることができるという信仰、そのような普遍的な知識文化が可能であるという信仰が、次第にアレクサンドリア的な現世の幸福を求める威嚇的な要求にかわり、一種のエウリピデス的な機械仕掛けの神である大変革を呼び出すことになったところで、驚愕する筋合いはないのだ！」(S. 111-112; see, S. 117)。しかるに人間的生の強弱の観点に拠るならば、ひとつの「楽観論」としての「科学の精神」、換言するならばいわゆる「ギリシア的明朗」の台頭は、むしろ解体と弱体化の証左に他ならない(S. 10)。近代世界に横行するすべての楽天的な主義主張、すなわち「普遍的啓蒙への信念……普遍的国家における全人類の地上的幸福への信念……功利主義、自由主義、民主主義、平和主義、社会主義(6)」のことごとくは、腐乱して悪臭を放つ「ソクラテス的文化」、したがって見紛う方なきデカダンスの徴に他ならないというのである。

しかしながら若きニーチェは、一九世紀末年のヨーロッパ世界において、ある「不協和音」が次第に高調しつつあることを明敏に感得していたのであった。それは、「科学の精神」が自身の基礎の永久不変の妥当性に対する確信を喪失しつつあり、従前のごとき素朴な信頼感は動揺をきたして、明らかな袋小路に逢着しようとしている兆候であるだろう(S. 95-96; see, S. 114)。かくして「理論的世界像」の「楽観論」の不可避的な挫折ののちに復活が期待されているのは、「悲劇的世界像」である。既にそれは、カント、ショーペンハウワーら「ドイツ哲学」の動向、そしてさらにバッハからベートーヴェンを経てリヒャルト・ヴァーグナーへと至る「ドイツ音楽」の展開のうちに予感されているという（S. 121-124）。悲劇の再生を指導すべきであるのは、おおいなる対仏戦勝とともに、いままさに旭日昇天の勢威を得た「ドイツ精神」であらねばならなかったのである。無論、処女作の公刊後、ほどなくして明白となるのは、ヴァーグナーはアイスキュロスではなく、しかもドイツ帝国はマラトンの戦士たちの故郷ではなく、むしろ「凡庸と民主主義」の、あいかわらず「腹黒い小人たち」（S. 149）の巣窟にすぎないという事実であった。一八八六年、処女作が『悲劇の誕生、あるいはギリシア精神と悲観論』*Die Geburt der Tragödie Oder: Griechenthum und Pessimismus* と改題され再度の公刊をみるに際して、ニーチェは、かつておのれが「ドイツ精神」に対する馬鹿馬鹿しい期待を表明したことについてはなはだ後悔し、恥じ入ることになる。「……私の心に浮かんだあの壮大なギリシアの問題に最近の事柄を混ぜ込んで、これを台無しにしてしまった……。何の望みもないところに、すべてがはっきりしすぎるくらい終末を指し示しているところに、私は望みをつないでしまった……！」（S. 14）(7)。

「『ドイツ精神』、これは一八年前（一八七〇年）から、一個の形容矛盾である」(8)。「ドイツ哲学」や「ドイツ音楽」の諸々の傾向も、そしてドイツ帝国の勃興も、断じて新しい英雄的時代の開幕、つまりは悲劇の再生を告示するものではなかった。このことが認識されるに応じて、ニーチェの思索は、すぐれて「反時代的諸考察」Unzeitgemässe Betrachtungen の様相を呈してゆくことになる。しかしながら、絶対的に看過されてはならないのは、これらすべてにもかかわらず、ニーチェの思想の基底的要素は『悲劇の誕生』から最後期の著作に至るまで、さほどの変容を被ってはいないように思われることである。すなわち第一に、人間的生の頽落と惰弱化の徴としての合理主義的な「楽観論」、換言するならば「科学の精神」の起源はソクラテスに存するという洞察、そして第二に、西方世界の精神史を潜在的に、ときとして顕在的に規定するものでありつづけてきたソクラテスの「妄想的観念」が、一九世紀末年、ついに自己崩壊の兆候を露呈しているという洞察は、処女作の公刊からトリノ市にて精神錯乱に陥るまで、ニーチェの思索の通奏低音をなしているように思われる。事実、一八八八年の、したがって末期の著作群に属する『偶像の黄昏』*Götzen-Dämmerung* 中、『悲劇の誕生』と類似したソクラテス論が、より辛辣な調子を帯びて再論されているのが確認される。それは、「ソクラテス問題」Das Problem des Sokrates と題された一節である。ここにおいてニーチェは、ソクラテスをひとりの「最下層の民衆」、あるいは「賤民」として（3）、さらには下劣きわまる「道化」der Hanswurst として描写した（4; 5）。わけてもニーチェによって強調されているのは、ソクラテスがひとりの「醜男」であったという、よく知られた伝承である。つまり「典型的犯罪者は醜男である」という、一九世紀の犯罪人相学の怪しげな知見にもとづいて、ソクラテスはひとりの「典型的犯罪者」として説明されている。ソクラテスとは、ただ「本能」のままに人間的生の豊饒が享受される英雄的、巨人的かつ高貴な美的世界に対して、あるいは処女作の用語法における「悲劇的世界像」に対して、満腔の憎悪を抱いた「醜男」であったという。そして「凱歌をあげながら暴露」する弁証法とは、退化して畸形化した下等人間による「復讐」、否むしろ「犯罪」の一形式であったというのである（7）。「ソクラテスとともにギリシアの趣味は、弁証法に役立つものへと急激に変化しました。そのとき一体、何が起こったのでしょうか。何よりもまず、高貴な趣味がこのことによって打ち負かされたのであります。賤民が弁証法とともにのさばり始めたのであります。ソクラテス以前には、上等の社会では、弁証法の流儀は排斥されていました。弁証法の流儀は、下等の流儀と見做されていました。物事を暴露したからです。若者たちは、この流儀に染まらぬよう警告を受けました。……権威がいまだに良き習俗をなしていて、ひとが『論証』などせずに、命令していればよかった処ではおよそ何処であろうと、弁証家などというものは一種の道化にほかなりません。弁証家は笑い者にされ、真面目に相手にされませんでした――ソクラテスは自分を真面目に相手にされるように世間に仕向けた道化でした……」（5）[9]。この著作の表題において示唆されているのは、かかる「道化」、すなわち「ソクラテス的人間」が「偶像」として崇拝を受け模倣される時代は、「あらゆる価値の価値転換」Umwertung aller Werteとともに、いまや終幕にさしかかりつつあるという強固な信念、あるいは期待なのであった(see, S. 127)。

レオ・シュトラウス(Leo Strauss, 1899-1973)の「ソクラテス問題——五つの講義」The Problem of Socrates: Five Lectures(一九五八)[10]は、その冒頭部分において仄めかされているように、おそらくニーチェのソクラテス論に対する批判である。シュトラウスは、ある種の「合理主義」rationalismによって推進された「啓蒙」と「自然の征服」が惑星の様相を一変させたという認識、しかしながらこの「合理主義」が現代において崩壊の危機に直面しているという認識を、ニーチェと共有している。[11]そしてこの事態が、「合理主義の起源」としてのソクラテスに関する考究を要請するという認識においても両者は一致している。[12]あるいは、「普遍的啓蒙への信念……普遍的国家における全人類の地上的幸福への信念……功利主義、自由主義、民主主義、平和主義、社会主義」のことごとくが、人間性humanityに対する深刻な脅威であるという認識までもニーチェと共有しているようにみえる点で、シュトラウスを「ほとんどニーチェ主義者」であると評することも可能であるのかもしれない。[13]これら看過すべからざる親近性にもかかわらず、あくまでシュトラウスのニーチェ批判は遂行されることになる。その批判は、結局のところ、ただひとつの論点に収斂してゆくように思われる。すなわち古典的な、したがってソクラテス的な「合理主義」と近代的な「合理主義」との画然たる区別である。シュトラウスによるならば、ソクラテス的な「合理主義」は、「政治的な事柄」と「非政治的な事柄」との間に本質的な差異を認める点で、近代的な「合理主義」からは区別される。ソクラテスは、政治生活とこれを超越した「最高次の生活」、つまり理論的、哲学的生活との根本的な区別の知覚にもとづき、「ひとに応じて」ad hominem、二つの種類の弁証法を使い分けたとされる。「学的な種類の弁証法」が資質において傑出した少数者に適用されたのに対して、多数者には「政治的あるいは弁論術的な弁証法」が適用されたのであった。このことによってソクラテス的な「合理主義」は、特殊的な政治社会の諸要求を尊重し、普遍的な理論的吟味による「暴露」からこれらを防護していたのである。すくなくともプラトン対話篇中のソクラテスは、エウリピデスの同盟者として描かれるソクラテスに比して、それほどマラトンの戦士たちと疎遠ではないようにみえる。[14] 大衆の「啓蒙」を回避することで、「普遍的政治社会」の構想と「自然の征服」へと至るであろう、テクノロジーの無限の進歩の可能性を遮断した「古典的政治的合理主義」classical political rationalism は、人間的営為に関する法外な「楽観論」を慎んだのであり、端的に「知恵」wisdom と「節度」moderation の徳目を結び付けていたことになる。[15] ニーチェの誤謬は、近代的形態における「合理主義」の鼻祖として、ソクラテスを理解したことにあったのである。

シュトラウスの晩年の学的営為は、ニーチェとその後継者たちによる批判からソクラテスを救済するとともに、危殆に瀕した近代的な「合理主義」のオルタナティヴとして、ソクラテス的な「合理主義」の再生を構想することに存していたように思われる。しかしながら、「ソクラテス問題」に対するシュトラウスの回答は、即座にいまひとつの「問題」を提起することになるはずである。すなわち、近代的な「合理主義」の起源についての「問題」である。この「問題」に関してシュトラウスは、いかなる誤解の余地もない明確な立場を表明している。つまり「近代性の第一の波」the first wave of modernity は、ニッコロ・マキァヴェッリの著作、『君主論』（一五一三）および『ディスコルシ』（一五一七）によって発動されたというのである。『哲学者マキァヴェッリについて』*Thoughts on Machiavelli*（一九五八）中、マキァヴェッリが「近代政治哲学」ではなく、端的に「近代哲学」の創設者として位置づけられている事実は、[16] ここに古典的形態における「合理主義」からは区別されるべき、近代的形態における「合理主義」の起源が看取されていたことの証左であるだろう。おそらくシュトラウスは、現代世界において倒壊しつつある形態の「合理主義」の発火点を、換言するならば「いわゆる世界歴史の転換点にして渦巻」を、紀元前のアテナイ市ではなく一五〇〇年代初年のフィレンツェ市に遡及することによって、ニーチェの「ソクラテス問題」を自身の「マキァヴェッリ問題」the problem of Machiavelliによって置換したのであった。[17] ただし「啓蒙」と「自然の征服」へと帰着した現今の「合理主義」に対する批判的視座については、依然としてニーチェの観察とほぼ一致しているために、シュトラウスの「近代性」の観念は、ニーチェの「ソクラテス的文化」の観念と著しい類似性を帯びることになったのである。[18] あるいはニーチェによって描出された「道化」としてのソクラテス、あるいは新興喜劇の開拓者としてのエウリピデスの肖像は、「近代性」の起源としてのマキァヴェッリ像を理解するに際して、なんらかの手掛かりを提供し得るのかもしれない。しかるにシュトラウスのマキァヴェッリ論中、『君主論』および『ディスコルシ』は、確かに合理主義的な「楽観論」の起源として把握されているようにみえるにもかかわらず、かのフィレンツェ人哲学者がひとりの「喜劇作者」であった事実には、不可解なことに、ほとんど注意が払われていない。[19] かくしてニーチェとシュトラウスの対決から浮上するのは、マキァヴェッリの、したがって「普通の考え方からすれば常に極めて突飛な見解の持ち主で、諸々の新たな、そして奇怪な物事の発明者」[20] の二篇の喜劇作品に着目することで、その政治哲学の比類なき新しさを闡明するという、管見のかぎり前例のない接近方法の可能性なのである。

二〇世紀の最後の四半世紀以降、政治思想史家によるマキァヴェッリ研究は、おおむね二つの潮流に分類することができる。[21] すなわち、マキァヴェッリの諸著作のうちに、古典古代と聖書宗教の伝統からの離脱の契機を見出そうとする潮流（Strauss, 1958; Mansfield, 1979; 1996）と、そこに文芸復興期に流行した共和主義思想の反映を見出そうとする潮流（Pocock, 1975; Skinner, 1978; Viroli, 1998）である。本研究は、とりわけ前者の研究動向への貢献を企図するものである。そして本研究の独創性は、マキァヴェッリの文芸諸作品、とくに二篇の喜劇作品の観点から、その政治哲学の革新性を剔抉しようとする方法に存する。ひとりの文章家としてのニッコロ・マキァヴェッリが生前に博したおそらく最高の名声は、「喜劇作者」としての名声であった。[22] しかしながらマキァヴェッリ研究史上、喜劇『マンドラーゴラ』および『クリツィア』に関する研究は極めて寡少であるのみならず、それら研究もまた微細を穿つ伝記的関心に終始するか、あるいは劇中に確かに看取される諸々の政治的主著の残響を指摘するに留まってきたように思われる。これまでのところ、二篇の喜劇作品を『君主論』および『ディスコルシ』とすくなくとも同程度に重視した研究として、なんらかの顧慮すべき先例を挙げることは困難である。本研究は、マキァヴェッリ全集中、おそらく未開拓のまま残された最後の領域について考究を尽くすことが、「マキァヴェッリ問題」に対する最も明確な回答へと導くという確信に基づいている。何故、マキァヴェッリの政治哲学は、「偉大な伝統」the Great Tradition、すなわち古典古代と聖書宗教の伝統の双方と決裂するに至ったのか。

【注】

（1）Nietzsche, 1993. 序論中、（　）内の頁番号は、特記しないかぎり同著作のものである。なお、訳文には若干の変更を加えている。

（2）「おそらく多くの人たちは、ドイツ精神はラテン的なものの排除をもって闘争を開始しなければならぬと考えるであろう。ところでドイツ精神がそのための外的準備と鼓舞とを、今次戦役に示された無敵の勇武と血に染め上げられた栄光のなかに認めるのはよい。しかしその内的要請は、ルターやわれわれの偉大な芸術家、詩人たちのごときこの道の崇高な先駆者たちを常に辱しめまいとする競争心のうちに、求めねばならないのである」(S. 144)。

（3）アリストテレス『詩学』(1460b) の一節である (Aristotle, II, p. 2338)。

（4）「悲劇のヴィジョンには民主的なところはどこにもない。王族や英雄は、神々に手ずから復讐を加えられるという意味で名誉ある存在だが、こういう人物は存在の連鎖 chain of being においてはわれわれよりも高いところにおかれている」(Steiner, 1961, p. 241)。「英雄の退行化とは悲劇の退行化ということである。……英雄が姿を消し、小市民が増える。アリストパネスはこの現象を民主的と呼んだ。民主的とは非悲劇的の謂に外ならない」(丹下、二〇〇八年、二四二頁)。

（5）ここでは、クリストファー・マーロウの戯曲『マルタ島のユダヤ人』中、以下の弁論がマキァヴェッリに帰せられていることが想起されるのかもしれない。「おれに言わせれば、無知よりほかに罪と呼ぶべきものはない」I hold there is no sin but ignorance（Marlowe, 1964, p. 8）。訳文には若干の変更を加えてある。なお、シュトラウスによれば、これは「ほぼ哲学者マキァヴェッリの定義そのもの」（Strauss, 1953, p. 177）であるという。この点については、拙稿「マキァヴェリズムの本質――マキァヴェッリ政治学における近代性の解明のための予備的諸考察」、『年報政治学』、二〇一〇―Ⅱをみよ。

（6）「ソクラテスによってもたらされ、あるいはこれによって象徴される変化の充分な、そして究極的な諸々の帰結は、〔ニーチェの〕同時代の西洋においてはじめて表出するという。すなわち普遍的啓蒙への信念、そしてそれとともに普遍的国家における全人類の地上的幸福への信念、功利主義、自由主義、民主主義、平和主義、社会主義への信念である」（Strauss, 1966, p. 7）。

（7）一八八六年における『悲劇の誕生』の再刊行に際して、ニーチェは「自己批評の試み」Versuch einer Selbstkritik と題された短文を添えている。「……この本は一八七〇―七一年の普仏戦争という激動の時代にもかかわらず書きあげられたものなのだ」（S. 5）。強調は原典に拠るものである。本書冒頭の抜粋は、この一文の直後に配されたものである。

（8）『偶像の黄昏』、「箴言と矢」二三（Nietzsche, 1964, S. 84）。

（9）Ibid., S. 90. なお、抜粋中の強調は原典に拠るものである。

（10）Strauss, 1989, pp. 103-183.

（11）「これらの講義は、現代における合理主義の崩壊 the contemporary collapse of rationalism という危機的状況の下で行なわれている」（ibid., p. 168）。

（12）「これら一連の講義で語られるのは、合理主義の諸々の起源、それゆえソクラテスにまで to the origins of rationalism, and therefore to Socrates 遡ろうという試みである」（ibid., p. 117）。

（13）「私の命題は、シュトラウスは、彼自身ほとんどニーチェ主義者ではあるけれども、まったくのニーチェ主義者であるというわけではない、というものである」（Rosen, 1987, p. 125）。「シュトラウスは、近代性に対する、それゆえ啓蒙に対するニーチェの貴族主義的な批判を受け入れた。だが、彼は、ニーチェの急進的あるいは群衆を扇動するレトリックは斥けた。ニーチェの政治的影響が貴族制にではなく無秩序な群衆に対するものであったという点にわれわれが注意するならば、シュトラウスの主張を評価することは容易である。シュトラウスが、意志の行為としての哲学という自らのニーチェ的着想を明るみにしすぎることをためらったことも理解できる」（ibid., p. 137）。この点について、さらに Strauss, 1953, p. 26 の陳述に注目せよ。

（14）Strauss, 1966, p. 8.
（15）この問題については、拙稿「知恵と節度――レオ・シュトラウス『哲学者マキァヴェッリについて』読解の諸前提に関する試論」、飯島昇藏・中金聡・太田義器編『「政治哲学」のために』、行路社、二〇一四年、一八五―二三八頁を参照せよ。
（16）Strauss, 1958, p. 127; see, Rosen, op. cit., pp. 112-113.
（17）「……マキァヴェッリの問題についてのわたくしの諸観察と諸省察 my observations and reflections on the problem of Machiavelli……」（Strauss, 1958, p. 5）。
（18）「プラトン―クセノフォンのソクラテスではなく、アリストファネスのソクラテスは、ニーチェが『ソクラテス的文化』と呼び、シュトラウスが端的に近代性と呼んだものの開始に責任を有している」（Drury, 2005, pp. 71-72）。
（19）ただし、以下の言明に注目せよ。「……軽さ levity とは言えないまでも、喜劇の精神 the spirit of comedy がかれの二つの最も真剣な書物に欠けていないということを理解することは若干重要である。……もしもあらゆる完全な社会がそれについては笑うことが絶対的に禁じられている何かを必然的に認めなければならないということが真実であるとするならば、そのような禁制を何ラノ尊敬モナク sanza alcuno rispetto 踏み躙る決心こそがマキァヴェッリの意図の本質である、とわれわれは言うことができるかもしれない」（Strauss, 1958, p. 40; see, p. 292）。
（20）人間マキァヴェッリの資質についての、親交のあった同時代人による評言である。一五二一年五月一八日付モデナ発ニッコロ・マキァヴェッリ宛フランチェスコ・グイッチァルディーニ書簡（*Machiavelli and His Friends*, p. 339）。
（21）この点については、厚見、二〇〇七年、二一一―二二頁をみよ。なお、本研究の着想は、この先行研究の批判的検討にいくらかを負っている。「……『拡大的共和国』における喜劇作品の欠如……。あるいはマキァヴェッリの『喜劇作者』の側面は、その『悲劇作者』の側面にもまして、その比類なき『近代性』の適切なる指標と推定しうるのである」（拙稿「厚見恵一郎『マキァヴェッリの拡大的共和国――近代の必然性と「歴史解釈の政治学」について――摘要と若干の指摘」、『早稲田政治経済学雑誌』、第三七〇号、二〇〇八年、一三七頁）。
（22）「マキァヴェッリは、演劇のために執筆しているときに、彼の才能を名声と最もよく結びつけた」（Martinez, 2010, p. 206）。

第一章　前史

本章の目的は、①以下の論述において頻繁に運用され、その基本構造を規定するところの「悲劇」、「神聖喜劇」、そして「人間喜劇」の術語の意味内容を確定し、②ニッコロ・マキァヴェッリの政治的主著の観点から喜劇作品を理解するのではなく、喜劇作品の観点から政治的主著を理解する手続きを正当化することにある。

第一節においては、古典古代の倫理学と政治学に親和的な「悲劇」tragedia の展望が概説される。文芸理論における定義上、「悲劇」が「優れた人間の模倣」であり、「喜劇」が「劣った人間の模倣」であるかぎり、もとより古代倫理学は「悲劇」に対して好意的であり、「喜劇」に対しては一定の緊張関係にある。しかるに古代政治学を特徴づける「悲劇」の展望には、たんなる文芸理論上の定義の帰結以上の含意が指摘されねばならない。すなわちプラトンの『国家』中にみえる、最善至高の国制すらも永久不滅ではありえず、やがては到来する破滅を回避することはできないという洞察から窺い知れるように、古典古代の伝統において、「永遠の真実在」はあくまで認識論上の意義を帯びていたにすぎず、人間的営為の脆弱性、その諸々の限界の痛烈な意識が看取されるのである。人類の生と政治的営為に関する根源的悲観論こそが、古典的な「悲劇」の展望なのである。

第二節は、古代末期以来、聖書宗教の伝統を特徴づける「神聖喜劇」commmedia divina の展望を概説する。聖書宗教が、地上における人類の生と政治的営為に関する根源的悲観論を古典古代と共有していることは疑いない。しかしながら聖書宗教は、ダンテの叙事詩三部作『神聖喜劇（神曲）』において顕示されているように、古典的な「悲劇」の展望を、これに新たな楽観的展望を接合することによって超克するのである。ここにおいて、完徳の霊魂が死、滅亡、悲嘆を不可避とする地上から解放されたのちには、神的恩寵によって救済され、天上の「永遠の歓喜」を享受するという根源的楽観論が発生することになる。ただし、この大団円は此岸ならざる彼岸において、しかも人間的営為ならざる神的恩寵の介在によってはじめて成就するために、聖書宗教が抱懐したのは、あくまで端的な「喜劇」とは画然と区別されるべき、「神聖喜劇」の展望であった。

第三節において概観されるのは、一四世紀に発生し、文芸復興期に隆盛した「人間喜劇」commedia umanaの展望である。中世盛期以降、それまで教会権力による抑圧の対象でありつづけてきた「笑いの文化」が次第に解放されてゆくのが観察される。これがついに怒濤の哄笑の大波となって絶頂に達するのが、ボッカッチオの短篇小説集『デカメロン』においてなのである。『デカメロン』の哄笑は、ある顕著な両義性を帯びている。つまりそれは、一方において法的、慣習的な、あるいは信仰上の古き諸規範に拘泥する暗愚蒙昧を愚弄する否定の哄笑であるものの、他方において自然的欲望、とくに官能的性愛の歓喜を謳歌する肯定の哄笑である。それは、頑迷固陋な老人が旺盛な自然的欲望を抱く若者に敗退するという展開において、最も典型的に発現する。かかる両義的な哄笑は、中世都市の「祝祭」、わけても「謝肉祭」carnivalの時節に遍満した「民衆の笑い」が文芸諸部門へと侵入した帰結であると説明される。「謝肉祭」における「民衆の笑い」は、不断に反復される悦ばしき季節の更新、新旧の交代の心象と結びつき、あらゆる「古きもの」の死滅が「新しきもの」の生誕の契機を孕んでいるという、集合的民衆の不滅性、したがって根源的にして、絶対的な楽観論の表現である。『デカメロン』は「民衆の笑い」の洗練形態として、この地上にあって、しかも神的恩寵ならざる人間的配慮をもって大団円を成就せんとするところの、「人間喜劇」の展望の精神的な淵源となったのである。

第四節は、喜劇作品『マンドラーゴラ』および『クリツィア』の観点から、政治的主著『君主論』および『ディスコルシ』に再検討を加える本書の手続きを正当化する。一五〇〇年前後のイタリア半島においては、カスティリオーネの『廷臣論（宮廷人）』に結晶したところの、プラトニズムを基調とする宮廷文化と、ボッカッチオを継承した笑劇文化、つまり「祝祭」の歓喜と哄笑を基調とする民衆文化が、著しく空間的に近接しつつ対峙していた。諸々の伝記研究が明らかにしてきたように、若き日々のマキァヴェッリはひとりの「中世都市の民衆」として、いまや最高潮に到達した「謝肉祭」の歓喜と哄笑に対して極めて親和的であるものの、終生、宮廷文化のプラトニズムとは疎遠でありつづけ、これを意識的に軽視、あるいは嫌悪すらしていた可能性が高い。これまでマキァヴェッリの喜劇作品についての真剣な研究を遅滞させてきた事実、すなわちこの元フィレンツェ共和国書記官は、失脚の落胆のなか『君主論』および『ディスコルシ』を執筆したのちに、報われぬ「統治の技術」に関する議論に飽いて、なにか不承不承に喜劇作品を制作したようにみえる事実にもかかわらず、たとえば『君主論』の第一五章からも感知されるように、マキァヴェッリがこれら政治的主著を執筆していたまさにそのときにおいても、根源的楽観論の歓喜に酔い痴れる、ひとりの「笑う民衆」であった可能性が高いのである。『君主論』および『ディスコルシ』の著者は、はじめから「祝祭」における陽気な哄笑との親和性を濃厚に帯びた人物であった。したがってマキァヴェッリは、ひとりの「人間喜劇」の制作者として政治論を編んだ最初の人間であったために、このうえなく斬新奇抜な政治哲学を構築することとなった可能性が、真剣な考究の主題とならねばならないのである。

第一節　笑いと喜劇に対する倫理学、および政治学の古典的態度の瞥見

笑いは人間の「特性（固有性）」proprium である。[1] アリストテレスは、『動物部分論』中、横隔膜についての解剖学的所見を陳述するに際して笑いの現象に言及した。「……動物のうちで人間だけが笑う……」(673a)。[2] それは人間の「本質」、すなわち「理性的動物」であることに付帯する現象であり、すべての人間が笑いうる。そして、それはひとつの快楽である。したがって『ニコマコス倫理学』は、笑いを拒絶する「野暮な人」であることに比して、当意即妙の冗談に巧みな「機知に富む人」であることが自由市民に相応しいとみなす。前者が笑いに関する「不足」であるのに対して、後者は「中間の状態」を占めることで性格の柔和性を示しているからである。「……休

息と娯楽は人生に必要だと考えられる……」(1128b; 1127b-1128a)[3]。しかるに「中間の状態」を反対方向に、つまり笑いに関する「超過」の方向に逸脱するのが「道化」である。これは品性と洗練、そして威厳を欠き、もっぱら他者の笑いを引き起こすことを目的とする点で、自由市民には不相応である。アリストテレスは特に付言して、笑いに関する「不足」よりも、むしろ「超過」を戒めているように思われる(1128a)。というのも『詩学』において明示されているように、笑いを引き起こす滑稽さとは、あくまで「欠陥」であり「醜さ」、ただし苦痛や危害を与えることのない「欠陥」であり「醜さ」なのである(1449a)[4]。それはほとんど定義上、「奴隷的な人」に相応しい。それゆえに『弁論術』は、いとも奴隷的なる「道化」が自身の「欠陥」と「醜さ」を誇示することで他者のうちに過大な笑いを喚起するのに対して、自由市民は他者の「欠陥」と「醜さ」を適度に皮肉ることで、自身のために笑いを生み出すべきであると至極簡潔かつ的確に教示したのであった(1419b)[5]。プラトンの『ピレボス』中の陳述は、アリストテレス同様に笑いと滑稽さを否定的範疇に引き付けて議論しているものの、より辛辣な印象を与える。滑稽さはひとつの「害悪」であるが、それはデルフォイ銘文の完全なる違背、すなわち「自分自身を知らないこと」から生じるのである(48C-D)[6]。自身の財産、容姿(身体)、霊魂、とりわけ知恵について誤った判断を下すことが滑稽さの本性であり、したがって笑いの誘因となる。ここにおいてプラトンの示唆するところでは、同胞市民の「害悪」を笑うことは不正不当であるものの、敵の「害悪」を笑うことはそれにあたらない(49D-E)。

　キケロの『弁論家について』には、機知や冗談に関する集中的議論がみられる。ただし同対話篇は、議論を弁論家にとって有用な実践準則の提示と実例の列挙に限定し、「笑いそのものとは何か」という問題に解答を与えることはなかった。これについてはデモクリトス、すなわち「笑う哲学者」に委任するとして差し控えたのである(2, 235)[7]。キケロは、笑いを引き起こす原因を「ある種の醜悪さと無様さ」(2, 236)にもとめることによって、ギリシアの先哲らの理論を継承している。演壇の弁論家に対して機知や冗談が推奨されるのは、これらが言論を典雅ならしめること以上に、これらが論敵を粉砕し、あるいはその攻撃の威力を削ぎ、無力化するにあたって恐るべき破壊力を発揮することによる。弁論家は、口演中に論敵の「ある種の醜悪さと無様さ」を戯画化して揶揄し、物真似ることで聴衆に哄笑を喚起して、優位に立つことができるであろう。しかしながらキケロは、機知や冗談が自制を喪失し、過剰となるならば、期せずして弁論家が「道化」に転化する危険を再三指摘している。弁論家は「節度」moderatio の徳目を把持しなくてはならず (2, 238)、下品かつ低俗な嘲り、卑猥な言辞や下卑た話題を細心の警戒を重ねて回避して、おのれの高き品位と羞恥心を証さねばならないのである。「道化」の言動が何の理由もなく笑いを喚起しようとするのに対して、弁論家の機知と冗談は、飽くまで「ある種の醜悪さと無様さ」の非を咎めることを目的とするものであらねばならない (2, 251)。キケロは弁論家の範とすべき精妙なる機知と冗談、そして韜晦の実例として、ソクラテスの皮肉を挙げている。それは「洗練され、重厚にして洒落たものであり、弁論家の言辞にも、洗練された談話にも適したもの」であった (2, 270)[8]。晩年の対話篇『義務について』にあっても、キケロは同様の態度を堅持して、ローマ共和国貴紳の侵し難き威風の香気を伝えている (1, 103-104)。すなわち我々は自然的に、遊戯や冗談ではなく、何らかの偉業に結実すべき真剣な活動を営まんがためにこの生涯を授かったのである。無論、遊戯や冗談も人生の一側面であるだろう。しかしながらこれらは、睡眠その他の休息と同様、真剣な活動を果たしたのちに、過度にも大仰にもならず、洗練された仕方でおこなわれねばならない。ここにおいてキケロは、冗談を一方における猥雑、無恥、不潔、卑劣なものと、他方における端正、都雅、怜悧、機知に溢れるものとに画然と分類し、後者をよくした実例として「我々のプラウトゥス」、「アッティカ古喜劇」、そして「ソクラテス派の哲学者たち」を挙げたのであった[9]。

単なる発話上の機知、冗談、皮肉、あるいは諷刺から文芸としての喜劇作品を区別するのは、その一層普遍的な性格、すなわちより哲学的な性格である。『詩学』中、アリストテレスは「詩作」が「歴史」に比しては哲学的であり、より意義深いものであると主張した名高い一節において、「喜劇」と「諷刺詩」の関係が「詩作」と「歴史」のそれに対応することを指摘した（1451b）。各々の前者が「起こる可能性のあること」を語り、したがって「普遍的なこと」を語るのに対して、各々の後者は「すでに起こったこと」を語り、したがって「個別的なこと」を語るのである。[10] ただしホメロス叙事詩と悲劇が「優れた人間」を「模倣〔再現〕」するのに対して、喜劇が「模倣〔再現〕」するのは「劣った人間」である（1448a-b）。前者が比較的「真面目な」性情の作者による即興から発展した「詩作」であるのに対して、後者は比較的「軽い」性情の作者の即興に起源する。ここにおいてアリストテレスが、ドーリア人の間におこなわれていたとされるところの、喜劇の起源に関するある種の民間語源説 folk etymology に言及していることは注目に値する。それによれば、喜劇はメガラ人が民主政を確立した際に発生したものであるという。そして「喜劇役者」kōmōidos の語源は、これがポリス市壁内部にて忌避され、放逐されて壁外の「村落」kōmē から「村落」へと放浪したことに存するというのである。[11] 現存する『詩学』が一貫して悲劇を主題的に論じている事実は、悲劇こそ「模倣〔再現〕」の最高形式として認識され、これに対する喜劇の劣位がほとんど自明視されていたことによると推察される。

笑いと滑稽さに対する倫理学上の一般的態度、文芸理論上の定義、あるいはドーリア人の通俗的語源説から容易に想像されるように、古代政治学は喜劇を否定的範疇に引き付けて議論している。プラトンは、『国家』中、役者として悲劇あるいは喜劇を演技することからは区別されるところの、観衆として悲劇あるいは喜劇の上演を鑑賞することの諸影響について論じている。悲喜劇の上演を鑑賞する者、とりわけ若者のうちには、舞台上の役者の発話や挙動を意識的、あるいは無意識的に「模倣〔再現〕」する顕著な傾向がある。そして往々にして若者は、悲劇、喜劇を問わず、戯曲中の役柄の性情を次第にわがものとしてゆくというのである（395C-396A; see, 606C）。[12] た若者に対する教育的配慮こそが、文芸に対する政治権力の赤裸の統制が再三にわたって勧説される所以である。ただし悲劇が「優れた人間」の「模倣〔再現〕」であり、喜劇が「劣った人間」の「模倣〔再現〕」である限りにおいて、古代政治学は悲劇に対して友好的であり、喜劇に対して敵対的であると暫定的に理解することが妥当であるように思われる（396C-E）。確かにアリストテレスの『政治学』は、悲劇の教育的効果に関しては何らの疑念も差し挟むことなく、ただ若者が「イアンボス調の諷刺劇や喜劇」を鑑賞することを禁止すべきであると主張している（1336b）[13]。さらにはクセノフォンの『キュロスの教育』中、あるキュロス軍営の部隊長に帰されている発話が、かかる理解に傍証を与えるようにみえる。すなわち父親は子息を、教師は生徒を、法律は市民を、笑いではなく涙によって善導することができるという（2. 2. 14）[14]。しかしながら『国家』の議論がより難解に錯綜しているのは、プラトンが同対話篇において喜劇のみならず悲劇の排斥をも主張しているからである。すなわちその最善の国制論において、プラトンは詩人の全面的追放を決然たる非妥協的態度で主張したのであった。

すべて最も善き状態にあるものは、「時間その他の影響」によって「変様」を被ることが最も少ない。霊魂は快苦と情感による「変様」から自由となるに応じて、神的秩序に近似する。「……最も勇気があり最も思慮のある霊魂ほど、外部からの影響によって変様を受けたりすることが、最も少ない……」（381A）。したがって抱腹絶倒に墜落せずに止まることが滑稽な言動に直面した際の正しい態度であるのと同様、飽くまで平静を保ち、憐憫と悲嘆への没入を免れることが神々、半神、英雄らの恐るべき悲運と没落を目撃した際の正しい態度というものである（see, 387D-388D）。プラトンがホメロス叙事詩、悲劇、喜劇等々の種別を問わず、少なくとも既存の文芸一般をその最善の国制より放逐せねばならなかったのは、これらが霊魂の劣等部位、すなわち情念に訴えるからである。その方向性と程度において種々雑多であり、頻々と「変様」することが情念の劣位の証左である（604B-607A）[15]。文芸を通じて衝動的情念の際限なき発露が促進されるならば、「節度」の徳目は磨滅され、ついには放縦かつ懶惰な「変様」の悪習が定着することになるであろう。これに対して霊魂の理知的部分は、「時間その他の影響」によっては「変様」を被らざる「永遠の真実在」を観想することができる。哲学者は、おのれの霊魂の理知的部分に沈潜することで、死すべき人間に可能な限り神的秩序に接近することができる。それゆえに若者は、悲喜劇詩人による情念への諸々の挑発から解放され、哲学者の教導にその身を委ねるならば、「永遠の真実在」に照らして訓育されるために、永久に不動の神的秩序に服することになるであろう。そしてこのことは正義に適い、同時に幸福であるだろう。霊魂における理性的部分の情念に対する優越、そして哲学者の詩人に対する優越の主張は、単一かつ不動なるものが多様かつ変動するものへと下降するに応じて、価値的に劣化するという存在論的前提に基礎づけられている。ここにおいて疑いなくプラトンは、些かの瑕疵もない「主知主義」に依拠しつつ、最善の国制から、情念に諸々の「変様」を喚起する既存の全文芸を、つまり喜劇のみならず悲劇をも排撃しているようにみえる。[16]

確かにプラトンの最善の国制論は、「時間その他の影響」を被らざる神的秩序の恒久性の観点から「変様」を、したがって「多様性」を否定的価値の徴表とみなす存在論的前提が、国制の安定性と統一性という政治言語に翻訳された帰結として理解することができる。[17] しかしながらプラトンが、最善の国制の静謐なる威容を言論において建立し、詳らかに論じて間もなく、早くもこの至高の国制の黄昏を感知し、不可避的な衰退と崩壊を予感しているのを看過することはできない。その「主知主義」は、あらかじめ最終的敗北を覚悟しているように思われる。最善の国制は至高であるがゆえに、より劣位の国制への堕落を措いていかなる「変様」もありえない。プラトンが厳粛にも宣明するところによるならば、確かに最善至高の国制もまた「時間その他の影響」によって「変様」を被るのであり、「全永劫の時間にわたって存続することはなく、やがては解体しなければならぬ……」（546A）。衝撃的であるのは、四つの劣位の国制が各々に固有の原因によって倒壊するのに対して、最善の国制の崩落については、「およそ生じてきたすべてのものには、滅びというものがある」とする峻厳な一般原則から説明されている事実である。[18] 光彩陸離たる「理想的な範型」（592B）の破滅を確言することによって、プラトンは人類の政治的営為に関する根源的悲観論を提出したことになる。かかる根源的悲観論に鑑みるならば、プラトン絶筆と推定される『法律』に表明されたところの、喜劇と悲劇に対する古代政治学の決定的な態度表明を首尾よく理解することができるものと思われる（816D-817E）。

『法律』中、アテナイからの客人の発話において表明されるところでは、国制は「醜い身体や考え」、そして「物真似的要素によって作り出された喜劇的素材」、つまりは「滑稽な喜劇的効果を生み出そうとする人々」を断固として否定的範疇に留め置かねばならない。したがって喜劇は、すべて「奴隷」と「傭われた外国人」に演じさせるべきであり、自由市民がこれに真剣になることも、これを習得することも厳禁される。[19] しかるに銘記されるべきであるのは、発話上、悲劇に関しては文芸理論における諸々の前提をほとんど超越した弁論が開示されている事実である（817B）。すなわち、ひとりの自由市民であることが、既にそのことが、ひとりの悲劇作者にして悲劇役者であることを意味しているという。しかも自由市民とは可能な限り最も美々しく、卓越せる悲劇作者にして悲劇役者である。そして国制こそは最も美々しく、卓越せる生涯の似姿にして「最も真実な悲劇」なのであり、諸々の国制はこのように解された悲劇の制作と演技を相互に競い合っているというのである。かかる発話を可能ならしめているのは、あらゆる国制が、たとえそれがいかほど最善至高の国制に近似しようとも、あるいは久遠の将来においてこれと完全に一致しようとも、すべて悲劇的終幕を定められているという確信である。諸々の自由市民と国制の政治的営為は、永劫に反復されるべき悲劇、ただしこの上なく高貴にして真実の悲劇なのである。[20] プラトンの「主知主義」は、国制の安定性と統一性に関していかなる性格の「傲慢」hybris、あるいは「合理主義的楽観論」をも漏洩することはなかった。むしろ政治的営為に関する根源的悲観論を包蔵することによって、その政治学には、抑制された悲劇的英雄主義の色調さえもが遍満せずにはいなかったのである。[21]

あるローマ帝政期の諷刺詩人は、デモクリトスを「笑う哲学者」と歌い、ヘラクレイトスを「泣く哲学者」と歌った。[22] 万物流転の理法を説いたとされる「泣く哲学者」は、「あたかも城壁のために戦うかのようにして、法律のために戦わねばならない」と語るときにおいてすらも、[23] あらゆる「城壁」と「法律」の必滅を予感していたのである。無論、プラトンは「永遠の真実在」の観想に与して、「すべては去りつつあり、何ものも止まらない」とする教説に反駁することができたのであったが、[24] 古典古代の学匠らを特徴づける人類の生と政治的営為に関する悲観的認識[25]については、終生、放棄することがなかったのである。むしろ古伝は、プラトンが「泣く哲学者」にもまして「笑う哲学者」を最大の対抗者とみなしていた可能性を示唆しているのかもしれない。[26] かくして古代倫理学、ならびに政治学は悲劇と親和性を有し、笑い、そして喜劇と一定の緊張関係にあると想定する薄弱ならぬ根拠が確かに存在するように思われる。この想定は、悲劇が「優れた人間」を「模倣〔再現〕」し、喜劇が「劣った人間」を「模倣〔再現〕」するという文芸理論の定義以上のことを意味している。すなわち渦巻く時流と不断の「変様」の広漠たる海原に孤島のごとく屹立する秀美の国制、そして自由市民らの「高貴な慎みと静けき荘厳」(Winckelmann) の威儀は、癒し難き根源的な敗亡、すなわち悲劇の予感に満たされていたのである。

第二節　中世期における笑いの抑圧、および管理の諸形式と神聖喜劇の展望

ローマ帝政下、シリアからエジプトに及ぶ荒原地帯において、原始キリスト教期の隠修士らにより実践された潜窟的生活が、のちの西方世界のあらゆる修道院によって追随される生活模範となったことが指摘される。[27] これら隠修士は、涙を神的恩恵の徴と想念した。ナザレのイエスは「山上の垂訓」において、「悲しむ〔涙を流す〕人々は、幸いである。その人たちは慰められる」と説いていたのである。[28] 落涙は服従と悔悛が神に認められた徴であり、し

たがって信仰を証し立てるものと考えられたのであった。また落涙は、身体の放棄の禁欲的理想と結びついて肯定される。つまり身体中の液体の増加が罪の誘惑を増大させると想定されたために、水分摂取の抑制が推奨されたこと同じ理由で、落涙による水分の体外排出もまた、とりわけ体液の性的使用を防止するとして積極的に評価されたのである。そして涙には、「キリストの模倣」の観点からも重大な肯定的意味が与えられる。なぜならばナザレのイエスは、聖書中に三度、すなわちラザロの死に際して、ついでイェルサレム都城の命運を嘆いて、さらにおのれの受難に際してはおのれ自身のために落涙したのであった。[29] 他方においてイエスは、聖書中、一度も笑うことがない。「涙を流す人」とは、やがて修道士の定義そのものとなる。[30]

「悲しみ、嘆き、泣きなさい。笑いを悲しみに変え、喜びを憂いに変えなさい」[31]。ヌルシアのベネディクトゥス（Benedictus de Nursia, circa 480-547）による「戒律」全七三章は、東方世界の隠修士らの生活規範を西方に伝播させるとともに、北方蛮族によるモンテ・カッシーノ破壊以降にあっても、修道院のみならず在俗信徒らの生活実践に対して決定的な刻印を標すこととなった。このうち五か条の戒律が、沈黙の威厳を破り謙譲の徳目を蔑するものとして、笑いを禁じている。[32]「愚か者は声を上げて笑う」[33]。「戒律」中に明示されるのは、異教的古代にもまして徹底的かつ、全面的な笑いに対する非難と抑圧の態度である。それは怠惰と並び、修道士の最も危険な大敵である。涙が肯定的範疇に分類されたのに対して、かくも明確に笑いが否定的範疇に分類されたことについては、イエスの模倣、あるいは沈黙と謙遜の重視以上の含意が指摘される。すなわちキリスト教会は、上下の階層を価値の序列と同一視する空間的心像を身体に投影し、頭部と心臓を崇貴な精神的部位、そして腹部と性器を下賤な欲望的部位として想念した際、笑いが腹部から発生し、胸部を通過して口腔へと至ることを問題視したのであった。[34] 涙が上から下へと落下するのに対して、笑いは下から上に込み上げる。さらに口腔から笑いが生じるにあたっての身体の硬直的、痙攣的運動は、なにか性行為の際の勃起と射精を連想させるものがある。信仰の告白と祈りの言辞のみならず、冒瀆と呪詛の言辞が発せられうる点で、口腔は最も警戒を要する器官である。口腔は「差し錠」、あるいは「城門」として、瀆神のみならず笑いの奔流の射出をも押し止めなくてはならないというのである。かかる笑いに対する教会の敵対的姿勢を最も明白に表現しているのは、哄笑と滑稽さ、すなわち諸々の道化的言動が悪魔の属性として想像されていた事実であるだろう。しばしば悪魔はおどけた調子で語り、哄笑し、そして滑稽かつ醜悪に、狂気のごとくにその身体を激しく運動させるものとして想像された。ロマネスク、あるいはゴシック建築の浮彫において、悪魔は度々、怪異に顔面を歪め、地獄の門のごとき口腔を異様なまでに打ち開いて笑うのである。中世初期、原罪以前に笑いは存在していなかったと信じられていたのであり、人類における「悪魔の笑い」の憑依が堕罪の帰結であることは、ほとんど疑われていなかったのである。(35)

中世盛期、西方世界の相対的安定とイスラム世界を媒介した古代哲学、とくにアリストテレス体系の再発見が、笑いに関する規矩準縄の厳格に一定の変化をもたらすこととなった。「一二世紀の強度の精神運動」の渦中、笑いの可否に関する問題は改めて根本的論議の対象となる。(36) この議論の過程で、笑いを人間の「特性〔固有性〕」proprium とするアリストテレスの前提が受容され、教会権力による笑いの無条件的抑圧は、漸進的に笑いの思慮ある解放と管理へと転じてゆくのである。トマス・アクィナス（Thomas Aquinas, circa 1225-1274）は、『神学大全』上、『ニコマコス倫理学』および『義務について』に与して、あらゆる「滑稽なこと」や「冗談」をアンブロシウス（Ambrosius, circa 339-397）等々の陳述を典拠として排撃する議論に反駁している（2-2, Qu.168, art. 2）(37)。身体と同様、精神もまた長時間の使用によって疲労するのであり、わけても「観想的理性」の集中的駆動がもたらす「精神の疲労」は甚大なものである。それゆえに「精神の疲労」は、「身体の疲労」が休養によって治癒されねばならないのと同様、「精神の休養」としての娯楽、つまり「滑稽なこと」や「冗談」によって治癒されねばならない。ただしトマス・アクィナスは全面的にキケロに依拠しつつ、「滑稽なこと」や「冗談」に対して、理性に基礎づけられた「節度」の頸綱を要求するのである（2-2, Qu. 168, art. 3）[38]。すなわち、それらは卑猥かつ卑劣なものであってはならず、精神の調和を棄損することなく、時宜と身分に相応しいものであらねばならない。「……娯楽の度を過ぎることが死に至る大罪であることは明らかである」[39]。他方、「滑稽なこと」や「冗談」に関する「節度」の欠如と同様、これらに関する「不足」もまた無粋としての悪徳であるものの、「超過」に比しては悪徳の度合いが少ないとされる（2-2, Qu. 168, art. 4）。かかる「笑いの実践の法典化」codification of the practice of laughter が、スコラ学の大成によってもたらされた諸々の帰結のひとつであった。聖ルイ王（Saint Louis〔Louis IX〕, 1214-1270）がおのれに「金曜日には笑わない」ことを課していたという逸話は、スコラ学における笑いの決疑論が古代倫理学以上の細密さを具備していたことを窺わせる[40]。

既にアウグスティヌス（Aurelius Augustinus, 354-430）は、『神の国』中、旧約聖書に語られる「イサク」の名称の由来について論じるに際し、許容される笑いと許容されざる笑いの種的区別を示唆していた。すなわち創世記中（17-18）、齢一〇〇歳のアブラハムと九〇歳のサラは、神によって夫妻の間に男児の誕生が約束されたとき、込み上げる笑いを禁じ得なかった。しかしながら『神の国』は、これらの笑いが「疑い深い者の嘲笑」からは区別されるべき「感謝する者の歓喜」の表明であったことを注記するのである（16, 26）。それは「不名誉を嘲笑する」ための笑いではなく、「喜びを表現する」ための笑いであった（16, 31）[41]。「イサク」の名称は、ヘブライ語において明確に区別されるところの二種の笑い、つまり喜ばしい「笑い」sākhaq と嘲笑の「笑い」lāag のうち、前者に因んで与えられたのである[42]。かかる種的区別を継承、精緻化しつつ、良き笑いと悪しき笑い、「神の笑い」と「悪魔の笑い」を選別しようとするスコラ学の理論的営為から、ひとつの新たな笑いの範疇が発生したとされる。すなわち、「微笑」subrisus である[43]。この笑いの範疇の受容と肯定により、次第に「微笑」を伴う「快活さ〔陽気さ〕」hilaris は積極的価値を獲得し、むしろ望ましい、目指すべき人間的性状と認識されることとなった。「笑う聖人」、すなわちアッシジのフランチェスコ（Francesco d'Assisi, 1181/82-1226）の「快活さ〔陽気さ〕」がその聖性の示現と理解され、朗笑に満ちた托鉢修道会さえもが出来するに至った事実は、「笑いの実践の法典化」に雁行して看過すべからざる価値変動が進行していたことを示している。[44]

かくして一二〇〇年代末年、ダンテ（Dante Alighieri, 1265-1321）が神に選ばれたる者の徴として「微笑」、とくに麗しき淑女の「微笑」の甘美を揚言することができたのは、これに先行して推進されたスコラ学による笑いの解放と管理の帰結と理解することができる。未完の百科全書『饗宴』*Il Convivio* 中、ダンテは笑いの現象を、「霊魂の喜びの輝き」が身体という建物に住む貴婦人の「バルコニー」、すなわち瞳と唇をつうじて外部に開示されたものと解説しつつ、「顔をほんの少し動かして、控えめに笑う」ことの優美を称揚したのであった（3, 8, 11）。[45] ペトラルカ（Francesco Petrarca, 1304-1374）が、その俗語詩集『カンツォニエーレ』*Canzoniere* において、「甘美な笑い」dolce riso に仮託してラウラ婦人への恋情を謳うとき、ダンテ同様に重大な価値変動に参画し、これを推進していたことになる。ラウラがその面輪に「甘美な笑い」を湛えるならば、「わが表情」にも同じ気色が現れる（sonetto, 123）。[46] それはあたかも「天堂」において相互の内奥が通じ合うかのようである。かの「笑い」こそが天使の「微笑」、他のいかなる女人の眼差しも、慎ましき所作も、これに比肩することはあるまい。注目すべきは、かかるソネットにおいて桂冠詩人が「笑い」riso、「表情」viso、「天堂」paradiso の語をもって押韻することで、ラウラの「微笑」を天上世界における平安と歓喜の心像と結びつけていることであるだろう。[47]

ペトラルカにとって「微笑」が「ラウラの微笑」であったように、ダンテにとって「微笑」とは「ベアトリーチェの微笑」であった。若きダンテは、抒情詩文集『新生』*La Vita Nuova* 中、ベアトリーチェ婦人への思慕の情、そしてそれゆえの積年の苦悩を綴りつつ、婦人の「微笑」の極まれる純美を讃えたのである。「微笑むときのその表情は、言葉およばず、心にもとどめ難い……たえなる貴き奇跡よ」（21, sonetto, 11）。[48] ただし同詩文集の主題は、かの婦人の父親の死と痛ましい悲嘆、予感される婦人自身の死、そして婦人の現実における夭折であり、したがって疑いもなく悲劇的主題であった[49]。父親の死に直面したベアトリーチェ婦人の悲嘆はダンテにも浸透し、ついに詩人の身体は変調をきたして、深刻な病魔が引き起こされるのであった。病床中、ダンテは生きとし生ける被造物の不可避的な死を思い、やがては訪れるおのれの死、そして婦人の死をも想念して苦悶した（23）。はたして婦人の早逝が真実のものとなったとき、天日は陰り、星々は落涙し、飛禽が地上に落下するのみならず、地表が雷動するかのごとき衝撃とともに都市全体が痛烈に慟哭して、あたかも「寡婦」のごとき姿となるのであった。「……あのひとは、もういないのですよ」（23, canzone, 2）。癒し難き悲嘆のなかで、ついにダンテは、かくも若くして婦人が昇天せねばならなかったのは、此岸が「このような高貴な霊魂には相応しくない」ためであったことを悟る（31, canzone, 4）[50]。此岸とは幻影、迷妄、悪徳の暗き森、そして此岸の生とは死と悲嘆を必然的な結末とするところの、ひとつの悲劇である。しかしながら完徳の霊魂が彼岸、すなわち「天堂」に到達した暁には、すべからく「永遠の歓喜」eterna gioia のもとに安らうはずである。確かに昇天に際してのベアトリーチェは、柔和にも「わたくしは平安の中におります」Io sono in pace と呟くようにみえたのであった（23, canzone, 2）[51]。事実、一〇年の歳月を経て、煉獄山頂に至ったダンテと再び邂逅するとき、もはや神的恩寵の体現者となったベアトリーチェは「聖らかな笑い」lo santo riso をもってこれを迎えるであろう[52]。笑いの解放と管理の過程で慎ましき「微笑」が容認され、ついには選ばれたる者の徴として賛美の対象となることすらできたのは、それが天上世界に到達した完徳の霊魂によって享受されるべき至純の法悦、すなわち「永遠の歓喜」を予兆するものと理解されたためであると思われる。それは、聖書宗教の基調をなす終末論的希望との連続性を至極明白に維持している[53]。

ダンテの抒情詩上、此岸の悲劇から「天堂」における永遠の浄福へと上昇するベアトリーチェの路程は、同時代の「霊魂の聖史劇」と総称しうる文芸部門の基本的枠組を踏襲するものであったことが指摘される[54]。礼拝儀式と結びついて発生し、次第に「凱旋式」とともに祝祭の構成要素として発達する「聖史劇 sacra rappresentazione〔神秘劇 mistero〕」は、聖書中の説話や聖人伝を芝居に仕立てたのであったが、[55] 典型的には聖者の霊魂に降りかかる試練と苦難、ついで悔悛と浄化、そして救済と平安を描写した。まず、霊魂は悪魔との戦闘に敗北し、あるいは生の全的苦悩に打ちひしがれて倒伏して、「霊魂の悲劇」la tragedia dell'anima に帰着するかのようにみえる。しかしながら霊魂は、やがては悪魔の誘惑に勝利して、あるいは諸々の地上的執着を放擲し、神的恩寵による浄化を通じて「永遠の歓喜」へと至るのであった。この「霊魂の聖史劇」il mistero dell'anima は、霊魂の敗北と破滅ではなく、その救済と歓喜によって終幕を迎えるために、同時に「霊魂の喜劇」la commedia dell'anima と認識されることになる。[56] 聖者の霊魂は悲劇を経て喜劇へと至る。[57] ただし大団円、すなわち喜劇的結末は、此岸の人間的営為ではなく彼岸の神的恩寵を通じて最終的に成就するため、これをより正確に形容するならば「霊魂の神聖喜劇」である。かかる「神聖喜劇」commedia divina なる基本的枠組は、聖史劇のみならず、抒情詩、寓話詩、幻覚詩、諸々の散文による文芸、あるいは学的諸部門にまでも浸透した枠組であり、元来、固有の西方文明の形成を可能ならしめたところの、ひとつの「宗教的形而上学全体」の表現であった。[58] したがってダンテが、抒情詩においてベアトリーチェの此岸の薄命と彼岸の平安を謳い、あるいは「地獄」Inferno、「煉獄」Purgatorio、「天堂」Paradiso の三部に分かたれる叙事詩を建設することができたのは、その異常な独創と卓見によるのではなかった。[59] かの三行韻句による巨大な大伽藍を不朽ならしめたのは、むしろ万人の抱懐した観念の枠組に同時代の万学の知識体系を織り込んだところの、造形的構想力における天賦の才であった。

　ダンテは、現存する全一三通のラテン語書簡のうちヴェローナ領主に宛てた一通のなかで、おのれの「地獄」、「煉獄」、「天堂」の叙事詩三部作に簡潔な解説を加えつつ、一括して「喜劇」commedia と規定した。「悲劇」が「忌まわしい」fetido、あるいは「恐ろしい」pauroso 結末を有するのに対して、「喜劇」は「幸福」のうちに終局する。三部作は、冒頭「地獄」において「忌まわしく」、かつ「恐ろしい」ものの、終局「天堂」において「幸福」buono で、「願わしく」desiderabile、「恩恵的」gradito であるがゆえに「喜劇」なのである。さらに言語において「悲劇」が「高揚荘厳」alto e sublime であるのに対して、「喜劇」は「安易卑俗」dimesso e umile である。三部作は、トスカナ俗語を使用したために「喜劇」の属性を備えている。[60] 既にダンテ死後、同世紀のうちに『神聖喜劇（神曲）』*La Divina Commedia* なる三部作の表題が定着し、人口に膾炙したことが報告される。[61] この表題の確立は、かくして叙事詩三部作が、西方世界によって一〇〇〇年の間に醸成され、蓄積された精神生活の基層を開示する金字塔の地位を獲得したことを意味している。

ラテン語論攷『帝政論』*De Monarchia* 中、ダンテは、最も完全な統治形態とは唯一の帝権によって全人類が統べられる「君主政」であり、それは神に予定されたる普遍的帝国、すなわちローマ帝政の樹立によって正当にも具現していたことを主張する。そしてローマ帝政の普遍的権威は、これが教会組織に先行して出現した以上、神から直接的に授けられたものであるという。[62]「正義は唯ひとりの君主のもとにおいてのみ最も有効である。それゆえ、世界の最も善き状態は世界的皇帝のもとにはじめて可能である」(I. 11)。[63] 中世期、かつては全世界に君臨したローマ帝権は見るも無残に落魄したものの、命脈は依然として完全には消滅してはおらず、その光輝ある復活こそが待望されねばならない。しかしながらダンテは、普遍的帝国の再興による真の平安と人類の和合の実現可能性に関して、疑いなく悲観的展望を抱懐していたのである。事実、ハインリヒ帝のイタリア南征は、ダンテ以下皇帝派の環視のもと神聖皇帝の陣没によって悲劇的結末に至り、ローマ帝政復活の宿願は敗れるであろう。「永遠の歓喜」は、悲運と没落を宿命とする此岸においては決して成就することはないであろう。[64] かくして中世的思惟は、人類の生と政治的営為に関する悲観的展望を古典古代の碩学らと共有するのである。しかしながら聖書宗教は、古典古代の根源的悲観論に新たな楽観的展望、すなわち喜劇的認識を接合したのであった。聖書宗教の教説体系、その終末論的心像はひとつの喜劇、根源的楽観論である。それは彼岸における救済と歓喜、すなわち完徳の霊魂が終わりなき浄福と和合に安らう「永遠の喜劇」eterna commedia を約束することによって、古典古代の「悲劇」を超克したのであった。(65)ただし喜劇の大団円を彼岸に設定し、のみならず神的恩寵への全面的依存を受容する点において、それが創造したのは端的な「喜劇」とは区別されるところの「神聖喜劇」commedia divina の展望であった。ここにおいて、あらかじめ留意すべき問題として浮上するのは、ほとんど笑いの解放と管理に歩調を合わせて進行する古典的諸学芸の復興運動、あるいはその精華と理解されるところの「人文主義」umanesimo（umanismo）の台頭を背景として、聖書宗教により喜劇に付加されていた諸条件が次第に廃棄され、ついには前例のない此岸の喜劇、すなわち「人間喜劇」commedia umana の創生が準備される可能性であるだろう。事実、地上における「永遠の歓喜」を約束する「人間喜劇」の展望が発生し、此岸に関する悲観的展望は根源的楽観論によって払拭され、慎ましき「微笑」が際限なき放埓な哄笑へと転じてゆくならば、世界と人類は根本的変態を被ることになるだろう。(66)

第三節　文芸復興期における笑いの無条件的解放と人間喜劇の展望

古代末期以来の原始教会による笑いの無条件的抑圧の諸世紀ののちに漸進的に遂行されたのは、笑いの思慮ある解放と管理であった。しかるに一三〇〇年代の進行とともに顕在化したのは、笑いの無条件的解放、すなわち「拘束なき笑い」unbridled laughter の傾向であったことが報告される。(67)既に一二〇〇年代初年にブリテン島へフランチェスコ会士が到達した際、当地の若者が「笑う聖人」の模倣を試みて次第に恐るべき狂気の大笑へと沈降したという逸話、あるいは『神聖喜劇（神曲）』中にみられるところの、いまや説教師らが「諧謔」と「洒落」に傾倒し、聴衆の大笑を喚起して満悦していることに向けられた非難は、[68] ひとたび解放された笑いを「微笑」の範疇に踏み止めることに伴う甚大な困難を伝えている。かかる「節度」の徳目を欠いた「拘束なき笑い」の傾向が明白に看取されるのは、ジョヴァンニ・ボッカッチオ（Giovanni Boccaccio, 1313-1375）による短篇小説 novella の集成である。『デカメロン（一〇日物語）』*Decameron* 中、聖書宗教に基礎づけられた諸価値、あらゆる生活実践が宗門を憚ることなく嘲笑されるのである。ここにおいて、おのれの説教と著しく矛盾して行為する修道士や司祭、巧みな機転、あるいは悪知恵が捏造する奇跡や聖遺物、そしてこれらすべてに弄ばれ、唯々として籠絡される俗衆の暗愚蒙昧が、ときとして罵倒に近い嘲弄の対象となる。『デカメロン』が、作者不詳の俗語による物語文学の嚆矢、『古譚百篇』以来の「嘲笑文学」la beffa の系統に属すことは確かである。しかるに、これまで笑いを管理、統制してきた教条体系が倒壊へと至る分水嶺を前例なき明確さで画したことによって、ボッカッチオの笑いは「最初の哄笑」il primo riso と評される。[69] 同短篇小説集が非難にもまして賞賛によって迎えられた事実は、ここに卓越せる俗語散文をもって描出された一連の小噺が、長らく周知の秘密として諸辺に囁かれてきた醜聞の諸典型であったことを示している。他方において、西方、地中海世界全域からバビロニア、あるいは「カタイ（アジア）」に至るところの、諸々の短篇の舞台として設定される地理的範囲の驚異的な広大さに窺われるように、『デカメロン』が東方貿易の活況により興隆するイタリア大商人の性状を濃厚に反映していることは看過されてはならない。修道士と俗衆を笑うのは大商人である。さらに信仰の深い精神性の欠如とともに諸々の短篇小説を特徴づける政治的、公共的意欲の欠如、私的営為への専心もまた、経済、社会的地位の上昇とともに文芸復興の推進者となってゆく大商人の性状を濃厚に反映している。ただし大商人にして人文主義者 umanista、ボッカッチオにとって私的営為の最も甘美なる理想とは、蓄財に狂奔する世上の塵務から脱却し、性愛の歓喜に生きることであった。[70] したがって「最初の哄笑」は聖書宗教の諸価値と神学上の迷妄に対する嘲罵である一方で、彼岸における神的恩寵の予感からは切断された自然的性愛、つまりは抱擁、接吻、同衾を不可欠とする官能的性愛という「地上の歓喜」への讃歌なのである。

ボッカッチオが「人間的事柄」umana cosa について語るとき、それは自然的欲望、とりわけ官能的性愛を意味している。[71] 官能的性愛の欲望は、断じて抗うことのできない自然的威力、つまりは「自然の掟」le leggi della natura として想念される。したがって、法あるいは慣習をもってこの威力を根底的に滅却せんとする企図は必然的に破綻するのであり、この不毛な企図に成功したと申し立てる欺瞞、あるいは欺瞞の前に慴伏する痴鈍が嘲罵の対象となる。最も名高く、そして強烈な印象を与える嘲罵の事例は、あるユダヤ人の改宗の契機にまつわる辛辣な椿事であるだろう（1. 2）。[72] すなわち、あるパリ在住のユダヤ人富豪は、親交する織物商人にキリスト教への改宗を再三にわたって勧説されていたものの、これを決断するには至らなかった。しかしながらユダヤ人富豪がローマを訪問し、教皇、枢機卿ら貴顕の実態、すなわち「色欲」lussuria の罪を筆頭とする貪婪、暴食、欺瞞、嫉妬、傲慢という筆舌つくし難き堕落を見聞したときに事態は一変する。かくも破廉恥な腐敗にもかかわらず、確固として教会組織が存続しているのは驚くべき奇跡であり、何らかの神意を感得せざるをえないとして、富豪は改宗へと至るのであった。いかなる教条や格率によっても圧殺しえない自然的欲望が、ほとんど不可避的な勝利をおさめる事例を提示して、ボッカッチオは若干の悪意を含んだ喜悦を感じている。

他方において『デカメロン』中、相愛の男女の間の、同程度に不可避的な官能的性愛の成就を妨害、あるいは拒絶しようとする態度は「自然の掟」に対する冒瀆、厳罰に値する違背であるとみなされている。自然的愛欲は対象へと直進するに際して、法的、慣習的諸規範を侵犯するであろうし、またそうせねばならず、かくして抱擁、接吻、同衾の歓喜を享受せねばならない。最も警抜かつ非妥協的な官能的性愛の讃歌のひとつが、ピサ市の老裁判官とその妻女にまつわる説話であるだろう（2. 10）。学識に溢れてはいるものの、肺病やみで貧相、そして陰気な老裁判官が、並々ならぬ手を尽くして若々しい佳人を妻女に迎えた。しかしながらこの裁判官は、その激しい嫉妬心にもかかわらず精力に著しく劣っていたために、佳人は虚しく弧閨に過ごす夜を重ねることとなった。あるとき、世に名だたる大海賊がこの佳人をモナコへと拉致し、おのれの情婦としてしまう。哀れな裁判官は非常な努力ののちに妻女の居所を知り、海路モナコへと渡ってこれを返還するよう海賊に愁訴する。鷹揚にも海賊は、かの佳人が亭主のもとに戻ることを望むのならば返還することを約束する。裁判官は喜び勇んで連れ帰ろうとするが、なんと佳人は暴言を吐いて拒絶し、海賊の情婦であり続けることを切望したのであった。「……〔海賊は〕一晩中わたしを両腕でかかえ、締めつけ、咬んで、抱きしめ、なめしてくれます。……あなたはどんなに搾ったってせいぜいお椀に一杯分しか汁は出やしません」[73]。この説話の大団円は、ひとりピサ市に帰った老裁判官が精神錯乱に陥り、ほどなくして死去したのち、若き大海賊と佳人とが然るべくして結婚するというものである。『デカメロン』の「最初の哄笑」は自然的欲望の勝利の凱歌である。それはときに修道士、法律家、関白亭主の欺瞞や自己撞着に対する嘲笑となり、ときに相愛の若き恋人たちの官能的情欲の満悦を伴奏する歓笑となる。同短篇小説集に「ガレオット公」Galeotto なる副題を添え、この文芸そのものを性愛の仲介者として提供することで[74]、ボッカッチオはおのれの真意が第一義的に後者の称揚に存していたことを示唆している。

無論、一〇日物語のうちの第四日の全体のごとく、比較的少数であるものの、悲劇的結末に至る性愛の逸話もまた収録されていることは確かである。『デカメロン』にみられる諸々の悲恋のうち、最も扇情的な事例はサレルノ公の令嬢にまつわる短篇であると思われる（4. 1）。令嬢は、身分こそ下賤であるものの剛勇力量において傑出し、挙措において高雅な若者と密かな相愛関係に陥った。それは抱擁、接吻、同衾を不可欠とする官能的性愛である。注目すべきは、この事実を知り、身分不相応の関係に嚇怒するサレルノ公に対峙した際に開陳されたところの、剛毅なる令嬢の堂々たる弁論である。すなわち令嬢は、まずは傲然として「官能の欲望」の尊厳を主張した。「わたしはあなたの血と肉から生身の娘として生まれました。まだ若く、まだ枯れるほど長生きしておりません」[75]。ついで令嬢は、「徳の力」こそが人間を貴族ならしめるという「自然の掟」を主張して、既存の身分秩序の作為性までも主張するに至った。「……父上の貴族といわれる方こそみんなただの無智無識の田舎者…」[76]。公は若者を捕縛、監禁、処刑した。公が死せる若者の心臓を摘出して令嬢のもとに送り届けたとき、令嬢は従容としてこれに毒液を振りかけ、臓器から滴る血液とともに飲み干して絶命する。かかる第四日の悲劇は、「自然の掟」としての官能的性愛が法的、慣習的掟の前に敗北した事例であった。

しかしながら、ボッカッチオを「近代人中の最初の人」[77]と想定する強力な誘惑に駆られるのは、『デカメロン』収録の短篇小説中、「自然の掟」の敗北ではなく勝利が圧倒的優勢を占めているからである。サレルノ市の事例と対照して、多々ある類似の事例のうち、おそらく最も衝撃的結末に至るのがフィレンツェ近郊プラート市の事例である(6, 7)。プラート市の法律は、姦通の罪を犯した既婚婦人を、淫売同様、焚刑をもって罰すると規定していた。ここにおいて、ある容姿端麗にして多情な婦人が、美青年と同衾する現場を関白亭主に発見されてしまったのである。ほとんど全市民が参集する法廷に、逃亡を勧める衆人の制止を振り切って出頭した婦人は、驚嘆すべき大胆さで「官能の欲望」の尊厳を揚言し、現行法の欠陥を指摘した。「まだあり余っているもので何をすればよいのでございましょう。犬にでもくれてやればよいのでございましょうか」[78]。プラート市民らは婦人の弁論に抱腹絶倒し、ついにはこれに賛同するに至る。かくして焚刑は淫売のみに科すべきであるという法改正がおこなわれ、万雷の喝采のもと、恥じ入る関白亭主を背にして、婦人は欣喜雀躍として法廷を去るのであった。明らかにボッカッチオは、婦人の弁論と「精神の偉大」grandezza d'animo を顕彰し、法的、慣習的規範に対する官能的性愛の勝利を賛美するために同短篇を執筆したのである。鋭利な機転、知性、大胆は陋習、悪癖、迷妄に勝利して、「自然の掟」は法的、慣習的掟に勝利するのみならず、これらを刷新するのである。『デカメロン』の「最初の哄笑」とともに、生に関する楽観的認識が前景に浮上しつつあるようにみえる。随所に悲劇的挿話が点綴しているのは、第四日冒頭に示唆されているように、[79] それらが豊饒極まれる諸々の喜ばしき物語に倦怠せずにいるための調味料、あるいは歓喜の効果を増大させるための陰画として有用と判断されたためと思われる。それゆえにサレルノ市の事例は、「悲劇の亡霊」であるにすぎない。[80]

これら短篇が進行するのは、絶対的苦悩の欠如した、したがってダンテの悲壮にして雄大、そして高貴なる激情の欠落した、軽薄ではあるが上機嫌な笑いに満ち満ちた牧歌的世界の枠組のなかである。よく知られているように、『デカメロン』を構成する一〇〇篇の説話は、ペスト大流行下のフィレンツェ市街から郊外へと避難した一〇名の若き男女によって、無聊の慰めに語られた諸々の小噺として設定されている。トゥキュディデス（2, 47-54）を髣髴とさせるところの、同短篇小説集の冒頭における悪疫の猖獗、そしてこれがもたらす社会生活の全的崩壊の凄惨なる地獄絵図の描写は、郊外における男女らの牧歌的生活の歓喜を際立たせる効果を十全に果たしている。市街の地獄と、小高い丘陵の頂に立つ瀟洒な館に起居しつつ、木立が茂り緑々たる枝葉があふれるなか、ときに泉に嬉遊し、歌い、踊り、そして情事を語らっては哄笑する男女らの生活との対照は、ほとんど衝撃的印象を残す。この生活が営まれているのは、「天堂」ならざる近郊、屍臭漂うフィレンツェ城門からわずか「二哩たらず」の位置であることが銘記されるべきである。[81] すなわちボッカッチオが提供するのは人間の生の悲嘆ではなく歓喜であるが、ただしそれは彼岸の歓喜ではなく此岸の歓喜、すなわち「地上の歓喜」なのである。ここにおいてボッカッチオの『デカメロン』が、ダンテの三行韻句による叙事詩と比較して、ときとして妥当にも「人間喜劇」commedia umana と評される根拠が明白となる。[82] ダンテが地上の生に関する悲劇的認識を抱懐しつつも、彼岸における「永遠の歓喜」を約束することで「神聖喜劇」commedia divina の展望を提示したのに対して、ボッカッチオにあっては悲劇的認識が単なる舞台の背景に退き、此岸における生の楽観的展望、つまり「地上の喜劇」la terrestre commedia の展望が開拓されつつあったのである。[83]

既に『デカメロン』中、一五〇〇年代に継承されることとなる「人間喜劇」の諸々の典型的要素は明白に確認される。すなわち「自然の掟」による法的、慣習的諸規範の侵犯であり、それが若者の老人に対する勝利、つまり「新しきもの」の「古きもの」に対する勝利、典型的には不義密通の成就で大団円に至るならば喜劇的効果は増大し、さらにこの老人の職業が法律家（裁判官）であるのならば哄笑は絶頂に達するだろう。そして「人間喜劇」は神的恩寵に拠らずして法的、慣習的諸規範を改造し、ついには地上における至福を成就する可能性をも秘めているのかもしれない。しかしながら『デカメロン』なる「人間喜劇」は、依然として子宮の胎児の段階に留まっており、それが臨月に至り、誕生をみるには少なくとも数世代の期間を待たねばならなかった。というのもボッカッチオが、鋭く鍛造された舌鋒をもって修道士らの偽善や虚偽を揶揄し、俗衆らの迷妄を愚弄するとき、これらの「欠陥」や「醜さ」を矯正しようと意図していたのではなかった。『デカメロン』が提供したのは笑いのための笑い、とりわけ閑窓の淑女らの気鬱を散じ、憂愁を払う機会となるための笑いであった。短篇小説集の末尾にあってボッカッチオは、ダンテによって指弾された「諧謔」と「洒落」に傾倒する説教師のごとくに、ただ聴衆の大笑を喚起するために語ったのであると皮肉を込めて記している(84)。それゆえに「地上の喜劇」としての「人間喜劇」が誕生し、その濫觴における潜勢力が怒濤の大波となって惑星を洗うには、「最初の哄笑」に明確な倫理的、政治的意図、すなわち偏見を糺し、暗愚を教化し、政治制度を根本的に改造する意図が付加されねばならないのである。かかる「啓蒙」の意図が明示され、哄笑する倫理学、ならびに政治学が成立し、人間的営為によって地上における「永遠の歓喜」を実現せんとする巨大な計画が発動されるならば、世界と人類は根本的変態を被ることになるだろう。

文芸復興期、「最初の哄笑」はフランコ・サケッティ（Franco Sacchetti, circa 1333-1400）の『三〇〇物語』からルイージ・プルチ（Luigi Pulci, 1432-1484）の『モルガンテ』に至る過程で著しく増長した。「拘束なき笑い」の傾向は、これまで端役に甘んじていた「道化」を主役の地位にまで上昇させたことになる。(85)そして「聖史劇〔神秘劇〕」に笑いと滑稽さが次第に加味されたことから、まずは「道化芝居」が発生し、ついでその他諸々の世俗的芝居、あるいは無言劇が派生する。(86)やがてこの諸世紀の象徴となるのは、「パスクィーノの像」Pasquinoである。(87)見紛う方なき悲劇の退潮に比して極めて顕著であるところの、(88)かかる「拘束なき笑い」に傾斜する強力な潮流を、ある二〇世紀における文学史研究上の学説は、文芸諸部門への「民衆的・祝祭的文化」popular-festive cultureの浸透によって説明した。(89)それは、確かに傾聴に値する学説であるように思われる。ここに指摘されるところでは、中世期を通じて基調となった厳粛なる教会文化の裏面において、ほとんど一〇〇〇年の間、典型的には都市の「謝肉祭」carnivalにおいて顕示された「祝祭」feastの民衆文化が常に蠢動していたという。あらゆる教会祝日や定期市の際に現出した広場の「祝祭」において、支配的な教会権力の秋霜烈日からの暫時の逸脱、すなわち暴飲暴食、仮面行列、卑猥な詩歌の朗誦、身体の露出、汚物の散布、階級秩序の一時的廃棄を伴う罵言と殴打の応酬、そして巨人、侏儒、不具、芸当を仕込んだ諸動物の陳列、等々とともに、さかんに「道化」による笑劇の上演がおこなわれていたのであった。教会権力による笑いの抑圧、あるいは管理と統制のもとにあっても、都市の広場の哄笑、つまり「民衆の笑い」folk laughter（humor）は冥々の裡に活況を呈していたというのである。ただし、かかる哄笑は「祝祭」なる時節に局限され、隔離された「小島」に留め置かれていたのであり、それゆえ教会権力の黙認を獲得することができたのであった。しかるに文芸復興期における笑いの無条件的解放が発生したのは、ラテン語文化と俗語文化との犯すべからざる境界の弛緩とともに、怒張する「民衆的・祝祭的文化」が「小島」の領域から流出し、一定程度の洗練を経て文芸諸部門へと侵入したためであると推定される。(90)そして『デカメロン』以降、次第に先鋭化する「拘束なき笑い」の傾向が絶頂に達するのが、まさしく一五〇〇年代であるというのである。(91)

この「祝祭」における広場の哄笑は、季節の交代と更新の心像と分かちがたく結びついたところの、不断に生成する世界像の反映であるという。それは季節の転換によって去りゆく古き世界を殺害し、埋葬するとともに、新しき季節の到来によって開示される世界を歓待する。したがってそれは嘲罵、打擲、冒瀆によって老いたものを否定する仮借なき哄笑であると同時に、若々しい生殖と再生の歓喜を肯定する哄笑である。死による退場を拒絶する老醜が罵倒の笑いとともに追放され、改新されて出生する若芽が狂喜の笑いとともに歓待される。(92)「祝祭」において身体的下層の諸々の象徴が横行するのは、かかる哄笑の両義的性格の表現である。貪り食う饗宴の口腔から下層へと至る飲食物が、肛門と尿道を通じ汚物として排泄される過程は、死にゆく「古きもの」を表現するのに対し、勃起した湿潤の性器が肉交し、懐胎、出産に至る過程は、途絶えることなく復活を繰り返す「新しきもの」を表現するのである。そして「祝祭」において上演される笑劇の典型的主題は、「道化」を王、もしくは教皇ら高位聖職者と見立て戴冠したのちに、これを愚弄し、罵言と乱打をもって廃位するという「道化王」mock king の主題である。それは日常的諸価値の転倒を演出することで「祝祭」の異境的空間を醸成するとともに、季節の循環に比定される世界の交代と更新を表現している。象徴としての「道化王」の「奪冠」uncrowning は、硬直して汚染した古き世界の主の破壊をもって、世界の全的刷新の歓喜を準備しているのである。(93)これら「祝祭」に関連する諸々の象徴体系の核心を占めているのは、あらゆる死が新たな誕生を孕んでいるという感覚、したがって「民衆の地上的、歴史的不死性」の感覚である。(94)永久に枯渇することのない大地の豊穣に比せられる集合的民衆の生殖力は、彼岸ならざる此岸において、あらゆる過去のことどもに勝利するのみならず、いかなる恐怖にも屈することはない。絶対的、最終的勝利の予感を包蔵した「民衆の笑い」は、地上における諸々の上級権力、圧伏し束縛するすべての権力に対する恐怖のみならず、死と冥府への恐怖にも勝利することができる。(95)文芸復興期、かかる根源的楽観論を宿す「民衆の笑い」が「祝祭」の異境的空間を越えてあらゆる文化領域に流入し、学芸諸部門の興隆、さらには地理上の発見にまで至る諸々の前人未到の偉業を指導したものと想定されている。(96)かかる想定に依拠することが妥当であるならば、あるいは「人間喜劇」としての『デカメロン』もまた、その深甚なる古典的学殖による装飾、そして明瞭に見て取れる俗衆的無知への軽蔑にもかかわらず、「民衆的・祝祭的文化」の根源的楽観論の洗練形態として理解することができる(97)。

一四九四年から一四九八年の間、したがってメディチ政権崩壊の直後、ドミニコ会修道士ジロラモ・サヴォナローラ（Girolamo Savonarola, 1452-1498）はフィレンツェ共和国の支配権を掌握した。既に「バッカスの宴」の様相を呈した哄笑の渦中(98)、敬虔、謙譲、謹厳の気風は地を掃わんとしていた。同修道士が不退転の覚悟をもって戦端を開いたのは、爛熟極まる「祝祭」における「拘束なき笑い」の「大罪」に対してであった(99)。「虚栄の焼討ち」、すなわち軽佻浮薄にして淫猥なる文芸、唱歌、裸体像等々を滅却する企図において、とりわけ標的とされたのがボッカッチオの『デカメロン』とプルチの『モルガンテ』であったことが銘記されるべきである。しかしながらサヴォナローラ一派に「泣き虫派」Piagnoni なる綽名が定着し、これに万人が失笑を禁じ得なかったとき、一派の破滅は確定したのであった(100)。「泣き虫派」のあらゆる言説、行状、施策に朗々たる哄笑をもって応じた夥しいフィレンツェ市民のなかに、おそらくは若きニッコロ・マキァヴェッリもまた含まれていたのである。サヴォナローラ焚刑の余燼の消えやらぬなか、フィレンツェ共和国書記官に任命されたこの市民が、斜陽の祖国の自由を防衛すべく尽力したのち、共和国崩壊をもって下野するのは一五一二年のことである。これ以降、一五二七年の逝去に至るまで、元書記官は城市近郊のサンタンドレア山荘にしばしば蟄居して執筆生活を営んだのであった。ニッコロ・マキァヴェッリの名声、あるいは悪名を不朽ならしめたのは、その政治的著作、とくに『君主論』および『ディスコルシ』における「神の散文」divina prosa である(101)。しかしながらこれら政治的著作が印刷に付され、全西方世界の耳目を聳動せしめるのは元書記官の没後のことである。元書記官の存命中に出版された著作は、ダンテの三行韻句を模倣した『一〇年史』*Decennali* 等々の小品を除外するならば、軍事技術を教授した『戦争の技術』のみである。失脚後の元書記官は、メディチ一門の復辟に直面して、再任官の一抹の期待を抱懐しつつ、優秀なる軍事技術者として世の師表たらんと奮起していたのかもしれない。ただし再任官の試みは、ことごとく座礁に至ることとなった。ほぼ確実に自身の生涯を挫折のそれと認識して死床についた元書記官が存命中に獲得した唯一の名声は、喜劇作者としての名声である。研究史における慣例上、生前のマキァヴェッリが喜劇作者として好評を博していたことは、やや軽率なその性愛遍歴と同様、失意の晩年における一挿話として伝記的興味を引き付けるのみであった。しかしながら、『君主論』および『ディスコルシ』の著者が同時に卓越せる喜劇作者であった事実は、いまや真剣な、あるいは最も真剣な討究を要求するところの、ほとんど震駭すべき巨大な疑問符として浮上することになるだろう。「近代政治哲学」、あるいは端的に「近代哲学」の創設者とも評されるこの元下級官吏は、驚嘆に値する天稟をもって、一五〇〇年代に哄笑の「大波」を発動した喜劇作者だったのである。ここにおいて完全に超克されるのは「神聖喜劇」であり、確立するのは「人間喜劇」である。

第四節　一四〇〇年代末年のフィレンツェ市における宮廷文化と民衆文化

バルダッサレ・カスティリオーネ（Baldassare Castiglione, 1478-1529）の『廷臣論（宮廷人）』*Il Cortegiano* は、「優雅」grazia の理念を模範的に体現する「完全なる宮廷人」perfetto Cortegiano の形成を説いた俗語対話篇である。同対話篇は『君主論』と地理的に極めて近接した空間で、ほとんど同時期に成立した書物であるにもかかわらず、これとは「異なる惑星」であるかのごとき印象を与えることが研究者らを驚かせてきた。(102) 一五二八年の初版以降、それは古典的倫理学の精華を簡潔に教授するものと認識されて好評を博し、各国語への翻訳によって広範に流布するとともに、やがては西方世界における貴紳教育の最重要諸文献の一角を占めることとなる。架空の対話は、一五〇〇年代初年のウルビーノ宮廷を舞台として、二十余名の紳士淑女が四夜にわたりおこなった「これまで存在したこともなく、またおそらくは実在しえないであろうほどの宮廷人」（2, 100）[103]についての談話として構成されている。『廷臣論』中、模範的宮廷人に必須とされるのは、武芸、文芸、舞踏、歌唱、楽器演奏、等々の素養であり、衣装、所作、そして会話における洗練である。これらすべてを「優雅」の境域へと至らしめるのは、奮起や訓練の形跡を感じさせない「さりげなさ」sprezzatura、すなわち至難の技を無理なく容易に遂行するがごとき優越性を示すことである[104]。衣装、所作、会話における「優雅」を主題的に論じた第二夜（「第二の書」）のうち、頁数上ほぼ半分が、宮廷人の留意すべき会話における「機知」、「冗談」、そして「悪戯」の諸規範に関する議論に充てられている。ここにおいて人間を「笑う動物」と形容する巷説の妥当性が指摘され、笑いは高遠な学究や神的事柄についての思索の緊張を治癒するものとして是認される（2, 45）。笑いの定義については「笑う哲学者」としてのデモクリトスに委任し、笑いの源泉を「一種の不恰好」（2, 46）にもとめ、ついで笑いに関して宮廷人が心得るべき方法と限度、そして笑いの種別を論じたのちに長大な実例の列挙へと展開する枠組からも窺えるように、この議論に対するキケロの『弁論家について』（see, 2, 235）の影響は明白である[105]。すなわちカスティリオーネは、笑いに関しても「中庸の徳」（2, 41）に与して、宮廷人を狂人、酔漢、愚者、そして「道化」buffoniから画然と区別すべく、品位を欠き、威厳を放棄した卑猥なる言辞や奇態、事宜をわきまえぬ発話、淑女の貞操に対する侮辱、そしてとりわけ瀆神的笑いを厳重に戒めているようにみえる（2, 50; 57; 83; 89）。「神を敬うことを忘れて機知をひけらかすような人間は貴族社会から追放されるべきでしょう」（2, 68）。

『廷臣論』は、既に俗語散文の権威の地位を確立した（see, 1, 30）ジョヴァンニ・ボッカッチオの『デカメロン』所収の若干の短篇小説にみられる「悪戯」の事例を、「興あるもの」と承認するに吝かではない（2, 89）。ただし同対話篇中、『デカメロン』(3.6) において活写されたひとつの「悪戯」が、著しく常軌を逸したものとして非難されていることを看過することはできない (2.93)。それはナポリ市を舞台とする不義密通の逸話、ひとりの貞淑な婦人の誘惑について語った短篇に向けられた非難である。ある財産に恵まれたナポリ貴族の若者が、当地随一の美貌を誇る既婚婦人に激しく思いを致すこととなった。あらゆる尽力にもかかわらず、婦人は若者の求愛に応じることはなかった。婦人はその良人を敬愛することはなはだしく、貞節は確固不抜のものだったのである。苦悩した若者は一計を案じ、詐術をもって婦人を市街近郊の温泉宿の暗室に誘導する。暗室において若者は、この詐術者を自身の良人であると思い込んでいる婦人との同衾に成功する。両者にとって無上の悦楽を伴った性行為ののちに若者が正体を明らかにすると、当初、婦人は激しく動揺するものの、ついには官能の歓喜の誘惑に屈し、貞節を放棄してしまう。これ以降、両者は恒常的な不義密通の関係を取り結び大団円に至るのである。この短篇に対する『廷臣論』の論評が、貴紳に相応しい慎みと適度、すなわち「中庸の徳」の教説以上のものに基礎づけられていることが銘記されるべきである。カスティリオーネが、その内奥の真意において、ナポリ市の事例のみならず『デカメロン』中のすべての官能的性愛の歓喜を原則的に許容してはいないであろうことは、ある対話者の「愛の情熱」に関する発話によって示唆される。模範的宮廷人にとって、それが至高の優美、快闊、勇武を可能ならしめるがゆえに、貴婦人に対する愛が必要であることは確かであるだろう (see, 3.3)。ただし宮廷人たる者は、すべての事柄においてと同様、愛においても「誠実」であらねばならない。「愛の情熱」を秘めたる貴紳の「誠実」とは、貴婦人の身体にもまして霊魂を仰望の対象とすることである。「……これらの悪戯……を利用して自らの欲望を遂げる者は他人に対して不正を働いているわけで、しかも愛において追求すべき真の満足は結局得られず、意志のない身体のみを所有するにすぎません」(2.94)。『廷臣論』中、短篇小説集の放縦なる哄笑と原理的に対峙しているのは、キケロ、あるいはアリストテレスの「中庸の徳」の説諭である以上に、プラトニズムなのである。

二十余名の紳士淑女の対話を絶頂へと至らしめるのは、第四夜（「第四の書」）におけるピエトロ・ベンボ[106]の弁論である。それはプラトニズム、ただし文芸復興期において理解された形態のプラトニズムに依拠した愛の讃歌である[107]。ベンボの弁論の契機となるのは、老齢に達した宮廷人の恋愛の可能性に関する問題提起である（4. 49）。模範的宮廷人の政治的任務は、賢慮をもって君主に忠言し、ときに諫言して、その統治を善導することである。したがって究極的な宮廷人の完成形態とは、「君主の教育者」institutor del principe である（4. 47）。プラトン、アリストテレスに比定される「君主の教育者」としての最高次の宮廷人は、積年の研鑽によって獲得された英知を前提とするがゆえに、必然的に老齢であるだろう。しかるにこの前夜（「第三の書」）、模範的宮廷人には「愛の情熱」が必須であることが確認されていたのであった。かくして老齢の宮廷人に相応しい「愛の情熱」の様態について説明を要求されたベンボは、徹頭徹尾、プラトニズムに染め上げられた所説を開陳するのであった。若者にとって恋愛の経験が、一定の礼儀を伴うならばその高雅を増すのに対して、老人が妙齢の婦人に纏綿とすることはいかにも醜悪である。しかしながら真実の恋愛は、若者よりもむしろ老人に確固たる嘉幸を約束するというのである。

恋とは美を享受せんとする欲求である。美とは善である。そしてあらゆる善は「神の善意」に由来する。「神の善意」は、あたかも太陽光が万物を照射するがごとく、あらゆる被造物に浸透している。ただし物質的な美として の身体の美は、霊魂の美に比して「神の善意」を分有する程度において劣る。それは劣化し、卑俗化した「神の善意」の幻像であるにすぎない（see. 4. 51-52）。若者の恋が往々にして至福以上に悩乱をもたらすのは、身体の美の所有、すなわち官能的悦楽をつうじて不確かに美を享受しようとするからである。若者は婦人の身体の美との接触を断たれるや、すぐさま美の不在による煩悶へと陥らずにはいないのである（4. 66）。しかるに老人は、官能的欲望を理知に従属せしめることができるため、むしろ霊魂の美に傾斜し、より確実に「神の善意」に浴することができる。老齢に達した宮廷人は、眼前の貴婦人の身体の美を透視してそこに霊魂の美を見出すであろう。その非物質的な美を自身の霊魂に刻印することで、もはや美の不在に苦悶することはないのである。そしてこの模範的宮廷人は、霊魂の美の享受から愛の諸階梯、「神聖な愛の道」(4.62) を上昇し、ついには「より崇高な別の愛」(4.67) に到達することであろう。すなわち老成した「愛の情熱」は、貴婦人の霊魂に表出した特殊的な美から普遍的な美、つまり「最も完全な美」を観想する浄福へと向かって飛翔してゆくことであろう。『廷臣論』の掉尾を飾るのは、かかるベンボの弁論が対話者らに深甚なる畏敬と讃嘆を喚起したとき、カトリ山頂に曙光が浮上するという純美の極致の情景である。カスティリオーネは、原理的に『デカメロン』と官能的性愛の成就に伴う歓笑を共有することができない。それはこの血統正しく、人格に優れ、容姿は美々しく、弁舌と文筆のみならず野戦に傑出し、あらゆる実務に長けた貴紳が端的に「中庸の徳」に与していたからではなかった。ウルビーノの宮廷文化はプラトニズムを基調とするがゆえに、到底、「人間喜劇」の「拘束なき笑い」を許容することができないのである。

文芸復興期の宮廷文化を特徴づけたプラトニズムの故郷は、メディチ一門支配下のフィレンツェ共和国である。一四三九年、カトリック教会と東方正教会の四世紀におよぶ分裂状態の解消を期して、まずはフェラーラ市、ついでフィレンツェ市において開催された公会議に、ビザンツ皇帝、コンスタンティノープル総大主教以下、ギリシアの貴顕、碩学らが到来した。ついに東西両教会統合の決議は成就したものの、一四五三年、回教徒の攻勢がコンスタンティノープル都城を陥落せしめるにおよび、決議の宣誓は水泡に帰した。しかしながら既にフィレンツェ共和国に支配権を樹立したコジモ・デ・メディチが、議場のギリシア人学者らによって説かれたプラトニズム、とりわけその神的愛と調和の教説に強烈な感銘を受けたことから、図らずも公会議は時代を画する重大な意義を帯びることとなった。コジモはおのれの侍医の子息、マルシリオ・フィチーノ (Marsilio Ficino, 1433-1499) に対して、陸続とギリシア人亡命者らとともに西方へと流入する全プラトン原典をラテン語訳し、これに注解を加える記念碑的事業を委託した。一四八〇年代に至り出版された『プラトン全集』は、その訳語における凱切、原典に対する忠実、注解における哲学的明察によってすべての先人の業績を凌駕し、活版印刷の揺籃期、圧倒的衝撃とともに全西方世界に伝播した。フィチーノ周辺には大挙して思索者らが蝟集しては講筵に列なり、日夜、燈火に照らされるプラトン胸像の下、哲学的論議が活況を呈する「アカデメイア」の形成に至ったとされる。[108] ここにおいてはアウグスティヌスを典拠として、プラトニズム、すなわち「古代神学」prisca theologia と聖書宗教との親和性が強調される。[109] この「敬虔なる哲学」pia philosophia としてのプラトニズムの使命は、人類を「学識ある信仰」docta religio へと教導することであり、活動的生活を正義へと促し、観想的生活を通じて神的愛における調和を志向することである。コジモは嗣子ピエロ、ならびに嫡孫ロレンツォに対して、フィチーノを生ける鑑と仰ぐことを要求したという。メディチ一門の隆昌を現出したロレンツォ・デ・メディチ豪華公はよくコジモの遺訓に服し、祖父と同様に「アカデメイア」を後援するのみならず、積極的に「敬虔なる哲学」の教導に従ったことが指摘される。フィレンツェ支配権の継承以降、とりわけ執政の晩期にさしかかるにつれて顕著となるロレンツォ豪華公の教化的傾向、つまり市民の服装や冠婚葬祭に威儀を課し、放縦な遊興や賭博を戒める傾向は、明白な「アカデメイア」による薫陶の帰結と理解されている。[110] フィチーノは主著『プラトン神学』を、この若き君主に献呈した。確かに豪華公は、「君主の教育者」としての老成した模範的宮廷人の勧説を遵守して、「プラトンがかつての偉大な人間にとりわけ強く望んでいたこと」、すなわち「哲学を国事における最高権威とともに結合すること」をおのれの宿願としていたのであった。[111]

「……彼〔ロレンツォ豪華公〕の場合、その快楽的な生活と真面目な生活 la vita voluttuosa e la grave を考えると、まるで別の二人の人物が、ほとんど不可能なつながり方で一体となっていたように見える」(IF, VIII, 36 [III, p. 732])。現存するロレンツォ豪華公執筆の「謝肉祭の歌」全一一篇のうち、「アカデメイア」との関連が指摘される「バッカスの歌」[112]、これと同様の基調が看取される「蝉たちの歌」、そしてフィチーノの思索のいまひとつの側面をなす占星術の影響が顕著な「七つの惑星の歌」を除外するならば、残る八篇、あるいは「後向きの仮面の歌」をさらに除いた七篇は、極めて卑猥な性的隠喩に満ち満ちており、中世的祝祭における民衆の哄笑そのものであることが銘記されるべきである。(113) これら「物売り歌」において豪華公は、蜜入りのパンやドーナツの製造職人、香水の行商人、接ぎ木職人、農婦、等々に仮託して、ときに男色の可能性をも示唆しつつ、俗衆の口語をもって官能的悦楽を賛美している。すなわち菓子屋はその商品の成分や形状が婦人らの情欲を刺激することを約束し、香水屋がその商品の催淫作用を喧伝するならば、村落の農婦は疣のついた巨大な胡瓜や膨張した豆と勃起した男性器との類似性を下卑た調子で執拗に力説するのである。(114) これらの歌は、「謝肉祭」carnevale の期間、滑稽に仮装した同業者組合の面々によって実際に唄われたものであり、ロレンツォ豪華公自身もまた朋友らの「部隊」brigata とともに楽器を打ち鳴らしつつ、哄笑する市民らの山車行列に突入したのであった。(115) プラトニズムの宮廷文化が豪華公の「真面目な生活」の貌であるとするならば、「謝肉祭」における「祝祭」の民衆文化はその「快楽的な生活」の貌として理解されるべきであるだろう。かかる驚嘆に値する生活の二重性は、ロレンツォ個人の気質の特異性のみならず、一四〇〇年代末年のフィレンツェ市における笑いの様態の特異性を窺わせる。つまり、それはカスティリオーネの『廷臣論』における典雅にして適度な「機知」、「冗談」、「悪戯」と、ボッカッチオ、そしてその後胤にして「部隊」の一員、ルイージ・プルチの「人間喜劇」における「拘束なき笑い」との並存、そして両者の著しい空間的な近接を窺わせるのである。

ロレンツォ豪華公の治世の間、頻々とフィレンツェ市街は民衆的祝祭の歓喜に沸騰したことが報告される。「……この平和な時代に、〔ロレンツォ豪華公は〕常に祖国では祝祭 festa を催し、しばしば馬上槍試合や故事や昔の勝利の凱旋などが上演された」(IF. VIII. 36 [III, p. 731])。(116) 豪華公の執政が開始された一四六九年、ニッコロ・マキァヴェッリは落魄した公証人ベルナルド・マキァヴェッリの長子として生を享けたのであった。後年、この『君主論』

の著者、すなわちいまひとりの「君主の教育者」の語るところでは、「私は貧しく生まれた」[117]。ベルナルドの記した「覚書」Libro di Ricordi が現存することから、ニッコロが七歳で文法と読み書き、一〇歳で算術と簿記、一二歳でラテン語の学習を開始したこと、そしてベルナルドの書架にはアリストテレス『倫理学』、プトレマイオス『天文学』、キケロ『弁論集』、リウィウス『ローマ史』、プルタルコス『英雄伝』以下、相当数の蔵書が櫛比していたことは確認されている。しかしながら『覚書』が一四八七年で杜絶しているために、一〇代後半から二〇代後半までの間、ニッコロの履歴は杳として知られない。この間、ニッコロが正規の高等教育を受けた事実はなく、したがって知的選良の必須条件であったギリシア語については、終生、習得する機会はなかった[118]。ベルナルドと異なり学士ならざるニッコロは、共和国書記局任官に際し、「弁護士・公証人組合」ではなく「葡萄酒製造業者・居酒屋経営者組合」の一員として登記されることとなる[119]。盛年期以降の気質や諸々の言動、あるいは私的書簡から推察して、たびたび伝記作者らは、やくざな朋友らとともに「謝肉祭」の広場と街路に朗唱し、舞踏し、仮装し、哄笑しては婦人らを手当たり次第に口説き、『デカメロン』や『モルガンテ』、ならびに群小のフィレンツェ民衆文芸を乱読し、おのれも類似の詩文を書き散らす、決して裕福ではないものの陽気で屈託がなく、ときとして軽率、無軌道で傲岸不遜な若き日々のニッコロ・マキァヴェッリを想像する[120]。現存するマキァヴェッリ作成の「謝肉祭の歌」Canti carnascialeschi 全六篇中、執筆年代の定かならぬ「松の実売り」Di uomini che vendono le pine と「毒消売りの歌」De' ciurmadori は、典型的な中世の「祝祭」の「物売り歌」である[121]。そして晩年に至るまで、その私信や小論中、ボッカッチオ以下、笑劇的民衆文芸への言及が繰り返されるのみならず、これらの不正確な引用が散見される[122]。『ディスコルシ』においてリウィウスの不正確な引用が散見されることから、この咄嗟の記憶に頼ったことが見て取れる引用は、むしろ書物の文章が血肉と化していることの証左と判断することができる。メディチ家歴代当主に関する『フィレンツェ史』の描写はジョヴァンニ、コジモ、ピエロについて定型的であり、やや精彩を欠くのに対し、ロレンツォ豪華公についてははなはだ魅力に富み、市街に実見したかのごとき印象を与える[123]。おそらく「中世都市の民衆」としての若きマキァヴェッリは、「驚くほど」に官能的悦楽に没頭し、「部隊」の悪友らとともに幼稚で罰当たりな遊戯に耽る豪華公の「快楽的な生活」の側面を実際に目撃していたのであり、そしてそれに好感を抱いていたのである（see, IF, VIII, 36 [III, p. 732][124]）。付言されるべきであるのは、ロレンツォ執筆の『ジャコッポ』なるボッカッチオ風艶笑譚と、喜劇『マンドラーゴラ』との親近性が指摘されている事実であるだろう[125]。

ロレンツォ豪華公の気質に稀有の並存をみた一四〇〇年代末年のフィレンツェ文化の二つの相貌、すなわち「祝祭」を基調とする民衆文化とプラトニズムを基調とする宮廷文化のうち、マキァヴェッリは前者と極めて親和的であり、これとの明白な影響関係が指摘されるのに対して、後者との留意すべき結びつきを示すいかなる形跡も残してはいない。一四九八年、市塵に塗れた快闊な若者が共和国第二書記局長に任命されるに先立って、マルチェッロ・ヴィルジリオ・アドリアーニなる博識者が同第一書記局長に就任している[126]。翌年、マルシリオ・フィチーノが逝去した際に追悼演説をおこなったのは、この笑劇趣味の若者の上輩である[127]。既に全西方世界に盛名を馳せたる「アカデメイア」の博識の傍近に一〇余年の精勤を果たしたにもかかわらず、マキァヴェッリが『フィレンツェ史』中の些少の言及を除き[128]、フィチーノとその周辺の人士、あるいはプラトニズムの教説とその大流行について緘黙していることは、しばしば謎を孕んだ難問として提起される[129]。この問題に一定の蓋然性を帯びる暫定的解答を与えることは、確かに可能であるように思われる。すなわちマキァヴェッリは、端的にひとりの民衆であったがゆえに、いかほど空間的に近接しようとも宮廷文化とは疎遠であり続けたのである。フィチーノのプラトニズムにおける節度ある「機知」、「冗談」、「悪戯」と「神聖な愛」に支配された宮廷文化の領域には、径庭を隔ててボッカッチオの「人間喜劇」における「拘束なき笑い」と官能的性愛に支配された民衆文化の領域が対峙している。失脚後の一五一七年、すなわち『マンドラーゴラ』初演の前年、元共和国書記官が、フェラーラ市の宮廷詩人、ルドヴィーコ・アリオスト（Ludovico Ariosto, 1474-1533）の叙事詩『狂乱のオルランド』末尾の謝辞に自身の姓名が欠落していることに不満を漏らしている事実は、裏面からその宮廷文化との疎隔を傍証しているとも理解できるのかもしれない。[130]しかしながら、これらすべての伝記的事実にもまして最も明示的なマキァヴェッリ自身の態度表明が垣間みえるのは、『君主論』の第一五章の冒頭部分であるのかもしれない。ここにおいて「君主の教育者」は、おのれをプラトニズムの対蹠地に位置づけることによって、宮廷人の慎ましき笑いと「崇高な愛」を拒絶し、民衆的祝祭の哄笑と官能的悦楽、すなわち「人間喜劇」に与する態度を示唆しているように思われるのである。

カスティリオーネの『廷臣論』中に活写される紳士淑女の対話は、正確には一五〇六年五月におこなわれたものとして設定されている。四夜の対話全体に遍在し、プラトニズムの崇貴性を高める効果を果たしている哀愁の色調は、ウルビーノ宮廷とこれを形成したモンテフェルトロ一門の悲運と没落が既に顕在化していたことを示している。[131]これに先立つ一五〇二年、ヴァレンティーノ公チェーザレ・ボルジア指揮の教皇軍による強襲を前にして、グイドバルド・モンテフェルトロと「宮廷人」らは何らの抵抗も試みることなく、われ先に逃散した。フィレンツェ共和国書記官として、若きマキァヴェッリがチェーザレに初見したのは、この直後の硝煙立ち込めるウルビーノ市においてである。すなわち書記官は、高貴であるのは血統だけの、痛風病みの性的不能者を駆除した直後の、容姿端麗、ほとんど獣的な精力に満ち溢れた「教皇の庶子」に謁見していたことになる。『廷臣論』の対話は、チェーザレ失脚後に復辟したグイドバルドが一五〇八年に夭折するまでの合間に設定されたのであった。ただし一五一六年、再びウルビーノ宮廷は、グイドバルドの養嗣子を駆逐した小ロレンツォ・デ・メディチの馬蹄に蹂躙されることになるであろう。この小ロレンツォに対して『君主論』を献呈することになるマキァヴェッリに、『廷臣論』を閲する機会があったとは思われない。しかしながら、もしも宮廷的プラトン讃歌を繙読していたとするならば、それをほとんど滑稽にして有害な暗愚蒙昧と断定し、おのれの小論の、とくに第一五章の教説の妥当性の証左とみなして会心の笑いを禁じ得なかったものと推測することができる。悲劇的結末の予感が醸成する哀愁は、端的に装飾された「怠慢」ozio である。古典文献を刀槍に持ち替えて、実在しえぬ「優雅」についての駄弁に費やした巨万の富と歳月を兵馬の拡充に費やしていたならば、一門の悲運と没落は回避されたであろうに。紳士淑女の節度ある発話と行為は糊塗された幇間の追従にすぎず、模範的宮廷人とは無駄に着飾った奴隷以外の何者でもない。あるいは対話篇中、「愛の情熱」に関する堂々たる弁論を開陳し、やがては枢機卿の緋衣をまとうことになるピエトロ・ベンボの「事実上の真実」verità effettuale が三名の庶子の存在であることを知ったならば、会心の笑いは怒濤の哄笑へと転じたのかもしれない。[132] 同時代の宮廷文化に対する『君主論』の著者の軽蔑と嫌悪は疑いない。[133] ひとりの民衆としてのマキァヴェッリは、怠惰かつ無能であるにもかかわらず権柄に固執し、浅薄な学識をもって身を飾り、おのれの愚昧によって生じた治領の惨禍に、「白鳥の歌」をもって図々しくも悲劇的演出を加えてよしとする老朽化した支配権 stato が、若き獣的獰猛によって愚弄され、殴打され、「奪冠」uncrown され、正当にも撲殺されるか、露地に踏みつけられる光景を、あたかも「謝肉祭」の広場や街路で「道化王」の笑劇を観ずる民衆のごとくに、歓喜の哄笑をもって観じていたのかもしれない。[134] この「君主の教育者」が、サンタンドレア山荘にあって諸々の政治的主著を執筆しているまさにそのときにおいてさえも、「祝祭」に狂喜乱舞して哄笑する民衆でありつづけたと推測することは、薄弱ならぬ根拠を有しているものと思われる。

ジュリアーノ・デ・リッチ（Giuliano de' Ricci, circa 1543-1606）は、一五二七年に逝去したニッコロ・マキァヴェッリが残した次女の子息、すなわち近世における最も高名な「君主の教育者」、あるいは「普通の考え方からすれば常に極めて突飛な見解の持ち主で、諸々の新たな、そして奇怪な物事の発明者」の外孫である。[135] リッチは偉大な祖父の手稿、書簡、記録、資料、等々の書写、収集、保存にその生涯を捧げたのであった。この営為によって成立した「リッチ写本」Apografo Ricci は、おそらくは膨大な祖父の文書類を散逸から救済したのであり、後世の研究に甚大なる貢献をなしたものとして尊重される。一五〇〇年代末年、マキァヴェッリ執筆の「マスケレ（仮面たち）」Le maschere と題された文書が、複数の断片の形でリッチの手元に残存していたという。それは、アリストファネスを模倣した喜劇形式の「論考」ragionamento であったとされる。そこにおいては、「一五〇四年」に存命であった諸々のフィレンツェ市民が嘲罵の対象となっていたのである。ただしリッチは、「マスケレ」の書写に逡巡したことが窺われる至極曖昧な言辞を残したのみで、ついにはこれを「写本」から除外したのであった。それゆえに「君主の教育者」マキァヴェッリ執筆の「アリストファネス風喜劇」が永久に失われるという痛恨事が生じたのであった。それゆえに「君主の教育者」の文芸諸作品、とりわけ喜劇作品に内在する倫理的、政治的洞察の契機に関するより精緻な考究は、喜劇『マンドラーゴラ』および『クリツィア』を主要な分析対象として遂行されなければならない。テレンティウスの喜劇『アンドレア（アンドロス島の女）』のトスカナ口語訳、散文寓話『大悪魔ベルファゴール』、未完の自伝的寓意詩『（黄金の）ろば』、その他の諸々の韻文小品、そして論攷『わが祖国の言葉についての談話もしくは対話』が、二つの喜劇の理解に資する文芸部門上のマキァヴェッリ執筆作品のすべてであるのかもしれない。しかしながら、たとえ『君主論』および『ディスコルシ』の著者によって確立され、爾後、その巨大な推進力によって世界と人類の根本的変態を主導してゆく「人間喜劇」の輪郭を、もっぱら『マンドラーゴラ』を典拠として素描したとしても、価値ある研究成果を期待することが許されるのかもしれない。というのも、ひとりの近代啓蒙の推進者は同喜劇を評して、「アリストファネスの全作品以上の価値を有している」と陳述したのであった。[136]

【注】

（1）『神学大全』（1, Qu. 3, art. 4）をみよ。「……もののうちにありしかもその本質 essence に属しないところのものは、いずれも、その本質を構成する根源的諸要素……によって原因されているものであるか（即ち、種に伴う固有の諸々の付属性のごときはそれであり、例えば『笑いうる』the faculty of laughing ということが人間には伴うのであるが、これは種の本質的諸要素によって原因されている）、さもなくば、何らかの外的なものによって原因されているか……のいずれかでなくてはならない」(Thomas Aquinas, I, p. 17)。さらに水田、二〇〇八年、一二三―一二九頁をみよ。

（2）「他の動物は笑わない……」(Aristotle, I, p. 1049)。さらに『神学大全』(3, Qu. 16, art. 5) をみよ。「笑いうるものであることは、人間以外には述語されない」(Thomas Aquinas, II, p. 800)。

（3）Aristotle, II, p. 1780.「……人生には休息もあり、これには娯楽で時を過ごすことも含まれているのだから、この方面でもある種の適切なつきあい方があって……」(1127b-1128a)。

（4）「喜劇は……比較的劣っている人たち men worse than the average を再現するものである。しかし、この人たちが劣っているというのは、あらゆる劣悪さにおいてではなく、滑稽なものはみにくいものの一部であるという点においてである。なぜなら、滑稽とは、苦痛もあたえず、危害も加えない一種の欠陥であり、みにくさ a mistake or deformity not productive of pain or harm to others であるから。……喜劇の仮面はある種のみにくさとゆがみをもっているが、苦痛をあたえるものではない」(Aristotle, II, p. 2319)。なお『弁論術』は、諸々の冗談の種類に関する議論が、すでに『詩学』のなかで解決済みであることを明記しているが (1371b-1372a; 1419b)、現存の『詩学』中にそのような議論は確認されない。というのも現存の『詩学』は、あくまで悲劇を主題的に論じ、また叙事詩を悲劇との関連において論じているものの、喜劇および諷刺詩を悲劇との関連において詳論し始める直前と推察される部分で杜絶し、これ以降の記述は散逸したからである。この事実が、Eco, 1980 の創作の基礎となる。

（5）「……皮肉 irony は道化 buffoonery よりも自由人 a gentlemen に似つかわしい。なぜなら、皮肉を言う人は自分の楽しみのために笑いを生み出しているのであるが、道化者のほうは、他人のためにしているからである」(Aristotle, II, p. 2268)。

（6）以下はソクラテスの発話である。「……『滑稽さ』の本性 the nature of the ridiculous について、ここから君〔プロタルコス〕はどのような結論を引き出すのか。……要するにそれは或る害悪 vice なのである。それはまた害悪全体のうちで、かのデルポイの銘文によって言われているのとは反対の情態を持つものである。……『けっして自分自身を知らないこと』……」(Plato, p. 438)。

（7）「……まず最初の問題、笑いそのものとは何か、それはいかにして引き起こされるのか、それはどこにあるのか、それはどのようにして存在し、また、なぜあまりにも忽然と消えてしまい、われわれが留めておきたいと思いながらもそれができないのか、それはどのようにして同時に肺や口や血管や表情や目を領するのかといった問題は、デモクリトスに考えてもらうことにしましょう」（Cicero, 1942, pp. 372-373）。

（8）「……こうした事柄に通暁している人々も言っているようにこの皮肉や韜晦にかけては、おかしみと人間的教養という点でソクラテスこそ誰よりもはるかに抜きん出て優れた人であったというのが私の意見です」（ibid., pp. 402-403）。

（9）「本来われわれは遊びや冗談のために自然によって生まれたのではなく、真剣に生活し、何かもっと重大・重要なものを追求するためである」（Cicero, 1991, pp. 40-41）。

（10）「……喜劇作者たちは、ありそうな出来事にもとづいて筋を組み立て、そのあとでたまたま思い浮かんだ名前をつける……。彼らの方法は、個々の人物について詩作する諷刺詩作者たちのそれとは異なる」（Aristotle, II, p. 2323）。

（11）「……ドーリス人は、悲劇も喜劇も自分たちがつくったものであるという――。喜劇については、ギリシア本土のメガラ人が、それは民主政が自分たちのところで成立したときに生まれたものだといい……。そのさい、彼らは劇にかかわる名称を証拠としてあげる。すなわち彼らは、自分たちが市外の村落をコーメーと呼ぶのにたいし、アテナイ人がデーモスと呼ぶことをあげ、喜劇役者（コーモードス）は祭りで浮かれ騒ぐこと（コーマゼイン）から名づけられたのではなく、さげすまれ町から追われて、村から村へ（カタ・コーマース）さすらったことから名づけられたと考える」（Aristotle, II, pp. 2317-2318）。

（12）「……しばしばそれと気づかぬうちに、自分自身の生活そのものにおいて喜劇役者となりはてるところまで、引きずられて行くことになる……」（Plato, p. 1211）。

（13）Aristotle, II, p. 2120.

（14）「友人たちのために笑いを案出する者は、友人たちを泣かせる者よりはるかに価値の低いことを行っている、とわしは信じるからだ。お前も正しい考え方をするなら、わしが真実を言っているのが分かるだろう。涙で父親たちは息子たちを思慮深くさせ、教師たちは子供に良い知識を与え、法律も市民たちを泣かせることで正義に向かわせるのだ。だが、笑いを引き起こす者たちが肉体の役に立ち、家政や国政を司るうえで精神をより長じさせる、と言えるのか」（Xenophon, I, pp. 162-165）。ただし王者としてのキュロスは、かかる主張に賛同したわけではなかった。

（15）「……快く装われた詩神（ムゥサ）を受け入れるならば、君の国には、法と、つねに最善であると公に認められた道理とに代わって、快楽と苦痛 pleasure and pain が王として君臨することになるだろう」（Plato, p. 1211）。

（16）これについて、若きプラトンに関する以下の古伝に注目せよ。「……悲劇によって賞を競おうとしていたとき、彼はディオニュソス劇場の前でソクラテスに諌められ、詩の作品を火中に投じてこう言った。……プラトンはいまあなたを必要としているのです」(Diogenes Laertius, I, pp. 280-281)。

(17) Wolin, 2004, p. 37 をみよ。なお、プラトンは「第七書簡」(325c-326b) 中、父祖の習俗と制度の崩壊ののち、変転極まりなく推移する事態に「めまい」を覚えたことが、国事に参画する熱望を喪失し、ついには哲人王の構想を抱懐するに至った契機であったことを告白している (Plato, p. 1648)。

(18) この問題について、アリストテレス『政治学』(1316a) の批判をみよ (Aristotle, II, p. 2089)。

(19) あるいはここにおいて、『国家』(473C) 中、言論による最善の国制の建設に降りかかる幾多の試練が、寄せては返す「笑いの大波」wave of laughter と形容されていたことが想起されるのかもしれない (Plato, p. 1100)。

(20)「おお、異国の人びとのなかでもっとも優れた方々〔悲劇の作者たち〕よ、わたしたちは自分たち自身が悲劇の作者であり、しかもできるかぎりもっとも美しく、もっとも優れた悲劇の作者なのです。たしかに、わたしたちの全国家体制は、もっとも美しく、もっとも優れた人生の似姿として構成されたものであり、そしてこれこそまさに、もっとも真実な悲劇 most genuinely a tragedy であると、わたしたちは主張します。ですから、あなた方が作者であるように、わたしたちもまた同じものの作者であり、しかも、もっとも美しいドラマの制作者かつ役者として、わたしたちはあなた方の競争相手なのです」(Plato, p. 1484)。

(21)「プラトンの両義性のなかでもっとも目につくのは、本質的に悲劇のテーマ an essentially tragic theme とでも言うべきものであり、それは知識による救済という約束によって明るく照らされた舞台に闖入し、舞台を暗転させる、いわば場違いの訪問者とでもいうべきものである。すなわち、人間の理性は絶対的・不変的真理にあこがれることができるという確信と表裏一体をなして、人間が理論と現実をひとたび結びつけ、完全なる範型が現実の制度においてひとたび実現するや否や、堕落への過程が必然的に始まるという、まったく相反する信念が存在している。つまり、可視的生成物に伴う解体と堕落とを免れるには、人間の営みはあまりにも無力である。生成、堕落、死滅という循環は、この世界を支配する鉄則であり、人間の技術は、きわめてまれにのみ、見せかけの不滅性を、一瞬の間だけ、強引にみずからのものにすることができる。『国家』に描かれた理想の国制でさえ、この鉄則から自由ではなかった。……プラトンの政治学の結びの言葉は、人間が永遠の国制をかたちづくることができるという、底知れぬ傲慢さをあらわしているのではなく、きたるべき敗北を予知することによって、抑制されたヒロイズムを表明している」(Wolin, op. cit., p. 62)。

(22) ユウェナリス『諷刺詩』(10)。『ローマ諷刺詩集』国原吉之助訳、岩波書店、二〇一二年、二三七—二三九頁。これについて、斎藤、一九七六年、一七八頁および二五頁をみよ。ちなみにモンテーニュは、「笑う哲学者」に与した。『エセー』(1, 50) をみよ。

（23）Diogenes Laertius, II, pp. 408-409. なお、『エセー』（1, 50）の立場を考慮すると、ここでの「泣く哲学者」の性格に関する証言もまた、興味深く思えてくる。すなわち、「彼は誰にもまして気位が高く、尊大な男であった」。

（24）『クラテュロス』（402A-C）をみよ。ただしアリストテレスの『形而上学』（987a）にみえる証言によるならば、「感覚的な事物」に関して、プラトンはヘラクレイトスの見解を受け入れていたのであった。「……若いころからプラトンは、初めにクラテュロスに接してこの人のヘラクレイトス的な見解に親しんだ、そして――この見解では、およそ感覚的な事物はことごとく絶えず流転しているので、これらの事物については真の認識は存しえないというのであるが――この見解をかれは後年にもなおその通りに守っていたからである」（Aristotle, II, p. 1561）。

（25）古典的伝統における類似の認識の注目すべき事例として、たとえばヘロドトス『歴史』（7, 46）、ポリュビオス『歴史』（38, 22）に注目せよ。

（26）「……プラトンは、昔の哲学者たちのほとんどすべての人に言及しているのに、デモクリトスには一度もはっきりと言及していないばかりか、デモクリトスに対して何らかの反論をする必要がある場合にさえも、言及していない……。それというのも、明らかにプラトンは、哲学者たちのなかで最もすぐれた者になろうとすれば、デモクリトスが自分にとっての競争者となるであろうということをよく知っていたからなのである」（Diogenes Laertius, II, pp. 450-451）。

（27）「彼ら〔隠修士たち〕の模範がなかったら、教会は、すなわちあらゆる精神的関心の唯一の拠りどころは完全に世俗化されていたであろう…」（Burckhardt, 1978, S. 303）。

（28）マタイによる福音書（5, 4）。

（29）各々、ヨハネによる福音書（11, 35）、ルカによる福音書（19, 41-42）、ヘブライ人への手紙（5, 7）をみよ。

（30）以上、Le Goff, 2003, pp. 74-81 を参照した。

（31）ヤコブの手紙（4, 9）。

（32）「無駄口あるいは笑いを誘う言葉は口にしないこと」（4, 53）。「頻繁にまた大声で笑いに興じないこと」（4, 54）。「……卑俗な言動、無益で笑いを誘う言葉はどのようなところでも絶対に禁じ、わたしたちは弟子がこのような話のために口を開くことを認めません」（6, 8）。「謙譲の第一〇段階は、修道士が軽々しく、すぐさま笑わないことです。聖書に『愚か者は声を上げて笑う』……とあります」（7, 59）。「謙遜の第一一段階は、修道士が話をする時、穏やかに、笑わず、厳粛で謙虚に、言葉少なく、道理に適った話し方をし、また大声をあげないことです」（7, 60）。訳文は、『聖ベネディクトゥスの戒律』古田暁訳、ドン・ボスコ社、二〇〇六年、四〇頁、四六頁、五六―五七頁に拠る。

（33）シラ書（ベン・シラの知恵）（21, 20）。

（34）Le Goff, 2003, pp. 81-83 をみよ。「……笑いを扇動する者たちを追放したアレクサンドリアのクレメンス〔二一五年頃没〕の態度は、『国家』において詩人をその国の外に追い払ったプラトンの態度を思わせる」（ibid., pp. 81-82）。

（35）以上、Verdon, 2001, pp. 17-24 を参照した。

（36）「……一二世紀の強度の精神運動の結果として、笑いが容認されるか否かがあらためて論ぜられることになった。……原理的な質問もあらわれる——笑いは人間の本質をなすものなのだろうか……」（Curtius, 1954, S. 422）。

（37）『神学大全』（第二二冊）渋谷克美訳、創文社、一九九一年、二九八―三〇三頁。

（38）「……娯楽に関する徳によって人が無節度な娯楽を楽しむのを抑制される限りにおいて、それは節度を守ることのうちに含まれる」（同上、三〇二頁）。

（39）「それは……人が娯楽のために淫らな会話や行いをする、更にまた隣人に害を与えるような事をする場合である」（同上、三〇五頁）。

（40）この点については、Le Goff, 1997, p. 44 をみよ。

（41）Augustinus, II, pp. 534-537; pp. 543-544.

（42）「……これは sâkhaq サーハクに由来する言葉で、『笑い』を意味する。すなわち嘲弄のではなく歓喜の笑いである。イサクは聖書に見られるまったく善良な人物であり、これが笑いの復権の理由となる」（Le Goff, 2003, p. 84）。

（43）「ギリシア語は、同一の源泉に由来するところの二つの言葉、つまり gélân と katagélân を持っていた。gélân は自然的な笑いであり、katagélân は悪意ある笑いである。私が思うに、良き笑いと悪しき笑いを区別しようとする中世思想の諸々の努力は、単的にこの区別を継承している。ラテン語が持っていたのは risus〔嘲笑〕だけであった。微笑を指す言葉を持っていたのは、ギリシア語だったのである。ラテン語が subrisus のような言葉を構築するにあたっては多大な困難があったのであり、困難を経ることによってのみ成功したのである。……それ〔subrisus〕は、諸価値と振る舞いの明白な変化ののちにはじめて『微笑』となった——おそらくは一二世紀において。私が推察するところでは、微笑は中世の諸々の発明品のうちのひとつではなかろうか」（Le Goff, 1997, p. 48）。

（44）「フランチェスコは、彼の同胞に語っている。すなわち、『苦難のうちにあっても、汝を苦しめる者たちの前にあっても、つねに陽気な顔 hilari vultu でいるように』。真実に、笑いは精神性と態度のひとつの形式となる」（ibid., p. 51）。
（45）「顔をほんの少し動かして」poco movimento de la sua [f]accia（Opere minori, I-II, p. 392）。
（46）Canzoniere, 123; see, 200（Petrarca, p. 223; see, p. 334）.
（47）宮下、二〇一一年、一一―一二頁をみよ。
（48）Opere minori, I-I, pp. 140-141. なお、以下の邦訳は、『新生』山川丙三郎訳、岩波書店、一九四八年、および『新生』平川祐弘訳、河出書房新社、二〇一二年を参照したが、必ずしもこれらに拠らない。
（49）「……いわば筋の本質、つまり詩作品の悲劇的モチーフ il motivo tragico……」（De Sanctis, 1965, p. 56）。
（50）「あの方を奪ったものは他の人の場合のような冷気でもなければ熱気でもない。そうではなくてあの方のあまりに大きな徳性ゆえだ」（Opere minori, I-I, pp. 200-201）。
（51）「〔『新生』の〕つきつめた印象はこうである。この地上は、影と幻想の国、無知と悪徳の森であり、死と悲しみを必然的な結末とする悲劇 la tragedia なのである。そして本当の実在は、永遠の神聖な喜劇 l'eterna e divina commedia は、彼岸の世界にあるのだ」（De Sanctis, op. cit., p. 66）。
（52）Purgatorio, 32.
（53）「……ヨハネとは異なり、イエスの福音は、終末論的なメッセージに含まれる、喜びの契機をいっそう強調するものだった……。……イエスは、来るべき神の国の到来について、いっそう楽観的であり、イエスに従う人びとが新しい時代の喜びを望みうることを説いたのであった」（宮田、一九九二年、八六頁）。さらに同上、一八―二〇頁、一五〇―一五二頁をみよ。
（54）「その聖女〔ベアトリーチェ〕は悪魔や肉の誘惑も手を出すすきを与えない純潔な姿で描かれている。それは『霊魂の喜劇』Commedia dell'anima で上演されたものと同様の霊魂の聖史劇 il mistero dell'anima であった」（De Sanctis, op. cit., p. 134）。
（55）Burckhardt, 1988, S. 292 をみよ。
（56）「〔『霊魂の喜劇』と題された宗教劇は〕霊魂の破滅によってではなくて、その救済によって終わるために、これは《喜劇》commedia と呼ばれている。……人間 Umano、解脱 Spoglia、再生 Rinnova という聖化の三段階……。……以上の三段階は、儀式用の形式を、地獄 inferno、浄罪界 purgatorio、天国 paradiso という三界に得ていた。……この『霊魂の喜劇』は、この世紀の法典とも、抽象的一般的内容ともいえるもの……」（De Sanctis, op. cit., pp. 95-96）。「聖史劇または魂の歴史は、霊魂が人間的なものによって打ち負かされ、悪魔との戦いに敗れて、その手中におちいる時、第一段階を終える。それは霊魂の悲劇 la tragedia dell'anima であり、ダンテからインスピレーションを受けたゲーテが救済する時まで、ファウストの悲劇 la tragedia di Fausto であった。だが、霊魂が悪魔の誘惑に打ち勝って、人間的存在を解脱し浄化される時、読者は、永遠の平安のうちにあって、栄光にあずかるのを見出す。つまり、霊魂の喜劇 la commedia dell'anima を見出すのだ」(ibid., p. 131)。

(57)「……あたかも影から光へ、幻影から実在へ、悲劇から喜劇へ dalla tragedia alla commedia……」(ibid., p. 66)。

(58)「霊魂の聖史劇とは、基本的には、生の最も霊妙で本質的な問題を含んだ宗教的形而上学全体であり、それに合致した一つの文明を生み出したのだ。そこには個人と社会、哲学と文学が含まれていた」(ibid., p. 132)。

(59)「……『神曲』という作品が新しい思いつきではなく、独創的なものでも、異常なものでもなく、あるいは突如としてダンテの頭脳に浮んで、驚く世間の前に披露されたものでもないことを、すでに分かってくれただろう」(ibid., p. 136)。「……いったい『神曲』とはなんであろうか。それは……芸術として現実的に表現された中世である」(ibid., p. 156)。

(60) Epistole, XIII, 9-10 (Opere minori, II, pp. 612-623). なお、イタリア語訳もまた同文献に拠る。この一三一九年頃執筆と推定されるヴェローナ領主カングランデ・デッラ・スカーラ宛書簡について付言するならば、「『もし人であれば、笑い得る』という議論の様式」(ibid., pp. 636-637) への言及がみられ、一二世紀以降の「笑い」に関する議論の沸騰を窺わせる点で興味深い。なお、「喜劇」と「悲劇」の言語上の比較については、以下の論述も参照せよ。「『悲劇』という名称は、高級な文体を意味し、『喜劇』はより低次の文体……。……実に真に悲劇的文体を用いるのは、詩句の崇高さと構成の品格と語いの卓越が、思想の荘重さに調和している場合にかぎることは明白である」(対訳『俗語詩論』岩倉具忠訳註、東海大学出版会、一九八四年、九〇—九一頁)。

(61)「ダンテは一三二一年に世を去った。だが彼の『喜劇』はその世紀の全体を蔽った」(De Sanctis, op. cit., p. 232) さらにマリーナ・マリエッティ『ダンテ』藤谷道夫訳、白水社、一九九八年、一三〇—一三一頁をみよ。

(62) 通例、ダンテの政治思想は帝権と教権とを「二つの太陽」とみなし、世俗的政治権力の独立を推進したために、パドヴァのマルシリウス (Marsilio da Padova, circa 1275-1343) を準備したとみなされる (see, De Sanctis, op. cit., pp. 127-130)。たとえば、南原、一九六二年、一三三頁をみよ。

(63) Opere minori, II, pp. 328-329.「この点において、中世思想を最も徹底したのは、トマスではなく、むしろダンテであると言っていい。なぜなれば、中世の実在論の立場からは、人類の概念についても、単なる抽象的普遍としてではなく、具体的普遍でなければならず、それは必然的に一つの普遍的人類共同体組織の観念に導かれざるをえない。かのような普遍的世界共同体の観念は一般に中世を通じて前提されたところであるが、それを理論づけた点に、ダンテの論理の徹底と政治学的意味が認められる」（南原、前掲書、一三〇頁）。「この理想の世界国家は一二世紀の言葉で、あっさりと『人類国家』（*respublica generis humani*）ないしは「普遍的教会」（*ecclesia universalis*）と呼ばれることができた。……人間の欲望は完全性と幸福に向けられている。そのどちらも、地上では実現されえない。しかし、その実現が地上で可能であるとしたら、それが可能であるのはただ世界国家においてのみである」（Allen, 1921, p. 266）。

（64）「ある修道士が、彼〔ダンテ〕に『そなたは、なにを求めておいでか』とたずねた時、かれは『平和だ』Pace と答えたということである〔ボッカッチオ『ダンテを讃える小論』〕。これこそ、同時代の人が、ことごとく求めていたものだった。平和とは、地上の王国と天上の王国との一致、霊魂と神との一致であり、地上における神の統治である。……真の平和は、この世ではありえないことである。真の平和は、神のうちにあり、天上界にあるのだから」（De Sanctis, op. cit., p. 131）。

（65）「……感覚との戦いに打ち勝ち、身を浄めた霊魂は、平安と、永遠の喜劇 eterna commedia と、至福を得るのだ」（ibid., p. 135）。

（66）ウンベルト・エーコの『薔薇の名前』*Il nome della rosa* は、一三二七年、北伊のとあるベネディクト会修道院に発生したとされる架空の事件を描いた歴史小説である。同修道院における連続殺人を捜査するなかで、フランチェスコ会修道士ウィリアムは、すべての秘密が修道院文書館に秘蔵されたアリストテレスの『詩学・第二部』にあったことを知る。それは散逸したものと思われていた『詩学』の後段部分、つまりは喜劇を論じた部分の地上に残された唯一の写本であった。小説中、ここにおいてアリストテレスは笑いと喜劇を肯定する議論を開陳していたとされる。連続殺人は、この議論の流出を危惧した老ホルヘ師が、文書を閲覧した者を殺害しつづけていたことによるものであった。真相が明らかになり、ウィリアム修道士が「笑いを抹殺することはできない」と主張したことに対するホルヘ師の弁論は、創作といえども、ここにおいて長文を引用する価値があるのかもしれない。「たしかに、それはできない。笑いはわたしたちの肉体の弱点であり、頽廃であり、失われた味だ。それは農夫のためには気晴らしであり、酔漢のためには憂さ晴らしであり、キリスト教会が賢明にも祭日や、謝肉祭や、祝宴のさいに認可してきたものであり、そのようにして不謹慎な白昼の行為が人びとの憂さを発散させ、それ以上にふしだらな欲望や野望から、踏み留まらせるのだ……。……だが……その書物〔アリストテレスの『詩学・第二部』〕のなかでは、笑いの機能が逆転する。笑いが方法にまで高められ、それに向かって学者たちの世界の扉が開かれ、それが哲学の対象となり、不正な神学の対象ともなる。

……その書物は悪魔の恐怖から解き放たれることが知恵であることまで教えかねないだろう。農夫の喉に酒が注ぎこまれて、笑いだすとき、彼は自分を主人のように感じだすのは、主従関係を逆転させるからだ。ましてや学者たちには先鋭な考えを授けかねないだろう。そして蒙を啓かれた瞬間から、逆転を正当化する業を、彼らは身につけてしまいかねない。……その書物のなかから、おまえみたいに腐敗した精神の持ち主たちは、笑いが人間の目的であるという三段論法を導き出しかねないであろう！……その書物からは、堕ちたルチーフェロの火花のごときものの出る危険があり、これが火種となって全世界へ新たな火災をもたらしかねない。そして笑いは、プロメーテウスにさえ未知であった、新たな方法として、恐怖を無と化さしめるための企図に、使われるかもしれないだろう。笑っている農夫にとって、その瞬間にあっては、死さえ何ものでもない。……いつの日か、〔『キュプリアーヌスの饗宴』の滑稽なパロディーにおける〕常軌を逸した想像力の、他愛もない戯れが、あの哲学者の言葉によって正当化されるようなときが来れば、おお、そのときには、それまで周縁にあった他愛もないものまでが、まさに中心に躍り出て、中心にあったものは跡形もなく失われてしまうであろう。神の民は、未知の大地の奥底から躍り出てきた悪魔の群れへと姿を変え、そのときには既知の大地の周辺がキリスト教世界の中心になり、アリマスピたちがペテロの王座に就き、ブレンミたちが僧院に陣取って、巨きな頭と太った腹の小人たちが文書館の警備に当たるであろう！　使用人たちが掟を作る側に立ち、わたしたちは（もちろんおまえもいっしょだぞ、そのときには）一切の掟を失って、服従する側に回るであろう……」（Eco, 1980, pp. 477-479）。

（67）「私が信じるところでは、修道院の模範が優勢であるところの、四世紀から一〇世紀に至る第一の時代、つまり抑圧され、窒息させられた笑いの時代が存在する。……第二の時代〔一一世紀から一四世紀〕は……笑いの解放と管理の時期であるが、それはとりわけ *inter alia*、平信徒と俗語文学の興隆と結びつけられている。……最後に、我々は『拘束のない』笑い 'unbridled' laughter に、ミハイル・バフチンの諸理論に到達する」（Le Goff, 1997, pp. 50-51）。中世期とルネサンス時代の間に画然たる断裂を見い出そうとする傾向、さらに都市文化を重視して農村文化を軽視する傾向などに関して、バフチン理論に若干の疑念を呈するものの、ル＝ゴフは基本的に「第三の時代」、すなわち笑いの無条件的解放の時代についてはバフチンの所説に好意的であるようにみえる。

（68）Ibid., p. 51; see, Paradiso, 29.

（69）「……ボッカチオの無分別な快活さは、呪われ罰せられていた物質と肉体が、かんだかい嘲笑の声をあげて、世界のなかに侵入してきたことのあらわれである。それは、より多くの教養をつみ、よりいっそう知的になって、古い社会をからかう方向にむかった一社会の、最初の哄笑 il pimo riso であった。……ダンテはひとつの世界を閉じた。ボッカチオはもうひとつの世界を開く」(De Sanctis, op. cit., pp. 265-266)。

(70) 若きボッカッチオの『フィロストラート』Filostrato なる作品を評した次の陳述に注目せよ。「民衆の粗野な純朴さと、封建領主や騎士の観念的生活との中間に位置するブルジョワジーの生活の写し絵……。……公生活と宗教生活の高貴な感情はすべて姿を消し、のこるものはただ、私生活の詩だけである。私生活は、その目的が金もうけのみであれば、つまらない散文であり、それが高貴なものになるのは、愛によってである。栄誉と富を追い求める欲望から心を脱却して、愛の喜びに生きること、これが私生活の理想……」(ibid., p. 271)。

(71)「……喜びの中で最たるもの、最も貴重で最も正統なものは愛である。なぜなら、それは最も自然なものだからである。理性は自然・本性の抗しがたい力に対立しようとすることはない。この力を制御することは何びとにも不可能である」(Hauvette, 1914, p. 255)。

(72) Boccaccio, pp. 39-43. 以下、『デカメロン』の訳文に関しては若干の表記を改めた箇所がある。

(73) Ibid., p. 181. なお、次の言明に注目せよ。「〔『デカメロン』において〕いつもかつがれるのは、もちろん、焼きもちやきの亭主である。亭主が老人で陰気であれば、若さと恋を前にして彼が敗退するのはあまりにも当然である」(Hauvette, op. cit., p. 274)。この一節に付せられた注記は以下のものである。「この短篇物語の中の最も知られた典型は『第二日』の一〇話……」。

(74)『デカメロン』の冒頭と末尾をみよ。「これから始まる本書は『デカメロン』別名を『ガレオット公』prencipe Galeotto という」(Boccaccio, p. 3; see. p. 764)。ガレオット公は、ランスロットとグニエーヴルの恋の仲立ちをした円卓の騎士であった。書物を「ガレオット公」、すなわち「恋の仲立ち人」とする事例は、ダンテにおける名高いパオロとフランチェスカの悲恋の逸話にみられる。「本が、本を書いた人が、ガレオットでございます」(Inferno, 5)。

(75) Boccaccio, pp. 287-288.「愛はここでは明白に名誉ある位置を占めており、自然の掟としての愛はその神聖な性格からして尊敬すべきものであり、これを圧殺しようとするのは不条理であり、犯罪的ですらある……」(Hauvette, op. cit., p. 256)。

(76)「人間は平等です。同じものとして生まれます。それは昔も今も変わりません。その人間を区別したのはまず徳 virtù の力でした。その力を多く授けられ、その力を駆使した者が貴族と呼ばれ、その他の者は貴族になれませんでした。……この自然の掟……」。さらにこの令嬢（ギスムンダ）は、「いま国王と呼ばれ君主として敬せられている多くの人も、かつては貧しかった」と述べている（Boccaccio, pp. 288-289)。

(77)「……おそらく近代人中の最初の人であるボッカッチョ……」(Hauvette, op. cit., p. 271)。

(78) Boccaccio, p. 446. この発言は、マタイによる福音書中の文句「聖なる物を犬に与えるな」(7, 6) のパロディーである。

(79)「……わたくしどもがこの数日間けらけらと打ち笑いあまりに明るく楽しみすぎたから、それに多少歯止めをかけるおつもりなのでしょう」(Boccaccio, p. 282)。この点について、De Sanctis, op. cit., pp. 294-296 の陳述をみよ。

(80)「牧歌的で官能的な心には、英雄的なもの、悲劇的なものは根をおろしえない。むりにそれをしようとすると、真実でない、修辞だけなものになってしまう」(De Sanctis, op. cit., p. 283)。「……事件が悲惨な結末に終わるときでも、感動は表面的、外面的であって……ダンテの男性的な悲しみに見られるような、心を責めさいなまれるような状態にまでは、けっして達しないのである。……悲劇の亡霊たち……」(ibid., p. 294)。「……喜劇的なものがこの世界の顔……」(ibid., p. 296)。

(81)「……フィレンツェ市の城門から出ると……それから二哩足らず、およそ三キロほど……」(Boccaccio, p. 21)。

(82)「……この苦悩のない陽気な世界は……『人間喜劇』la《commedia umana》となる。神曲と反神曲、『神曲』commedia divina とそのパロディー parodia である『人曲』commedia umana とが、こんなに短い期間しかへだてないで対峙しているのだ。……〔ダンテの〕《喜劇》は改良 riforma であり、ボッカチオの《喜劇》は革命 rivoluzione である。……ダンテにとって喜劇は天界の祝福 la beatitudine celeste である。ボッカチオにおいて喜劇は地上の祝福 la beatitudine terrena……」(De Sanctis, op. cit., pp. 297-298)。「……ボッカッチョの人間劇がダンテの神の劇(『神曲』)との間に作り出すきわどい対照……」(Hauvette, op. cit., p. 279)。「……一大人間喜劇、当時の社会のパノラマ……」(岩倉他、一九八五年、一〇一頁)。

(83)「これは新しい《喜劇》la nuova《commedia》である。神聖な喜劇ではなく、地上の喜劇 la terrestre commedia である」(De Sanctis, op. cit., p. 311)。

(84)「……お坊様や修道士様の説教も、実は大半は諧謔やお喋りや洒落でございますが……」(Boccaccio, p. 763)。なお、この文句がみえる「結び」conclusione には、「……告白しますが、この世の事はおよそ落着きがなく、いつもうつろい変化します。それと同じことは私の舌についても起こりましょう。私は自分の判断も実は信用していません」(ibid., p. 764) という陳述がある。一五二一年五月一七日付カルピ発フランチェスコ・グイッチァルディーニ宛書簡において、あるいはマキァヴェッリはこの陳述を想起していたのかもしれない。「……いつからか私は信ずることを口にせず、口にすることを信じなくなりました」[II, p. 373]。

(85) De Sanctis, op. cit., p. 349 をみよ。さらに次の言明に注目せよ。「この喜劇的な、否定的な文学は驚くべき勢いで発展する。

……『デカメロン』はその両脇に、この世紀〔一五〇〇年代〕の文学全体をひきつけてしまった。この書こそはサケッティ、プルチ、ロレンツォ、ベルニ、アリオストあるいは他のもろもろの作家を生み出す糧であった」(ibid., p. 381)。

(86)「神秘劇から……まず道化芝居が、ついでそれ以外の世俗的芝居が分かれて現われてくる……」(Burckhardt, 1988, S. 292)。

(87) 一五〇〇年代初年、ヘレニズム期の大理石像が発見され、民衆によって「パスクィーノ」Pasquino と名付けられた。ローマ市内に現存するこの像に、次第に教皇や諸々の君主に対する諷刺文や皮肉な詩が貼り付けられ、諸々の新鮮な哄笑を喚起し、好評を博するようになったことから、「もの言う像」Statua Parlante、すなわち一種の落首板として利用された。一五二〇年前後、つまりレオ一〇世およびハドリアヌス六世の治世に最も流行したという (see, De Sanctis, op. cit., p. 380; Burckhardt, 1988, S. 120)。

(88) ブルクハルトは、「なぜルネサンス期のイタリア人は悲劇において二義的な作品しか生み出さなかったのか」という問題を提起している。ただし、これに対するブルクハルトの答えは、イタリア人の興味が戯曲的要素よりも、豪華な舞台装飾の華美に引き付けられたためであるというものである (Burckhardt, 1988, S. 228)。

(89) すなわち、Bakhtin, 1984 である。

(90)「……ルネッサンスの時代には、笑いは……歴史にただ一度だけ五、六〇年間にわたり（国により時期も異なるが）民衆の奥底から民衆の《卑俗な》言語をもって、大文学と高尚なイデオロギーの中へと突進してきたのである。……公式と非公式の文学間の境界が成り立たなくなるのは不可避的であった。……公式的なものに入らず千年にわたって発展した民衆の笑いがルネッサンス文学の中に突入した」(Bakhtin, op. cit., p. 72; see, p. 97; p. 136; pp. 465-466)。

(91)「一六世紀は笑いの歴史の頂上であり、この頂上のピークがラブレーの小説である」(ibid., p. 101)。長編小説『ガルガンチュア』および『パンタグリュエル』中、「笑わん族連中」への痛罵とともに、アリストテレスの『動物部分論』(673a) の陳述に依拠した笑いの現象の正当化がみられることは注目に値する。「なにしろ笑いとは、人間の本性なのですから」(『ガルガンチュア』宮下志朗訳、筑摩書房、二〇〇五年、一五頁)。疑いなく哲人の真意に反して、古典的学識は「拘束なき笑い」を容認、あるいはむしろこれを要請するものとして想念されていたことになる。したがって『薔薇の名前』中の老ホルヘ師の懸念は、まさしく的中していたといえるのかもしれない。ソクラテスが「拘束なき笑い」の震源、ある種の「啓蒙」を実践する「道化」の原像として思念されてゆくのは、これに対応した傾向であるものと思われる。この問題について、以下の陳述に注目せよ。「異形の姿をもって出現して、市民たちの日常的感覚を脅やかし、機知と悪態と笑いによって『賢』と『愚』の価値基準をくつがえし、共同体の慣習と秩序を攪乱し活性化したあげくに、やがて『法〔ノモス〕』によって追放される――道化がしばしば（いつもではないが）示すこのパターンをソクラテスにも見出すことは、あながち牽強付会ではあるまい。事実、ギリシア古代のこの『哲学的道化』の名前とイメージは、後代の『文学的道化』たちによって、偉大な先達としてなんどとなく喚起されることになる」（高橋、一九七七年、一〇―一一頁）。なおラブレーは、プラトン『饗宴』（32）中にみられるアルキビアデスのソクラテス賛美（「シレノス像」）に言及しつつ、ソクラテスの道化的外観の裏面に秘められた知恵を示唆している。このラブレーのソクラテス理解が、エラスムスを継承したものであることについては、同上、六頁をみよ。さらに以下の言明に注目せよ。「……『フュシス』を『ノモス』……よりも根源的なものとみなし、自然的存在としての人間の肉体的本能を容認し、快楽と幸福への欲望を『ノモス』の抑圧から解放する――これが道化の本来的な機能である」（同上、五三頁）。

（92）「……祝祭の笑い festive laughter が〈時〉および時の交替に対して持っている本質的な関係……。……公の教会の顔が過去に向けられて現在の体制の神聖化と承認の役を果たしたとすれば、民衆的・広場的な、笑う顔は、未来をみつめ、過去と現在の埋葬に立ち合って笑うのであった。この顔は保守的な不動性、《超時間性》、確立された体制・世界観の不変性なるものを自らと対立させ、まさに交替と改新の要素 the element of change and renewal を強調した」（Bakhtin, op. cit., p. 81）。「カーニバルは、古いものの破壊と新しい世界――新しい年、新しい春、新しい王国――の誕生を祝う」（ibid., p. 410）。「……女性は本質的、肉体的に、すべて古いものに敵対的なのである（新しきものを生み出す原理として）。パニュルジュはそれゆえ、不可避的に奪冠され、打たれ（悪くすると殺され）、嘲笑されるのである。……彼は永遠の王、永遠の年、永遠の若さたらんと欲するのである。女性はと言えば、その本性からしても、永遠に敵対し、永遠の自惚れた老年の姿を発いて見せる。……『第三之書』のパニュルジュ像は、交代と改新を受け容れようとしない、頑固にさからう老年……の像である」（ibid., pp. 242-243）。

（93）「この〔民衆的・祝祭的〕イメージ体系の中では、王様は道化 clown である。彼は全民衆によって選ばれ、それから彼の王位の期間が終わると、その全民衆によって嘲笑され、罵られ、打たれる。……嘲罵は、嘲罵される者の他の――真の――顔を暴き、飾りと仮面を投げ捨ててしまう――嘲罵と打擲は王を奪冠 uncrowning する。嘲罵は死であり、以前は若かったものが老令に変わったものである。……しかしこの死の後には、同じイメージ体系の中で、再生、新しき年、新しき若さ、新しき春がやって来る。……それゆえ、罵言と称賛は、二つの身体を持てる同一の世界の二つの側面なのである」（ibid., pp. 197-198）。さらに、二〇世紀の文化人類学の観点からの以下の言明に注目せよ。「『王を殺す』という行為のなかには、日常的な権力のメカニズムによって、固着し、汚染した世界を破壊するといった意味が、隠されているのである」（山口、二〇〇七年、一八五頁）。「道化の演技は、日常世界の核を逆転させて開示する世界の等質性の故に、時空を越えて対応しあうのである」（同上、三六九頁）。

（94）「……カーニバルの参加者は、光でみたされた大地の絶対的に陽気な主人である。なぜなら、死が新しい誕生を孕んでいるだけであることを知っており、生成と時の陽気な姿を知っており、この《Stirb und werde》〔死ね、そしてよみがえれ〕を完ぺきに所有しているからである。……問題は、自分たちの集団の永遠性、自分たち民衆の地上的史的不死性 earthly, historic immortality、絶ゆることなき再生―成長 continual renewal and growth という民衆の感覚に、客観的に関与している、ということである」（Bakhtin, op. cit., p. 250）。「世界と民衆のこの全体の中には、恐怖の入りこむ余地はない。恐怖がはいりこむことができるのは、全体から切り離された一部分だけであり、生まれつつある環から切り離された、死にゆく環だけである。民衆と世界の全体は勝ち誇り、陽気で、恐れを知らない」（ibid., p. 256）。「……民衆の集団的な、歴史的な不死を、民衆が生き生きと感じ取るところに、民衆的・祝祭的イメージ体系のまさに核心がある」（ibid., p. 324）。

（95）「……恐怖に対する笑いの勝利 the victory of laughter over fear……。……恐怖に打ち克つことによって、笑いは人間の意識を明解にし、世界の展望を新しくするのである。……人間意識にさしこんだこの祝祭の微光から、世界や人間についての別の非公式の真実が生まれて行き、新たなルネッサンスの自意識を準備したのである。……民衆的・祝祭的笑い festive folk laughter は勝利の契機を自らのうちに蔵しているのであるが……この勝利は単に来世の悲惨さの恐怖、聖なるものの恐怖、死の恐怖に対する勝利ではなく、すべての権力の恐怖、地上の王たちへの恐怖、地上社会の上層階級の恐怖、圧迫し束縛するすべてのものの恐怖に対する勝利なのである」（ibid., pp. 90-92）。「……真に人間的な恐れを知らぬ自意識……」（ibid., p. 335）。なお、ミハイル・バフチンはイヴァン雷帝、ピョートル大帝の政治的実践に言及しつつ、「カーニバル的形式」の政治的意味を度々指摘している。「……大きな経済的、社会・政治的変動ですら、かなりのカーニバル的意識や形式を避けることはできなかった」（ibid., p. 270）。「世界史のドラマのあらゆる動きは、笑う民衆の合唱 a chorus of the laughing people の前で展開した。……世界史のどんな時代も、民衆文化の中に反映してきた。過去のどの時代にも、常に広場とその広場の上で笑う民衆が存在していた。……繰返し言おう、世界史のあらゆる行動にはすべて、笑いの合唱が伴っていたのである。しかしいかなる時代においても、笑いの合唱はラブレーほどの合唱隊の頭を持った時代は他にない」（ibid., p. 474）。なお、最後に引用した部分の第一番目のセンテンスは、バフチンのラブレー論が解説される際に、ほぼ例外なく言及されているように思われる。問題は、バフチンのこの研究がスターリン体制下のものであった事実である。この点については、桑野、二〇一一年、とくに一七〇―一七一頁に注目せよ。

（96）「ルネッサンス――それは、言わば、意識、世界観、文学の直接的なカーニバル化 carnivalization である。……カーニバルは……公的な世界観の支配から意識を解放し、世界の新しい見方を可能にした。新しい見方は、畏怖、敬虔の念もなく、絶対的に批判的であると同時に、いささかのニヒリズムも持たず、肯定的であった。なぜなら、世界の豊かな物質的原理、生成と交替、新しきものの不敗性、新しきものの相変わらぬ勝利、民衆の不死を明らかにして見せたからである。……それはゴシック的生真面目さからの解放であり、それによって、新しい、自由で酔いしれていない真剣さへの道を準備し得たのである」(Bakhtin, op. cit., pp. 273-274)。

(97) バフチンは疑いなくそのように理解している (see, ibid., p. 72; pp. 272-273)。

(98) De Sanctis, op. cit., pp. 361-362. さらに一五〇〇年代の文芸を「腐乱状態の『デカメロン』」il *Decamerone* putrefazione と評したうえでの以下の言明に注目せよ。「中世の宗教的・政治的・道徳的崩壊から生まれた新しい芸術は、虚空をただよったのちに、ナルシスのごとく自己陶酔におちいったあげく、テオフィーロ・フォレンゴ〔Teofilo Folengo, 1491-1544〕と名のる還俗僧の手によって引導をわたされることになる。すなわち、なにもかも、自己さえも嘲笑しつつ朽ち果ててゆくのだ」(ibid., p. 390)。

(99) 「虚栄の焼討」については、たとえば樺山、一九九三年、九六―九九頁をみよ。

(100) 「……サヴォナローラにたいして、教皇の破門以上に致命的な一撃をあたえた《泣き虫信徒》というあだ名……」(De Sanctis, op. cit., p. 364)。

(101) 「……だが、この神にも比すべき文章 divina prosa……」(ibid., p. 466)。ロベルト・リドルフィは、この評言を気に入っていたらしい。一九五四年初版の『マキァヴェッリの生涯』の増補版が一九六九年に刊行されたとき、リドルフィは、追加された最終章(第二五章)の表題を「神の散文」La《divina prosa》としたのであった。「フランチェスコ・デ・サンクティスもまた、マキァヴェッリの散文を考察しそこに『近代の散文の前兆』……を見て、突然、強い口調で『神の散文』divina prosa と呼び始めたのだ。この時までは詩聖たちに関してのみ『神の詩』divina poesia という言い方がなされてきたのに……」(Ridolfi, 1969, pp. 402-403)。

(102) 「『君主論』が一五一三年の七月と一〇月の間に、『宮廷人』が一五一三年以降(一五一八年まで)に、というふうに同時代に書かれ、また文化的にも政治的変遷でも同一の環境で執筆されているにもかかわらず、二つの書は一見して異なる惑星 pianeti diversi の作品に思われる」(Garin, 1967, p. 93)。

(103) Castiglione, p. 419. 以下、訳文は同邦訳に拠るが、文脈等に応じて若干の変更を加えた。

(104) 「『スプレッツァトゥーラ〔さりげなさ〕』の概念は、平衡感覚をもつ責任ある市民の社会的行動を論じた、アリストテレスやキケロの道徳哲学の系統から直接生まれたものなのである。この点においては、『宮廷人』は人文主義哲学者の思想を巧みに通俗化している」（Hale, ed., 1981, p. 74）。

(105)「一五世紀には、ユーモアの概念について自覚がもたれるようになった。これに先鞭をつけたのは、キケロの『弁論家について』であった。……このキケロの著作は一五世紀の人文主義者……たちの基本的なテクストであった」（ibid., p. 172）。

(106) ヴェネツィア出身の人文主義者にして枢機卿ピエトロ・ベンボ（Pietro Bembo, 1470-1547）のみならず、『廷臣論』に登場する一九名の紳士と四名の淑女のすべてが実在のカスティリオーネの知己である。そこにはロレンツォ豪華公の亡命中の三男、ジュリアーノ・デ・メディチ（Giuliano de'Medici, 1479-1516）が含まれている。マキァヴェッリは、当初『君主論』をジュリアーノに献呈しようとしていたものの、これが鬼籍に入ったために、実際にはその甥にあたる小ロレンツォ・デ・メディチ（Lorenzo de'Medici, 1492-1519）に献呈することになる。

(107)「キリスト教徒と新プラトン主義者には共通点があまりにも多かったので、フィチーノらが新プラトン主義的観点からプラトン主義を均質な伝統として眺めるようになったのは、当然の結果だったのである」（Copenhaver and Schmitt, 1992, p. 135）。なお、「ヘレニズムから古典的古代への帰還」、すなわち「アレクサンドリアからのアテネの奪還」が遂行され、これに伴いルネサンス哲学の魔術的傾向が払拭され始めるのは、ガリレオ・ガリレイの時代であるとされる（Cassirer, 1963, S. 178）。

(108) 以上の過程については、Copenhaver and Schmitt, op. cit., pp. 138-143 を参照した。

(109)「……あらゆる人のなかでキリスト教の真理にもっとも近い人物として、アウレリウス・アウグスティヌスがプラトンを全哲学者の数のなかから模倣するよう選抜し、プラトン主義者たちはいくばかりかの変更でキリスト教徒になるだろう、と主張したほどなのです」（「フィレンツェのマルシリオ・フィチーノによる、雅量の人ロレンツォ・デ・メディチあて『プラトン神学――霊魂不滅論』序文」、根占献一他『イタリア・ルネサンスの霊魂論』、三元社、一九九五年、六一頁）。

(110)「……フィチーノは、ソクラテスのように愛の本質を教え、若者を正道に導くこと、それが自分に課せられた任務であると考えた。……それはある意味で……ロレンツォをプラトンのいう『哲人政治家』にしようとするメディチ関係者の願望の現れでもあった」（根占、一九九七年、二六九頁）。

(111) 根占他、前掲書、六三頁。

(112)「バッカスの歌」Canzona di Bacco は、ロレンツォ執筆の「謝肉祭の歌」のうち最も名高いものである。「若さとは、何と美しきものだろう！　どんどん過ぎ行くものなれど。愉快にすごしたき者は、そうすればよし。明日にたしかなものはないから……」。ロレンツォ・デ・メディチ「アンブラ・謝肉祭の歌」村松真理子訳（池上監修、二〇一〇年、七〇六頁）。一見したところ、放埓な快楽生活の讃歌のようにみえるこの歌が、フィチーノの説諭と「アカデメイア」の標語の反映であることについては、根占、一九九七年、二八四―二八七頁をみよ。

(113)「〔ロレンツォの〕「謝肉祭の歌」のなかにはこの果てしない謝肉祭の無軌道ぶりがあますことなく描かれている。……謝肉祭には見事に飾りたてられた山車が市中をねりあるいた。その飾りはあるときには……神話をあらわしたものであったり、あるときは《菓子屋》の歌とか《靴屋》、《糸紡ぎの女工》、《なめし屋》の歌のように職業組合の山車であったり、さらには《乙女》の歌とか《若い女》のそれとか《隠者》、《貧乏人》のそれのように一種の社会絵巻であったりする。しかし大体のモチーフは淫らな愛欲であって、それが想像をかきたてる暗示や隠語によって、しばしば煽情的なものになっている。これは広場までおりきて山車の上にのったボッカチオのシニズム il cinismo del Boccaccio だ」（De Sanctis, op. cit., pp. 341-342）。

(114)「ご婦人たちよ、蜜入りパンや蜜入りドーナツはいかがかな?……」（「蜜入りドーナツの歌」）。これら「物売り歌」における商店や見世物小屋の客寄せ、あるいは宣伝文句の口調は、中世的祝祭における「広場の卑語」の諸典型であった。「……〔『パンタグリュエル』の〕序詞全体は初めから終わりまで、一貫して広場の気分、広場のスタイルでみたされている。われわれは見世物小屋の客寄せ、いんちき医者、霊験あらたかな薬種の売人、呼売り本の商人の《叫び》を聞くのである」（Bakhtin, op. cit., p. 167）。

(115)「……ロレンツォこそは研究され、理解しつくされたうえで実現された民衆以外のなにものでもなかった。この親にして、この子あり、この民衆にして、この君主あり、というわけなのだ」（De Sanctis, op. cit., p. 336）。

(116) 同様の言明として、「彼〔ロレンツォ〕は一般大衆および下層民に弔われた。彼らは、彼の生存中に絶えずふんだんな施し、喜び、催し物、その他のお祭り騒ぎを楽しんでいたからである」（Guicciardini, I, p. 106）。なお、メディチ一門の祝祭を通じた諸々の文化政策が、絶対主義の確立を意図したものであったとする議論として、石黒、二〇〇九年、三六―五四頁、一〇七―一三八頁をみよ。さらに以下の言明に注目せよ。「マキアヴェッリの指摘するロレンツォの『二重人格』性……。……彼は、もともと彼の性格に内在していた大衆的な面と貴族的な面の両方を、同時に展開しなければならなかったのである。ロレンツォは下層民衆の支持こそメディチ体制の不可欠の基盤であることをよく承知していたから、大衆向けの文化活動にも力を注ぎ、芸術や学問だけでなく、パレードや舞踏会をも後援し、カーニバルは国家行事となった」（藤沢、二〇〇一年、二五六―二五七頁）。

(117) 一五一三年三月一八日付フィレンツェ発フランチェスコ・ヴェットーリ宛書簡［II, p. 237］。

(118)「父は彼を学者にしようと考えたことはなかったし、彼もまた学者になろうとは考えていなかった。考えていなかっただけでなく、おそらくはそのための金もなかったのだろう」(Ridolfi, op. cit., p. 7)。

(119) 塩野、二〇〇一年、五四頁。さらに以下の推察も参照せよ。「おそらく父親に税の負債があったために資格を得ることができず、彼は結局、法律家ギルドの一員にはなれなかった」(De Grazia, 1989, p. 18)。

(120)「明るく冗談好きで、人生に対して不遜な彼の人柄は、ボッカッチョの影響である。冗談やユーモアであふれる言葉や笑い話で切り返し、友人たちを楽しませた。……ニッコロは、自分の悪徳を増やし、自分が持っていなかった悪徳を身につけることを楽しんだ」(Viroli, 2001, p. 10)。「人文主義の子ではあるけれども人文主義者たちのもとに帰ることのない放蕩息子……」(Ridolfi, op. cit., p. 22)。「彼はたんなる本の虫ではなかった。書物以上に、様々な変化に富んだ情景、お祭や悲しみや行列や処刑などの見られる通りを好んだ。昨日は気に入らなくなった政治家を八つ裂きにした同じ群衆が、涙のうちに名高い聖少女の行列に従い、歌物語の露骨な喜劇に爆笑し、いかさま薬の商人の口上にも、そのおどけた助手の冗談にも、街頭の政治家の演説にも、また人気のある説教師の訓話にも、同じように夢中で聞き入るのだ。……彼は気の向いたものを手当たり次第読み、街を散歩する以外なにもすることはないのだ」(Brion, 1957, pp. 22-23)。

(121)「ああこの松ぼっくりは立派な実をつけていて、手を触れさえすればはじけるよ……」(「松の実売り」[III, p. 30])。「おいらは根っからの毒消薬の行商人、おかみさん方、おいらは幸運を求めて廻るもの。……おいらがここにやって来たのは、あんたらの好き心に引かれたって訳でさあ……」(「毒消売りの歌」[III, p. 25])。

(122) 一例を挙げるならば、一五一五年一月三一日付フィレンツェ発フランチェスコ・ヴェットーリ宛書簡末尾には、ルイージ・プルチ『モルガンテ』の不正確ではあるものの、巧みに文脈に組み込まれた引用がみられる[II, p. 351]。さらに以下の言明に注目せよ。「…… [一五世紀末年] 当時のフィレンツェにおいて、メディチ体制に保障されたところの、ギリシア化する文献学的-哲学的前衛に対する抑止しえない、阻止しえない対抗力の継続的な存在を考慮に入れることが重要である。……どこからそれがやってきたのかについては、たとえ我々が一五世紀、つまり依然として近い過去に注意をはらうだけで、容易に見定めることができる。というのも、ギリシア化する人文主義と両立不可能であるところの、ドメニコ・ブルキエッロからルイージ・プルチに至るフィレンツェの文学的伝統の一派が相当に表明され、広く主張されていたのであった。……ブルキエッロとプルチの諸々の痕跡が、単に言語上のものにとどまらない諸々の痕跡が、マキァヴェッリの作品に明白であり、それらは、のちになってこれらの文章を再発見したということに帰することはできず、むしろ若年時にそれらに親しんだことの反映なのである」(Dionisotti,

1993, p. 24)。さらに塩野、前掲書、五〇頁をみよ。

(123) マキァヴェッリ書記官は、ヴェローナ市において恐るべき醜女を買うはめになったとき、ロレンツォ豪華公の容貌を思い出した。「女の腿は張りがなく性器は湿っていましたし、息は少し臭かったのですが、それでも私は絶望的なほど欲求不満だったので、おこなってしまいました。事がすんだあとになって、この商品を見てみたい気持ちが湧いてきました。それで、そこにあった暖炉から火のついた薪を一本とりあげて、上に置いてあったカンテラに火をつけました。……ああ、ひどい！ ……口はロレンツォ・デ・メディチにそっくりでした……。……とうとう私は女に向かって吐いてしまいました。こうしてその女にふさわしい代金を支払うと、私はそこから立ち去りました」(一五〇九年一二月八日付ヴェローナ発ルイージ・グイッチァルディーニ宛書簡［II, pp. 205-206］)。

(124)「マキアヴェッリは、『君主論』のモデルにはしなかったにしろ、ロレンツォ・デ・メディチという男に対し、共感するものが多かったのではないだろうか」(塩野、前掲書、一一八頁)。

(125)『ジャコッポ』は、「ボッカッチョの作かとも疑われるほどで、完全に『デカメロン』風」であるという。「豪華王の手になるこの詩作は広く発表されなかったが、マキァヴェッリの戯曲『マンドラーゴラ』に受け継がれているように思われる。この作品には、登場人物の名前こそ異なるが、ロレンツォの考え出した人物や状況がそのまま見出されるのである」(イヴァン・クルーラス『ロレンツォ豪華王――ルネサンスのフィレンツェ』大久保康明訳、河出書房新社、一九八九年、一七七頁)。

(126) マルチェッロ・ヴィルジリオ・アドリアーニ (Marcello Virgilio Adriani, 1464-1521) は、フィレンツェ大学のギリシア語およびラテン語雄弁術の教授であった。これをマキァヴェッリの師であったする学説、あるいはマキァヴェッリを書記局に推挙した人物であったとする学説も存在する。なおアドリアーニは、一五一二年のメディチ家復帰とマキァヴェッリ失職後も第一書記局長の地位を維持したとされる。「……政庁宮でともに勤務していた間、二人の間に真の友人関係があったという痕跡はないように思える。……一方は出来事を愛し、他方は言葉を愛していたというのが真相なのだ。謹厳で慇懃なアドゥリアーニは、無軌道で女好きの若い同僚とうちとけることはできなかったのだ。厳粛で洗練されたアドゥリアーニにとっては破廉恥で腹立たしいことに、若者は俗語で暮らし俗語で書いていたのだ。すなわち、実に生き生きとした男だったのだ」(Ridolfi, op. cit., p. 32)。ただし、本書第五章で指摘するように、このリドルフィの言明が一面的である可能性を示す歴史的事実が存在する。

(127) この点については、根占、二〇〇五年、一三頁をみよ。

(128) すなわち、以下の僅か二箇所である。「〔コジモは〕プラトン哲学の第二の父であり、コジモがこよなく敬愛したマルシリオ・

フィチーノを自宅の屋敷に迎え、人文主義の学問をより徹底して追究できるようにと、また彼がより自由に仲間との対話に使えるようにと、カレッジの屋敷近くの土地を彼に贈呈した」(IF. VII, 6 [III, p. 637])。「彼〔ロレンツォ〕は一芸に秀でた人であれば、それが誰であれ驚くほどに愛し、学者を優遇した。……アーニョロ・ダ・モンテプリチアーノ〔ポリツィアーノ〕、クリストーファノ・ランディーニ〔クリストーフォロ・ランディーノ〕殿……ほとんど神のごときジョヴェンニ・〔ピーコ・〕デッラ・ミランドーラ伯……」(IF. VIII, 36 [III, p. 731])。

(129) 「……なぜマキァヴェッリの作品が、その生涯のあいだ、つまり一五世紀末のみならず、より低い程度であるが一六世紀初年にフィレンツェの象徴であったところの、観想的、宗教的、新プラトン主義哲学からかくも遠く隔たっているのかという不可避的な問題……。……私はこの問題に言及するにとどめておくが、というのもその解決は私の能力を超えているからである」。さらに、この陳述の直後に続く指摘もまた、マキァヴェッリの知的環境の理解に資するものであるだろう「今日では、あたかも同じ木の二つの枝のように、ローマとアテナイが結合していることは明白であるようにみえる。しかしそのことが、一五世紀にはそれほど明白ではなかったことが想起されねばならない。マキァヴェッリの時代においては、二つの枝は長い間、分かたれていたという意識、そしてローマが、キリスト教会がそこに所在を定めたのちになってさえも、活動、法律、そして権力という地上的関心に焦点を据えていたのに対して、アテナイは観想、哲学、そして技術という諸天を見上げていたという意識から逃れることはできなかった。一五世紀において、そしてメディチ体制下の同世紀後半においてはますますそうなのであるが、フィレンツェを『イタリアのアテナイ』としたところのギリシア化傾向は、ローマに対する、必ずしも敵対的ではないものの、競争的態度を含意していた」(Dionisotti, op. cit., p. 25)。

(130) すなわち、一五一七年一二月一七日付フィレンツェ発ロドヴィコ・アラマンニ宛書簡中、マキァヴェッリは以下のように述べている。「この数日、アリオストの『狂乱のオルランド』を読みましたが、全篇じつに美しく、多くの箇所で見事な出来栄えでした。もし彼がそちらにいるなら、よろしくお伝えください。ただ惜しむらくは、たくさんの詩人に言及しておきながら、私のことを間抜けか何かのように無視し、私の『ろば』では彼にするつもりのないことを彼の『オルランド』では私にしている、と、このようにお伝えください」[II, p. 357]。エステ家の廷臣は、詩人としてのマキァヴェッリを自身の同族とは認めていなかったことになる。無論、アリオストの叙事詩にもマキァヴェッリと近似の笑劇趣味が看取されることは事実である。ただし、『狂乱のオルランド』と『廷臣論（宮廷人）』との親近性について評した以下の陳述に注目せよ。「宗教的・倫理的・政治的情熱がことごとく地におちるや、名誉はその立脚する基盤を失い、残存するのは皮相な性格、つまり確固たる性格よりは華々しいだけのものとなってしまった。そしてこの華々しいだけのものの法典を、カスティリオーネの『廷臣論』のなかに見出すことができる」(De Sanctis, op. cit., p. 413)。さらに以下の言明に注目せよ。「……ウルビーノ公国の宮廷社会の理想、そのなかへとフィレンツェの亡命者たち(彼らの権力への復帰に際して、マキァヴェッリを職から締め出したのと同じ者たち)は諸々の機知に富んだ物語を語り、宮廷の淑女を描写するために招き入れられたのであったが、それはマキァヴェッリとその友人たちがフィレンツェのためには受容することができなかったところの、政治的、文学的状況の具現化なのであった。確かに、その適切な場所で——つまりは喜劇の劇場で——フィレンツェによる嘲笑は、つねにロンバルディアのアリオストによるものに比して、より辛辣なものとなるであろう」(Dionisotti, op. cit., p. 48)。

(131) ウルビーノ宮廷、モンテフェルトロ一門の歴史とカスティリオーネの『廷臣論』に関連する諸般の背景については、下村、一九七五年を参照した。

(132)「彼は『プラトニック』ではない仕方で、何人かの女性を愛した」(Hale, ed., op. cit., p. 47)。

(133)「われらがイタリア人君主たちは、アルプス以北の戦争の激しさを味わう前には、こう信じ込んでいた。つまり君主にとって必要十分なのは、書斎で鋭い返答を思いつき、麗しい手紙を書き、格言や言葉づかいには当意即妙な機知を示し、ペテンを働き、宝石や金で身を飾り、誰よりも豪華な〔寝台での〕眠りと食事をとり、遊女をたくさん侍らせ、臣民にはしみったれで横柄に振る舞い、怠惰に腐り果て、軍隊の位階をひいきで与え、もしも誰かが何か賞賛に値する進言をすれば冷笑し、自分の言葉が神のお告げのごときを望む、こういったことができることだと」(AG, VII [I, p. 688])。さらにウルビーノ市のモンテフェルト一門をひとつの典型とするところの、一五世紀に宮廷文化を形成した君侯らが往々にして同時に傭兵隊長であった事実は、マキァヴェッリに顕著な傭兵批判、とりわけその惰弱極まる戦闘様式に対する軽蔑(see, IF, IV, 6 [III, p. 479]; V, 33 [III, p. 569]; D, III, 18 [I, p. 470])と、その宮廷文化に対する軽蔑とを結びつけるのかもしれない。この点について、下村、前掲書、六八—七六頁、および一七四頁以下を見よ。

(134)「この古き権力、古き真実 this old authority and truth は、絶対性、超時代的意識なるものを僭称する。それゆえ古き真実、古き権力の代表者は、しかめ面の生真面目さを持ち、笑うこともできず、笑うことを欲しもしない(苦虫族〔笑わん族連中〕the agelasts)。彼らは尊大に構えて、自分に敵対する者をすべて、永遠の真理の敵とみなして、そのため、敵対する者を永遠の滅びということで威嚇するのである。支配的な権力、支配的な真実は、自分の姿を時の鏡に写して見ない。それゆえに自分の初めの時、限界、終わりを見ず、自分の年を取った滑稽な顔 ridiculous faces も見ず、永遠性、不変性を僭称する自分たちの喜劇性 the comic nature を見ない。そしてこの古き権力、古き真実の代表者たちは、依然きわめて厳粛な顔つき、厳粛な調子で自分たちの役を演じ終わろうとしているのだが、観客たちはその間ずっと笑っているのである。古き者たちは、王者か、《永遠の真理》の宣告者のような厳粛な、壮大に構えた、威嚇的な、畏怖させる調子で語り続けているが、すでに〈時〉が彼らの口から出るこの口調を滑稽なものとしてしまっており、古き権力、真実をカーニバルや謝肉祭の人形、おかしな怪物に変えてしまっており、それを民衆が笑いながら広場で引き裂いている、ということに気付いていないのである」(Bakhtin, op. cit., pp. 212-213)。

(135) このマキァヴェッリの外孫と「リッチ写本」については、Ridolfi, op. cit. の訳注(五五〇頁)を参照した。

(136) 喜劇形式の「マスケレ」なる文書、ならびにヴォルテールの評言については、Ridolfi, op. cit. p. 542, n. 40 を参照した(「ヴォルテールは彼の「風俗についてのエッセー」(*Essai sur les mœurs*)で書いている――『おそらくマキァヴェッリの「マンドラーゴラ」一冊はアリストファネスの全作品以上の価値を有している』」)。さらに、Villari, 1898, p. 353 をみよ。

第二章　人間喜劇

ニッコロ・マキァヴェッリの政治的主著『君主論』および『ディスコルシ』が、「偉大な伝統」、すなわち古典古代の伝統と聖書宗教の伝統の双方と訣別し、比類なき新しさを帯びることとなったのは、それらが「人間喜劇」commedia umana の展望に依拠しつつ倫理学、および政治学を構築したことによると思われる。しかしながら、二つの政治的主著から性急に、直接的に「人間喜劇」としての新しい政治哲学の体系を剔抉する試みは、必然的に深刻な困難に逢着する。というのもそれらの著者が明示的に古典古代の弟子を自認している事実から容易に予測されるように、両著作には「偉大な伝統」、とくに古典古代の伝統からほぼ忠実に継承された諸々の教説が、極めて複雑に錯綜しながら混在しているのである。したがって、夾雑物としての伝統の残滓が混入する割合の最も低く、おそらく最も純粋に「人間喜劇」の諸原則が表出している喜劇作品『マンドラーゴラ』および『クリツィア』を分析し、しかるのちに、これら原則の観点から二つの政治的主著に再検討を加える手続きが踏まれねばならない。このとき、二つの喜劇作品が「謝肉祭」carnevale（carnasciale）において実際に上演されたという事実、さらに両篇ともにそのことを前提に制作されたという事実を銘記することが肝要となる。本章の目的は、両喜劇作品から「人間喜劇」の諸原則を析出することにある。それらは、以下の二点に要約しうる。すなわち、①「静止」に対する「運動（変化）」の優位。つまり「本性（自然）」の硬直性こそが市民、家門、都市の敗亡の原因であり、運命の変転に直面しておのれの「本性（自然）」を自在に「変化」せしめることで善処するならば、悲運は回避され、大団円が成就される。②新旧の交代。つまり「若者」が「老人」に対して、すなわち「新しきもの」が「古きもの」に対して絶対的に勝利せねばならない。

第一節においては、マキァヴェッリ喜劇『マンドラーゴラ』が、リウィウス史書にみえるローマ共和政創建伝説の滑稽化 parody であることが確認される。同喜劇は、ある「若者」が有夫の貞女、フィレンツェの「ルクレツィア」Lucrezia の誘惑に成功し、恒常的な性愛関係を取り結ぶことで大団円に至る。この喜劇が、ローマ建国史における有夫の貞女「ルクレティア」Lucretia の受難の物語の滑稽化であることは疑いない。ローマの「ルクレティア」は、僭主化したローマ王の子息によって強姦されたのち、親族らに復讐を、つまりは僭主の放伐を要求して自害したのであった。この悲劇的事件こそがローマの王制崩壊、そして共和政樹立の契機となったために、一五〇〇年代において「ルクレティア」の名称は、共和主義的な自由、遵法性、市民的徳性の象徴と想念されていた。したがって『マンドラーゴラ』は、誰もが古代の貞女を連想せずにはいない名称をフィレンツェの淑女に与え、しかもこれが貞節を完全に放棄し、官能的欲望が全面的に勝利する結末を提示することで、共和主義的な自由、遵法性、市民的徳性に対する懐疑を提示していた疑いがある。

第二節は、喜劇『マンドラーゴラ』の筋書を概観することで、「人間喜劇」の第一の原則、すなわち「静止」に対する「運動（変化）」の優位の原則を抽出する。同喜劇の筋は、官能的欲情の虜となった「若者」が、亭主である「法学博士の老人」の暗愚蒙昧を出し抜くことで、その貞淑な婦人「ルクレツィア」の誘惑に成功するというものである。「法学博士の老人」が「静止」の、つまりは法的、慣習的諸規範に固執する愚鈍の象徴であることは明白である。この「老人」と「ルクレツィア」とのあいだには子息がなく、一門は断絶の危機に直面していた。それは、運命に対する人間的営為の限界の象徴であるだろう。もしもフィレンツェの「ルクレツィア」が、ローマの「ルクレティア」を忠実に模倣して貞節に固執するならば、劇中のすべての登場人物の悲嘆へと帰結することになる。しかしながらフィレンツェの「ルクレツィア」は、「若者」と同衾したのちに、おのれの「気性（自然）」を「いまひとつの気性（自然）」へと変態せしめ、賢明にも貞節を放擲し、これとの恒常的な不義密通の関係を取り結ぶのである。その結果、何も知らぬ愚かな「法学博士の老人」は、真実には不義の子であるものの、世間体の上では嗣子となる嬰児を獲得し、劇中のすべての登場人物が歓喜に沸いて大団円は成就する。しかもこの大団円は、いかなる「機械仕掛けの神」deus ex machina にも依拠することなく、もっぱら登場人物らの策略によって成就するのである。ここに見て取れるのは、固定的規範への、「古い〔古代の〕美徳」antica virtù への執着こそが古典的な、したがって悲劇的な結末の原因であり、運命の変転に即しておのれの「本性〔自然〕」を柔軟に「変化」せしめ時流に適応するならば、地上における、もっぱら人間的配慮による歓喜が約束されるという洞察なのである。

第三節が考究するのは、喜劇作品『クリツィア』による『マンドラーゴラ』の補完の意味である。『クリツィア』中、フィレンツェの「ルクレツィア」がめでたく懐妊に至ったことが語られており、両喜劇作品は制作者によって意識的に筋の連続性を与えられた姉妹篇の体裁をなしている。『クリツィア』の筋は、「ニッコーマコ」なる助平な「老人」が、美貌の少女をめぐっておのれの息子と争い、敗北してゆくというものである。『クリツィア』における「老人」の敗北は、「人間喜劇」の第二の原則による『マンドラーゴラ』の補完、換言するならば「人間喜劇」の第一の原則に対する留保と理解されるべきである。すなわち運命と時流の変転に対しては、おのれ「本性〔自然〕」を頻々と「変化」せしめることで対処すべきであるものの、ただし勝利を収めるのは「古きもの」、つまり「老人」ではなく、絶対的に「新しきもの」、つまり「若者」であらねばならないのである。

第一節　喜劇制作の伝記的背景、ならびに悲劇の滑稽化としての喜劇

一五一二年の共和国崩壊と失職から数ヶ年の間、不遇の極みにあったニッコロ・マキァヴェッリ元書記官は、やがておのれが「ろば」に変身しているのを見出した。ダンテの三行韻句を模倣した自伝的寓意詩『〔黄金の〕ろば』*L'Asino*[1]中、運命の悪意に翻弄されつづけたあまりに[2]、ついにキルケの王国を彷徨するに至った元書記官は、もはや鞭打ちにも馬銜の痛みにも黙して忍耐する「ろば」に変身し、畜生の視角からあらゆる「死すべき定めの者」

の「本性」natura を観察したのである。同寓意詩は、喜劇『マンドラーゴラ』*La mandragola* の執筆時期、もしくはその直前、すなわち一五一七年前後の元書記官の心中に去来した想念を忖度しうるものであるがゆえに注目に値する。ここにおいてマキァヴェッリは、運命の女神に愛撫されては破壊される諸々の個人、ついで政体の悲境について思索を巡らせるのであった。人間的事柄に禍福と治乱興亡が途絶えることがないのは、かの女神の計らいが「何ものも安定せず、いやできないように」定めているからである（5 [III, p. 67]）。「空は暗くなったかと思うと明るくなったりする……。同じように地上でも、何ひとつそれ自体の姿を保ち続けるものはない……」（3 [III, p. 60]）。『〔黄金の〕ろば』を特徴づけているのは、運命の猛威に対峙する人間についての悲観的な、『君主論』の第二五章に比しても極めて悲観的な態度であるようにみえる。人間の「本性」は度し難く硬直的であり、変転極まりなき運命に適応する術を持たないがゆえに、安楽よりも悲嘆が「世のならい」とならざるを得ないのである（4 [III, p. 61]）。寓意詩の現存部分末尾にみられるところの、プルタルコスの影響を窺わせる「豚」の発話は、人間の生と政治的営為の悲惨を最も明示的かつ衝撃的に表明している。元書記官は、「ろば」としてキルケの王国を徘徊中、かつては顕職にあった知己が糞と汚泥に塗れた「豚」に変身しているのを目撃した。この「豚」は、元書記官によるひとつの提案、つまりは泥濘から解放し、かつての姿に復帰させせようとする提案を憤然として拒絶したのであった。「お前らと暮らすのはまっぴらだ。……お前らは人間と人間の値打ちの他は信用しないというほどに、自惚れて、てんで目が眩んでいるのだ」（8 [III, p. 75]）。むしろ野獣は「慎重」、「身体の強度」、「心意気」、そして「節度」の徳目において人間を凌駕している。人間に利器として授与された「手」と「言葉」は、その「野心」と「貪欲」の悪徳によって相殺され、あるいは患禍の源に転じられている。それゆえに、「人間は悲痛なしわがれた大声で泣きわめくことで生を始める」。低劣かつ硬直的な人間の「本性」に対する蔑視は、「豚」が諸々の環境や四季の変化に適応し、完全な均衡へと至る野獣の能力を誇るに際して絶頂に達しているようにみえる。(3)「俺たちの方がはるかに自然と親しい間柄だ。俺たちには自然の精気がずっと多く授けられている」（8 [III, p. 77]）。かかる喜劇作品執筆期における詩想は、「マキァヴェッリの笑い」を「心に響くことのない、涙を隠した笑い」、すなわちひとつの「仮面」と理解し[4]、それゆえに『君主論』および『ディスコルシ』の著者の喜劇作品を余技、あるいは無聊の慰めと位置づける解釈に相当程度の説得力を付与しつづけてきたのであった。「望めば望みは苦しみを育て、泣けば涙は惨めな心に糧を与える。笑えば私の笑いは心に滲みず、胸を焦がせば焦がれは外に現われない。見るものは怖く、聞くのも怖い。ことごとくに新たなる苦痛を覚える。されば望んでは泣き、笑い、焦がれるばかり。聞くもの見るものが私には怖ろしい[5]」。

「……時には笑い歌いもする。それだけがわが嘆き悲しみをぶちまける唯一の道なのだ[6]」。人間の生と政治的営為に関する悲観的認識は、共和国崩壊以降、マキァヴェッリ元書記官の私的書簡に頻出する主題となる。既に一五一二年冬期、フィレンツェ逃亡直後のピエロ・ソデリーニ元共和国統領に宛てた書簡において、元書記官は諸々の都市、家門、市民が運命の変転に対処することの困難について考察している[7]。その容貌が種々雑多であるように、人々の才覚と思想もまた多種多様である。おのれの才覚と思想が「時流」tempo に合致するならば僥倖に恵まれて平穏に安らい、あるいはこれと離背するならば荒廃へと至る。したがって運命の女神の徒心、つまりは「時流」に応じておのれを変身させうる「賢明な人」ならば、確信をもって衰運を回避することができるであろう。「賢者が運勢を支配するという言葉が現実のものとなるでしょう」。しかるに人間の「本性」は柔軟性を欠き、かかる「賢明な人」は実在しえないものと想定することが妥当である以上、つねに運命は人間的事柄を翻弄しつづけずにはいない。諸々の都市、家門、市民の営為についての悲観的認識は、次第に深刻化するマキァヴェッリ個人の前途に関する絶望感を濃厚に反映したものである。『君主論』の献呈による再任官の努力が完全に暗礁に乗り上げたことが明らかになったとき、苦悶する元書記官はほとんど自暴自棄の体で「愛の神」amore にその身を委ねたことが知られている。[8] 決定的な言明は、一五一四年八月の私信に現われる。「……私は、重要で深刻な事柄 cose grandi e gravi について考えるのをやめてしまいました。昔のことを本で読んでも、昨今のことを論じても、もう面白くないのです。いまやすべての楽しみは、彼女を思いながら甘い気分に浸ることです」[II, p. 329]。それゆえに一五一七年、『ディスコルシ』脱稿ののち、[9] 元書記官が喜劇作品の執筆に至った事実は、「重要で深刻な事柄」、すなわち政治的主題からの逃避と諦念の現れであるかのようにみえる。『マンドラーゴラ』中に何らかの倫理的、政治的洞察の契機を探索することは、あらかじめ明白な伝記的事実によって断念を迫られているようにみえる。論攷『わが祖国の言葉についての談話もしくは対話』*Discorso o dialogo intorno alla nostra lingua* にみられるマキァヴェッリ自身の喜劇の定義が、最終的に『マンドラーゴラ』と諸々の政治的主著との有意の連関を切断しているようにみえるのである。すなわち、「喜劇の目的は私的生活を映し出すことなのです……」[10]。

一五一八年初演と推定される喜劇『マンドラーゴラ』の「前口上」prologo には、これに先立つ数ヶ年の間、マキァヴェッリ元書記官の胸中を支配した思念が浸透しているようにみえる。ここにおいて元書記官は、まずもって同喜劇における「奇抜な出来事」が観衆に哄笑を喚起することを保証し、さもなければ葡萄酒をふるまうことを約束している。しかしながら、この喜劇作者は即座に、かつては自身が「重要で深刻な事柄」に従事し、そのことに至上の矜持と高揚を感得していたことを想起せずにはいないのである。確かに卑俗な私人らの乱痴気騒ぎは、祖国の自由を防衛すべく、粉骨砕身、一〇余年にわたり紛乱の渦中に挺身した経歴を有す元書記官には相応しからぬものであるだろう。しかるに元書記官は、「別の仕事で別の才 virtù を示すことを差し止められているがゆえに」、すなわち不本意にも喜劇作者に転身し、『マンドラーゴラ』を執筆するに至ったという。「前口上」の後半部分、八つの詩節 stanza のうちの後半四つの詩節は、この転身に関する弁明の様相を呈している。いまやフィレンツェ市は、見聞する万事を嘲笑する気風に染まってしまったために、公的生活におけるいかなる奮励も献身も正当に報われることはない。「……それというのも古い美徳 antica virtù が今ではすっかり廃れてしまったためにほかならず、皆からケチをつけられるため、様々に難儀を重ねたあげく、風に散らされ、霧にすっかり隠されてしまうのが落ちの仕事のために、誰ひとり骨身を削りはせぬようになってしまった」[III, p. 142]。かくなるうえは元書記官も、あらゆる執着を断ち公的生活から撤退して、市井の私的生活に興味を転じ、人後に落ちぬ悪態の名手として、諸々の愚行を笑うことに転業したというのである。

『マンドラーゴラ』および『クリツィア』に上演される物語が、マキァヴェッリ書記官の在任期間中にフィレンツェ市街において発生したとされる架空の逸話であることは注目に値する。これらは共和国末期の「忘れがたい巨大な戯曲」ein unvergeßlich großes Schauspiel[11]、すなわち全西方世界を捲き込んだ政争劇の裏面誌である。公的世界における王侯、将帥、権門の支配権 stato をめぐる群像劇について沈思黙考した『君主論』および『ディスコルシ』の厳粛な著者は、ついには私的世界における「恋に悩める若者」、「利口とはとてもいえぬ博士」、「悪知恵にはなはだ長けた居候」、「身持ちの悪い坊主」らの狂騒を活写する軽薄な喜劇作者となったというのである。喜劇の舞台は明示的に『マンドラーゴラ』において一五〇四年五月、『クリツィア』において一五〇六年の謝肉祭 carnasciale の時節、おそらくは二月のフィレンツェ市に設定されている。[12] 一五二六年、『マンドラーゴラ』はフランチェスコ・グイッチァルディーニの懇請を受けてファエンツァ市、さらにはヴェネツィア市における謝肉祭の期間に上演され、とくに後者で圧倒的な好評を博したことが記録されている。したがって両篇と四旬節に先立つ中世の民衆的祝祭との親和性は留意されるべきである。[13] そして両篇は、ある重大極まる逸事によって物語の連続性をあたえられており、姉妹篇の体裁をなしている。それゆえに両篇を、作者によって意識的に統一性を付与されたひとつの全体として読解する試みが一定の妥当性を帯びることになる。これら一連の喜劇が生起していた期間、マキァヴェッリ書記官はピサ戦役の停滞を打開すべく、共和国の武装建軍を期して奮励努力していたのであった。

喜劇の発端は、パリ市に長期逗留中のカッリーマコ・グァダーニなる裕福なフィレンツェ人が、ある既婚婦人の絶世の美貌について仄聞したことである（I, 1 [III, pp. 144-145]）。一五〇四年当時、カッリーマコは齢三〇、眉目秀麗の粋者である。一四九四年、仏王シャルル八世のイタリア侵攻以降、半島の荒廃が明白となったとき、この若者は再び故郷には帰るまいと決意していたのであった。「イタリアよりもパリの方が無事平穏に暮らせる」と思ったからである。一〇年の間、若者は器用にも「学問」、「道楽」、「仕事」の各々に時間を按配しつつ、何らの気苦労もなく安楽に暮らしたのであった。それは『一〇年史』*Decennali* の三行韻句によって歌われた一〇年間、すなわち「イタリアが悪い星の下にこれまで過ごしてきた一〇年の労苦をば、私は歌おう」（1-3 [I, p. 94]）を発句として、「フィレンツェ人たちが今一度戦いの神、マルスに神殿を捧げるならば、船足はより速まり、航海も一層容易なものとなるであろう」（547-550 [I, pp. 106-107]）によって結ばれるところの、破滅の「天にも届く炎」（539 [I, p. 106]）を準備した一〇年間である。カッリーマコの肖像は、かつて『マンドラーゴラ』の作者が『君主論』の末尾において悲痛な憂国の激情を吐露し、あるいは臨終の直前にも「わが魂よりもわが祖国を愛する」[II, p. 459]（see. IF, III, 7 [III, p. 434]）[14]と告白した事実をよく知る者には、ほとんど衝撃的な印象を与える。とりわけ注意を引くのは、初期近代の典型的道化としての「アルレッキーノ」Arlecchino を連想せる若者の変身自在の才である。[15]「……誰にも迷惑をかけずに、のんきに暮らしてきたってわけさ。気の向くままに町人になったり、貴族になったり、外国人になったり、パリっ子になったり、貧乏人になったり、金持ちになったりしてね」[III, p. 144]。あるときパリ市内の若者の自宅において、来客らがイタリアとフランスのいずれが婦人の美貌において優越しているかをめぐり、詮のない論争を始めたのであった。イタリア婦人に与したひとりのフィレンツェ市民の訪客が、とある自身の近親にあたる貴婦人の器量を熱烈に賛美したために、まだ見ぬこの既婚婦人に対して、若者は激しい官能的情欲を抱く。かくして享楽的な伊達男が、戦禍については顧慮することもなく、意中の貴婦人を征服すべくフィレンツェ市へと帰還し、これを市中に実見しては訪客の賛美にいかなる誇張もなかったことを知り、いまや「恋に悩める若者」となったのである。『マンドラーゴラ』の開幕部分は、単なる風聞が未知の婦人に対する淫奔な欲望を引き起こす点で、ボッカッチオの『デカメロン』中の一篇（7, 7）を想起させるとともに[16]、イタリア人とフランス人の器量に関する比較論争が異常な事件を引き起こす点で、一五〇三年に発生した「バルレッタの決闘」におけるイタリア重装騎士団の栄光を喜劇化しているものと想像させるのかもしれない[17]。しかしながら同喜劇の開幕部分、あるいはその全篇は、これらにもましてリウィウス史書中に叙述されたローマ共和政の創建伝説との看過すべからざる関連性を暗示していることが指摘されねばならない。

私的生活における狂騒を活写した喜劇作品を、諸々の政治的主著におけるマキァヴェッリの思想圏から完全に切断して鑑賞することに最初の躊躇を覚えさせるのは、カッリーマコの官能的情欲の対象となった既婚婦人の名称である。すなわちニチア・カルフッチ博士夫人、「ルクレツィア」Lucrezia である。それはローマ共和政樹立の誘因となった悲劇的事件において受難する貴婦人、「ルクレティア」Lucretia を想起させる[18]。リウィウスの叙述に拠るならば（1. 57-60）、既に僭主化して苛斂誅求をこととした第七世ローマ王、タルクィニウス・スペルブスの治世末期、アルデア市を攻囲中のローマ軍営において、王族子弟を交えた酒宴が催されたのであった。ここにおいて話題は宴席の将士らの妻女に及び、各々が酩酊しておのれの伴侶を誇大に揚言するなか、とりわけ断固として自身の夫人、ルクレティアの器量を賞美したのがルキウス・コラティヌスであった。同席していたスペルブス王の嫡嗣セクストゥスが、これを発端にルクレティア夫人の容色のみならず貞節にあらぬ関心を抱き、コラティヌスの褒誉が真実のものであることを知るにおよんでは、熱烈な官能的情欲の虜となる。ある晩、ついにセクストゥス王子はルクレティアの寝台に抜刀して忍び寄り、威圧し、脅迫し、あくまで抵抗する不運な貞女を強姦した。欲望を満たした強姦者が立ち去ったのち、悲嘆にくれるルクレティアは即座に父親と主人、コラティヌスらを呼び寄せ、恐るべき事件について告白する。参集した面々が、威嚇された側にはいかなる罪もないとして口々に慰藉するにもかかわらず、頑然として夫人は一同に対し、王族への復讐の決行を誓約することを要求した。「あなた方は、あの男に相応しい罰を考えてくだされればよいのです。私は、たとえ罪を逃れても、罰から逃れようとは思いません。この後、不貞の女は生きてはいけぬという先例にルクレティアはなってみせましょう」（I. 58）[19]。すると夫人は、迅速に懐中に隠匿していた匕首を抜き出し、その胸部を刺撃して絶命したのであった。あまりの悲運にコラティヌスらが慟哭するなか、惨劇に立ち合ったユニウス・ブルートゥスは憤然と鮮血の滴る匕首を遺体の胸背から引き抜き、これを高らか掲げて宣誓する。「……私は、ルキウス・タルクィニウス・スペルブス、その邪悪な妻、そしてその血を引くすべての子供たちに報復を加える。殺戮であれ、焼き討ちであれ、私にできる手立てがあれば、厭いはしない。また、あの者たちだけでなく、誰であろうとも、この後、ローマで王座に就くことは許さない」（see. D., I, 17 [I, p. 244]）。はたしてタルクィニウス一門の討滅が成就したとき、初代共和国執政官に選出されたのはコラティヌス、およびブルートゥスの両名であった。このローマ共和政の創建伝説に、『マンドラーゴラ』の作者は『ディスコルシ』において、三度言及している（D., III, 2 [I, pp. 420-421]; 5 [I, pp. 424-425]; 26 [I, pp. 485-486]）。喜劇作者がフィレンツェの淑女を命名するにあたり、このローマの烈女について完全に忘却していたとは到底信じがたい[20]。二名の婦人は、確かに名称のみならず美貌と貞淑の双方を共有し、さらには単なる風評から淫猥なる欲情の対象となり、変事を惹起する点において極めて類似しているのである。

　文芸復興期、その意志の純粋性におけるローマのルクレティアの貞節、すなわち私的生活上の婦人の徳目は、明確かつ周知の政治的含意を帯びていたことが銘記されるべきである。それは僭主政治を追討し、自由と遵法性を確立した共和政建設の契機として、そしてとりわけ婦人における市民的徳性の表象として想念されていたのである。一八世紀に至るまで貞女ルクレティアは、共和政の大義に殉じた古典古代の英雄傑士らの殿堂において枢要の箇所に安置された肖像でありつづける。これに対して放縦なる官能的情欲と強姦の実践は、最も顕在化した法的、慣習的規範の侵犯、したがって僭主政治の象徴として想念されることになる。[21] その際、典拠とされたのはアリストテレスの『政治学』である（1311a: 1314b）。「女のためにいかにして国が滅びるか」と題された『ディスコルシ』中の一節もまた、アリストテレスに依拠して婦人の凌辱と僭主政治とを結び付けて議論している（D., III, 26 [I, p. 485]: see, P., 19 [I, p. 167]）。はやくもローマ共和政樹立から半世紀後、再びその自由が一〇人会の僭主政治によって危殆に瀕したとき、一〇人会首魁のアッピウス・クラウディウスは、ウィルギニアなる婦人に獣的欲情を抱き、これをわがものとしようと企てる。共和国の自由が回復される契機となった騒擾事件が発生するのは、アッピウスの卑劣な欲望から息女の貞節を防衛すべく、父親自らがウィルギニアを殺害するという悲劇的決断を下したときのことであった（see, D., I, 40 [I, p. 286]; 44 [I, p. 290]; 57 [I, p. 315]）。ここでは官能的情欲の無制約の発露に報復をもって応じ、あるいは凌辱を阻止することが僭主政治に抗うことであり、婦人の貞節を守護することは共和国の自由、遵法性、そして市民的徳性を擁護することを含意している。

既に一五〇〇年代、広範に共有されていたローマのルクレティアの貞節をめぐる心象世界を所与とするならば、古典古代の使徒をもって任じた『ディスコルシ』の著者が、おそらくその脱稿の直後に喜劇『マンドラーゴラ』を制作した事実は、ほとんど端倪すべからざる巨大な問題として浮上するように思われる。『ディスコルシ』中にみえるローマのルクレティアへの三度の言及が、すべて執筆年代が最も遅いと推定される最終第三巻に確認される事実は、この問題の重大性を暗示している。というのも喜劇作品において、カッリーマコはフィレンツェのルクレツィアを征服することに完璧な成功をおさめる。この享楽的な若者は詐術を巡らせ、ローマのルクレティアにも比肩する貞節を首尾よく突破して淑女との同衾に成功する。喜劇は、筆舌尽くしがたき悦楽を伴った性行為ののち、淑女が完全に貞節を放棄して心身ともに若者の虜となり、両者の恒常的な性愛関係が約束されて大団円を迎えるのである。喜劇作者は『マンドラーゴラ』において、ローマのルクレティアの貞節を揶揄し、そのことによってローマ共和政の創建伝説を愚弄するのみならず、同時代に流布した自由、遵法性、そして市民的徳性の観念を哄笑とともに否定し、あるいはこれらに何らかの根本的変態を用意していた疑いがある。喜劇『マンドラーゴラ』の大筋は、リウィウスを聖典視しているはずであった『ディスコルシ』の著者の共和政体論、あるいはその倫理学、および政治学の全体像に再検討を加える必要性について考慮させる。換言するならば、マキァヴェッリが諸々の政治的主著においてすらも、ひとりの喜劇作者として執筆していた可能性について真剣に考慮させるのである。

ローマのルクレティアをフィレンツェのルクレツィアへと変身せしめ、古代文献にみられる悲劇的逸話を喜劇へと転化して満悦するがごとき傾向が、マキァヴェッリの倫理学、および政治学にも浸透していた疑いは、『ディスコルシ』中のローマ共和政の創建伝説に関する評言を検討するに際して深刻となる。おそらくは意図的にリウィウス史書（I. 46）の筆致に違背して、[22] マキァヴェッリはローマのルクレティアにまつわる変事に、その悲劇的効果を抹消する解釈を施している。『ディスコルシ』によるならば、かの凌辱事件は単なる「偶発事件」accidente であり、タルクィニウス王の失墜と共和政の樹立にとって根本的な要因ではなかった。元来、継承された王権は容易に維持されるはずであったにもかかわらず（see, P., 2 [I, pp. 119-120]; 19 [I, p. 175]）、王は元老院と人民の両者と、しかも同時に敵対しつつ、古来の国制と慣例から逸脱する失策を犯していたのであった。それゆえに、「例のルクレティアに対する息子セクストゥスの偶発事件が起こらなかったところで、何かしら別の事件が持ち上がって、結局は同じ結末 effetto になっていたことであろう」（D., III, 5 [I, p. 425]）。驚くべきは、無体をはたらいた嫡嗣セクストゥスを即座に処刑する非情が王に備わっていたならば、[23] 僭主政治は維持、さらには強化され得たであろうことが示唆されており、したがってルクレティアをめぐる「偶発事件」が僭主とその放伐者の双方によって利用可能であったことが示唆されている点である。共和政の創建伝説において主題的に考察されるべきであるのは、むしろ王を欺いて陰謀を成功へと導いたブルートゥスの方法である。「白痴 la pazzia を装うことがときには最も賢明であるのかもしれない」と題された『ディスコルシ』の一節中、マキァヴェッリがブルートゥスに関して最も高く評価しているのは、暗愚蒙昧を演じることで、おのれの陰謀の雄図を偽装し、危険を回避しつつ雌伏して好機 occasione に備えた変身自在の才である。ときに陰謀者は、「自分の本心とは裏腹に、自ら馬鹿になり下がり、しゃべりちらし、道化役を演じなければならない」(D. III. 2 [I. p. 421])。明らかに『ディスコルシ』の著者にとって真に賞賛に値するのは、断じてルクレティアの貞節ではなく、凌辱事件の発生を好機の到来としておのれの秘めたる企図を成就させたブルートゥスの「賢慮」prudenza なのであった。(24) その政治的主著においてもマキァヴェッリは、同時代の一般的通念からの逸脱を厭わず、古典古代の故事から意識的に悲劇の格調と香気を捨象し、むしろ悲運を回避して勝利をもたらす深謀遠慮が、ときとして道化の喜劇的演技と一定の類似性を帯びることに注意を喚起しようとしていたのかもしれない。

第二節　喜劇『マンドラーゴラ』の筋、あるいは策略と人間喜劇

喜劇『マンドラーゴラ』の開幕部分、官能的情欲を成就せしめんとする若人、カッリーマコの企ては重大な障害に直面しており、絶望的企図であるかのようにみえる。フィレンツェのルクレツィアの貞節は、かのローマの烈女のそれと同程度に確固不抜であるようにみえるのである。「恋に悩める若者」は、なかば意気消沈の状態で舞台に登場する。若者を阻むのは、この淑女の「本性（気性）」natura そのものである。(25) 極めて富裕であるにもかかわらず、通常の若い婦人が愛好する遊戯や夜会、祝宴において享楽に耽溺する習慣はなく、誠実かつ敬虔（see, 3, 2 [III.

p. 159]）にして聡明（see, 1. 3 [III, p. 148]; 3. 9 [III, p. 165]; 4. 1 [III, pp. 169-170]）、さらには女中や下男の類によってすらも慕われている有様で、まったくもってつけ入る隙がない。ただし二つの重要な事実が、喜劇の筋 plot、すなわち若者の策略 plot を前進させることができるのかもしれない。[26] 第一の事実は、ルクレツィアの主人、老いたニチア・カルフッチ博士の常軌を逸した馬鹿さ加減である。その間抜けさが、ブルートゥスの変身自在の「賢慮」prudenza とはいかなる関係もなく、演技ならざる正真正銘の愚鈍であることは、博士が多年にわたって「ボエティウスの法律学」Buezio legge を研究した老人であるという設定によって、なかば確証されている。ボッカッチオの短篇小説（2. 10）においても亜種が確認されるところの「法学博士の老人」なる人物像は、何らかの秩序の盤石たる恒久性を素朴にも信じ込み、視野狭窄で硬直的、頑迷固陋な性状の典型であるがゆえに、ほとんど例外なくブルートゥスの対極に位置づけられる真正の愚者なのである。[27] 喜劇作者は、正しくは「ボエティウスの」Boezio と綴るところを、明らかに意図的に「間抜けの」Bue [zio] と書き誤ることで、ただひとつの文字すらも疎かにすることなく、ニチア博士の馬鹿さ加減を際立たせ、これを暗愚の権化ならしめる努力を尽くしている（prologo [III, p. 141]）。老いた愚者に相応しく、博士の劇中最初の発話は「私は信じる」Io credo である（1. 2 [III, p. 147]）。[28] 舞台上の博士のあらゆる言動は、おそらくは老年の権威を恃むあまりに、おのれの学殖、知見、判断力のみならず、性的活力や身体的能力、そして容姿について、はなはだしく浅薄にして貧弱、さらには醜悪である実情を正しく認識しておらず、奇妙な自惚れを伴っていることで滑稽さを増している。[29] したがって「法学博士の老人」とは、端的な暗愚のみならず、地上からの即刻の退場を見苦しくも拒絶して固執する老醜の権化、つまりは謝肉祭の祝祭空間に演じられる喜劇上の永遠の愚弄、殴打、「奪冠」uncrowning の標的であるのかもしれない。若者が策略を仕掛ける端緒となりうる第二の事実は、いまだ博士と夫人は子宝に恵まれておらず、両人ともにこれを熱望していることである。成婚から六年を経過して夫人が懐妊に至らない事実は、博士の精力についての見苦しく、見当違いな自負にもかかわらず、この暗愚蒙昧な老人が実のところ老齢ゆえの、あるいは生来の、しかも無自覚的な性的不能者であることによる可能性が劇中の複数の発話によって仄めかされている。[30]

カッリーマコが、おのれの官能的情欲の充足にとって有利となりうる二つの事実を秘密の回廊として、フィレンツェのルクレツィアの閨房に踏み入るにあたり、不可避的に法的、慣習的規範を出し抜く必要性が生じるが、それは「法学博士の老人」を出し抜く必要性を意味している。[31] ただし『マンドラーゴラ』における「人間喜劇」を成就せしめんとする企図は、『デカメロン』における諸々の類似の企図に比して、より深刻な困難に直面している。というのも、カッリーマコの官能的情欲を満たさんとする企図は、ニチア博士を、つまりは法的、慣習的秩序を出し抜くことのみならず、ルクレツィア夫人の「本性（気性）」をも打倒することを要求しているのである。それは、端的に官能的情欲を「自然の掟」le leggi della natura として揚言すること以上の企図である。それは、むしろ官能的情欲に立ちはだかるいまひとつの「自然」を、人為をもってして征服することまでも要求しているのである。ここにおいて「恋に悩める若者」の助言者となり、賢慮ある策略を案出するのは「悪知恵にはなはだ長けた居候」、リグーリオである。かつて「仲人」を商売としていたものの、いまや落魄していると思しきカッリーマコ邸の食客、このニチア博士とも昵懇の「面白い男」piacevole uomo に対して、若者はおのれの恋の苦悩を告白したのであった。かくして極めて傑出した居候リグーリオは、完全に若者を自身の指図に従属させるのみならず、喜劇の筋書を決する諸々の重大な判断を下す。いまだ面識のない若者とニチア博士の両名を引き合わせるのは居候である。当初、せめてもの一度かぎりの性行為を切望していた若者の心中に、ルクレツィア夫人との継続的な性愛関係を構築する野心を、ついにはそれ以上の野心を喚起するのも居候である。『マンドラーゴラ』中、喜劇作者が自己を投影した可能性が最も高い人格を、失業中の居候リグーリオと判断することはおそらく妥当であるだろう。[32]

まずリグーリオは、湯治場における療養が不妊の治癒に有効であるとニチア博士に信じ込ませることで、ルクレッツィア夫人を市外へと誘導し、カッリーマコによる誘惑の好機を設定しようと企てる（1, 2 [III, pp. 147-148]）。それは、より安閑とした環境へと移送することで、淑女の「本性（気性）」を「別の本性（気性）」altra natura へと変態せしめんとする企てであった[33]。この企図が実行されていたならば、喜劇は、バルダッサレ・カスティリオーネの『廷臣論（宮廷人）』によって指弾された『デカメロン』中のナポリ市の逸話と若干の類似性を帯びる顚末に至っていたのかもしれない[34]。しかしながら、この企図は博士の拒絶によって頓挫する。湯治場における夫人の療養は、博士を含む一門眷属と相当の家財道具を伴った一定期間の遠出を意味する。老博士は、「サンタ・マリア教会の円屋根」が見えないと不安に陥る性分の持ち主なのである。かかる空間的な意味における不動性が、暗愚の証左としての硬直的な性状と視界の狭隘の反映であることは明白である[35]。とくに笑いを誘うのは、リグーリオとの対話中、湯治場に関する提案を拒否した直後、何を血迷ったか、老博士が自身の見聞の豊かさを咄嗟に誇示しようと不適当な若き日々の経験談を語ることで、逆に知見の貧しさを暴露し、ついには海洋の広大さを「アルノ川の七倍」と見積もった所説の表明に至る展開である。いかにも大儀な様子で浅薄かつ空虚な、あるいは誤った、ときとして有害な「知識」を開陳して悦に浸り、無自覚的におのれの馬鹿さ加減を際立たせる「法学博士の老人」の醜態が目に浮かぶようである。かくして湯治場の策略が撤回されたのちに、賢慮ある居候によって案出されるのが、「マンドラーゴラ」なる本草の根を調合した秘薬を用いてフランス王妃の不妊症を完全に治療したという、輝かしい経歴のある高名な医者と偽って、カッリーマコを博士に引き合わせる妙案であった。医者が、すくなくとも医者に扮した若者が法律家を出し抜く喜劇の大筋は、医学と法学の比較論争における一三〇〇年代以来のフィレンツェ人文主義の立場を侵犯するものであることが指摘されねばなるまい[36]。

「マンドラーゴラ」mandragola は、地中海沿岸地域に分布するナス科の多年生植物である。その果実が神経を麻痺させ陶酔を引き起こす成分を含有している事実のみならず、おそらくは根系の形状がときに人体に酷似することから、太古より異常な妖力を帯びるものとして想像され、様々な民衆奇譚を生み出してきた。既に旧約創世記中（30, 14-24）、この本草の受胎効果への言及がみられる。おのれがイスラエル諸部族の始祖となるであろうことを啓示されたヤコブは、二人の正妻、二人の側妻とのあいだに一二人の子息をもうけ、これらが一二部族の始原となるのであったが、このとき二人の正妻の懐妊が「マンドラーゴラ（恋なす）」の助力を得つつ成就したことが語られている。しかしながら中世期以降、それは魔女の妖術との関連でより頻繁に語られることとなった。すなわち英仏戦争期、オルレアン市を解放した「フランスの少女」が異端の疑いで告発されるに際しては、「マンドラーゴラ」を隠匿し、その妖力を行使した容疑が最初の告訴状に含まれていたという。[37] 広く人口に膾炙していたものと推察されるのは、妖草の根系は引き抜かれると震撼すべき大音声の悲鳴を挙げ、それを耳にした者は錯乱し、あるいは死に至るという奇譚である。シェイクスピア悲劇が「マンドラーゴラ」mandragora に言及するに際して依拠したのは、この奇譚であった。[38] したがって恐るべき妖草の根系に付与された秘力を獲得せんとする者は、犬を妖草の茎部に繋ぎ止め、耳を塞いだのちにこれを呼び寄せねばなるまい。中世都市の市場には、犬の死体を結びつけた何らかの植物を神秘の魔草と称して陳列する不埒な悪徳商人も見られたという。[39]

謝肉祭の祝祭空間に現出する心象、すなわち「新しきもの」の出生と「古きもの」の殺害の心象に相応しく、生殖と死の双方に関連づけられた妖しき本草についての土俗的伝承は、明白に喜劇『マンドラーゴラ』に継承されている。フランス王の贔屓の医者と偽ってニチア博士と会見したカッリーマコは、「マンドラーゴラ」の根系を調合した水薬によって確実にルクレツィア夫人を懐妊へと至らしめることを約束する（2, 6［III, pp. 155-158］）。難解ではあるが空虚な学術用語をラテン語でまくしたてる若者を学識に満ちた偉大な医者であると完全に信用した博士は（2, 2［III, pp. 151-153］）、約束に狂喜するが、妖草の作用について詳細に説明されるにおよび、激しく怯え、動揺する。つまり調合された水薬を服用した婦人の不妊症は必ずや完治するが、ただしこれと最初に性行為をおこなった男性は、妖草の毒素のため八日たらずで死に至るというのである。ルクレツィア夫人を妊娠させ、家門が子宝に恵まれるためには、博士以外の男性を生贄として、謀ってこれを秘薬の投与を受けた直後の夫人と一度だけ同衾させ、すべての毒素を吸い取らせねばならない。「マンドラーゴラ」の妖力は二つの難事、すなわち一名の男性の生命を犠牲とすること、そして一度だけ「寝取られ男」cuckold となることを博士に要求するというのである。

カッリーマコ、あるいはこれを誘導するリグーリオは、困難を孕んだ第一の要求について、夜陰に乗じて市場界隈の素浪人を拉致し、強迫してルクレツィア夫人の寝床に押し込み、性交におよばせることで落着であるとニチア博士に説明する。翌朝、素浪人を追い払って夫人の身体をよく洗えば、これ以降、博士は何の懸念もなく、いまや不妊症の完治した端麗極まる身体を存分に堪能すればよいのであり、懐妊はいずれ成るであろう。ほどなくして、どこかで件の素浪人は死ぬことになるが、知ったことではないという。ただし博士は、この第一の要求にもまして、むしろ第二の要求、すなわち自身が一夜の「寝取られ男」とならねばならぬという要求に対して拒絶反応を示しているように思われる。ついに博士が二つの要求を受け入れるに至るのは、同様の方法によってフランス国王や諸侯もまた子孫繁栄に成功したという、当然ながら虚偽の事実を力説されてのことであった。融通の利かない小心者は、より強大な権威による正当化をもって、はじめて「裁判沙汰」になるかもしれぬという不安と、自己の面子の動揺によって生じる心中の疼きを乗り越えるのである。この際、博士が垣間みせる王侯貴顕やフランス伝来の万事に対するかなり不恰好な憧憬（2, 3［III, p. 153］; 6［III, p. 157］）は、相当程度の不快感を観る者に抱かせる。「法学博士の老人」は、ただ暗愚蒙昧であるのみならず、まったくもって不快な小市民的俗悪をも備えているのである。この不快感が強烈であるために、老博士の人格描写は、喜劇的効果を引き起こす滑稽さに関する古典的定義、つまりそれを不快や苦痛を感じさせることのない程度の「醜さ」や「欠陥」とする定義を、ほとんど侵犯する危険を冒している。いずれにせよ博士は計画を承認するが、おそらく若者と居候は博士夫妻に子女がない真実の原因は妻女ではなく亭主にあることに気付いており、さらには医者を演じる若者によって調合される「マンドラーゴラの秘薬」もまた、「胃腸を整え、頭をすっきりさせるイポクラッソ酒」等々を出鱈目に混入したまがい物（4, 2 [III, p. 171]）にすぎないのは無論のことである。喜劇作者は、『マンドラーゴラ』によって創世記中のヤコブの逸話、すなわちイスラエル一二部族の起源にまつわる逸話をも愚弄しているのかもしれない。

ニチア博士の説得、あるいは欺きが成功したことにより、カッリーマコとリグーリオの策略は躍進する。まがい物の「マンドラーゴラの秘薬」をルクレツィア夫人に服用させたうえで、闇夜の街路で拉致した生贄を博士邸に連行し、夫人の寝床に押し込んで翌朝まで放置する手筈であるが、この生贄ならざる間男は、変身自在の才を駆使しつつ、フランス王の侍医から夜陰に徘徊する素浪人へと迅速に変態した若者、カッリーマコであるだろう。しかしながら策略の決行に先立って、最後の、そして最も深刻な難題が突破されねばならない。すなわちローマのルクレティアに比肩する貞女、ルクレツィアに秘薬の服用、さらには素浪人との同衾を承認させることである。策士リグーリオは、淑女に対して直接、常軌を逸した方法を提案する下策を採用することはない。策士は、むしろ攻略するに容易な周囲の関係人物らを策略に引き込むことで夫人を包囲し、これが不承不承であろうとも、無体を甘受せざるをえない環境を整備してゆくのである。策士の次なる接近の対象となるのは「身持ちの悪い坊主」、つまり夫人の懺悔聴聞僧、ティモーテオ修道士である。修道士は、大方の期待を裏切らず、偽善と強欲をこととする悪辣な坊主であり（see, 3, 3-6 [III, pp. 160-164]; 3, 12 [III, pp. 168-169]; 4, 2 [III, pp. 170-171]）、信仰の退潮した世相を嘆いているのも（5, 1 [III, p. 180]）、布施と寄進の減少を憂慮してのことであるだろう。リグーリオは、会見まもなく若干の対話を通じて、修道士が「まことに見上げたお坊様」、つまりは自身の同族であることを察知したため、これには真の目的がニチア博士夫妻の嗣子の生誕ではなく、医師に扮した若者の官能的情欲の成就であることを告げている。この段階で真の目的を知る者は、若者とその従者を除外するならば、リグーリオと買収された修道士である。

いまや共謀者となった両名は、市中の教会において、母親ソストラータに連れられ、はじめて観衆にその姿を現すルクレツィア夫人を説き伏せようと待ち受けている。マキァヴェッリ史書中、教会とは陰謀の最も魅力的な舞台であることが想起される（IF., VII, 34 [III, pp. 674-677]; VIII, 6 [III, pp. 685-686]）[40]。

『マンドラーゴラ』の第三幕末尾は、喜劇作品の中枢、全五幕の中枢にして絶頂である[41]。ニチア博士のみならずティモーテオ修道士、さらには母親ソストラータまでもがルクレツィア夫人に対して、『マンドラーゴラ』を服用し、素浪人との一夜の同衾を果たすべきであると言い諭す。これら説諭は、至極一般的に理解されたマキァヴェッリ政治学の基本的諸原則そのものであることが銘記されるべきである。ソストラータが憂いているのは、博士夫人の近い将来である。老いたニチア博士は遠からず死ぬことになるだろうが、子息のない寡婦は無宿同然である。いかなる難儀があれ、王侯の元侍医による「マンドラーゴラ」の施術を受けるべきであるとして、母親が説くところでは、「分別のある人は、いくつもの悪のうちでも、一番ましなものを選ぶと、いつもそう聞かされてきましたわ」(3, 1 [III, p. 158]; see, P., 21 [I, p. 181]; D., I, 6 [I, p. 215]; 38 [I, pp. 279-280]; III, 37 [I, p. 508])。ティモーテオ修道士は、おのれの職分をよく弁えて、貞淑にして敬虔なる夫人の「良心」conscienzia をめぐる問題を解決しようと説教する。かの令名高き医者によって処方された秘薬を服用するならば、夫人が懐妊することは確実である。しかるに夫人と一度の性行為におよんだ素浪人が実際に死に至るかどうかは、どうも不確かではないだろうか。修道士の説くところでは、かかる場合に「一般原則」generalità となるのは次の至言である。「確実な善と、不確かな悪とがある場合、その不確かな悪を恐れて、善を逃してはいけません」。のみならず、罪を犯すのはあくまで心魂であって身体ではないのであるから、この件で夫人が罪を犯すことにはならないのである。創世記（19, 30-38）においても、ソドム市の壊滅に直面して種の断絶の危機を考慮したロトの息女らは、その実父と自ら臥したのであった。夫人もまた、聖典を賢明に judiciously 理解して、嗣子をもうけ家門の存続を図るために、同様に困難を孕んだ務めを果たすべきであろう。「……何より結末 fine を重んじろって言うでしょう」(3, 11 [III, pp. 167-168]; see, D., III, 3 [I, pp. 422-423])。これらすべての説諭は、策士リグーリオ、あるいは喜劇作者自身の黄金律に導かれているように思われる。すなわち、「多くの人に善をなし、多くの人が喜ぶことこそ、まことの善だと思いますがね」io credo che quello sia bene, che facci bene a' più, e che e' più se ne contentino (3, 4 [III, pp. 162-163]; see, P., 15 [I, p. 159]; D., I, proemio [I, p. 197])。確かに『マンドラーゴラ』によって上演されているのは、ひとりの貴婦人による貞淑の徳目の放棄が、すべての当事者に善をもたらす状況なのである。

ここにおいてはマキァヴェッリ政治学が、ローマのルクレティアに比せられる貞女を包囲して、激越なる突貫を繰り返している。当初、貞女の抵抗は極めて頑強である。「たとえ私がこの世に残った、たったひとりの女で、私だけしか人間 umana natura を生み殖やせないというのであっても、そんなこと、とてもできはしないわ」(3, 10 [III, p. 166])。しかしながら抵抗は、次第に弱体化し、散発化してゆく。ついにフィレンツェのルクレツィアによって発せられるひとつ言明において、『マンドラーゴラ』の筋は絶頂点に到達する。同喜劇全篇が、この言明を枢軸とした旋回運動であるとの断定を下すのは、非常に魅力的な賭けであるだろう。すなわち、「分かりましたわ。でも、明日の朝、私は生きていませんから」Io son contenta; ma non credo mai essere viva domattina (3, 11 [III, p. 168])。この言明により、マキァヴェッリ政治学の成立にとって最も不都合かつ警戒すべき選択肢が、最も明確に提起されたことになる。つまりは、フィレンツェのルクレツィアの自害である。貞女が徳目に殉じて自刃を選択し、フィレンツェのルクレツィアがローマのルクレティアを忠実に模倣するならば、すべての当事者に悪がもたらされ、同時にカッリーマコとリグーリオの陰謀は全面的敗北を喫することになるだろう。古典古代の忠実なる模倣、換言するならば悲劇の成就は、「悪の教師」の政治学の信頼性を完膚なきまでに破砕するであろう。そして、そのことは蒼古の市民的徳性、「古い(古代の)美徳」の赫々たる勝利であるだろう。徳性は偉大な死によって光輝を放つ。しかしながら、かの決定的言明に対するティモーテオ修道士、ならびにソストラータの無頓着な反応からも窺い知れるように、絶対的にフィレンツェのルクレツィアはローマの悲劇的貞女を模倣することができない。あらかじめカッリーマコとリグーリオは、貞淑であるのみならず敬虔な夫人には悲劇を選択することが絶対的に不可能であることを確信しているからこそ、策略を案出し、遂行しては、勝利を収めることができる。一五〇四年のフィレンツェ市に悲劇が絶対的に不可能であるのは、聖書宗教が、アウグスティヌスの権威が、それを禁じているからである。フィレンツェのルクレツィアによるローマのルクレティアの模倣を阻んでいるのは、聖書宗教である。したがって喜劇『マンドラーゴラ』において、マキァヴェッリ政治学の成立とその勝利を可能ならしめているのは、聖書宗教なのである。

『神の国』中、アウグスティヌスは、神が信仰者に対して自死を禁じていることを確認するに際して、ローマのルクレティアと、これを貞女として賛美する古典的伝統に対して激しい非難を加えたのであった。リウィウス史書の叙述において、かの事件に直面した縁者らが総じて説いていたように、罪を負うべきは無体な姦淫をおこなった者であり、凌辱を加えられた者でないことは明白である。真に問われるべきは、身体ではなく霊魂の純粋性であり、被害を受けた婦人の貞節は、姦通の意志を伴わぬかぎり、何らの毀損も被りはしないはずである。注目すべきであるのは、『神の国』(1. 19) 上のルクレティアに対する批判のうちに看取される、かなりの辛辣さである。教父は、「これはただ、かの女だけしか知ることのできないこと」であると留保したうえで、残忍な悪意すら感じさせる思案を展開している[42]。すなわち婦人は、寝房に白刃をもって脅迫されたとき、おのれも官能的情欲を喚起され、心底において姦通に同意してしまったために、のちになって自責の念に耐えず、嘆き悲しんで自死を選択してしまったのかもしれない。とはいえ、この婦人は世上、長らく姦婦にあらざるものと信じられてきたのであるから、やはり性的悦楽の魅惑に屈したわけではないのだろう。したがって婦人の自決は、衆人に姦通への同意を疑われることを懸念して、さらには「いかにもローマの婦人らしく〔貞女としての〕賞賛を求めて」、したがって純潔ではなく、「自己愛」としての一種の虚栄から自害に至ったものと推察されている（see, 1, 9）。古典古代の悲劇的故事を非難するにあたっての非妥協的態度は、いまひとつの周知の自害の実例、すなわちカエサルの勝利に直面した小カトーの自害を評するにあたっても貫徹されている（1, 23）。それは「強健な精神」ではなく、むしろ「柔弱な精神」によってなされた業であった。というのも、それはカエサルの栄光への度し難い嫉妬によって引き起こされたものであったのだから。教父は、あたかも喜劇作者のごとくに古代の傑物らを矮小化することで、これらの悲運と没落に関する悲劇的解釈を破壊し、抹殺しようと試みていたものと思われる。

『神の国』の冒頭部分に配された自死に関する議論は、アラリック王を頂く北方蛮族の跳梁跋扈によって生じた諸々の惨禍について語る文脈にあらわれる。教父の眼前において、かの西方帝国が滅亡の業火とともに倒壊しつつあったとき、幾千万の信仰者らが蛮軍に弑逆され、虜囚として鞭打たれ、あるいは強姦されては耳目を聳動していた。教父は、これら酸鼻を極めた蛮行をただ従容として耐忍すべきであると説諭するなかで、いかなる闇獄の渦中にあろうとも自死におよぶことを禁じたのであった。悪しき不信徒のみならず、善き信仰者らに対しても等しく殺戮、暴虐、そして凌辱の禍難が降りかかったのは、神がこれらに試練を課したことを示しているのであり、あくまで生ける者には敬虔を保ち、配剤に耐え忍ぶことで、赤誠の信仰を証し立てることが望まれている。しかしながら神の試練がいかほど苛烈であろうとも、善き信仰者ら、すなわち生成途上の「神の国」の居住者らにとって、それは断じて悲劇的終幕ではない。というのも、いつの日か来るべきキリストの再臨と大審判によって、これらの霊魂は必ずや至高の報酬、つまりは「最高善」summum bonum をもって報われるのであり、完成した「神の国」において救済され、「永遠の歓喜」と浄福に安らうのである。聖書宗教が提示するのは、ひとつの楽観的展望である。その歴史意識においては、地上のあらゆる世代の受難、あるいは一〇〇〇年の世界帝国の全的崩壊ですらも、大審判の日に大団円を迎えるべき、期待に満ち満ちた巡礼の旅における諸々の幕間の寸劇であるにすぎない。したがって元来、壮大なる喜劇、この神聖なる喜劇を演じるべき完徳の巡礼者には、いかなる悲劇的結末もありえない。教父によるローマのルクレティア、あるいは小カトーの自害に対する非難が極度に辛辣な調子を帯びるのは、「神聖喜劇」commedia divina の舞台に悲劇的終幕の余地は許容されてはならず、とりわけ情感を揺さぶる悲劇的英雄主義の成立は絶対的に阻止せねばならないからである。聖書宗教が開示するのは喜劇、たとえ「神聖」の限定辞が伴おうとも疑いなく喜劇であるがゆえに、原理的に悲劇の成就を回避せねばならないのである。聖書宗教とマキァヴェッリ政治学の間には、決して永続性を期待し得ぬものの、しばしの同盟が締結されうる。なぜならば両者は、ともに古典古代の悲劇を回避して大団円を望見するところの、根源的楽観論を共有する喜劇なのである。

しかしながら、マキァヴェッリ政治学が聖書宗教と同盟するのは、教父の権威が策略にとって有用である限りにおいてのことである。好機を捉えての盟約侵犯は、その得手とするところであるだろう（see. P., 18 [I, pp. 165-167]）。カッリーマコと居候リグーリオは、満を持して策略を決行する。晩刻、仮装した居候、ニチア博士、ティモーテオ修道士らの面々が、マントに身を包みリュートを演奏しつつ闇夜に徘徊する素浪人を捕縛し、博士邸へと拉致して、まがい物の「マンドラーゴラの秘薬」の投与を受けた直後のルクレツィア夫人の寝床に放り込むのであるが、この素浪人は、すなわち巧妙に変装したカッリーマコなのである（4, 9 [III, pp. 177-179]）。決行に先立ち居候は、「あの女を一度でいいからものにしたい」（4, 1 [III, p. 170]）と切望していた若者に対して忠告し、同晩、性行為を果したのちに、夫人にすべての真相を明かし、虚心坦懐に悩める思いを告白するよう教唆している（4, 2 [III, p. 173]）。若者の野心は、一晩の同衾から持続的な不義密通の関係の構築へと肥大化している。策略は、聖書宗教と同盟して若者を夫人の閨房へと潜入せしめたのちに、すみやかに同盟を破棄し、おおいなる官能的悦楽の威力によって、夫人に聖典と教父の訓戒を敢然と放棄させること、つまりはこれに身体のみならず霊魂の純潔性をも放棄せしめ、ついには貞節のみならず敬虔の徳目までも放棄せしめることで完結するのである。

『マンドラーゴラ』の第四幕末尾に朗誦される詩歌canzoneは、閨中のカッリーマコとルクレツィア夫人の「甘美なる夜」が両者の霊魂を「至福」へと至らしめたことを伝えている。[43] 閨中、若者は策略のすべてを告白し、おのれの激しい恋情を打ち明ける。そして、相変わらず若者をフランス王の元侍医と信頼し続けるであろう博士の馬鹿さ加減を利用しつつ、これ以降も恒常的な性愛関係を取り結ぶことを提案し、博士が天に召された暁には、即座にルクレツィアを自身の正妻に迎えるであろうと約束する。夫人は若者の熱情、接吻、抱擁と老博士のそれらとのあまりの相違に驚愕し、非常な衝撃を受けている。ついに夫人は、いまや貞節も敬虔も放棄して若者に応えるのであった。「……私は、あなたをお殿様signoreとも、主人padroneとも、導き手guidaとも崇めるわ。あなたには私を保護して、後見して、私のあらゆる幸せの泉になってもらいたい。私の夫が一晩だけのことだと言って頼んだけれど、これからもいつもこうしたいもの。だから、うちの人と身内同然の間になってほしいの。……身内も同然の間になれば、出入りはあなたの自由だし、誰からも怪しまれずに、いつでも会えるわ」(5. 4 [III, pp. 183-184])。かくして策略は完璧なる勝利を収め、カッリーマコは自身が「天国にいる者」に比しても幸福で、「聖者たち」にもまして平安の境地に達したことを確信する。居候によって若者に授けられた策略plot、古典古代、そして聖書宗教の双方の伝統を出し抜いた喜劇作品の筋書plotの要諦は、「自然」naturaの改造、すなわち貞淑にして敬虔なるルクレツィア夫人の「本性」を変態せしめ、「別の本性」altra naturaへと至らしめることに存していたのであった。喜劇『マンドラーゴラ』は、ひとつの「変身物語」metamorphosisである。[44]

聖書宗教とマキァヴェッリ政治学は、いずれも古典古代、すなわち「悲劇」tragediaの最終的な拒絶によって成立する喜劇であり、ともに根源的楽観論を包蔵している。しかしながら前者は、此岸における人類の生と政治的営為に関する悲観的展望を古典古代と共有しつつ、喜劇の大団円をあくまで彼岸に設置し、さらに救済については神的恩寵に対する全面的かつ無条件的な依存を標榜する点において、端的な喜劇ならざる「神聖喜劇」commedia divinaである。それは古典古代の「悲劇」を継承しつつも、これによって終幕とすることを絶対的に拒絶して、新規に喜劇的展望を接合することで成立している。他方において後者は、喜劇の大団円を此岸に設置し、神的恩寵への依存を廃棄する点において端的に「喜劇」commedia、あるいはもっぱら人間的営為による救済を構想する点において「人間喜劇」commedia umanaとも形容されるべき展望を提示している。[45]それは表層を通観したところ、巨大な古代文献の復興運動に随伴して推進されているように映じるものの、その深奥においては「神聖喜劇」とまったく同程度に、あるいはこれ以上に古典古代の「悲劇」には敵対的な展望であるように思われる。それは聖書宗教の根源的楽観論の廃棄ではなく、これの刷新、ただし根本的な刷新の計画、つまりは最終的救済の心象を堅持したうえで、「神の国」の完成による「永遠の喜劇」eterna commediaの大団円を地上に降下せしめ、神的恩寵を人間的営為によって置換する計画に起源しているように思われるのである。かかる遠大かつ深甚を極める問題に対して、ここでは性急に安易な結論を下すことは差し控える。しかるに再三、聖書宗教とマキァヴェッリ政治学との間には架橋しがたき断裂が指摘されてきたにもかかわらず、両者の間には看過しがたき類縁関係、もしくは血縁関係さえもが疑われることは留意されねばならない。

喜劇『マンドラーゴラ』は、「人間喜劇」そのものである。この喜劇作品を、一二〇〇年代以来の「嘲笑文学」la beffaの伝統から、あるいは『デカメロン』からさえも画然と区別しているのは、その大団円の完全性である。[46]劇中、ニチア博士を、ボッカッチオの短篇小説集に四度（8, 3; 8, 6; 9, 3; 9, 5）登場するフィレンツェ市民の暗愚蒙昧な画家「カランドリーノ」Calandrinoに擬えているものと推察しうる描写が存在する（4, 9 [III, p. 178]）。[47]しかしながら、「カランドリーノ」と博士との相違は明白である。「嘲笑文学」の伝統において嘲罵の対象となった愚者が、通例、いわば石もて追われる身となるのと同様、「カランドリーノ」もまた衆人の哄笑のなかで、ひとり痛烈に恥じ入り、あるいは落胆したまま捨て置かれるのに対して、博士は他のすべての当事者とともに、ついには愁眉を開くのである。マキァヴェッリ喜劇中のある重要な箇所において、かの五月の陰謀の夜の二年後、フィレンツェのルクレツィア夫人がめでたく出産に至ったことが明かされる。無論、この嬰児は、真実にはカッリーマコの子種であることは疑いないのであるが、博士はその真実を知らぬままに歓喜し、やがては童子を愛撫しながら安んじて死床に就くであろう。はたして真相は発覚せぬままであるだろうが、おそらくそれが最も望ましいことである。カッリーマコは愛欲を存外なまでに充足し、居候リグーリオは食客としての生活を保証され、ティモーテオ修道士は望みの金銭を得て、ルクレツィア夫人は真の良人に巡り合い、ソストラータ婦人は息女の将来について安堵して、さらにはニチア博士が待望の継承者を得ることで、カルフッチ一門は世間体を維持しつつ断絶を免れ、おそらくは繁栄に至ることであろう。『マンドラーゴラ』は、もっぱら人為の策略をもって貴婦人に貞節の徳目を放棄せしめることで、ひとりの犠牲者をも要求することなく、すべてが歓喜に湧いて結末するのである。(48) そこに不在であるのは、「機械仕掛けの神」deus ex machina である。

この喜劇作品は、策略決行の翌朝、一同が浄めの祈禱をおこなうべく教会に参集する場面をもって閉幕する（5, 5-6 [III, pp. 184-186]）。「人間喜劇」は、それがしばしの同盟を締結したのちに裏切ったところの「神聖喜劇」に対して、最後の愚弄の一瞥を送って結末しているように思われる。闇夜の素浪人から再びフランス王の元侍医へと変態したカッリーマコが、ニチア博士によって深謝され、「身内同然の間」となることを懇願されて、博士邸の合鍵を受け取るのも教会の内部である。終幕部分に遍在しているのは、復活と再生の曙光、そして回復された若さの心象である。博士が「雄鶏」のごとく活力に満ち溢れたルクレツィア夫人に語りかけて言うには、「今朝はお前もずいぶん元気が出たようだ。昨夜は今にも死にそうだったが」（5, 5 [III, p. 185]）。事実、いまや夫人は刷新を遂げて、「生まれ変わったも同然」なのである。さらにはソストラータ婦人までもが、「古い木株に若木を挿し木したように一段と若く」なったかのようである（5, 6 [III, p. 186]）。これらすべてが、喜劇の上演を伴う謝肉祭の時節を支配する心象、すなわち季節の交代と新生の心象を濃厚に反映していることは疑いない。何が起こっているのかを認識していないのは、「法学博士の老人」だけなのである。確かに『マンドラーゴラ』は老朽し、硬直し、冷却して死滅の危機に瀕したカルフッチ一門の復活と再生の物語、ただし異常な、しかも人為による策略の介在によって可能となった物語である。[49] 王国、共和国、あるいは宗派と同様に家門もまた、不可避的な衰滅の過程を克服し、「革新」rinnovazione を遂げることで「より長い生命」più lunga vita を保つには、異常な方法を要していたものと思われる（see, D., III, 1 [I, pp. 416-420]）。

ニチア・カルフッチ一門の陥った滅亡の危機、すなわち子孫繁栄の失敗は、元来、人間的営為をもってしては、いかんともしがたい苦境であったことが銘記されるべきである。たとえ若い夫婦においてであろうとも、懐妊の成否を左右するのは、むしろ運命の女神である。[50] 喜劇『マンドラーゴラ』が提示しているのは、もっぱら人間的営為、つまりは「賢慮」prudenza をもって運命の悪意に善処する方法なのである。失業中の「仲人」、リグーリオによって案出された策略は、官能的情欲と子孫繁栄の願望、つまり真実のところは相互に独立別個であるものの、婚姻の慣習によって結合されている二つの欲求をひとたび分離したのち、極めて異常な、慣習とは断じて相容れぬ仕方で再結合させることにあったと概括することができる。[51] カッリーマコが情欲を満たすことで、ニチア博士夫妻は嗣子を、すくなくとも世間体の上では嗣子とみなされるべき嬰児を獲得した。しかしながらこれらすべての策略は、いかほど「賢慮」に溢れていようとも、フィレンツェのルクレツィアがあくまで貞操に固執して、ローマのルクレティアの忠実な模倣、つまり自害に至っていたならば、全面的敗北を喫していたことが想起されねばならない。したがって運命によってもたらされた苦境を克服し、同喜劇作品を大団円に至らしめることとなった最大の要因は、リグーリオの策略ではない。むしろ大団円を可能ならしめた最も重大な事実、換言するならばこの喜劇作品の主題は、ルクレツィア夫人の「本性」natura における「変身」mutazione と「適応」riscontro である。策略は、貞淑にして敬虔なる夫人を包囲して、この「変身」と「適応」の環境を整備したにとどまる。おのれの「本性」の限界を克服し、おのれを含むすべての当事者に善をもたらすべく「変身」を実現させたのは、夫人自身の「賢慮」であった。(52)「法学博士の老人」のあらゆる意味での一面性と不動性が、繰り返されるカッリーマコの変態のみならず、夫人の「変身」の劇的性格を際立たせる陰画の役割を果たしていることは指摘するまでもあるまい。諸々の都市、家門、市民の営為がほとんど常に悲運と没落を約束されているように思われるのは、これらが荒れ狂う運命の女神の移り気、すなわち「時流」tempo におのれの「本性」を「適応」させることができないためであった。「人間本性」umana natura の硬直性こそが悲劇的な、換言するならば古典的な終幕の根本原因なのである。(53)しかるに、もしも「賢明な人」が、変幻自在の才幹によって常に「時流」に応じて自身の「本性」を「別の本性」altra natura へと転じることができるのならば、運命の女神の敵対性は緩和され、あるいは抹消され、必ずや悲劇的終幕を回避することができるであろう。したがって喜劇『マンドラーゴラ』を完璧なる「人間喜劇」ならしめた「賢明な人」とは、リグーリオにもまして、みずから貞節を放擲したルクレツィア夫人である。あの恐ろしい敗北と挫折の一五一二年冬期、失脚直後のニッコロ・マキァヴェッリ元書記官が、かつての共和国統領ピエロ・ソデリーニに宛て執筆した書簡中の言辞を実践したのは、はたしてこの夫人だったのである。すなわち、「賢者が運勢を支配するという言葉が現実のものとなるでしょう(54)」。

劇中、ルクレツィア夫人に対して寄せられている数々の賛辞のなかで、絶世の美貌、貞淑、敬虔、誠実、等々にもまして最高次のものは、これを「王国さえも治めることができるほどに賢明 savio」であるとした、リグーリオによる賛辞であるだろう（I, 3 [III, p. 148]）。あの夜、夫人がおのれの「自然」における「変身」を受け容れたのは、断じて件の「頭をすっきりさせるイポクラッソ酒」が効いてきたからではなかった。『君主論』および『ディスコルシ』の著者は、男性と同程度に婦人が君主、ときとして力量溢れる virtuoso 君主となりうることを偏見なく承認しているように思われる。伝説上のカルタゴ女王、ディードーは「新しい君主」の一例として認識され（P., 17 [I, p. 163]; D., II, 8 [I, p. 348]）、フォルリ領主、カテリーナ・スフォルツァに至っては驚愕を伴った賞賛の対象とすらなっており（P., 20 [I, p. 179]; D., III, 6 [I, pp. 440-441]）(55)、あるいはナポリ女王、ジョヴァンナの失策は性別に帰せられてはいない（P., 12 [I, pp. 151-152]; AG., 1 [I, pp. 538-539]; IF., 1, 38 [III, pp. 357-359]）。『マンドラーゴラ』の「前口上」は、観衆のなかの婦人たちに対して、フィレンツェのルクレツィアを模倣し、積極的にこの種の策略の餌食となるよう推奨していたことが想起される。この推奨が単なる戯言でないことの証左は、論攷『わが祖国の言葉についての談話もしくは対話』中の喜劇の効能に関する論述に見出せるのかもしれない。すなわち、喜劇の目的を「私的生活を映し出すこと」であるとした直後に、その「裏に隠された有益な実例 exemplo utile」を玩味すべきことが語られている。喜劇は「騙し屋の召使い」、「笑い者にされる老いぼれ」、そして「恋に狂った若者」等々の軽佻浮薄な狂騒劇を活写する。しかしながら、「この多様な人物の混合から、われわれの人生について重要で有益な効果 effetti gravi et utili が生じるのです」[III, p. 271]。喜劇作者によって期待されていたのは、『マンドラーゴラ』中に開示された「有益な実例」が婦人に対する不義密通の馬鹿げた教唆ではなく、より真剣な洞察として、あるいはひとつの「啓蒙」として、さらには性別を問わず観衆全体によって理解され、受容されることであった可能性を、もはや排除することはできない。喜劇作者によって期待されていたのは、この「有益な実例」が私的生活のみならず、「統治の技術」arte dello stato にさえも転用しうるものとして理解され、受容されることであった可能性を、もはや排除してはならないのである。いまや喜劇作者は、同時に「君主の教育者」たりうるように思われるのである。

第三節　寓話『大悪魔ベルファゴール』、および喜劇『クリツィア』による補完

喜劇『マンドラーゴラ』の上演によって開示される「有益な実例」が教授しているのは、諸々の都市、家門、市民が不可避的に直面する運命の女神の悪意に対しては「変身」、すなわち自身の「本性（自然）」を変化せしめることによって善処しうるという洞察である。喜劇作品の洞察を受容した「賢明な人」は、かくして変転極まりなき運命に「適応」することで、悲運を回避し、大団円の成就に歓喜することができる。この際、「古い美徳」antica virtù の決然たる破棄が伴うことはいうまでもないことである。無論、これまでと同様にこれからも、おびただしい都市、家門、市民が敗亡してゆくことであろうが、その原因は「変身」と「適応」をよしとしないところの、嗤うべき性状の一面性と硬直性、つまりは偉大さを欠いた暗愚蒙昧であるにすぎず、断じて「優れた人間」の破滅によって現出する悲劇の成立を意味してはいない。「人間喜劇」は、「神聖喜劇」と同様に、悲劇的終幕の余地を絶対的に許容しない[56]。いまや人類は、幾世紀を所要しようとも喜劇作者による「啓蒙」に服し、すべて賢明となるべきであるだろう。「人間喜劇」の展望が追究しているのは、「神聖喜劇」における彼岸の救済ではなく、神威ならざる人為をもってするものの、歓喜の程度においてこれに匹敵すると想念された此岸の至福である。それは、喜劇の大団円を天上から地上へと引き下ろす企図なのである。しかしながら「人間喜劇」の作者および役者の心底に、根源的楽観論の成立を拒止するかもしれぬ一抹の不安が去来することは想定しうる。それは「地獄」inferno についての一抹の不安である。つまり地上において、「天国」paradiso の至福にも比せられる歓喜に浴しえたとしても、やがて訪れる死を迎えたのちには「地獄」へと墜落するかもしれぬという不安である。ここにおいて、モデナ市北方

カルピの「木靴の国」に滞在した際に執筆された書簡中、喜劇作者が「天国への道を示してくれる説教師」にもまして、「悪魔の棲家に至る道を示してくれる説教師」に興味を示していたことが想起されるのかもしれない。[57] 喜劇作者は、死後の「地獄」の存在を疑っていなかったように思われる。そして『マンドラーゴラ』中、カッリーマコもまた、ある独白で「地獄」に関する不安を吐露していたのであった。若者がおのれ自身に語りかけるところでは、「下手すると、お前は死んで地獄に堕ちるぞ。そうやって、大勢の人間が死んでいったし、立派な人間だってずいぶん地獄に堕ちているんだ」（4. 1 [III, p. 170]）。確かに「地獄」についての問題は、「人間喜劇」に対する深刻な脅威となりうるものであるだろう。

マキァヴェッリ書記官失脚後、定かならぬ時期に成立したものと推定される散文寓話『大悪魔ベルファゴール』 *Belfagor arcidiavolo* は、「地獄」の恐怖を「人間喜劇」の舞台上から追放せんとする意図と結びついたところの、それ自体、諧謔に満ちた創作であったように思われる。[58] 同寓話は、口承を通じて広範に伝播していた東方起源の主題、すなわち「妻を娶った悪魔」の顚末を物語っている。発端となるのは、冥界のミノス、ラダマンテュスら裁判官が、生前に諸々の罪を犯して「地獄」に堕ちた男性たちの霊魂によって繰り返される告訴に仰天したことである。つまり、これら霊魂は地上で妻を娶ってしまったために非常な難儀に陥り、「地獄」に至って死後の制裁を受けることになった次第であるという。冥府の王、プルートンは「地獄」の諸侯を召集して会議を開催し、厳正かつ慎重に霊魂らによる訴えの真偽を確認すべく、大悪魔ベルファゴールを地上へと派遣する決定を下した。かくしてベルファゴールは、容姿端麗、齢三〇の男性に変化して地上に赴き、妻を娶って一〇年の間これと同棲し、そののちに死を装って冥界に帰還のうえ、結婚生活の真相を報告せよとの指令を受領してフィレンツェ市に侵入したのであった。ベルファゴールは、絶世の美女の誉れ高い、市中の富裕な貴人の息女を妻に迎える。ほどなくしてこの妻女は、「傲慢」superbia の悪徳において、「地獄」の最下層に封殺された「ルチーフェロ」を凌いでいることが明らかとなる。妻女には敬意も憐憫の情も備わっておらず、そのあらゆる言動は著しく無礼である。とりわけ大悪魔に耐え難い苦痛を与えたのは、虚栄ゆえに莫大な妻女の出費であり、際限なく増大する負債であった。大悪魔に召使として付き従い地上に同道した群小の悪魔どもは、やがて暇を乞うて「地獄」へと逃亡した。「……俗界にあってこの女帝の支配下で暮らすくらいなら、むしろ地獄に戻って火中にある方を選んだのである」[III, p. 84]。ついには大悪魔もまた、債権者らに追い詰められて余儀なく逃走し、冥府の霊魂らの告訴が正当なものであったことを確信する。大悪魔は、地上における一〇年間の滞在の指令に背いて退散する。「数々の煩わしさや、苛立ちや危険を伴う結婚のくびきに再び身をゆだねるよりも、むしろ地獄に帰還して、自身の行動を報告することに如くはないと思った」からである[III, p. 89]。この寓話によって喜劇作者が意味せんとしていたことは、明白であるだろう。執筆年代不明の「謝肉祭の歌」中の一篇、「天から追放された悪魔たち」De' diavoli iscacciati di cielo もまた、「傲慢」ゆえに天界を追放された悪魔らが、「地獄」ではなくフィレンツェ市に降下する異常事態を歌っている。「というのは、この町には地獄よりひどい混乱と苦悩がしかと見てとれるからだ」[III, pp. 24-25][59]。

喜劇作者にとって、地上に満ち溢れる幾多の悪徳、そしてこれらによって引き起こされる諸々の悲惨は、明白に「地獄」の悪鬼と責め苦を凌駕している。カッリーマコは、官能的情欲に溺れ、詐術をめぐらせて不義密通をおこなった罪ゆえに、死して「地獄」へと墜落することについて思い煩う必要はない。むしろニチア博士の没後、フィレンツェのルクレツィアが自身に災厄をもたらす悪妻と化す危険性について、あらかじめ配慮しておくべきであるだろう。喜劇作者は、確かに「地獄」の存在を信じていたものの、それを前例なきまでに快適かつ理に適った空間として想像することによって[60]、根源的楽観論を維持しているのである[61]。「人間喜劇」の展望は、もっぱら畜生にも悪鬼にも劣る地上の人間的営為を改造し、これを大団円へと導く計画に専心するのであり、「地獄」の恐怖とは無縁であり続けるであろう。公正と秩序において、おそらく「地獄」は此岸の都市に優越しており、冥府の王は深慮をもってこれをよく統治しているものと思われる。事実、一五二二年に元フィレンツェ共和国統領、ピエロ・ソデリーニが逝去して「地獄の門」を通過しようとした際には、叱責されて追い返されたほどである。「プルートンは叫んだ。『愚か者めが、地獄だと、お前なんぞは子供のいるリンボ〔辺獄〕に上がれや』」[62]。

一五二五年に初演された喜劇『クリツィア』*Clizia* は、プラウトゥスの喜劇『カシナ』*Casina* の翻案である。ローマ喜劇『カシナ』の舞台がアテナイ市であったのに対して、『クリツィア』の舞台は、一五〇六年の謝肉祭期間におけるフィレンツェ共和国に設定されている。同喜劇作品が『マンドラーゴラ』の理解にとって重大な意味を帯びているのは、この作品中のひとつの発話において、ニチア・カルフッチ博士夫人、つまりフィレンツェのルクレツィアが懐妊、出産に至ったことが語られているからである（2, 3 [III, p. 207]）[63]。『マンドラーゴラ』の「人間喜劇」は、姉妹篇『クリツィア』による補完をもってはじめて最終的結末をみるのである。ただし前者が喜劇作者の完全な独創であるのに対して、後者は古代喜劇の相当に忠実な模倣であることがひとつの問題として提起されてきた[64]。この問題に関しては、『クリツィア』執筆にまつわる伝記的事実によって簡潔に説明することができる。すなわちそれは、あるフィレンツェ人素封家の祝宴のために、一五二四年末から翌年一月にかけて、非常な短時日のうちに制作されねばならなかったために、古代喜劇を典拠とするほかなかったのである[65]。伝記的事実が、この作品を重要性において『マンドラーゴラ』の下位に位置づけることは確かであるだろう。しかしながら喜劇作者は、『マンドラーゴラ』執筆に先立ち、テレンティウスの喜劇『アンドレア（アンドロス島の女）』*Andria* のトスカナ口語訳をおこなっていたにもかかわらず、プラウトゥスの喜劇に関しては単なる翻訳に甘んじることなく、諸々の一見したところ些細ではあるが明瞭に見て取れる変更を加えていることが銘記されるべきである。これら些細な変更の含意を検討することで、ルクレツィア夫人の出産の告示に加え、他のいかなる点において『クリツィア』が『マンドラーゴラ』を、換言するならば「人間喜劇」の展望を補完しているのかは判然とするものと思われる。

喜劇『クリツィア』の筋書の概略が、ほぼ忠実に『カシナ』を模倣していることは確かである。『カシナ』は、老いたアテナイ市民が、自邸において養育している素性定かならぬ孤児、しかし美しい少女であるカシナに官能的情欲を抱いたことの顚末を描く喜劇である。ただし劇中、この情欲の対象は、面々に名指しで語られるのみで一度も姿を現すことはない。老人は、その意図を気取った夫人による諸々の妨害にもかかわらず、おのれの召使にカシナを娶らせることで、この少女を結局のところは自身の所有物にしようと画策する。ただし、この老人の若い子息もまたカシナに思いを致しており、父親に対抗して、同様におのれの召使に少女を嫁がせようと画策している。若者自身がカシナを娶ることができないのは、これの素性が不明であり、あるいは卑賤の出自の可能性が高いからである。老人の計画を挫くのは若者ではなく、すべてお見通しの夫人の策略である。すなわちカシナと同衾しようとした老人が、少女とすり替えられた賤しい下男の寝床に欺かれて潜り込み、おおいに恥じ入るのであった。この策略ののち、カシナが賤しからぬ自由市民の息女であることが確認され、めでたく若者がカシナを娶るはこびとなって大団円に至る。喜劇の大要、つまり美しい少女をめぐる老人と若者の確執、夫人の策略による老人の敗北、そして少女の素性の発覚に伴う若者との婚姻は、舞台をフィレンツェ市中に変換したうえで、確かに『クリツィア』においても忠実に模倣されているのである。それは古代喜劇とともに、老人の年甲斐もなく見苦しい情欲をたしなめる意図に導かれているように思われる。

しかるに最も明白な二つの喜劇の相違は、それらの表題である。『カシナ』の表題と同じく、『クリツィア』の表題は、老人と若者の欲望の対象となった美しい少女の名称である。劇中のすべての人物に新たな名称が与えられているものの、とりわけ喜劇作者は、アテナイのカシナをフィレンツェのクリツィアによって置換したのである。プラウトゥスが「カシナ」Casina にその名称を与えたとき、肉桂、そしてその油を表す“casia”ないし“cassia”を念頭においていたものと推察されている。[66] ローマ人の慣習上、肉桂の油は香料の成分として利用されたという。それゆえにプラウトゥスは、舞台上には不在の少女に「甘い香り」を連想させる名称を与えることで、美的効果を増大させているのである。これに対して「クリツィア」Clizia は、喜劇作者のギリシア語知識の寡少に配慮しつつも、「高名な」、「盛名高い」を意味するギリシア語“klytos”を念頭においたものである可能性が指摘される。これら二つの少女の名称は、喜劇『カシナ』中、性的征服が飲食の快楽に比せられているのに対して（2, 3）、喜劇『クリツィア』においては戦闘行為に擬えられていることと関連しているのかもしれない（1, 2 [III, p. 200]; 4, 5 [III, p. 224]）。すなわち『クリツィア』における官能的情欲を満たさんとする試みは、『君主論』の第二五章と同様、闘争において勝利と栄誉を獲得せんとする試みとの類比関係にあるものと推察されるのである。同喜劇において、クリツィアを獲得せんとして奮起しているのはもっぱら老人であり、対抗する若者はほとんど受動的な態度に終始し、これが最終的に少女と結ばれるのは偶然、つまりは「機械仕掛けの神」の介在による。喜劇作品の主題は、若者の僥倖である以上に老人の挫折であるように思われる。その大筋は、老人が常軌を逸して奮闘するものの、最終的には勝利と栄誉の獲得に失敗する事態を連想させるのである。さらに付け加えるならば、都市の市民的秩序の擁護者として老人を敗北へと至らしめる夫人の名称は「ソフローニア」であり、これが“sophrosyne”、つまり「節度」moderation を象徴していることは確実視されている。[67]『クリツィア』は、『マンドラーゴラ』とは大きく異なり、既成の市民的徳性、とりわけ「節度」の徳目の勝利と官能的情欲の挫折を描いているのである。大筋を概観したところでは、二つの喜劇作品を隔てる七年の間に、喜劇作者としてのニッコロ・マキァヴェッリのうちに何らかの重大な意図の変化が生じたかのようにみえるのである。

この喜劇作品における作者の意図を把握するにあたり、おそらく決定的重大性を帯びているのは、最終的に美しい少女クリツィア、すなわち勝利と栄誉の獲得に失敗する齢七〇の助平な老人の名称、「ニッコーマコ」Nicomaco である。それが他ならぬ喜劇作者自身の姓名、ニッコロ・マキァヴェッリ Niccolò Machiavelli を暗示していることとは明らかである。[68] 晩年、いまや五〇代に達したマキァヴェッリは、バルベラ・サルターティなる魅力あふれる若い女性歌手に対して最後の恋情を抱いたことが知られている。『マンドラーゴラ』および『クリツィア』の幕間に配された諸々の歌曲 canzone を、舞台公演中に歌っていたのもバルベラであった。この歌手は、哀れにも諸々の不運に憔悴した喜劇作者を、ときとして甘美な愉悦で楽しませつつも、むしろ老年の悲哀で満たしたとされる。というのも、かくも類まれな佳人には疑いなく若き恋人が相応しいのである。「あなたのことで辛いのではなく、わが身のことで辛いのだ。これほどに麗しいひとは、もっと青い実がお好きなことを、このわたしは百も承知しているからだ[69]」。かかる状況が、「愛の神」の矢に射抜かれた者に諸々の不面目を強いたことは容易に想像することができる。喜劇作者が、みずからオウィディウスを引用しつつ述べているように、「威厳と恋は両立し難く、同じ住処に留まれぬ[70]」。老人の愛欲と若者のそれとの対決、そして老人の敗退を活写する『クリツィア』の最初の観客となった喜劇作者の知己らは、総じてこれをバルベラにまつわる情事を暗示しているものと理解したという。それは老いた喜劇作者の自嘲なのである。[71] さらには劇中の欲望の対象に勝利と栄誉を連想させる名称を与えることによって、作者はバルベラとの情事のみならず、おのれの挫折に終わった公的生活、とりわけ不首尾に終わった再任官の試みをも自嘲していたものと思われる。「普通の考え方からすれば常に極めて突飛な見解の持ち主で、諸々の新たな、そして奇怪な物事の発明者」は、その晩年に至り、運命の威力に対するおのれの敗北を認め、ついには「節度」の徳目を前に頭を垂れたかのようである。

劇中、ニッコーマコ老人は、この上なく常軌を逸した方法でクリツィアの獲得に狂奔している。無論、老人の官能的欲望を成就せんとする企図は、「節度」の擁護者であるソフローニア夫人の介入のみならず、おのれの老齢という困難にも直面しており、あたかも「自然」natura それ自体が敵対しているかのようである。老人は性愛に課された自然的限界を逸脱して、つまりは自身の老齢を超克して、性的能力を回復しようと試みる。老人は催淫効果を帯びる薬剤を服用し、玉葱、空豆、香草、焼いた鶏を食しては（4, 2 [III, p. 222]）薬草屋に駆け込み、「老いぼれから目覚めさせるための」舐め薬、塗り薬を購入するのである（4, 5 [III, p. 224]）。これら尋常ならざる試みが絶頂に達するのは、おのれの自然的限界のみならず、美しい少女の自然的限界をも、異常な手段によって克服しようるという老人の信念の表明である（3, 7 [III, p. 219]）。すなわち、少女が依然として初潮を迎えていないことを理由に、老人の計画を思いとどまらせようとする夫人の諫言、「あの娘、一人前の女性の通常のもの l'ordinario delle donne〔月経〕もまだないんじゃないかしら」に対して、老人が抗弁するには、「男の例のもの〔男の異常なもの lo straordinario degli uomini〕が呼びつけるさ」。少女の初潮すらも、若さを回復した老人の男根の挿入によって、異常にも喚起されるというのである[72]。かかる発話に対応するものは、『カシナ』中にまったく確認されない。一見したところ、この老人は、「自然」に変態を引き起こす試みによって難局に対処し、「節度」を蔑する点において「人間喜劇」の教訓を実践しているようにみえる。老人は「運命の女神」をも制し、夫人、そして若者を出し抜いてクリツィア、あるいは勝利と栄誉を獲得するかのようにもみえる（see, 3, 6-7 [III, pp. 216-219]）。しかしながら喜劇作品の結末において、古典古代の典拠と同様、老人が夫人の策略によって完膚なきまでに侮辱されるのはいうまでもないことである。美しい少女と思い込んで自身の下男の寝床に忍び込んだ老人は、この卑賤の男によって徹底的に愚弄されるのであるが、それは劇中、最も扇情的な描写であるように思われる。寝台上に全裸の下男が立ち上がり、奇怪なうめき声を挙げ、渋面を作って「汚らわしい仕草」、おそらくは勃起した男根を扱く仕草をしてみせたというのである[73]。姉妹篇『マンドラーゴラ』とは一線を画し、『クリツィア』は大団円の完璧性を備えてはいない。「……みなは笑い、ニッコーマコは泣きぬ……」（5, 2 [III, p. 234][74]）。

同喜劇作品の舞台が謝肉祭の時節に設定されている事実（2, 3 [III, p. 204]; 3, 1 [III, p. 210]）を勘案するならば、老人の計画の顛末は「人間喜劇」の展望、つまりは『マンドラーゴラ』の教訓を廃棄するものではなく、むしろこれを補完するものであることが適切に理解されるように思われる。「人間喜劇」の哄笑は、中世期以来の謝肉祭の祝祭空間に発生する民衆的哄笑との著しい親近性を帯びていることが想起されねばなるまい。家長としてのニッコーマコ老人に対して向けられた下男による凄まじい侮辱は、謝肉祭に遍在する上級権力の愚弄、殴打、「奪冠」の心象を反映しているように思われる。それは老いた「古きもの」を嘲罵し、これを否定する哄笑であるとともに、「新しきもの」の出生に歓喜し、これを肯定する哄笑である。そのことが新しき生殖、季節の更新の条件であるがゆえに、「古きもの」の表象としての老人は打擲と冒瀆の標的とならねばならない。老人は打擲、冒瀆され、若者が喜悦に哄笑せねばならない。丸々と肥満した寄生虫のごとき老人が若者の生き血をすすり、音を立ててこれを貪り食うのではなく、若者が老人を蹴り殺す。若者は、絶対的に老人を前にして敗退してはならないのである。(75) 喜劇『クリツィア』において、確かに老人は自然的諸限界を侵犯し、美しい少女を、あるいは勝利と栄誉を享受せんとして猛然と努力する。しかしながら老人の変態、すなわち若返りの努力は、すべて老醜を隠蔽するだけの嘘偽りの外観をもたらすのみであった。老人に要求されているのは、嘘偽りの再生と更新を演じることではなく、追放され、殺害され、埋葬されることである。季節の交代に比せられる真正の再生とは、「古きもの」における若さの回復ではなく、不断に反復される老いたものの死と「新しきもの」の誕生である。したがって『マンドラーゴラ』を補完する喜劇としての『クリツィア』の意味、換言するならば根源的楽観論としての「人間喜劇」の展望に同喜劇が付加したひとつの留保は明白である。すなわち「人間喜劇」は都市、家門、市民が、おのれの「自然」を変態せしめることで運命の試練に適応し、大団円に浴しうることを教示していたのであった。ただし、その大団円は絶対的に若者の老人に対する勝利、「新しきもの」の「古きもの」に対する勝利によって成立せねばならない。『クリツィア』は、少女がナポリ貴族の令嬢であることが発覚し、めでたく若者との婚礼に至ることで終幕する。すべて悲劇は死によって、喜劇は結婚によって終幕するとは至言であるだろう。「人間喜劇」は新生児の誕生を予感させる成婚のうちに、根源的楽観論の保障を確認するのである。ニッコロ・マキァヴェッリは、おのれの晩年の敗北を自嘲することで、「人間喜劇」の冷厳なる原則をあくまで遵守したのであった。この喜劇作品は、いまや舞台から、「地獄」にもまして狂った地上から退場しようとしている挫折した老人の、ひとつの決別の辞 valediction の様相を呈している。

ローマ喜劇『カシナ』の「前口上」において語られているのは、「古きもの」の称賛である。「古い葡萄酒を嗜んだり、古い芝居を好んで観る方は、まことに思慮深い人と言わねばなりません。……今どき上演される新しい喜劇などは新しい小銭ほどの値打ちもありません」[76]。それゆえに「若い皆さん」ではなく、むしろ「ご年配の方々」によって高く評価されてきたことが、この喜劇作品の水準の証左であるという。これに対してマキァヴェッリ喜劇『クリツィア』の「前口上」prologo において語られるのは、「古きもの」の滅亡である。人間的事柄にまつわる諸々の出来事は、しばしば時間と空間を変えて繰り返されるものである。古代のアテナイ市に発生した『カシナ』とまったく同様の逸事が、一五〇〇年代のフィレンツェ市においても発生したという。しかるに喜劇作者が語るのは、古い事例ではなく新しい事例についてであるというのである。なぜならば、既に「古きもの」は死滅しているのである。「なにしろアテナイは破壊され、道も広場も街角も、もはや往時の面影はありませぬ。そのうえあちらの人々はギリシア語で話していたので、皆様はそれではお分かりになりませんでしょう」[III. p. 194]。そして論攷『わが祖国の言葉についての談話もしくは対話』中に表明された喜劇の効用、すなわち喜劇が笑いの快楽とともに何らかの教訓を与えることを確認しつつ、啓発の対象はとりわけ若者であることが明示される。「芝居は観客の皆様のお役に立ち、皆様を楽しませるためにあるのだ。誰にとっても非常に有意義で、ことに若者たち giovanetti には最大限に役に立つ」[III. p. 195]。ギリシアの倫理学、および政治学上、喜劇作品は害悪を与えるものとして若者に戒められていたのに対し、ここでは「ひとは誰も当てにならないのだということ」を教示するものとして若者に推奨されている。

それらの表題の相違に次いで、おそらく最も顕著なローマ喜劇『カシナ』とマキァヴェッリ喜劇『クリツィア』との間の相違は、前者において老人と競争する若者が一度も舞台上に登場せず、カシナ同様に他の面々の発話上に名指しで語られるのみであるのに対して、後者においては、これが再三登場し、頻繁に発話することである。(77) しかしながら極めて不自然なことに、あえて登場する若者は、喜劇の筋書において何らの積極的な役割も果たしてはいない。劇中、齢二二歳の若者は、自身が「運命の女神」の悪意に翻弄されていると感じている（1. 1 [III, p. 197]）。その若者は、旺盛な意欲をもって計画を推進する老人を前にして、何らの対策も講じることができないでいる。ほとんど老人の勝利に帰結するかに思われた一場面において、落胆する若者はただ女神をなじるのみである。その口吻は、すべての者に『君主論』の第二五章を想起させる。「ああ、運命よ、そなたは女だから、いつもは若者の友 amica de' giovani だろうに。だが、この度は老いぼれに与したわけだ」（4. 1 [III, p. 220]）。結局のところ、若者がクリツィア、あるいは勝利と栄誉を獲得するには偶然に頼るほかはなかった。喜劇作者によって「啓蒙」されねばならないのは、かかる若者である。「人間喜劇」の上演によって、「時流」に適応し、古きことどもを討滅する尋常ならざる方法を学習すべきであるのは、かかる若者なのである。『クリツィア』は、ローマ喜劇の典拠と同様に老人の常軌を逸した欲望を指弾しているものの、典拠とは異なり、「節度」と市民的秩序の価値を再確認するために執筆されたのではなかった。(78) それは老いた喜劇作者自身の敗北を自嘲するとともに、若者らに「ひとは誰もあてにならない」ことを認識せしめ、したがって「運命の女神」の悪意には、おのれの「賢慮」をもって対処せねばならぬことを教示するために執筆されたものと思われる。これが同喜劇制作の意図であったとするならば、それは『ディスコルシ』執筆の意図と完全に符合していることが銘記されるべきである。『ディスコルシ』が名宛人としての二人の若者に語るところでは、「諸々の時間と運命の悪意が、いかにして人間の行為を妨害するものかを教示することは、誠実な人間が果たさねばならない務めなのである」(D., II, proemio [I, p. 327]; see, I, proemio [I, p. 197])。あるいは、この元フィレンツェ共和国書記官の晩年の心境が最も印象的に表明されているのは、対話篇『戦争の技術』末尾において、ファブリツィオ・コロンナ将軍に帰せられた陳述であるといえるのかもしれない。この年老いた千軍万馬の驍将は、おのれの抱懐した思想がはたして現実のものとならなかったことを慨嘆している。「……自然とは苦々しいもの。わたしの言う方法を見届けさせてはくれないが、それを知るだけの能力はわたしに与えた」(AG., VII [I, p. 689])。だが、希望は残されている。すなわち有能な若者たちが、対話上に披瀝されたおのれの思想を継承し、勝利と栄誉に浴することである。「わたしは年老いたから、今日ではもはや何の機会も得ることができないと思っている。だからこそ、わたしは諸君と共に打ち解けて過ごしてきたのだ」[79]。これら政治的、軍事的主著においてのみならず、マキァヴェッリが喜劇作者として語るときにあってさえも、ひとりの「現実の君主」の「教育者」ないしは「潜在的な君主」の「教育者」であったものと推察することは、『マンドラーゴラ』初版本の表紙の図案によっても、なかば正当化されている。そこには「リラを演奏するケンタウルス」、つまり「音楽」musicaをする半人半獣の「君主の教育者」の図案が印刷されていたのであった[80]。

ひとつの全体として把握された二つの喜劇作品、『マンドラーゴラ』および『クリツィア』によって開示された「人間喜劇」の原則は、以下の二点に要約することができる。すなわち第一に、「運命の女神」の悪意に直面するに際しては、おのれの「自然（本性）」を変態せしめ、これに適応させることによって善処すべきであり、かくして大団円は可能となる。第二に、ただし若者が老人に対して、したがって「新しきもの」が「古きもの」に対して絶対的に勝利せねばならない。これらすべてが適切に理解されてはじめて、晩年の喜劇作者が残した諸々の文書に明白に看取される哀愁、喜劇作品の哄笑の間隙にさえも漏洩している哀愁について語ることができるのである。一九四四年の戦火に破壊されたものの、その複製がロンドン市に現存するテラコッタ製のひとつの胸像は、最晩年の二ッコロ・マキァヴェッリを描写したものと伝えられている。[81]その表情は、ほとんど疲れ切っているようにみえる。やや背は曲がり、肩は落ちている。疎らな頭髪は垂れ下がり、頬は痩せこけ、深く苦悩の皺が刻まれている。とりわけ衝撃を与えるのは、完全に光を失った双眸と、悲嘆を覆い隠しているかのようにみえる微かな口元の笑いである。フィレンツェ共和国崩壊と失脚ののち、マキァヴェッリ元書記官が「ろば」に「変身」したのは、いまや若さを喪失し、積み重なる幾多の労苦に圧殺されつつある状況下にあって、ほとんど唯一可能な「適応」であった。それは、年老いた敗北者に残された最後の賢慮ある方法だったのである。自伝的寓意詩『〔黄金の〕ろば』中、キルケの王国の侍女もまた、それを賢明な選択として承認している。いまや運命に「慈悲の扉」を閉ざされた以上、女神の機嫌が好転するその日まで、諸々の難儀に耐え忍ぶ他はないのである。「……この星々がお前によい顔を見せるまでは、新しい皮 nuova pelle を被って世の中を見て歩かねばなりません」（3 [III, p. 60]）。ここにおいて発生する動物への「変身」という主題は、オウィディウスの影響のみならず、イソップ寓話の愛読からも窺い知れる元書記官の動物愛好癖からも説明できるのかもしれない。[82]同寓意詩のみならず『君主論』のいくつかの名高い文章、あるいは『一〇年史』にみえる若干の詩句は、諸々の人間的能力や性情を数々の動物や怪獣に仮託して表現していたのであった。寓意詩中、「ろば」は謙遜、忍耐、そして勤労の表象として想念されているように思われる。「……お前の頑丈な肩にかかる重荷を素直に受け取りなさい。この重荷を背負ったことが、いつかお前の役に立つでしょう」（3 [III, p. 61]）。しかしながらテラコッタ製のマキァヴェッリ胸像は、はたして運命の好転が訪れることはなく、元書記官は重荷を背負い鞭打たれ、憔悴しきった「ろば」のまま死期を迎えたことを示している。ただしそのことは、すなわち老人の死滅と埋葬は「人間喜劇」の展望の廃棄ではなく、その原則の貫徹を意味していたのであった。かくして「君主の教育者」は舞台を退場し、おのれの屍を踏み越えて決然と、しかも哄笑しつつ前進してゆく若き弟子たちの背中のうちに、根源的楽観論の約束を見出すのである。

【注】

（1）アプレイウスを模した『黄金のろば』*Dell'asino d'oro* なる表題が定着した経緯については、Ridolfi, 1969, p. 528, n. 1 をみよ。

（2）キルケの侍女がマキァヴェッリに語りかけて云うには、「今のひとでも昔のひとでも……誰だってお前ほど恩知らずを我慢したり、骨折りに耐えたりした者はありはしない」(3 [III, pp. 59-60])。

（3）「豚の答えは長い独白となるが、そこでは、『人間の本質』の外ではいかなる価値も存在し得ないという考えに基づいた、人間たちの傲慢と閉鎖的な一面性が弾劾されている。……豚の議論は、動物の優越性を示し、『野獣性』の側面を自然との完全な均衡の典型的なイメージとして賞賛する方向へと直接向かっている。四季の変化に順応する能力は、野獣が『毛皮を変え』、氷や太陽を避けて場所を変え、自然との関係において手を過大視する考えを拒絶していることにおいて明らかにされる。ここでは、固定された規範は、『時間』の運動に従い『世俗的な事柄の変化』との連続的な『対応』を求める心構えの前に砕け散るのである」(ヌッチョ・オルディネ『ロバのカバラ――ジョルダーノ・ブルーノにおける文学と哲学』加藤守通訳、東信堂、二〇〇二年、一六三頁)。

（4）「心に響くことのない、涙を隠した笑い a smile concealing a tear である。これがマキァヴェッリの微笑である。冷笑でも嘲笑でもない、むしろ、涙を覆い隠すための仮面であり、この世の悪意や卑劣さに直面し失意にある、あきらめた彼を周囲の視線から守るための覆いである」(Viroli, 2001, p. 143)。「彼は泣かないために笑ったのだ。この世の不公平や不条理に対する義憤を解消できず、覆い隠すための笑いだった」(ibid., p. 6)。それは、ひとつの「生きる知恵」であったという (ibid., p. 259; see, p. 131; p. 171; p. 181)。なお、リドルフィは喜劇『マンドラーゴラ』そのものにも「悲劇の趣」を看取している。「[この作には]かすかにではあるけれども悲劇の趣がある。この趣が、微笑ないしは嘲笑がため息を消してくれるまでは道化芝居の笑いを冷えついたものにしている。これは、彼の何通かの手紙におけると同様であり、彼の日々の生活におけると同様だ」(Ridolfi, op. cit., p. 270)。

（5）「ストランボッティ」Strambotti (I [III, p. 18])。この詩は元書記官の失意を如実に伝えるものとして、伝記作者らによって頻繁に引用される (see Viroli, 2001, p. 143; De Grazia, 1989, p. 240; Ridolfi, op. cit. p. 269)。ただし、デ・サンクティスは、ここに「苦痛のなかにあってさえ自己を観察し、自己の運命と世界について、哲学的冷静さ tranquillità filosofica をもって判断をくだす人物」を看取した（De Sanctis, 1965, p. 450）。

（6）一五一三年四月一六日付フィレンツェ発フランチェスコ・ヴェットーリ宛書簡［II, p. 242］。ここでマキァヴェッリは、ペトラルカ『カンツォニエーレ』第一〇二歌を、おそらくは意図的に不正確に引用している。ペトラルカは「〔嘆き悲しみを〕隠す」celare のに対して、マキァヴェッリはそれを「ぶちまける」sfogare というのである。『全集六』、訳注（二〇九頁）をみよ。

（7）同書簡は、追放中のピエロ・ソデリーニ執筆の、偽装され、差出人の姓名を伏せた書簡への返信としてしたためられたものである。草稿段階にあり、実際には発送されなかった可能性が高い。この点については、*The Letters of Machiavelli*, edited and translated by Allan Gilbert, The University of Chicago Press, 1961, p. 96, n. 1 を見よ。

（8）この婦人については、Ridolfi, op. cit., pp. 247-252 において推理が試みられている。なお、一五一四年六月一〇日付フィレンツェ発フランチェスコ・ヴェットーリ宛書簡においても、マキァヴェッリの絶望感は顕著である。「それで私は結局のところ、私がかつてどれほど祖国のために尽くしたか覚えている人も、私が何らかの役に立つと考えてくれる人もなく、こうしてくすぶっております。でも、いつまでもこうしている訳にはいきません。もう金が底をついてきているのです。……こんなことを書いているからといって、貴兄にご迷惑をおかけしようなどというつもりはありません。ただ、このもやもやした気持ちを吐き出してしまいたいのです。すっきりしてしまえば、もうこんな嫌な話もやめにできますからね」［II, pp. 325-326］。

（9）一五一六年、ないしは一五一七年から、最も長く見積もって一五二二年までの間、マキァヴェッリは「オリチェラーリの園」における学究談義に参画した。『ディスコルシ』は、「園」に参集した若者らの求めによって現在の形にまとめられたものである。ここにおいて、次の「献辞」の陳述は注目に値するものであるのかもしれない。「もともと、やってみようなどとはとうてい考えもしなかった事柄を、書いてみよとこの私に無理強いなさったご両人に対して、私のほうこそ文句を言うべきなのでしょうか」［I, p. 195］。

（10）「……お国の言い回しや言葉なしではうまく書けないような、多くの事柄はどうやって書くかです。喜劇はそういった類のものです。というのは喜劇の目的 il fine d'una comedia は、私的生活 vita privata を映し出すことなのです……」［III, p. 271］。

（11）「フィレンツェ共和国最後の数十年、あの何ぴとも忘れえぬ大いなる観物 ein unvergeßlich großes Schauspiel……。……当時の世界において最高にして最も独自な生存の没落を内容とするこの大量の伝承のうちに、ある人は第一級の珍奇な話の収集しか認めず、ある人は悪魔のような喜びを抱いて貴人や高邁なる人の破滅を確認し、またある人はこうした出来事を大いなる審判であると説明するかもしれない——いずれにしてもこの伝承は、この世の終わりにいたるまで、深い思索を求める考察の対象でありつづけるであろう」(Burckhardt, 1988, S. 62)。

(12)『マンドラーゴラ』については、カッリーマコの発話(1.1 [III, p. 146])において明示されている。『クリツィア』については、ニコーマコの発話(3. 1 [III, p. 210])において謝肉祭の期間であることが明記されている。ちなみに『マンドラーゴラ』の初演もまた、一五一八年における謝肉祭の期間であると推察されている(Ridolfi, op. cit., p. 267)。なお、『マンドラーゴラ』は、もともと『メッセール・ニチア』Messer Nicia、あるいは『カッリーマコとルクレツィアの喜劇』Commedia di Callimaco e di Lucrezia と題されていたといわれる。確かにマキァヴェッリ自身、一五二五年八月一七日付フィレンツェ発フランチェスコ・グイッチァルディーニ宛書簡中、この作品を『メッセール・ニチア』と呼んでいる [II, p. 402]。

(13)「……マキァヴェッリは、この謝肉祭にヴェネツィアで『マンドラーゴラ』が大好評を得たことで慰められた。在住のフィレンツェ人のグループの求めで上演されたその夕べ、ヴェネツィア人貴族グループは対抗してプラウトゥスの『〔二人の〕メナエクムス』を俗語訳で上演させたのだ。しかしこれは……フィレンツェ人の喜劇に比べると『死んでいた』。……『マンドゥラーゴラ』がヴェネツィアで成功をおさめたのはこれが初めてではなかった。……二二年の謝肉祭に上演され、観衆が殺到して上演が中断されたほどだった。とはいえ、古代人が最良であることが自明の理であった時代においては、古代の作家との比較〔の上で得た大好評〕こそがマキァヴェッリの喜劇作者としての才能の勝利を示すものだ」(Ridolfi, op. cit., pp. 349-350)。

(14)ただし、このよく知られた言辞には留意すべき問題があるらしい。鹿子生、二〇一三年、三五頁、注記(一)、および小川、二〇一五年、一〇—一一頁をみよ。

(15)二〇世紀の文化人類学は、初期近代のイタリアに発生した即興喜劇、「コメディア・デラルテ」Commedia dell'arte における典型的道化、軽業師を思わせる身体運動を特色とする「アルレッキーノ」と一四〇〇年代末年における思潮の一端との親和性を指摘した。「……我々は、民俗の胎内に育まれていた冥界の王アルレッキーノの舞台空間で自由な飛翔を助けたのは、外ならぬルネサンスという思考空間であったことを忘れることはできないであろう。いわば、アルレッキーノは、カッシーラーがピコ・デラ・ミランドラの人間観の核心的部分として説明する次のような、思惟の舞台的形象であったのだ。『ピコが、人間の明瞭な特権として主張したのは、人間が意のままに自らを無限に変化させることができるという点にあった。人間はどのような形態にも押しこめられたり、留めおかれたりしない存在、すなわちどのような〈形〉にも入り込む力を備えている存在なのだ。……人間はある意味で、すべての色で輝きを帯びた玉虫いわば真のカメレオンなのである』」(山口、二〇〇七年、一五二—一五三頁)。

(16)この点については、Ferroni, 1993, p. 94, n. 25; Martinez, 2010, p. 213 をみよ。

(17) 南伊プーリア地方バルレッタBarlettaにおいて一五〇三年二月一三日、名誉を争う口論から、各々一三名のイタリアとフランスの重装騎士団が決闘し、前者が勝利した。「イタリアの勇武」を顕示した事件として、イタリア戦役中、さかんに喧伝された。グイッチァルディーニは、『イタリア史』中（5, 13）、一三名のイタリア騎士全員の姓名を列挙して、感激とともに顕彰している（Guicciardini, II, pp. 555-558）。なおマキァヴェッリが『君主論』の最終章において、イタリア人が「決闘や少人数での戦闘」には勝利するにもかかわらず、隊列に入るや精彩を喪失することを指摘し、イタリアの弱体を君主たちの失策、すなわち優良な「素材」materiaに対する「形態」formaの欠如、つまりは適切な軍事制度の欠如に帰したとき、この「バルレッタの決闘」を念頭に置いていた可能性が指摘される（P., 26 [I, pp. 190-191]）。

(18) 「マキァヴェッリの文学的様式において、模倣imitationと転倒inversionの役割は……意義深い。彼はしばしば、それに追随するために、あるいは新たな形式を創造するために、継承されてきた形式を採用し、あるいは転倒することを好む。……『マンドラーゴラ』は、おそらくリウィウスのローマ史において中核的である事件の転倒である」（Pitkin, 1999, p. 44）。この点について、さらにMansfield, 2000, p. 3; Martinez, 2010, p. 214; Matthes, 2004, pp. 253-254をみよ。

(19) Livius, I, pp. 202-203.

(20) ただし、たとえば一五一三年一二月一九日付フィレンツェ発フランチェスコ・ヴェットーリ宛書簡［II, p. 299］にあらわれているマキァヴェッリの情婦、「リッチャ」Ricciaなる娼婦の本名が「ルクレツィア」Lucreziaであることが判明しているため、『マンドラーゴラ』の貴婦人の命名について、別の可能性が提起されている。これについては、De Grazia, op. cit., p. 140をみよ。しかしながら同喜劇の観劇者の圧倒的多数が、ほぼ確実に「ルクレツィア」なる名称から、マキァヴェッリの情婦（たとえその毛髪が「ちぢれて」riccioいたとしても）ではなくローマの貴婦人を連想するであろうことを、作者がまったく認識していなかったと考えるのは不自然といわねばなるまい。

(21) 「……リウィウスの物語において、彼女の貞節に対してなされた恥辱ゆえの、ルクレティアによるその生命の犠牲は、共和国、すなわち利益や僭主的情念よりも遵法性あるいは道徳性を重要視する政府の形態の生みの親と考えられていたのである。その道徳性と法の尊重のなかで、共和主義的な徳は、貞節、すなわち隠棲という一見したところ非政治的な徳の精神を鼓吹する。しかしながら、その意志の純粋性における貞節は、私的な振る舞いから公的な振る舞いへと拡張する自己犠牲の実例を設けている。しかさらにそのうえ女性の名誉は、僭主の意志に対する制約の原理を表象しているのであるが、というのも……女性たちは、王たちが獲得したり、あるいは触れることのできない対象だからである。そして誘惑に直面しては、それらは保護される必要がある。

だから強姦は、特別に重大な法の侵犯なのであり、王による強姦は明白化された僭主政治なのである」(Mansfield, 2000, p. 3)。

(22) リウィウス自身は、タルクィニウス一族の没落を「悲劇」に擬えていたのであった。「……ローマ王家は悲劇の見本のような悪行 an example of tragic guilt を繰り広げる」(Livius, I, pp. 160-161)。

(23) リウィウス史書によるならば (2, 5)、共和政成立後、執政官ブルートゥスの二名の子息が王政復活の陰謀に加担した際、執政官はタルクィニウス王とは異なり、これらを処刑する冷酷さを持ち合わせていたのであった (see, D, I, 16 [I, pp. 240-243])。

(24) 「[『ディスコルシ』におけるマキァヴェッリにとって] ブルートゥスは創設者、あるいは少なくとも刷新者へと転じた狐、なにはともあれ自由な人々の父となることのできた、明白な狐の成功した実例であるように思われるのであり、彼は変化してゆく時流に、彼の前進の方法を適応させることで運命を征することができたのであった」(Pitkin, op. cit., pp. 248-249)。

(25) 「それはだな、まず第一にルクレツィアの気性 natura が厄介なためだ。お堅い一方で、浮いた話にはてんでご縁がない」(1, 1 [III, p. 145])。

(26) 「『マンドラーゴラ』について第一に注意すべきことは、『筋』plot という言葉が極めて文字通りに受け止められうることである。全篇は、よく構想されて、成功へと至る陰謀なのである」(O'Brien, 2004, p. 184)。

(27) ニチア博士の人物に関して、ハーヴェイ・マンスフィールドによる次の危険かつ謎に満ち満ちた指摘に注目せよ。「ルクレツィアは、いくらかの誇張を伴って、政治学 political science の教授と呼びうる男の妻である」(Mansfield, 2000, p. 2)。

(28) 「ニチア」Nicia なる名称が、トキュディデス史書 (7, 50) 中、その敬虔ゆえに、月蝕をみてシケリア遠征の作戦行動を中断させ、敗北するアテナイの将軍「ニキアス」Nicias を念頭においていた可能性が指摘される。かくしてマキァヴェッリは、敬虔を愚昧へと容赦なく翻訳しているのかもしれない (see, ibid., p. 10; Martinez, 2010, p. 215)。

(29) 「……学識 scienza のほどについては、わたしに任せておくんだな。話をしてみて、もし学のある男なら、君にそう言うよ。わたしは決して騙されはしないから」(2, 1 [III, p. 151])。「……この恰好もなかなかのもんだて。……背も高くぐんと若くて、ずっとすらりと見えるじゃないか。今夜はわたしと一緒に寝ても、わたしから金を取ろうというような女はいまいて」(4, 8 [III, p. 177])。

(30) 医者に扮したカッリーマコの次の発話に注目せよ。「……あなたの場合、不妊はインポテンツによるのかもしれませんが、それなら治療の手だてはございませんね」(2, 2 [III, p. 152])。この発話にニチア博士が答えて言うには、「わたしがインポテンツですって。ご冗談でしょう。フィレンツェにわたしほど丈夫で、達者な男はいませんよ」。しかしながら、これは博士のいつもの自己理解の誤りである可能性が高い。着目すべきであるのは、素浪人に扮したカッリーマコを闇夜で拉致する場面において、変装した博士の姿を揶揄するリグーリオの発話である（4, 7 [III, p. 176]）。「笑わずにおられるもんか。……腰には短剣さして……」。マキァヴェッリ喜劇において、武器、とくに刃物は男根の象徴である。この点については、とくに『クリツィア』におけるニコーマコの妻の発話（4, 12 [III, p. 230]）、騙されて召使の男と同衾したのちのニコーマコの発話（5, 2 [III, p. 233]）をみよ。リグーリオは、ニチア博士の性的不能を揶揄していたのかもしれない。

（31）「……ニチア氏を出し抜くことは、法律を出し抜くことと同じである……」（Mansfield, 2000, p. 11）。

（32）「もしも最もマキァヴェッリが自己を同一化していたであろう劇中の登場人物を選ぶとしたならば、選択は明白であるように思われる。……それはリグーリオ、策略の案出者である。『マンドラーゴラ』が何らかの仕方で『君主論』に対応している――後者における助言者としてのマキァヴェッリは、前者におけるリグーリオに類似している――という指摘はマキァヴェッリ研究者たちによって繰り返されてきた。リグーリオのように、マキァヴェッリは君主を巧みに操作して権力を獲得させようとしている――君主の栄光とイタリアの善の双方のために。……統一の仲介となるのはマキァヴェッリ彼自身であり、関係するすべての者を幸福にさせるような仕方で、目下の無秩序と対立する諸々の欲望を、再度、整理するのである。真の誉れは彼のものとなるはずである」（Pitkin, op. cit., pp. 30-31）。

（33）「ああいう所〔温泉場〕へ行けば、あの女も別の気分（本性）altra natura に変わるだろうさ」（1, 1 [III, p. 146]）。

（34）興味深いことに、Martinez, 2010, p. 213 は、後述の『マンドラーゴラ』の決定的場面（5, 4）に、カスティリオーネによって批判された『デカメロン』の短篇（3, 6）の反響を指摘している。

（35）「愚者における『自然』の不変性は、彼が演劇の諸々の出来事の方向性を理解できないということのみならず、彼自身の物理的な不動性、つまり彼の偏狭な存在の限られた空間によっても明確にされている」（Ferroni, op. cit., p. 101）。

（36）「……〔コルッチオ・〕サルターティ『法学と医学の高貴さについて』（*De Nobilitate Legum et Medicinae*, 1399）は、人文主義者の政治賛美のマニフェストといいうる内容をもっている。というのもこの書は、法学と医学とではどちらが高貴な学問であるかという当時一般的であった論争において、医学と自然に関する普遍的な知識とを優位に置くスコラ的伝統を斥けつつ、人間世界についての実践知としての法学を優位に置く人文主義的立場を表明しているからである」（厚見、二〇〇七年、一二〇頁）。

（37）マキァヴェッリが、ジャンヌ・ダルクの告訴状に関する情報を知っていたとは考えられない。しかしながらマキァヴェッリ全集中、『戦争の技術』にただひとつだけ確認される「フランスの少女」に対する言及は、ここで確認しておく価値があるのかもしれない。すなわちマキァヴェッリは、戦場において兵士らを巧みに操作するにあたり、宗教上の畏怖を利用することの有効性を論じる文脈で「フランスの少女」に言及している。つまりセルトリウスが「鹿」と会話して勝利が約束されたと称し、スッラが「アポロ神殿から持ち出してきた像」によって神託を授けられたと称したのと同様に、シャルル七世は「神から遣わされた一人の少女」から優れた忠告を授かったと称していたというのである。明らかにマキァヴェッリの称賛は、「フランスの少女」そのものではなく、これを利用して将士らを奮起せしめ、勝利へと導いたシャルル七世の賢慮に向けられている（AG., IV [I, p. 626]; see. D., I, 11-15 [I, pp. 228-239]）。

(38) すなわちジュリエットの発話、「……あの土から根こぎにされる曼陀羅華 mandragora の悲鳴、それを耳にした人間は、そのまま狂気になるということだが……」（『ロミオとジュリエット』中野好夫訳、新潮社、一九五一年、一九四頁）。ただしイアーゴーは、これとは別の伝承に追随したようである。「阿片、マンドラゴラ、そのほか世にあるどんな眠り薬を飲もうが、効きっこなし……」（『オセロー』福田恒存訳、新潮社、一九七三年、一一二頁）。

(39) 以上は、船山、二〇〇八年、四九―五三頁を参照した。

(40) 「教会は陰謀の聖域、人々の諸々の意図が最もよく隠蔽され、そして最もよく開示される場であるようにみえる。マキァヴェッリの『フィレンツェ史』における大規模な陰謀の双方、一方はスフォルツァ家に対する、他方はメディチ家に対するものであるが、それらは教会で実行されたのであった」（Mansfield, 2000, p. 18）。

(41) ハーヴェイ・マンスフィールドは、『マンドラーゴラ』の第三幕第一〇場を注解して、「私は、これが『マンドラーゴラ』の中央の場面、第一九番目の場面であるということを明記する」と述べる（ibid., p. 20）。同喜劇の第一幕は全三場から、第二幕は全六場から、第三幕が全一二場から、第四幕が全一〇場から、第五幕が全六幕から組織されているため、第一九番目の第三幕第一〇場は確かに全三七場の「中央」である。しかしながら、ここでは下記の理由から、むしろ第三幕第一一場が帯びる中心的意味を「明記する」。

(42) 「じっさい、もしもかの女が（これはただ、かの女だけしか知ることのできないことであったが）若者に――暴力をもって襲いかかってはきたが――自分の情欲にも誘われて同意し、そして自責の念に耐えず、死をもって償わねばならぬと考えたほど嘆き悲しんだのならどうであるか。……ルクレティアは、どんな姦淫の同意によっても、その身を汚すような女でないと人びとに信ぜられていた……。それゆえ、ルクレティアは、姦淫者を最後まで拒みとおしたのであるから、自分は姦淫者でないのに自害したのであるが、それは純潔を重んじたのではなく、恥をおそれたのである。というのは、それに共謀したわけではないが、かの女は、他人の汚らわしい罪が自分の身におかされることを恥じたのであり、そしていかにもローマの婦人らしく、賞賛をひじょうに求めて……暴力によってこうむったところのことを、もしも生き長らえているなら、自発的にこうむったのだと考えられはしないかとおそれたからである」(Augustinus. I, pp. 50-51)。

(43)「おお、甘美なる夜よ、おお、焦がれ合う恋人たちに寄り添うごとき、聖らかな夜のしじまの時刻よ、お前の中には尽きぬ歓び満ち満ちたれば、お前こそ魂を至福にいざなう。愛のため駆けずりまわった者たちの長い労苦に相応しい報酬を、お前は与える。おお、至福の時刻よ、お前はいかなる冷たい心も愛に燃えさす」[III. p. 189]。

(44)「わたしが意図するのは、新しい姿への変身の物語だ」に始まり、「もし詩人の予感というものに幾らかの真実があるなら、わたしは、名声によって永遠に生きるのだ」によって結ばれるところの『変身物語』*Metamorphoses* の著者、オウィディウスに対するマキァヴェッリの偏愛は、諸々の私的書簡において明白である。若干の例を挙げるならば、一五一四年二月四日付 [II. p. 310]、一五一四年二月二五日付 [II. pp. 313-316]、そして一五一五年一月三一日付 [II. p. 349] のフィレンツェ発フランチェスコ・ヴェットーリ宛書簡をみよ。なお上記訳文は、オウィディウス『変身物語』(上)(下) 中村善也訳、岩波書店、一九八一年、一九八四年に拠る。

(45) マキァヴェッリ政治学、とくにその明白に近代的な側面を、端的に「喜劇」と形容すべきであるのか、あるいは「人間喜劇」と形容すべきであるのかは、碩学による以下のごとき極めて含蓄に富んだ言明を真剣に受け止めるとき、重大な問題として浮上するであろう。「普通に人々が述べているような文芸復興は、中世プラス人間ではなくして、中世マイナス神である。そしてその悲劇は神を失うことによって文芸復興がやがて人間自身をも失うことにあった」(エティエンヌ・ジルソン『中世ヒューマニズムと文芸復興』佐藤輝夫訳、めいせい出版、一九七六年、五五頁)。ここでは、この重大な問題に最終的な解答を与えることは慎み、「神聖喜劇」との対比のために、あくまで暫定的にマキァヴェッリ政治学を「人間喜劇」と形容しておく。

(46)「……〔『マンドラーゴラ』の〕筋は……〔ニチア博士とルクレツィア夫人の子宝に恵まれたいという〕欲望を、カッリーマコの欲望の充足の手段としているのであるが、というのも彼は、両人の欲望を、彼の欲望に一致させるように利用しているのである。もしも『マンドラーゴラ』が、ただここまでのものであったならば、そしてマキァヴェッリが、愛は道徳性と常に一致するわけではないと主張することで満足していたならば、いかほど彼がそれを上手に語ろうとも、彼は人間の経験において、あるいは先行した喜劇と比較して、何ら新しいことを語らなかったであろう。しかしマキァヴェッリは、ここで停止してはいないのである。同時に、そして演劇が進行するにつれてますます、演劇はカッリーマコを子息のない夫婦に従属させ、そして彼の欲望を両人の欲望の実現の手段としているのである。そして最終的に彼と両人の双方が、欲するものを得る」（Mansfield, 2000, pp. 2-3)。

（47）すなわち、ニチア博士に「アロエ」を含ませる展開は、『デカメロン』にみられるところの、カランドリーノが悪友によって豚を盗まれる短篇（8, 6）を念頭においたものであると推察されている（see, Ferroni, op. cit., p. 112)。なお、“calandrino”は、現代イタリア語において「ばか」、「まぬけ」を表す普通名詞と化している。この点については、宮下、二〇一一年、一〇三頁をみよ。

（48）したがって、『マンドラーゴラ』の結末に関する以下の言明中、（ ）内の最後のセンテンスは秀逸といわねばなるまい。「……彼〔カッリーマコ〕は彼女〔ルクレツィア〕と結婚の約束をすることによって終わる……主が彼女の年老いた夫を呼び寄せることに決めて下さる時には（ボッカッチョなら、彼ら二人に夫を片付ける企みをやらせたことであろう）」（De Grazia, op. cit., p. 128)。

（49）『天堂』（16, 106）中、ダンテは高祖父カッチャグイーダに、一二世紀初年に隆盛を極めたものの、滅亡していったフィレンツェ市の諸々の権門を列挙させているが、ここに「カルフッチ」Calfucci なる家門がみえることは注目に値する。史実上の「カルフッチ」は、既に一四世紀には消滅していたのであった。無論、マキァヴェッリがこのことを認識していた可能性は極めて高い（see, Martinez, 2010, p. 216)。

（50）ここにおいて、プラトンの『国家』（546A-D）中、最善至高の国制を墜落せしめる最初の契機が、産児統制の失敗であったことが想起されるのかもしれない（Plato, pp. 1158-1159)。

（51）「神すなわち自然は、性交の直接的な快楽を、生殖の長期的な欲望から区別したのであり、したがって後者は前者にとって必要ではない。性交と生殖の区別は、キリスト教、つまりマキァヴェッリの時代の支配的なノモスにおいても反映されている。キリスト教は、一方において性的快楽に難色を示して貞節を賞賛し、そして他方において人間に多産と繁殖を願うことで、生殖を賞賛している。教会の自然法的教義は、性的快楽は生殖という目的にとってのみ合法であると主張することで、二つの区別された欲望を接合している。……カッリーマコは性交を欲望しており、これが快楽と軽さを象徴している。ルクレツィアとニチア氏は生殖を欲望しており、これらは道徳、政治、そして重さを象徴している。大筋の策略は、それらを分離したままに保っているが、しかしまたそれらを接合し、それらを補完させ、その結果、両方の目的が詐欺によって達成されるのであり、一方は他方の手段である」（Mansfield, 2000, p. 14)。

(52) 以下の言明に注目せよ。「リグーリオは、賢明なルクレツィアが完全に自発的な決定で、彼女の『自然』を適応させるところの運命の条件を準備する以外には何もしない」(Ferroni, op. cit., p. 104)。

(53) このことが、アッティカ悲劇の洞察でもあることに注目せよ。アンティゴネに対するクレオン王の発話をみよ。「だがよく覚えておけよ。頑なな心構えが、いちばん他から挫かれがちだと。また、固く火に焼き上げられて、いちばん力のきつい鉄ほど、いちばんによくひびが入ったり拆けて折れたりするのが習いだ」。あるいは、ハイモンの発話をみよ。「あまり自説ばかりを押し通そうとかからずに。御存じのとおり、冬の早湍の流れのそばでは、なびいて撓む木の枝は無事に助かる。それに反して、流れに逆らい突っ張る樹々は、根こそぎにされ倒れるのです……」。ソフォクレス「アンティゴネ」呉茂一訳、『ギリシア悲劇Ⅱ』、筑摩書房、一九八六年、一七三頁、および一八四頁。

(54) これが、一五〇〇年代に流行した占星術上の格言であることは留意されるべきである。「……占星術師は賢者の地位を享受した。名高い占星術の格言、『賢者は星々を征服するであろう』の賢者とは、占星術師、すなわち万事がいかに作用するかを『知った』専門家以外の何者でもなかったのである」(Parel, 1992, p. 13)。マキァヴェッリがこの格言の占星術との関連を認識していたことは、『マンドラーゴラ』中、医者に扮したカッリーマコが偽の「マンドラーゴラの秘薬」を調合する場面から窺いしれるのかもしれない。「今夜、夕食後にお飲みください。月の具合もいいようですし、潮時としてはお誂え向きでしょう」(2. 6 [III. p. 156])。

(55) 「マドンナ・カテリーナ」に関する『ディスコルシ』の叙述には、人類の種的不滅性、すなわち根源的楽観論を支える女性の生殖能力に対する賛美が含まれているように思われる。フォルリ市に発生した反乱事件において、フォルリ伯を殺害した反乱者らは、その子息らと妻、すなわちカテリーナを捕縛した。しかしながらフォルリ市の城塞地区は、依然として反乱者らによっては掌握されざるままであった。反乱者らは攻めあぐねている。ここにおいてカテリーナは、自身が城塞地区の市民らを説得すると主張し、子息らを人質として反乱者らのもとに残して城塞に入る。城門をくぐるやカテリーナは豹変し、城壁の上に立って反乱者らを痛罵して、復讐を誓ってみせたのであった。そして驚嘆に値する行為を示したという。「……人質においてきた自分の子供にはさらさら未練のないことを示すため、敵に自分の恥部を示して、子供などこれからいくらでもつくってみせると叫んだのであった」(see, D., III, 6 [I, pp. 440-441])。一四九九年七月、若きマキァヴェッリ書記官はこの傑女と会見している (see, Ridolfi, op. cit., pp. 42-45)。

(56) 「チェーザレ・ボルジアの運命も、マンリウス・カピトリヌスの運命も悲劇ではない、あるいはマキァヴェッリによっては悲劇としては理解されてはいない。かれらは、かれらに反抗する運あるいはもろもろの時をもったがゆえに、挫折した。運一般にかんしては、それは征服されうる。人間は主人なのである」(Strauss, 1958, p. 292)。

(57) 一五二一年五月一七日付カルピ発フランチェスコ・グイッチァルディーニ宛書簡をみよ。名高い格言が記されているのはこの書簡である。すなわち、「私が信じるには、天国にいたる真の方法はただひとつ、すなわち地獄行きをさけるために地獄にいたる道を学ぶことなのです」[II, p. 372]。この年、マキァヴェッリ元書記官は、フィレンツェ共和国政庁の委託でカルピに派遣され、フランチェスコ会修道会、すなわち「木靴の国〔サンダル共和国〕」との折衝にあたった。同書簡中、修道士らに対する元書記官の侮蔑は明白である。

(58) この散文小説 novella は、通例、「寓話」favola として分類されているが、『マンドラーゴラ』の「前口上」prologo には、「寓話『マンドラーゴラ』」la favola *Mandragola* なる表現がみえる [III, p. 142]。Martinez, 2010, p. 209 は、ここから『マンドラーゴラ』と『ベルファゴール』の結びつきを指摘している。

(59) ここにおいて悪魔が語るところでは、「恋するものはみな、俺たちの意向に従うがよい。そうすれば願いはかなえられよう。俺たちはあらゆる悪事が好きなのだから」[III, p. 25]。

(60) 「ニッコロは、オリゲネス、すなわち最終的には悪魔自身も救われるであろうと教えた教父よりこの方、地獄を安楽な場所とした最も独創的な人であると言えよう」(De Grazia, op. cit., p. 318)。

(61) かかる立場が、マキァヴェッリ政治学に根本的変態を要求する可能性については、以下の陳述を見よ。「もしもニッコロが、新君主への恐怖を和らげるために、神から死後の裁判のもつ恐ろしさを奪わなければならないとするならば、彼は同時に、その君主から、有徳な人民、強固な宗教、信頼できる民兵軍、よき慣習、そして強制可能な法律という可能性のいずれをも奪わなければならない」(ibid., p. 324)。

(62) 「エピグラム」Epigrammi (I, [III, p. 19])。なお、「リンボ〔辺獄〕」limbo とは、洗礼を受けずに死に至った赤子らの霊魂が集う場所である。ただし、善にも悪にも傾かなかった成人たちの霊魂もまたここに送られる。マキァヴェッリ元書記官は、善にも悪にも傾かない元共和国統領の優柔不断を揶揄していたものと思われる (see, D, III, 3 [I, pp. 422-423])。興味深いのは、ダンテもまた「リンボ」の住人に対しては軽蔑を表明している事実である (see, Inferno, 3)。この点について、以下の言明は興味深い。「……一人一人が賭ける存在になることが社会科学的認識そのものの端緒であるということを、マキャヴェリに即してお話ししたいと思います。ダンテが、伝統に従うんでも他人の言うままに動くんでもなくて、自分の責任において自分の行動を決めることを、人間の最低の条件として指ししめしました。『自分を賭ける』という行為を一生のなかで一度もしたことのない人間を、彼は、地獄にも入れない人間として人間の外に放逐してしまったのであります」（内田、一九七一年、四七―四八頁）。

(63)『マンドラーゴラ』と『クリツィア』の諸々の連結について、Martinez, 2010, p. 217をみよ。

(64)「……注目すべきは『クリツィア』において作家の創作意図が転換しているという事実（『アンドリア』への回帰）……」（野里、一九九二年、一五二頁）。ただし後述の理由で、『マンドラーゴラ』と『クリツィア』の間に「創作意図」の「転換」を見出すことはできない。

(65)『クリツィア』執筆の背景については、Ridolfi, op. cit., pp. 323-326をみよ。

(66)『クリツィア』中の登場人物の名称に関する推理については、Martinez, 1993, pp. 123-132を参照した。

(67) ただし老人にとって、この名称は「自惚れ屋」を意味している。「名は体を表すで、おまえはたいした自惚れ屋 soffiona だ」（2. 3 [III, p. 206]）。

(68) この点については、Martinez, 1993, p.123; Faulkner, 2000, p. 40; Ridolfi, op. cit., p. 326をみよ。

(69)「バルベラに」alla Barbera [III, p. 18]。

(70) 一五二四年二月四日付フィレンツェ発フランチェスコ・ヴェットーリ宛書簡 [II, p. 310]。

(71) ちなみに、サマセット・モームの小説『昔も今も』*Then and Now* では、ニッコロ・マキァヴェッリ書記官が、不覚にも「顔は可愛らしいかもしれないが、生っ白い生兵法の青二才」（Maugham, 1946, p. 227）に出し抜かれ、美女を掠め取られる。作中のニッコロは、まだ三三歳であるが。

(72)「ニッコーマコの過剰は、ソフローニアが体現する sophrosyne あるいは、この言葉の一般的なラテン語の用語 temperantia（節制、適度、貞節、そして自制一般を含む）を侵犯する。……マキァヴェッリのニッコーマコの扱いは、その分析が彼の成熟期の思想を支配していたところの――しばしば、やむにやまれぬ男性の性的欲望として表現される――攻撃的ヴィルトゥの完全な批判である」（Martinez, 1993, p. 133; 2010, p. 218）。ただし、後述の理由で「攻撃的ヴィルトゥの完全な批判」は『クリツィア』の最終的結論ではないように思われる。

(73)「『クリツィア』は伝統的な主人‐奴隷関係の、嘲りによる分解である。……〔下男〕シーロによるニッコーマコへの諸々の侮辱の物語は、この演劇の最も扇情的な筋書である。すべての人々が、この主人の転覆を笑ったといわれる。この演劇は、主人たちを笑うことに存しているのである」（Faulkner, op. cit., p. 48）。

(74) この言葉は、失脚以後のマキァヴェッリの心境を端的に表現しているのかもしれない。一五一四年一二月四日付フランチェスコ・ヴェットーリ宛書簡の末尾において、マキァヴェッリはオウィディウスの『変身物語』(13, 507)からの一節を引用した。「我のみにペルガモンは残れり」[II, p. 331]。これは王妃ヘカベが娘の亡骸を抱いて嘆いている場面である。「私だけには、トロイア滅亡の苦しみが持続している」の意味である。

(75)「マキァヴェッリの政治的なヴィジョンは、端的に喜劇的というわけではないものの、もしもひとが喜劇を、老齢、権威、そして義務に対する若さと欲望の勝利に関する原初的な賞賛として理解するのならば、それは喜劇とのある親近性を帯びている」(Lord. 1995, p. 151)。

(76) プラウトゥス「カシナ」山下太郎訳、『ローマ喜劇集二・プラウトゥス』、京都大学学術出版会、二〇〇一年、六頁。

(77)「『カシナ』――そこにおいては、クレウストラタの息子の名前は、劇中人物から省かれているのであるが――の、マキァヴェッリの諸々の主要な修正のうちのひとつは、クレアンドロ、つまりライバルとしての息子を登場人物に採用したことである。しかし……クリツィアへの情熱に燃えている父親、そしてニッコーマコの敗北を誘導する母親の両者に比して、クレアンドロは無力で受動的な人物なのである」(Martinez, 1993, p. 129)。

(78)「……マキァヴェッリは、単に道徳からのしばしの喜劇的解放において、我々に微かな自由の感覚を与えているのではない。それは喜劇の通常の機能 the usual function of comedy であった。すなわち、道徳性の諸限界を示すこと、そしてそれにもかかわらず、なぜそれが必要とされるのかを我々に想起させることである」(Mansfield, 2000, p. 7)。

(79) さらに『戦争の技術』末尾に配された以下のコロンナ将軍の陳述は、マキァヴェッリの思念が垣間みえる点で興味深い。「……もしも運命が過去においてこの大仕事に足るだけの国 stato をわたしに授けてくれたなら、古代の諸制度がどれほど役立つものか、それをわたしは極めて短時日の内に世界に明示したであろうに。疑いもなく、わたしは栄光と共に国を拡大させたか、恥辱にまみれることなく国を失っていたことだろう」(AG., VII [I, p. 689])。

(80) この図案は、Opere, III, p. 140 にみられる。

(81) この胸像、ならびにその他の諸々のマキァヴェッリ像に関しては、Ridolfi, op. cit., pp. 428-432, n. 42 に詳しい。

(82) イソップ寓話への言及は、たとえば一五一三年八月二六日付フィレンツェ発フランチェスコ・ヴェットーリ宛書簡にみられる[II, p. 287]。なお、マキァヴェッリの「諸々の資質を動物の諸々のイメージに変換する傾向」については、Raimondi, 1993, p. 148 をみよ。

第三章　新しい政治哲学

本章は、二篇のマキァヴェッリ喜劇から析出された「人間喜劇」commedia umanaの二つの原則のうち、第一の原則、すなわち「静止」に対する「運動（変化）」の優位の原則が、二つの政治的主著においても貫徹されていることを確認する。これをもって、『君主論』における「力量」virtùの観念、ならびに『ディスコルシ』における共和政体論の前例なき新奇さが、先行諸研究に比してより精確に把握されるのである。

第一節においては、主として『君主論』にみられる「力量」の術語の多義的用法を分析し、これが何故「偉大な伝統」と、わけても古典古代の伝統と訣別することとなったのかを考究する。しばしば指摘されるように、『君主論』中、ときに「力量」が戦士の男性的徳目、つまりは物理的闘争における卓越性として想念されていることは確かである。しかしながら、かかる狭義の「力量」がこの観念のすべてであったならば、倫理学上の刷新が発生することはなかったであろう。というのも戦士の男性的徳目の称揚は、疑いなく古典古代、あるいは文芸復興期に広くみられた言説なのである。むしろ注目すべきであるのは、狭義の「力量」が「賢慮」prudenzaと結びつき、広義の「力量」を構成していることである。ここにおいて「賢慮」とは、時流の変転に適応しておのれの「資質」、「前進の様態」、すなわち「本性（自然）」naturaを自在に変容せしめる能力である。「本性（自然）」の硬直性こそが、あらゆる君侯、市民や都市の敗亡の、つまり悲劇的結末の根本原因なのである。広義の「力量」を構成する二つの能力のうち、倫理学上の刷新は、むしろ「賢慮」において発生している。『君主論』中、「賢慮」の重要性が肥大するに比例して、狭義の「力量」は遠景へと後退してゆく傾向がみられる。ついに第二五章冒頭部分に至り、「賢慮」の観念は「運命」と「神」に対峙する人間の「自由な意欲」libero arbitrio、広義の「力量」の観念そのものと、ほとんど外延を一致させるのであった。『君主論』は、まさしく「人間喜劇」の第一の原則を貫徹することによって、「力量」の観念に刷新をもたらしたことになる。

第二節は、『君主論』の成立が告白される一五一三年一二月一〇日付フランチェスコ・ヴェットーリ宛書簡上、マキァヴェッリが同時代に流行した短篇小説、『ジェータとビッリア』中の登場人物のひとりに自身をそれとなく類比していることの意味について考察し、もって第一節に得られた結論を補強する。同書簡において、『君主論』執筆期のマキァヴェッリは、おのれを「ジェータ」、すなわちあらゆる存在の「本質」、「形相」、そして「名称」を「変化」せしめ、おのれもまたあらゆる存在へと「変身」するユピテル神の技能を獲得したと申し立てる似非「哲学者」に擬えている。「人間」の「本性（自然）」を「ろば」の「本性（自然）」へと「変身」させることすらできる「知識」la scienza と「より新しい方法」vie più nuove の所有者に自身を類比する諧謔によって、マキァヴェッリは『君主論』の教説の革新性に関する自己理解を漏洩しているように思われる。すなわち『君主論』の革新性が、「自然」の多様性と流動性を明察して、おのれの「本性（自然）」において「変身」を遂げる「賢慮」、あるいは「力量」の勧説、したがって「人間喜劇」の第一の原則の教示に存していることを、著者自身もまた強く自覚していたように思われるのである。

第三節において確認されるのは、「静止」に対する「運動（変化）」の優位という「人間喜劇」の原則が、『君主論』における「力量」の観念と同様、『ディスコルシ』における共和政体論にあっても貫徹されていることである。古典的政治学の伝統には、ただ「古い城壁」の内部において、つまりは「閉ざされた都市」においてのみ、有徳の政治生活は可能であるという認識がみられる。習俗を異にする外来民との接触は、都市民らの頽廃と拝金の気風を生み、やがては内紛を惹起する。ただし古典的政治学は、「閉ざされた都市」が運命の変転に対して極めて脆弱であり、断じて不滅性は期待しえないことを承認した。したがって有徳の政治生活の古典的な理想は、「悲劇」の展望、人類の政治的営為に関する根源的悲観論を包蔵していたことになる。『ディスコルシ』もまた、外部に対して「閉ざされた都市」においてのみ、「真の政治生活と都市の真の平和」は可能であることを認めている。しかしながら、「閉ざされた都市」とは端的に「悲劇の都市」である。新しい共和政体論は、おそらく「善く生きること」にもまして「ただ生存すること」に強烈な関心を抱いているために、古典的政治学の理想、儚くも麗しい理想を排撃せねばならない。かくして「喜劇の都市」は、「死と滅亡」morte e rovina を回避すべく、あらゆる不動の政治秩序の構想を放棄して、つねに「運動（変化）」する「拡大的共和国」とならねばならないのである。

第四節は前節を継承して、共和政体は不断に「諸々の限界」termini を侵犯することによって「死と滅亡」の「悲劇」を回避しうるという洞察が、「人間喜劇」の第一の原則の反映であることを確認する。すなわち「喜劇の都市」は、参政資格における「限界」を超越して寡頭的国制を放棄する。そして広範な平民武装と異邦人への市民権の授与によって、支配領域を拡大し、「古い城壁」の「限界」を超越する。さらには必然的に生じる空間的拡大に伴う社会構造の変質に対しては、古来の法制度によって画された「限界」の超越、つまりは建国当初の法秩序の随意の改定をもって対処するのである。これら古典的政治学の諸教説の転倒、斬新奇抜な共和政体論は、すべて「悲劇」の展望と親和的な静態的秩序の理想を排斥して、頻々たる「運動（変化）」により「命数の限界」termine della vita を超越し、「不滅の都市」を実現せんとする「人間喜劇」の展望の反映なのである。

第一節　マキァヴェッリ倫理学の再検討、あるいは賢慮としての力量

『ろばについての考察』*Ragionamento sovra del asino* は、ジョヴァン・バッティスタ・ピーノなる人物によって、ニッコロ・マキァヴェッリ元フィレンツェ共和国書記官の没後およそ一世代ののち、ナポリ市において出版された文書である。(1) この文書によるならば、著者ピーノはアプレイウスの『黄金のろば』以来、極めて多様に語られてきた「ろば」の主題を回顧したのちに、ついにはこれについて吟味し尽くすことは不可能であると確信するに至

ったという。「ろば」はただ謙遜、忍耐、勤労を象徴するのみではなかった。それは諸々の神話、寓話、物語上、死、悪霊、冥府の観念と結びつくと同時に、生と豊饒、そして性的放縦の観念に結びつけられて語られてきた。あるいはそれは、典型的には奴隷的屈従の心象と結びついてきたものの、ときとして出エジプト記（4. 20）中のモーセのごとき王者の乗物として、特権的地位を占める動物と想念される。そしてそれは、往々にして言語ではなく鞭の指導に服するべき暗愚蒙昧の象徴であるが、他方において人間的学知の象徴となる事例もまた古代文献に散見されるという。[2] ここにおいて著者は、「ろば」asino の言辞そのものに「自然」natura の計り知れぬ多様性を象徴する神秘を見出し、奇妙なカバラ的解釈を試みるのであった。まず、“a・si・no”は三音節から成立しているが、ここには存在し、「然り」si によって肯定される事物と、存在せず、「否」no によって否定される事物との双方が含まれている。ついで、[3] “asino”の最初の一文字“a”と最後の一文字“o”は、ギリシア人にとっての“alpha”と“omega”を表現しているのであろう。[4] かくして提起されるのは、「ろば」が動物たちの王者として、万物の霊長である人間に対応しているという仮説である。「ろば」は「自然」の多様性と、これを洞察し、これに適合する人間の「知恵」を象徴しているのかもしれないというのである。[5] そしてこの著者が想起するのは、かつてニッコロ・マキァヴェッリが『君主論』中（P. 18 [I, p. 165]）、人間と野獣の二つの「自然」を併せ持つ必要性を勧説するに際して、アキレウスの教育者、すなわち太古の「君主の教育者」はケンタウルスのケイロンであることを指摘していた事実である。これに関して著者ピーノは、極めて奇天烈な推理を追加したのであった。すなわちケイロンは、正確には「人間」と「馬」ではなく「人間」と「ろば」の結合だったのではないだろうか。すくなくとも、その形姿を目視したのみでは、ケンタウルスの半身が「馬」であるのか「ろば」であるのかは、にわかに判定しがたいはずである。この奇妙な文書は、『君主論』において語られた「君主の教育者」が、俊敏にして強健な獣性というよりは、むしろ「自然」の多様性を明察し、これを模倣して不断に「変身」する「知恵」の権化としての「ろばのケン

タウルス」であった可能性について、真剣に、おそらくは真剣に思案しているのである。(6)

ただし『君主論』がひとつの古典的伝統、すなわちクセノフォンの『キュロスの教育』に完全に追随していたと仮定するならば（see, P., 14 [I, p. 158]）、ここに語られるケンタウルスは、ピーノなる人物の怪文書がいかなる思案を重ねようとも、疑いなく「馬のケンタウルス」である。クセノフォンはペルシア王朝における騎兵戦隊創設の機縁について叙述するにあたり、ケンタウルスを「生けるもののうちで最も羨ましいもの」として賞賛したのである。というのもケンタウルスは人間的配慮に加え、野獣の敏捷性と破壊性を兼ね備えている。「人間の知性で予め考察し、手で必要なことを行ない、馬の速さと強さをもって逃げる者を捕え、踏み留まる者を倒す……」（4, 3, 17）。『君主論』がケンタウルスに言及するに際しても、その文脈は明確にギリシアの古典的伝統の継受を示しているように思われる。それは闘争に勝利する「二つの方法」についての、あまりに名高い議論である。つまり第一の方法は「諸々の法律」leggi に拠るもの、第二の方法は「力」forza に拠るものである。前者は人間本来のものであり、後者は本来野獣のものである。しばしば君主にとって、とくに「新しい君主」にとって前者のみでは不十分であるがゆえに、往々にして後者が必要となるという。かかる人間と野獣双方の資質を兼ね備える必要性 necessità を適切に暗示する事例として、半人半馬の「君主の教育者」、ケイロンが挙げられるのである。『君主論』中のこの一節が、キケロの対話篇『義務について』にみられる議論の、間違いなく意識的な改竄であることはよく知られている。(7) キケロは紛争を決着する「二つの方法」として、人間固有のものとしての言論と元来野獣に相応しいものとしての実力を挙げたのち、前者が不可能であるときにのみ、はじめて後者に頼るべきであると説いていたのであった（I, 11-13）。『君主論』は、実力行使に厳格な条件を課すことを意図したキケロの議論を、実力行使の必要性、ないしは必然性を強調する議論へと改竄し、あえて野獣の資質の賛美にまで至ることによって、ひとつの古典的伝統から逸脱したことになる。しかしながらこの逸脱は、ケンタウルスに関するいまひとつの古典的伝統への追従によって相殺されうるのかもしれない。性急かつ破壊的な獣的獰猛の礼賛は、確かに古典古代の伝統の、あるいは文芸復興期における諸思潮の欠くべからざる一側面であったことが銘記されるべきである。それは「古い（古代の）美徳」antica virtù の体系を棄損するものではなく、むしろこれを構成する一要素であった。リウィウスは、ロムルスを攻撃的かつ無慈悲なひとりの戦士、男性的力能に張り溢れた破壊者にして創造者として描写したのである（see, D., I, 9 [I, pp. 223-225]）。おのれ自身もまた「君主の教育者」である『君主論』の著者が、もっぱらアキレウスの師ケイロンを、すなわち「馬のケンタウルス」を模倣しているかぎり、その諸々の教説が古典的伝統から逸脱している程度は、真実のところ、研究史上にかくも頻繁に議論されてきたほどまでには深刻ではないように思われる。換言するならば、この「君主の教育者」の倫理学上に説かれる「力量」virtù が、もっぱら戦野の徳目、究極的には物理的闘争における男性的卓越性を意味しているかぎり、古典的伝統ではなく、ただ聖書宗教の伝統との緊張関係が発生するにすぎないように思われるのである。

『君主論』の著者が、アキレウスの教育者としての「馬のケンタウルス」、ケイロンを模倣して、頻々と敏速、爪牙の破壊力、原始的獣性、つまりは武装闘争における卓越性と理解された「力量」を、いかにも鮮烈な筆致で教示していることは疑いない。そのことは、君主に本来的に属する「唯一の技芸 arte」が「戦争」guerra とその準備に存するという主張によって最も端的に表現されているように思われる（P., 14 [I, p. 157]）。君主は、戦時下と同様、平時にあっても日夜を「戦争」の鍛錬のうちに過ごさねばならない。元来、すべての国 stato の柱石をなしているのは良き「法律」と良き「軍隊」milizia（arme）であるが、法的秩序は即座に作動可能な物理的暴力装置の存在によってはじめて堅持されるという（see, D., III, 31 [I, p. 496]）。それゆえに『君主論』は、「法律」に関する論議は「省略」して、もっぱら「軍隊」についてのみ議論することとなったのである（P., 12 [I, p. 150]）。無論、優秀な「軍隊」を組織し、おのれ自身も強力な戦士たることは世襲君主に対しても要求されているものの、とりわけこのことは「新しい君主」に求められている。古今の典型的な「新しい君主」、セプティミウス・セウェルス（P., 19［I, pp. 171-173］）、あるいはチェーザレ・ボルジア（P., 7［I, pp. 133-139］）は、民衆奇譚上の怪獣に比せられる獰猛と猛禽の俊敏によって特徴づけられる戦士として、賞賛とともに活写されている。[8]さらには『ディスコルシ』においても、古典古代に比して同時代の諸々の共和政体が「力量」を欠き、したがって放縦と隷従の両極を振動する明白な傾向を示していることは、市民皆兵制度の欠如に起因するものと主張されている。「軍隊」は共和政体における自由の観念に、そしてこれに対置される非武装の「怠惰」ozio は無秩序と奴隷的屈従の観念に結び付けられている。『君主論』、ならびに『ディスコルシ』の倫理学上、最も狭義に理解された「力量」とは、すなわち戦士の徳目なのである。この「君主の教育者」が、「軍国主義の最初の哲学的な代弁者」と評される所以である。[9]古代世界の滅亡以後、かかる「力量」が忘却され、全般的な武装解除が進行し、人心の奴隷化が出来したことの究極的要因は、聖書宗教の勝利に帰せられている（see, D., II, 2［I, pp. 333-335］）。それゆえに狭義の「力量」は、聖書宗教の伝統との顕著な緊張関係を形成するものの、他方においてそれは、アキレウスからアレクサンドロスを経てユリウス・カエサルへと至るいまひとつの偉大な伝統との連続性を保持している（P., 14［I, pp. 158-159］）。それは「馬のケンタウルス」、ケイロンの弟子たちの系譜なのである。ここにおいて「古い（古代の）美徳」としての「力量」を体現する君主、とりわけ「新しい君主」の肖像は、長身で、撓るがごとき筋肉質の体躯に、煌々と光を放つ精巧な鋼鉄の甲冑を装着した完全武装の戦士の、危険なまでに美々しい肖像として想念される。[10]

しかしながら、戦士の男性的力能として理解された狭義の「力量」、つまりは「古い（古代の）美徳」の一端を継受する徳目の観念が、「運命」fortuna に対置される広義の「力量」の観念そのものを汲み尽くしてはおらず、あるいは『君主論』によってこの観念に付与された比類なき新しさを隠蔽している可能性は留意されるべきであるだろう。「力量」の観念に強固に付着した性急にして貪婪な獣性の心象は、おそらく『君主論』の第二五章末尾に配されたところの、この「君主の教育者」によって鍛造された最も名高い諸々の文章のひとつによって、過剰に、あるいは誤解を招来するほどまでに肥大化しているように思われる。そこにおいて「運命」に対峙する「力量」は、ほとんど婦女子を張り倒し、これを強姦する若人の怒張した男根に類比されていたのであった［I, p. 189］。しかるに『君主論』、ならびに『ディスコルシ』の諸教説に関するより注意深い再検討は、広義に理解された「力量」の包括的観念において、しばしば指摘される原始的男根崇拝の傾向を従属的地位に降下させるように思われるのである。ここにおいて想起されるべきであるのは、「力 forza ではなく欺瞞の策 fraude によって卑賤から偉大な幸運 fortuna へとのし上がる者もある」と題された『ディスコルシ』中の一章であるだろう（D. II. 13［I, pp. 358-359］）。それは世襲君主からは区別されるところの、「新しい君主」による支配権掌握の方法について議論した一章である。この章は、もっぱら「力」、すなわち「軍隊」のみによって支配権の獲得に成功するのはほぼ不可能であるが、もっぱら「欺瞞の策」によってこれを遂げることは、しばしば可能であると主張している。そして「力」ならざる「欺瞞の策」による支配権の奪取、もしくは拡張は、草創期におけるローマ共和国の同盟外交をも特徴づけていたことが語られる。君主、あるいは共和政体の「力量」を軍事的力能となかば等置した諸々の立論、とりわけ「軍備なき預言者」profeti disarmati（P., 6［I, p. 132］）についての警句と齟齬をきたすように思われる同様の主張は、かの『君主論』中の枢要部分においても暗示されている。つまり君主にとっては獅子の獰猛と狐の狡知が必要であると説かれるに際して、獅子は詐術の罠からその身を防衛しえないことが指摘されたのちに、「獅子のうえに腰を落ち着けているような連中は、このことがよくわかっていない」と付言される（P., 18［I, p. 165］）。ここから即座に予測されるいまひとつの指摘、つまり狐は爪牙の獰猛からその身を防衛することはできないのであるが、「このことは策略のみをことする者たちによって正しく理解されていない」という明示的な指摘については、全篇を通じて不可解にも欠落しているのである。(11)『君主論』の著者が「力量」の観念に施した前例なき革新は、獅子の獰猛、すなわち男性的力能の極端な強調ではなく、むしろある種の奸知の要素の混入に存していた可能性が考慮されねばならない。この革新をもってはじめて、「力量」の観念は聖書宗教のみならず、ついに古典古代の伝統とも決別に至った可能性が考慮されねばならないのである。(12)

『義務について』中、キケロは「不正」がおこなわれる「二つの方法」、すなわち暴力と欺瞞を「獅子の方法」と「狐の方法」と形容したのちに、(13) 前者にもまして後者をより激越に非難していたことが留意されるべきである。「どちらも極めて非人間的であって、そのうちでも殊に欺瞞は、われわれの憎悪に値するところがより大きい」(I. 13)。『君主論』が、閲して怖気を覚えるまでの悪意をもってこの古典的議論の転倒を企図していたとするならば、それは「獅子の方法」にもまして「狐の方法」の勧説により多くの紙面を割いているはずである。『君主論』中、しばしば狭義に理解された「力量」、つまり戦士の徳目は「賢慮」prudenza の徳目を伴って卓越せる君主、あるいは共和政体の属性とみなされている。「現代の賢人たち savi」が「時流」tempo の恩恵を無為のうちに待つことを説いているのに対して、ローマ共和国市民たちはおのれらの「力量と賢慮」の恩恵に浴することを望んでいた (P. 3 [I. p. 124]; see, D. I. 9 [I. p. 223]; II. 1 [I. p. 329])。チェーザレ・ボルジアは「運命」の恩恵として支配権を獲得し、「運命」に見放されてこれを喪失したのであったが、「ひとりの賢慮と力量のある男」として諸々の施策を尽くしていたがゆえに、手厳しく非難するにはあたらない (P. 7 [I. p. 134])。最終章において、イタリアを蛮族の蹂躙から救済すべき君主、待望される「新しい君主」は、同時に「賢慮と力量を備えた君主」と形容されている (P. 26 [I. p.189])。ここにおいて考慮されるべきであるのは、『君主論』の倫理学に比類なき新しさを付与しているのは、獅子に比せられる男性的力能の、確かに顕著である過度の強調にもまして、「賢慮」と翻訳された狐の奸知の勧説であった可能性なのである。

『君主論』の倫理学を、あらゆる先入見を排除して再検討することにより明白となるのは、武装戦士の男性的力能として理解された狭義の「力量」にもまして、「賢慮」あるいは「知恵」sapienza が卓越せる君主の美質として頻繁に教示されている事実である。「賢い君主たち」principi savi は、ローマ共和国市民団と同様、眼前の難事のみならず遠い将来の事態の推移をも予見して諸々の対策を講じなくてはならない（P., 3 [I, p. 124]; 13 [I, p. 155]）。かかる君主の「賢慮」は、肺疾患をその初期段階に発見することで容易に治療を施す有能な医者の能力に比定される。さらには「賢明な弓射手たち」arcieri prudenti を模倣することもまた、君主の「賢慮」というものである（P., 6 [I, p. 131]）。すなわち弓射手は、はるかに高く標準を定めることで遠距離の標的を射抜く。同様に君主は、ことに「新しい君主」はモーセ、キュロス、ロムルス、テセウスのごとき「並はずれて偉大な人物」を模範と仰ぐことで、これらの余香に与り、おのれの偉大を増すよう努めるべきなのである。そして都市の貴族ではなく人民を基礎として支配権を構築し、いかなる情勢にあってもこれの支持を維持するべきであるという重大教説についても、ひとつの「賢い君主」uno principe savio の心得として提示されている（P., 9 [I, pp. 145-146]; see, D., I, 16 [I, pp. 241-242]; 40 [I, p. 287]）。ただしこの際、貴族を無暗に絶望へと至らしめ、これらによる決死的な陰謀を惹起せずに按配することが、より完全な「知恵」であるだろう（P., 19 [I, pp. 169-170]）。「賢慮」あるいは「知恵」が強調されるに応じて、獣的獰猛をこととする君主の心象が背景に後退してゆく傾向は、軍備に関する教説においても貫徹されているように思われる。シャルル七世は、おのれの戦力を編成してイギリス勢力を大陸から駆逐したのであったが、これ以降の諸王は歩兵についてスイス傭兵に依存する愚を犯していた。このことが一五〇〇年代におけるフランス劣勢の根本原因なのであり、それはあたかも肺疾患が深刻化して致命的となるに至るまで放置した「賢慮」なき医者のようであったという（P., 13 [I, pp. 155-156]）。外国援軍、傭兵軍、あるいは混成軍に依拠することなく自国軍によって支配権を防衛することは、君主の「賢慮」あるいは「知恵」として提案されているのである。それは古代の「賢人たち」uomini savi の箴言に沿うものとして提示されているものの[14]、真実のところは、むしろ万事においておのれが主導権を掌握し、他者の思惑に左右されてはならぬという、より一般的な「賢慮」の準則から派生した教説であるように思われる。『義務について』(2, 7) にみられる望ましい権勢のあり方に関する議論、すなわち「愛されること」こそ権勢の保持に有効であり、「恐れられること」ほどこの目的に反するものはないという議論を転倒し、あるいはこれを愚弄する『君主論』は、「知恵」によって命じられているのはむしろ「恐れられること」であると断定していたのであった (P., 17 [I, pp. 162-164])。というのも君主の思惑によって臣民におのれを「恐れさせること」は、臣民におのれを「愛させること」に比して確実かつ容易であり、よりよく主導権を掌握することを意味しているからである。そして人間は、恐れる者に対して以上に愛する者に対して、しばしば危害を加えるものである (see, D., III, 21 [I, pp. 473-475])。

かかる君主の「賢慮」あるいは「知恵」の水準は、その近習の「閣僚たち」ministri の能力の程度によって推し量ることができるという (P., 22 [I, pp. 182-183])。「賢明な君主」principe prudente は追従者を排除し、領内の「賢人たち」を選抜して近侍させ、これらから有効な忠言を引き出すのである (P., 23 [I, pp. 183-185])。およそ諸々の人間の「頭脳」cervello は、三つの種類に分かたれる。第一は「自分が単独で理解するもの」、第二は「他人の理解したことを察知するもの」、第三は「自分で理解することもできず、他人の考えも分からないもの」である。すくなくとも第二種の「頭脳」を具備した君主は、「創意」invenzione について欠如しているものの、「知恵」を所有する「閣僚たち」の助言によって支配権を有効に行使するというのである。ただし第二種の「賢明な君主」が「極めて賢明」prudentissimo な側近を獲得し、あえて政務についてこれに全面的に依存する事態が発生するならば、やがてこの側近は支配権を簒奪するであろうことが語られる。「賢慮」、「知恵」、そして「創意」を伴う「賢人政治」が現実のものとなるのは、ここにおいてであるだろう。しかるに『君主論』は、「賢人」が閣僚として全面的に君主の支配権を総攬するならば、簒奪なくしても実質的な「賢人政治」が現出する可能性については黙して語らない。

「運命」に対置される広義の「力量」の観念と完全に一致するのは、戦士の徳目と理解された狭義の「力量」に、「賢慮」あるいは「知恵」の要素が結合された資質、換言するならば「力量と賢慮」virtù e prudenza である。しかしながら、この「力量」の包括的観念において、「古い（古代の）美徳」との連続性を示す狭義の「力量」は著しく重要性を減じ、むしろ周縁的位置に駆逐される傾向にあることが銘記されるべきである。これに伴って著しく重要性を増大し、中核的位置に浮上する「賢慮」および「知恵」は、ついには「運命」に対置される広義の「力量」の観念そのものと、ほとんど一致してゆくように思われる。このことが最も明確に感知されるのは、あまりに名高い『君主論』の第二五章の第一文であるだろう。そこにおいて「運命」fortuna と「神」Dio に対置されているのは、驚愕すべきことに「力量」ではなく「賢慮」なのである。広義の「力量」は「賢慮」の言辞と置換可能なものとして想念され、人間の「自由な意欲」libero arbitrio そのものを意味するに至る。「もともとこの世界の諸々の事柄 cose del mondo は、運命と神によって統べられているのであって、たとえ人間がいかに賢慮 prudenza を駆使したとしても、この世界の進路を修正することはできない、否、対策すら立つものではないと、こんなことを昔から現在に至るまで、多くの人々が考えてきたことを、決して私も知らないわけではない」[I, p. 186][15]。

既述の対話篇中、キケロが獅子の方法にもまして狐の方法に対してより強烈な嫌悪を表明したのは、それを「偽善」と同一視していたからであった。「……あらゆる不正のうちでも、最も背徳の行為を行いながら、あたかも道徳的な人であるかのように見せかける人々の不正ほど、憎むべきものはない」(I, 13)。『君主論』は狐の狡知を「賢慮」と翻訳し、これを広義の「力量」の中核的位置に浮上せしめることによって、はじめて聖書宗教のみならず、古典古代の伝統から決定的に離脱するものと想定するならば、先見の明、偉大な先人らの模倣、人民からの支持の獲得、そしておのれ自身の主導権の掌握、等々の勧説に飽き足らず「偽善」の是認、あるいは推奨にまで躊躇なく前進するはずであるだろう。事実そのとおりであることは、第一五章から第一九章に至る諸論説において明白に確認される。まず第一五章中、世上の君主たちに帰せられる諸々の「資質」qualità、つまりは諸々の美徳と悪徳が列挙されたのちに、支配権を動揺せしめる悪徳の汚名については回避するべきであるものの、これを防衛するにあたって必要となるに際しては、悪徳の汚名など頓着せずにいることが「賢明」prudenteであると教示される［I, p. 160］。「賢明な君主」は、不誠実にして酷薄無情、奸策をこととして盟約を侵犯し、冒瀆的であるという汚名を歯牙にもかけないものであるという。しかしながら注目すべきことに、こののち第一八章は恬然として「賢慮」に関する教説に看過すべからざる修正を加え、単なる厚顔無恥の勧めに一層の精錬を施している。すなわち、より卓越した狐の才覚、より高次の「賢慮」ないし「知恵」は、あらゆる悪徳を行使しつつもその事実を完璧に隠蔽してみせる「偉大な詐称者にして偽善者」gran simulatore e dissimulatoreであることに存していると教示される。「……大胆にこう言っておこう。……立派な資質を備えていて、常に尊重していることは有害であり、備えているように思わせることは有益である」［I, p. 166］。「俗衆」vulgoは諸々の事象の外観、とくに「結末」fineあるいは「結果」effettoから判断を下すものであり、しかも世の中には「俗衆」しかいないのであるから、充分に「偉大」である「賢明な君主」は常に「詐称」と「偽善」に成功するであろうというのである。ここにおいて「運命」に対置される広義の「力量」となかば一致する「賢慮」、もしくは獅子ならざる狐の才覚としての「力量」は、ほとんど「偽善」と一致するに至っている。そして君主、なかんずく「新しい君主」の具備すべき「力量」としての「偽善」とは、「慈悲」、「信義」、「人間味」、「誠実」、「敬虔」から「反対」contrarioへと、さらには「冷酷」、「背信」、「非道」、「不誠実」、「不信仰」から再び「反対」へと跳躍する才覚である。それは美徳と悪徳を隔てる巨大な深淵の間に実践されるべき、賢き跳躍なのである。それゆえに『君主論』の中枢部分において開示される「力量」の、聖書宗教のみならず古典古代の伝統からも離脱するところの、革新を遂げた「力量」の教説の究極的な奥義とは、すなわち「変身」mutazione の勧説であると結論づけることが妥当であるように思われる(16)。

『君主論』、あるいは『ディスコルシ』に開陳される倫理学上、まずもって「力量」の観念は戦士の男性的力能を意味しているようにみえる。しかしながら、この狭義に理解された「力量」は「賢慮」ないし「知恵」と結合することで、包括的な意味における「力量」を形成している。「力量と賢慮」、すなわち広義の「力量」こそが、人間の「自由な意欲」として「運命」の猛威に対峙するのである。この倫理学に指摘されるべき真正の革新は、古典古代の伝統との一定の親和性を帯びている狭義の「力量」にもまして、むしろ「賢慮」のうちに発生している。戦士の徳目をますます駆逐して肥大化し、ついには広義の「力量」の観念と外延を一致させてゆく「賢慮」とは、古典的な「思慮」phronesis ならざる狐の奸知を意味するのである。この「賢慮」としての奸知とは、その高次の形態において「偽善」とほぼ一致するに至る。「偽善」とは善き「資質」から悪しき「資質」へと、あるいは悪しき「資質」から善き「資質」へと、したがって忽然と「反対」へと転換する才覚である。それゆえに広義の「力量」とは、つまりは「変身」の能力において絶頂に達するのである。ここにおいて留意されるべきであるのは、『君主論』の第一五章に列挙される「鷹揚」、「吝嗇」、「残忍」、「慈悲」、等々の「資質」が諸々の政治的主著において頻繁に「本性（自然）」natura と代替可能な言辞として使用されている事実であるだろう。「力量」の包括的観念の中枢に存しているのは、「諸々の運命の風向き」venti della fortuna と「諸々の事態の変化」variazione delle cose を察知して（P. 18 [I, p. 166]）、おのれの「資質」、換言するならば「本性（自然）」を即座に「反対」へと転換せしめる「変身」の能力なのである。

これらすべてが適切に理解されてはじめて、『君主論』の第二五章冒頭に配された一文中、「力量」ならざる「賢慮」が「運命」と「神」に対置されていることの含意が精確に把握されるものと思われる。この章において考察の端緒となっているのは、ある君主の「本性（自然）すなわち資質」natura o qualità に何らの変化も生じていないにもかかわらず、その隆盛を極めた支配権が崩落するという一見したところ不可解な現象が、古代文献においても、同時代の実例においても数多く観察されるという問題である。この問題に対して『君主論』は、支配権崩壊の原因を端的に君主の「本性（自然）すなわち資質」の不動性、あるいは硬直性に帰することで解答を与えるのであった。第二五章は「資質」、すなわち「本性（自然）」を「前進の様態」modo di procedere と換言して、それを「時流」tempo つまりは「運命」の変化に適応させることの重要性を説き、このことをよくする者を「賢明な人間」と形容するのである。ここにおいて「偽善」に関する実践的な教説が、「賢慮」に関するより一般的な教説にまで拡張されているように思われる。というのも美徳と悪徳の間の往復、したがって「偽善」としての「賢慮」が、「慎重」あるいは「果断」、「実力」あるいは「術策」の行使、「忍耐」あるいは「その反対（性急）」等々、むしろ道徳的には中立である諸々の「前進の様態」を、事態の推移に応じて使い分ける能力としての「賢慮」へと敷衍されているのである。かかる教説は、一五一二年冬期のピエロ・ソデリーニ宛書簡中に開示された洞察と完全に符合している。「運命」は常に変化する。君主は「運命の様態」におのれの「前進の様態」を合致させる限りにおいて興隆し、これから乖離するならば敗亡する。古今、あらゆる支配権が衰滅へと至らざるを得なかったのは、はたして人間はおのれの持って生まれた「本性（自然）」に傾斜しやすく、これから離脱することには極めて大きな困難が伴うからであり、さらにはひとつの「前進の様態」をもって栄華を極めた人間は、通例、「時流」の変化に直面するに際してもこれに執着しつづけるためであるという（see, D., III, 8 [I, pp. 447-448]; 9 [I, pp. 448-450]）。しかるにもしも真に「賢明な君主」が、おのれの「本性（自然）」を融通無碍に転換し、完全なる「変身」の能力を駆使するならば、その支配権は不朽であるだろう。かかる不滅の支配権の実現可能性について、『君主論』は断定を差し控えているようにみえる。だが、すくなくとも同章冒頭第一文の含意は、いまや明白である。すなわち『君主論』に開示されている倫理学は、その最深の奥義において、「運命」の勢威には君主みずからの「資質」、「本性

（自然）」、「前進の様態」を自在に変化させることで対応すべきであると教示しているのであったが、この「変身」としての「賢慮」は、ついには包括的に理解された「力量」そのものと、事実上、一致する顕著な傾向が確認されるのである。かくして「古い（古代の）美徳」ならざる「力量」を体現する君主、とりわけ「新しい君主」は「賢慮」、「知恵」、「知識」scienza の所有者、人間的事柄の「自然」の明察者、ただし「変身」の練達者であるがゆえにその形姿すらも想念し得ぬ「賢者」savio として浮上する。(17)

かかる倫理学上の革新が、鉄面皮と風見鶏の実践的な勧め以上のものとして、重大な理論的革新の契機を孕むこととなったのは、それが「自然」natura の概念における決定的な革新を随伴しているからである。この倫理学もまた、人為あるいは技術を「自然」の模倣であるとする古典的理論の枠組を踏襲していることは確かである。(18)「……われわれ人間のすべての行為は、自然を模倣している……」（D., II, 3 [I, p. 337]）。しかしながら古典的理論が「自然」のうちに静態的秩序を感得し、この神的秩序の模倣を期して普遍妥当性を帯びた倫理学を探求したのに対して、革新を遂げた倫理学は、むしろ「自然」のうちに不断の変化と計り知れぬ多様性を看取したために、普遍妥当性を帯びた静態的規範の探求を完全に断念することによって成立している。それは変化と多様性によって特徴づけられる「自然」を模倣して、「変身」の技能そのものを徳、もしくは卓越性、したがって「力量」とみなすに至ったのである。(19)かかる変転する「自然」の観念は、フランチェスコ・ヴェットーリに宛てられた一五一五年一月執筆の私的書簡中にみられる戯言において、極めて明瞭に表出している。(20)ここにおいて元フィレンツェ共和国書記官は、おのれと朋友との間の往復書簡に顕著であるところの、語られる主題の「多様性」diversitá に言及したのであった。すなわち両人は書簡上、往々にして「名誉ある偉大な思念」のほかは念頭にない「重厚な人物たち」uomini gravi であるかのごとくに語るものの、頁をめくるやいなや忽然と「軽薄」leggiero となり、放埒で卑猥な話題へと転じるのである。両人はあたかもロレンツォ・デ・メディチ豪華公のごとくに、「重厚」から「軽薄」へと、あるいは「軽薄」から「重厚」へと頻繁に「変身」を遂げる。事実、元書記官は同書簡の冒頭部分において、例によってオウィディウスの文句を引用しつつ自身の目下進行中の情事について下卑た調子で語ったのちに、いかにも深刻にイタリア政局へと話題を転じている。しかるに両人は非難されるべきではなく、むしろ「賞賛すべき人間たち」であるのかもしれない。というのも、「われわれは自然 natura を模倣しますが、自然は変化に富んだもの vario であり、自然を模倣する者を責めることはできないのです」。とはいえ一連の往復書簡上、元書記官が「自然」を模倣して「変身」するおのれの能力、つまりは「力量」に関して過大な信頼を抱いてはいなかったようにみえることは確かである。一五一三年一二月執筆の書簡において元書記官は、いささか奇妙な皮肉と自嘲を差し挟みつつ、自身の「変身」の能力について懐疑的な見解を開陳していたのであった。「常に誠実を守り通してきたわたくしが、いまさら誠実を破ることを覚えようはずはありません。わたくしは現在四三歳ですが、この年齢になるまで誠実かつ善良 fedele e buono であった者の性格 natura がころりと変わるはずがありません。この貧乏暮らしが、わたくしの誠実と善良の何よりの証拠です」[II. p. 297]。無論、かかる陳述が、あまりに奇妙な、はなはだ倒錯した謙遜の表明であった可能性は排除されてはならないのであるが。あるいはこのとき、元書記官はローマ教皇庁駐箚中の顕官に対して、臆面もなく詐欺を実践していたのかもしれない。

第二節　短篇小説『ジェータとビッリア』と『君主論』の教説

おのれの「本性（自然）」としての「誠実」と「善良」について語った一五一三年一二月一〇日付、フランチェスコ・ヴェットーリ宛書簡は、諸々のマキァヴェッリ全集所収の数多い公私の書簡中、疑いなく最もよく知られたものである。それは、「イタリア文学全体の中でも最も有名な手紙」とも評される。[21] というのもそれは、サンタンドレア山荘に蟄居した下野間もない元書記官の、失意に満ち満ちてはいるものの特異な美的意識を伴った生活態度について、つまりは日中、なかば自暴自棄の狂態で賭博と乱痴気騒ぎに興じたのちに、夜間、塵芥を掃っては正装して古の賢者らと対話する日々について語るのみならず、「君主政体について」De principatibus と題された「ひとつの小冊子」uno opuscolo の完成について語るのである。しかるに同書簡において、この「小冊子」、すなわち『君主論』の著者が、一四〇〇年代初年の成立と推定されるトスカナ語韻文の短篇小説 novella、『ジェータとビッリア』*Geta e Birria* にみられるところの、ある登場人物に自身をそれとなく類比している事実は、通例、看過されてきたように思われる。『ジェータとビッリア』は、一四七六年から一五一六年の間にすくなくとも四つの版で公刊されたことが確認されており、『君主論』の成立と同時期に非常な好評を博していたことが報告される。[22] それは作者すらも判然としない、諸々の民衆的な笑劇趣味の群小文芸作品のひとつであった。一五一三年一二月執筆のヴェットーリ宛書簡から感知されるのは、既に元書記官がこの短篇小説を熟読しており、さらには名宛人であるローマ駐箚中のフィレンツェ大使もまたこれについて見知っていることを疑っておらず、したがってその登場人物におのれを擬える諧謔の含意が朋友によって正しく理解されることを確信していた事実である。一見したところ、書簡における短篇小説への言及はあまりにも簡潔であり、たんなる気紛れであるように感じられるため、これと『君主論』に開示される教説との何らかの有意の関連を見出すことは困難であるようにみえる。すなわち、「わたくしは山荘におります。例のこと〔バルジェッロ宮地下牢への投獄〕があって以来、フィレンツェにいたのは全部合わせても二〇日もありません。これまでわたくしはツグミ猟をして日々を送っていました。夜明け前に起床して鳥もちを用意し、鳥籠を束ねて担いで出かけるのです。まるで、アンフィトリオン Amfitrion の書物を担いで港から戻ってくるジェータ Geta そっくりの様子で」[II, p. 294]。

『ジェータとビッリア』は、中世期において広く愛読され、文芸復興期には舞台上演もおこなわれたとされるプラウトゥスの喜劇『アンピトルオ』の翻案である。『アンピトルオ』は、既にホメロス叙事詩『オデュッセイア』(11, 267) にみられるヘラクレスの生誕伝説に依拠した喜劇であった。[23] テーバイ市の将軍、アンピトルオは出征して大勝した。将軍が凱旋すべく郷里に帰還するに際して、これの夫人、アルクメナに恋情を抱いていた好色のユピテル神はアンピトルオの形姿に「変身」し、将軍当人にわずかに先んじてその邸宅に出現する。良人の帰還を待ちわびていたアルクメナは、凱旋将軍に「変身」したユピテル神を抱擁し、性行為におよび、かくして半神ヘラクレスを宿すのであった。[24] 喜劇的効果は、アンピトルオ将軍当人とこれに「変身」したユピテル神、将軍の従者当人とこれに「変身」したメルクリウス神の間に発生する丁々発止の馬鹿げた会話、将軍当人とその従者当人との間に引き起こされる相互不信、そして事態を把握しきれぬアルクメナの心中に鬱積してゆく怒気によって生じている。それは横恋慕する主神ゼウスの子種、すなわち不義の子ヘラクレスを知らずして懐妊した貞淑な有夫の女性を主題としたところの、ソフォクレスとエウリピデスの散逸した悲劇作品を改鋳した喜劇作品であったことが知られている。[25]

プラウトゥス喜劇『アンピトルオ』とその翻案としての短篇小説『ジェータとビッリア』との最も明白な差異は、前者における凱旋将軍としてのアンピトルオが、後者において「哲学」filosofia を完全に習得すべく発起してアテナイ市に留学し、ついに目的は達せられたとして帰国しようとする大富豪、アンフィトリオンに変更されていることである。アンフィトリオンは「哲学」の蘊奥を究めたあかつきには至高の「知恵」senno を獲得するのみならず、多大な名誉に浴しうると主張して、長期の離別に落胆する夫人、アルメナを慰め、出立したのであった (9 [34-35])。アンフィトリオンには対照的な性格をもつ二人の下僕、ジェータとビッリアがあった。ジェータは奇形的に醜悪な容貌の、あらゆる悪徳を兼ね備え、とりわけ性的欲望において過剰な下郎であった。これに対してビッリアは、鈍重で無為徒食をこととするところの、惰眠を貪るしか能のない頓馬であった（12-16［35-37］）。アンフィトリオンはビッリアを妻女とともに郷里の邸宅に残し、ジェータを従者として同伴させ、アテナイ市へと旅立ったのである。それはジェータが、おのれの主人に対して嘘偽りの情愛と忠誠を示すことに長けていたためであったが、怠惰なビッリアはこのことに狂喜した。七年の歳月ののち、「真の理性」la vera ragione を探求し、幾多の学問の労苦に耐え忍んで「良き哲学者」buon filosofo となったアンフィトリオンは、晴れて郷里へと帰還することを決意する（31［41］）。このとき既に、下僕ジェータもまた主人と同程度に「良き哲学者」に成長したとされていることが留意されるべきである。両人は、「知恵」を所有する「哲学者」として非常な名誉に浴するものと期待を膨らませ、郷里の港に至り、上陸する。プラウトゥス喜劇におけるのと同様、アルメナの美貌に執心していたユピテル神が、帰国したアンフィトリオンに「変身」して欲望を遂げようと出現するのはここにおいてである。注目すべきであるのは、郷里に上陸したアンフィトリオンが、ギリシアの学府より持ち帰った膨大な書物を主人の帰還に先んじて邸宅へと運搬するよう下僕、ジェータに命じ、他方において良人の帰着を伝え知ったアルメナはいまひとりの下僕、ビッリアを港へと出迎えに赴かせる展開である。すなわち書物を担い疲労困憊してアンフィトリオン邸へと向かうジェータと、はなはだ気楽に港へと向かうビッリアは、道中において対面することになるはずである。やがて二人の下僕は、遠方に双方の姿をみとめることとなった。ジェータはおのれの重荷、つまりは「知恵」の宝庫としての書物を運搬する役目をビッリアに押し付けようと考えて片割れに接近しようとするが、この思惑に気付いたビッリアは無駄な労苦を回避しようと、いまだジェータの姿が視界に入ってはいないかのように振る舞い、ついには路径脇の洞窟へと逃げ込むのであった（72-74［52-53］）。ビッリアはジェータの魂胆を悟っており、ジェータもまたビッリアの見苦しい行動の理由を悟っている。一五一三年一二月のヴェットーリ宛書簡中、マキァヴェッリ元書記官が言及しているのはまさしくこの場面である。元書記官はサンタンドレア山荘に蟄居中のおのれ自身を、

「書物を担いで港から戻ってくるジェータ」に擬えたのであった。

マキァヴェッリ元書記官とフランチェスコ・ヴェットーリ大使との間に取り交わされた諸々の往復書簡から垣間みえるところの、両者の多分に屈折した関係が、この短篇小説への言及を説明する端緒となるように思われる。元書記官は、メディチ一門の復辟に伴う失職ののち、一門の支配権に対する陰謀計画への参加を疑われ、一五一三年二月からおよそ一か月の間、バルジェッロ宮地下牢への監禁、拷問の辛酸を嘗め、極刑すらも危ぶまれたことが知られている。その出獄は、ジョヴァンニ・デ・メディチ枢機卿の教皇選出、レオ一〇世としての登極に伴う恩赦令によるものであった。これに先立つ一五一三年一月、既にヴェットーリはローマ教皇庁駐在大使として教皇ユリウス二世、ならびにメディチ枢機卿に近侍していたのであったが、怠惰ゆえに、あるいは怯懦ゆえに、おそらくはその双方ゆえに、獄中にある不運な、しかも無実である旧知の元書記官の助命のために、いかなる活動もおこなうことはなかったのである。そして元書記官は、そのことを知っている。ヴェットーリ大使との間の往復書簡は出獄直後に開始されており、はやくも一五一三年三月一三日、元書記官は「〔大使の実弟〕パオロと貴兄のご尽力でこうなることは願ってはおりましたが、それがかなって感謝しております」と平静を装い、慇懃に書き送ってはいるものの、この権門の兄弟が実のところ何らの力も尽くしてはいなかったことを知っているのである。[(26)] それにもかかわらず元書記官がヴェットーリに対して、このユリウス二世没後も引き続きレオ一〇世の下で勤務している朋友に対して、白々しいまでに丁重な書簡をあえて送付せねばならなかったのは、二つの嘆願を申し出んがためであった。すなわち聖職にあった実弟、トット・マキァヴェッリ（Totto Machiavelli, 1475-1522）に対する愛顧と職位の斡旋を懇願するためであり、そしてなによりも教皇ならびにメディチ一門に対して、おのれ自身の雇用を働きかけるよう愁訴するためである。「……教皇聖下が、わたくしのことを思い出すように仕向けて下さい。……聖下か聖下に近い誰かの下で、わたくしを何かの役に立てようとなさるのではないでしょうか」［II. p. 235］。この書簡に対する大使の返信は、元書記官の出獄に力を尽くすことができなかった理由を不器用に釈明するとともに、ただ失職中の現状を「明るく耐えるように」と励ますだけのものであった[27]。元書記官の反応は驚くほどに迅速で、三月一八日には再び愁訴を重ねている。「……貴兄のお役に立てる仕事に就けるよう、神に祈っています」[II, p. 237]。これに対するヴェットーリの返信は、元書記官に「拷問の吊るし縄よりも衝撃をあたえる」ものであった。先の元書記官の二つの嘆願は簡潔な謝罪とともに、事実上、拒絶されていたのである。マキァヴェッリ兄弟はその家格ゆえに、イタリア都市社会を特徴づけるところの、諸々の閥族の間に張り巡らされた縁故の体系から上品にも排除されていたことが明確に見て取れる。四月九日付書簡中、元書記官は甚大な内的動揺と失望を懸命に隠蔽しようとしている。「……わたくしがお願いすることは何であれ、わざわざ気にしていただくほどのことではないのです」[II, pp. 240-241]。それでも元書記官は、四月一六日には、再び任官を切望している旨を絶叫に近い調子で蒸し返さねばならなかったのである。「フィレンツェでは無理でも、ローマと教皇庁でなら、わたくしに対する疑いの目も少ないはずですから、何とかなるでしょう。貴兄はずっとそちらにおられるわけですし……」[II, p. 243]。膨大な負債と屈辱に塗れたまま、世に忘却されつつある状況への恐怖と焦燥の表情が目にみえるようである。しかしながらヴェットーリ大使にとって、かかる哀願や督促は苛立たしい心理的負担となるのみであった。この朋友は、ただ忍耐を説き、あるいは色事に話題を逸らし、あるいは罪滅ぼしのごとくにヨーロッパ政局について元書記官に意見を求め、喜々として開陳された見解を誇大に賞賛してみせるだけだったのである。これらの往復書簡が取り交わされるなか、元書記官は一五一三年末までに「ひとつの小冊子」を、つまりは君主政体に関する畢生の論攷を執筆していたことになる。それは哀れな「四三歳」の挫折者にとって、再任官の最後の希望となるはずであった。この論攷が教皇、あるいはメディチ一門の貴顕のいずれかの目にふれたあかつきには、大いなる賞賛とともに栄誉ある職務に引き立てられるはずであった。そのためには朋友の、メディチ政権の信任を獲得している顕官、ヴェットーリ大使の力添えが何としても必要であった。一五一三年一二月一〇日付書簡は、最も効果的な経路から論攷、「君主政体について」がメディチ一門に到達することを期待して執筆されたものであるように思われる。しかるに大使は、かかる元書記官の熱望の真剣さに気付いてはいるものの、これをはなはだ迷惑、むしろ不愉快であると感じている。そして元書記官は、そのことを知っている。かの「小冊子」は、またしても大使によって拒絶され、あるいは杜撰に扱われ、はたしてメディチ一門の繙読するところとはならないのかもしれない。すなわちジェータのごとくにマキァヴェッリ元書記官は、七年ならぬ一四年の実務経験と、これ以上におよぶ積年の古典研究の結晶としての、「知恵」に溢れる書物を託すことを望んでいる。だがビッリアのごとくにヴェットーリ大使は、見苦しくも逡巡して、この面倒を回避しようとしている。ジェータとビッリアのごとくに両人は、双方の思惑に気付いているのである(28)。かの短篇小説『ジェータとビッリア』への言及によって生じる諧謔は、元書記官の自嘲、そして顕官に対する慎みを伴ってはいるが明白な落胆と、ささやかな、この上なく控えめな非難の表明であったように思われるのである。当初、大使は一五一三年一二月一〇日付書簡に対してまったく返信をしたためず、元書記官は返信を待望していることを伝達するために、故意に話題を転じた書簡を別途したためねばならなかった事実は(29)、この精妙な諧謔の含意が、大使によって完全に理解されていたことの証左であるのかもしれない。

『君主論』の執筆が告白される最も名高い書簡において、マキァヴェッリ元書記官が明示的におのれ自身をジェータに擬え、そして暗示的にフランチェスコ・ヴェットーリ大使をビッリアに擬えている事実は、かの短篇小説中、書物の運搬の無駄な面倒を回避しようと洞窟に逃げ失せたビッリアと、これを追跡して洞窟の入口に至ったジェータとの間に交わされる対話を検討するに際して、より興味深いものとなる。アテナイ市への留学は、主人アンフィトリオンのみならず、下僕ジェータをも「哲学」に精通せしめていたことが想起されるべきである。洞窟の奥深くにあるビッリアに対して、ジェータはその外部から激越な叫喚を浴びせかけ、おのれの積年の刻苦勉励について語り、そしてここから編み出された「知識」la scienza と「より新しい諸々の方法」vie più nuove に関する過大な自負を吐露するのであった（81［55］）。その場面は、プラトン対話篇中のよく知られた比喩を戯画化しているように思われる。怠惰で卑劣、さらに頓馬なビッリアに対してジェータが怒気を含んで絶叫するところでは、片割れが郷里にて安穏と過ごしてきた七年の間、おのれに降りかかった諸々の試練はまことに恐るべきものであった。しかるに不断の研鑽の甲斐あって、ついにおのれは「良き哲学者」として至高の「知識」の所有者となったのである。そしていまや、おのれこそが郷里にて赫々たる名誉を獲得することになるだろう（78-79［54-55］）。元書記官もまた、ヴェットーリ大使が権門の威光に保護されて「なんとも秩序だった平穏とともに」［II, p. 294］、大過なく職務を遂行していたとき、熾烈な権謀術数と剣林弾雨の渦中にあって経験した幾多の労苦から、ひとつの「知識」をわがものとしたために、かの「小冊子」を執筆するに至ったことを告げている。「……この作品を読めば、統治の技術 arte dello stato を探求してきたこの一五年の間、わたくしが惰眠を貪り遊び暮らしていたわけではないことがわかるでしょう」［II, p. 297］。洞穴のビッリアに対するジェータの諸々の発話がとりわけ注目に値するのは、ここにおいて、多大な名誉によって報われるべき「知識」の性格までもが詳論されているからである。すなわちジェータの主張するところでは、その「知識」は諸々の事物の「本質」essenza、「形相」forma、そして「名辞」nome に関する崇高な「知識」であり、この「知識」をもってすれば諸々の事物の「本質」、「形相」、そして「名辞」に変態をもたらすことができるという。換言するならば、その「知識」とはユピテル神のよくする技芸、つまりは「変身」mutazione を人為によって可能ならしめる「知識」であるというのである。「……俺様の名前は、いまに世界中に広まるだろう。なぜなら俺様は……ろば asino が人間であるということがそれによって証明されるところの、論理の達人となったのだ。……俺様は三段論法をもってしてあらゆる動物を取り扱い、いかにしてこれらが形姿と名称を変化させ、各々が元来の存在とは異なったものとなるかを示すのであり、諸々の色彩についても、植物についても、果実についても、同様のことをおこなうのである。……そしてビッリアは怠惰であるためにそうなるに値するのだから、その背に〔アンフィトリオンの書物を〕担うことのできるよう、俺様としては、奴にはろばになってもらいたいものだ」（79-80［54-55］）。しかしながら、かかる革新的な「知識」の誇大な揚言に対してビッリアは、あるいはヴェットーリ大使と同じく懐疑的であり、むしろ軽蔑的ですらある。ジェータの主張、もしくは脅迫にビッリアが抗弁して言うには、「貴様は、自然naturaが付与したところのものを俺から取り去ることは出来ないだろう。……俺は真実にひとりの人間であり、ユピテル様が俺にそうあることをお望みのとおりの、人間なのだよ」（80-81［55］）。これらすべての抗弁も、ジェータを怯ませるどころか、ますます増長せしめ、より尊大な「良き哲学者」としての自負を刺激するのみであった。「俺様は数多くの精妙な事柄や、より新しい諸々の方法の練達者なのだ。ひとたび何らかのものが習得されたのならば、その知識は断じて忘却されることはない」（81［55］）。かかる「知識」の所有ゆえに、世界はかつての下僕を「ジェータ師匠」Maestro Getaと崇め奉ることになるというのである（94［59］）。マキァヴェッリ元書記官が、この短篇小説の筋と諸々の発話によく馴染んだうえで特異な登場人物、ジェータに自身を擬えた事実は、おそらくは真剣な考究に値する。[30]というのも「良き哲学者」としての下僕の発話は、「ひとつの小冊子」に結晶した「知識」の最深の奥義に関する著者みずからの理解に光を投射しているように思われるからである。すなわち最も重大な書簡において、俗衆的な群小文芸のひとつにあえて言及することによって発生している諧謔は、元書記官が『君主論』の教説の核心的奥義を、ユピテルの神技を模倣して諸々の所与の「本性（自然）」の限界を逸脱する力能として、つまりは「変身」metamorphosisの力能、さしあたりは「新しい君主」が「時流」の変転に適応して、おのれ自身の「本性（自然）」に「変身」を引き起こす技能として提示していたという理解に、看過すべからざる傍証を与えているように思われるのである。[31]

無論、『ジェータとビッリア』が民衆的な笑劇趣味を満足させることができるのは、やがて「良き哲学者」、すなわち「変身」の師匠としてアンフィトリオン邸に到着したジェータが、真正の「変身」の巨匠、つまりアルメナ夫人を手籠めにすべくアンフィトリオンに「変身」したユピテル神、そしてジェータ当人に「変身」したアルカス神と対面することになるからであり、ここにおいて馬鹿馬鹿しい自問自答ののち、自身の「知識」はいかに無力であるかを痛烈に思い知ることになるからである。[32] この短篇小説は、似非知識人の「三段論法」の虚偽と愚昧を嘲笑するために制作された民衆文芸の一変種なのであった。したがって、『君主論』の教説が不細工なスコラ的空論とはいかほど無縁であろうとも、マキァヴェッリ元書記官がおのれをジェータに、そしてヴェットーリ大使をビッリアに擬えるに際して、一抹の敗北の予感と自嘲の念が心中に去来していた可能性は極めて高いと考えられねばならない。[33] ただし元書記官が、おのれ自身の生涯の敗北を予期し、あるいは甘受すらしていたとしても、ただちにそのことを、かの「小冊子」に開示された「知識」の誤謬と破滅までもが承認されていたことの証左であると断じるのは躊躇される。それどころか『君主論』中、刷新を遂げた「力量」、すなわち「自然」の流動性と多様性を明察、これを模倣して「変身」を遂げる力能、端的には「賢慮」、「知恵」、そして「知識」と同一視された「力量」に関する教説は、根源的楽観論を貫徹する要求から案出されていることが銘記されねばならない。むしろ『君主論』が古典的倫理学に革新を施す契機となっているのは、他ならぬ「古い（古代の）美徳」こそが「有徳の士」を不可避的に悲劇的結末へと誘導しているという洞察なのである。

『君主論』が最も非妥協的態度を貫徹して対峙していたのは、「自然」のうちに恒久的、普遍的秩序を知覚して、ここから不動の倫理的規範を抽出する古典古代以来のあらゆる伝統、とりわけ文芸復興期に理解された形態におけるプラトニズム、すなわちアレクサンドリア時代の注解者らを媒介とすることにより、極限まで聖書宗教と親和的な体系として理解されたプラトニズムの伝統であったように思われる。プラトニズムに対する攻撃は、「自然」の観念における重大な刷新、つまりはこれを多様かつ不断に変転するものとして再認識することを伴うのであった。かかる刷新は何らかの形而上学的思弁ではなく、古今の支配権の治乱興亡に関する「事実上の真実」verità effettuale の観察から発生していることが認識されねばならない。『君主論』が注視するのは「結果」effetto、あるいは「結末」fine において初めて開示される「真実」である。その倫理学が基底において包蔵しているのは、不動の秩序として想念された「自然」を模倣して固定的な「古い（古代の）美徳」を遵守する行為者らが、「運命」の流転に直面するに際しては、絶対的に自己の「保存」perservazione（conservazione）ではなく「破滅」ruina に逢着するという確信なのである。換言するならば、それは「古い（古代の）美徳」が明白な悲劇的展望を前提としているという確信である。「……人間はいかに生きるべきかということのために、現実に人間が生きている実態を見落としてしまうような者は、おのれの保存ではなく、むしろ破滅を学習している」（P., 15［I, p. 159］）。この「事実上の真実」を観察しつつ、同時に「自然を模倣する者を責めることはできない」とする前提を維持しようとするならば、伝統的な倫理学のみならず「自然」の観念までもが修正されねばならなかったのである。そしてジョヴァン・バッティスタ・ピーノなる人物が、かの怪文書『ろばについての考察』中に思案していたように、「ろば」こそは刷新を施された「自然」の諸属性、つまりは計り知れぬ豊饒、多様性、常なる変転を明察する「知恵」の象徴であり、あらゆる動物の王者として君臨すべきであるのならば、『君主論』の著者によって称賛され、模倣された半人半獣の「君主の教育者」が「馬のケンタウルス」ならざる「ろばのケンタウルス」であったと推理することは、いかにも妥当であると了解されねばならない。

『君主論』の著者、すなわち新しい「君主の教育者」が「馬のケンタウルス」としてのケイロン、かのアキレウスの師を断じて模倣することができない最終的な理由は明らかである。ケイロンの諸々の弟子たちのうちで最も高名なアキレウス、この戦士の力能としての「古い（古代の）美徳」の体現者の「結末」、その剛勇の「結果」が想起されるべきであるだろう。ホメロス叙事詩中、トロイア市前面にて勇戦するなか、パトロクロスはヘクトルに討たれることとなった。戦友の死に嚇怒したアキレウスは、奮起してトロイア軍勢の渦中に突入せんとする。しかしながらこのとき、驚くべきことに乗馬クサントスが人間の言語を用いて警告を発するのである。それは、クサントスの口を借りて語る女神ヘレの言葉であった。「剛勇アキレウスよ、いかにもわれらはこの度はあなたの身をお守りしましょう、ですがあなたの最後の日は間近に迫っているのです。それもわれらのせいではなく、偉大なる神と強力な運命の女神 moira のなさること……。……さる神とさる勇士との手にかかって最後を遂げるのは、あなたご自身に定められた運命なのです」(34)。この警告に対する戦士アキレウスの応答は、「古い（古代の）美徳」の称揚が、いかほどまでに「運命」の猛威に対峙する人間的営為についての悲劇的展望と強固に結びついていたのかを伝えている点で興味深い。『クサントスよ、どうしてわたしの死を予言したりする。要らざることだ。わたしが父母から離れたこの地で果てる運命にあることは、自分でよく承知している。とはいえ、トロイア勢に嫌というほど戦いの苦渋を味わわせるまでは、わたしはやめぬぞ』。こう言うと大声で叫びつつ、前線の中へ馬を進めた」。倫理学に革新を施さんとする「君主の教育者」によって克服されねばならなかったのは、かかる悲劇的展望である。この「君主の教育者」の弟子たちは、絶対的にアキレウスの「結末」を回避しなくてはならない。新しい「君主の教育者」は、古典古代の悲劇的英雄主義が存立するいかなる余地も許容しない。アキレウスの「結末」は、むしろその「本性（自然）」における嗤うべき不動性と硬直性、したがって「賢慮」、「知恵」、「知識」の欠如、暗愚蒙昧の証左であるだろう。倫理学の古典的伝統が「有徳の士」を地上における没落と破滅、つまりは「不幸」infelice へと至らしめるのに対して、新しい倫理学は「力量」溢れる君主らを地上における「安全と繁栄」la sicurtà e il bene（P., 15 [I, p. 160]）、つまりは「幸福」felice へと至らしめるために編み出されたのであった（see, P., 25 [I, p. 189]）。それはひとつの根源的楽観論、すなわち君主はおのれの「自然（本性）」を可塑的 malleable なものとして想念し、「ひとつの自然（本性）」una natura から「いまひとつの自然（本性）」altra natura へと不断に「変身」することによって「運命」の変転と「時流」の変化に適応するならば（see, P., 18［I, p. 166］）、すべからく大団円、換言するならば喜劇的な「結末」に歓喜することができるという展望を伴っている。かくしてニッコロ・マキァヴェッリが、なにゆえ倫理学、さらには政治学の伝統上に革新を画することとなったのかは、およそ明瞭となるように思われる。すなわちマキァヴェッリは、ひとりの喜劇作者として「統治の技術」について語ったところの、おそらくは最初の著述家であった。ただしその喜劇の大団円は、神的恩寵に依存しつつ彼岸において成就されるのではなく、たとえば喜劇『マンドラーゴラ』とその姉妹篇の大団円のように、あくまで人間的な「賢慮」、「知恵」、「知識」をもってして、しかも地上において成就するのであった。したがってより厳密に形容するのならば、マキァヴェッリこそが「神聖喜劇」commedia divina ならざる「人間喜劇」commedia umana の作者として、「統治の技術」について語ったところの、おそらくは最初の著述家だったのである。

第三節　『ディスコルシ』の第一巻における伝統批判、すなわち悲劇の回避

一三〇〇年、聖金曜日の四月八日夕刻、ウェルギリウスの導きを得て地獄の門を通過したダンテ・アリギエーリは、ついに煉獄山頂においてベアトリーチェとの再会を果たし、天界への上昇を遂げた。そして第五天、すなわち火星天にまで至ったとき、キリスト信仰のために戦い、殉教していった無数の戦士たちの霊魂の群が十字を形成し、眩い光輝を放ち、雄々しく合唱するのを目撃したのであった。恍惚としてこれを注視するダンテの敬歎が絶頂に達するのは、ここにおいておのれの高祖父、かつて神聖皇帝のイェルサレム遠征軍に馳せ参じ、ついには聖地に戦死を遂げたカッチャグイーダの霊魂と邂逅したときのことである。「おお、わが血筋の者よ……」（15, 28）[35]。カッ

チャグイーダは、その苗裔の言問いに応じて、一一〇〇年代フィレンツェ市における昔人の美風について語った。「フィオレンツァは、そこからいまなお聖務日課の第三時と第九時の鐘の鳴り響く、古い城壁 la cerchia antica のなかにあり、平和で、質素で、内気であった」(15, 97-99)。依然としてフィレンツェ人らが、ローマ時代の遺構の上に建設された八〇〇年代の城壁の内部に留まっていた頃には、腕輪や頭飾りも、刺繡華やかな衣装や家人の住みきれぬ豪奢な邸宅もなく、すべては「限度」misura をわきまえて、「好色の嗜み」もまた風靡してはいなかった。誰もが「毛のない粗皮の服」で満足し、妻女らは化粧もせず、「錘と糸巻棒」(*proverbi*, 31, 19) の役目に勤しんでは揺籠の嬰児を見守り、トロイアやローマ、あるいはフィエゾーレの古の勇者たちの物語を話聞かせていた。「かくも平安にして、かくも気高い市民の生、かくも信頼すべき市民団……」(15, 130-132)。この麗しき小邑を守護するのは、「旧マルテ像と礼拝堂の間」、つまりは城市全域の「武器を執りうる壮丁」であったものの、その総数ははるかに寡少で、「いまの市民の五分の一」にすぎなかった。それはカンピ、チェルタルド、フェッギーネ、等々からの外来種を市内に迎え入れる以前のことだったのである。「……あの頃には、最も身分賤しき職人の小僧に至るまでもが、生粋のフィレンツェ人であった」(16, 49-51)。

憤然としてカッチャグイーダの語るところでは、やがて忍び寄るフィレンツェ市の頽廃の原因となったのは、その支配権の拡張に伴う諸々の外来種の流入である。「……南はガルルッツォ、北はトレスピアーノをもって邑境としていた方が、はるかによかった……」(16, 52-56)。度重なる領域拡大と異種混淆が、倹しくも清楚なる都市にもたらしたのは、虎視眈々と営利を窺う下衆どもの悪習と虚栄、そして激越なる流血の内紛だったのである。「様々な食物の過剰な摂取が身体に損傷をもたらすように、諸々の人間の混合 la confusion de le persone が、この邑の災禍 mal の始まりであった」(16, 67-69)。カッチャグイーダは、哀切の情をあらわにして、紛訌のはてに絶滅していった諸々の高貴なる家門、誇り高き正義の人士らの悲運と没落について物語る。しかしながら、いまや天堂における永遠の浄福に安らう霊魂があえて付言し、説伏するところでは、某々の家門の零落や離散、あるいは某々の都市の「終末」termineすらも、所詮、驚くにはあたらない。それは、火星天において開示される最も厳粛なる説諭であるように思われる。すなわち、「そなたらの関わりあうものは、そなたらと全く同様に、みな死ぬのだ。ただそなたらの生命の短さゆえに、その事実が隠されているにすぎぬ。そして月光天の回転が潮の満干を絶え間なく引き起こすように、フィオレンツァの盛衰も運命Fortunaに左右されるのだ」（16, 79-84）。かかる説諭が、三行韻句をはなはだしい悲傷の念で満たすこととなったのは、ダンテ自身、おのれもまたフィレンツェ共和国の内訌において敗北を喫して、やがては追放と流浪の境遇に至ることを既に認知しているためであるだろう。[36] 木星天に到達したダンテが絶唱するところでは、「ああ、天堂の戦士たちmilizia del cielよ、私は君たちを見つめている。お願いだ、悪例にならって正道を踏みはずした地上の人々みなのために祈ってくれ……」（18, 124-126）。

『神聖喜劇（神曲）』における十字軍戦士、カッチャグイーダの発話が特別な注意に値するのは、それが古典的政治学において提示された二つの洞察、すなわち第一に、有徳な市民らの平穏にして高貴なる政治生活は「古い城壁」の内部においてのみ、つまりは外部に対して「閉ざされた都市」においてのみ可能となるという洞察、そして第二に、いかほどまでに秩序づけられた都市であろうとも最終的な滅亡は回避し得ぬという洞察を、この上なく魅力的な筆致で表現しているように思われるからである。プラトンは、『法律』中、臨海地域に都市を建設することに伴う甚大な危険について語っていた（704A-D）。海洋とは「塩辛く苦い隣人」である。というのも、それは通商路の飛躍的拡大を可能ならしめ、やがては拝金の気風の浸透と市民らの品性の下劣化を引き起こすことになるだろう。そしてなによりも、諸々の異国民との頻繁な接触は、都市内部への「目新しいこと」の大挙流入を意味し、それまで未知であった種々雑多な習俗の混淆が、市民らの徳性と結団に対して致命的帰結をもたらすであろう（949E-950A）。したがって立法者は、都市を可能なかぎり内陸地域に創設し、これがもっぱら農業を基幹産業として（743D）、金銀を所有せず、交換のための貨幣については、国内において通用するものの他国人にとって無価値な物質を採用するよう配慮せねばならず（742A）、さらには不断に国外からの「新奇な風習」の闖入を監視すべき公職を設置せねばならない（952E-953A）。「閉ざされた都市」が異邦人の居住を峻拒するのは無論のことであるものの、それは都市の自然的な人口増大をも容認しない。土地を保有する自由市民の数は、あらかじめ周到に指定された数、五〇四〇に限定され（737E-738B）、これを超過した人口はすべて植民として外部へと放出されなければならない（740E-741A）。野放図な人口増大は、いずれ建国当初の国制の改変を要求することになるからである。諸人格の善き性状形成に貢献すべき歌舞の様式が、「一万年」の間、不動でありつづけてきたものと想像されるエジプト王朝に対する賞賛において明白に看取されるように（655D-657C）、かかる一連の「閉ざされた都市」に関する教説は、平穏にして高貴なる政治生活にとって「新しいもの」を尊重し、「古いもの」を軽蔑すること（see, 797C）、換言するならば「変化」がそれ自体として悪であるという根本前提に基礎づけられている。「変化というものは、悪しきものの変化は別として、その他すべてのものにとって、この上なく危険である……」（797D）。「変化」に対する否定的態度は、単一かつ不動なるものが多様かつ変動するものへと下降するに応じて、価値的に劣化するという存在論的根拠と不可分である以上（see, 965B）、「閉ざされた都市」に関する諸教説は、より善き、より卓越せる都市に対して、より厳格に妥当するものであることが銘記されねばならない[37]。

しかしながら、『法律』中の対話を一貫して主導するアテナイからの客人は、あるべき国制を言論において構想する営為について、これを「老人の思慮ある遊戯」、つまりは真実のところ、真剣ならざる営為であると明言したのであった（685A, 769A）。「真剣な事柄」に関しては真剣となるべきであり、「真剣ではない事柄」に関しては真剣となるべきではないのが至極妥当な道理であるが、「浄福な真剣さ」に値するのはむしろ「神々」である。それゆえに元来、「人間の世界の事柄」に真剣に取り組む価値はないのである。「人間」とは「神々の玩具」（644D,

803C）、「操り人形」（804B）であるにすぎず、その政治生活についての論議は、アテナイからの客人、あるいは再晩年のプラトンの境地にとって、極言するならば「遊戯」であるにすぎないというのである。[38]「人間の種族を……ずいぶんと貶められるのですね」、当然ながら予想される対話者の指摘に対して客人が応えて言うには、「いま言ったようなことを言ったのは、わたしが神と向き合い、身にしみて感じたればこそなのです」。かかる陳述は、あらゆる人間的配慮の根本的限界、人為の産物の解消し得ぬ脆弱性の認識、すなわちあらゆる政治秩序が最終的な破滅を運命づけられているという洞察と分かち難く結びついているように思われる。客人、あるいはプラトンが、自由市民であることは悲劇作者にして悲劇役者であることと一致し、国制こそは「最も完全な悲劇」であると断定していたことが想起されるべきである（817B）。それは、地上における「不滅の都市」の可能性に関する完全な諦念の表明であるだろう。「古い城壁」の内部にあって、不動の秩序を建立したかのように映じる「閉ざされた都市」もまた、その他あらゆる劣位の国制と同様、畢竟、ひとつの「悲劇の都市」なのである。

木星天を超越し、土星天を経て恒星天に到達したダンテは、高祖父と邂逅した火星天に比してより至高天に近接した高所から、七つの「天球」の遥か彼方に地上世界を望見したとき、そのあまりの卑小に「諸々の微笑」sorrisiを禁じ得なかった（22, 135）。かかるダンテの「諸々の微笑」について、おそらくは二つの含意を指摘することができる。[39]すなわち、第一にそれらは、プラトンと同様に彼岸、神的超越性、あるいは「背後世界」Hinterweltの観点から、[40]地上の政治生活を蔑する者の「微笑」であるだろう。再三指摘されるように、確かに古代哲学、とりわけプラトン哲学と聖書宗教との間には、看過すべからざる親近性を想定しうるのである。しかしながら第二に、「諸々の微笑」はベアトリーチェの「聖らかな笑い」lo santo risoと同様に、神的恩寵による救済、そしてこれによって達せられるべき至純の法悦を予感することから生じたものであるだろう。古代哲学において不滅の神的秩序の観念が純粋に認識論的な地平に留まっていたのに対して、かかる「微笑」には、「神の国」と「永遠の歓喜」

eterna gioia とが歴史的時間軸の延長上の彼方、つまりは大審判の日に実現されるという確固不抜の楽観的信念が伴っている。それゆえにこそ聖書宗教は、古典古代の「悲劇」を超克し、ひとつの喜劇的展望、すなわち「神聖喜劇」の展望を構築することができたのであった。

ただし政治学徒にとって、まずもって一層重大な意義を帯びているのは、古典古代の伝統と聖書宗教の伝統との相違にもまして、両者の類似性であるように思われる。聖書宗教の根源的楽観論は神的恩寵に対する全面的依存を前提とするのみならず、「永遠の歓喜」の大団円を厳格に彼岸に設定する点で、あらゆる此岸の人間的営為に関する悲観的展望、したがってすべての地上の国制が破滅を運命づけられているという確信を、古典古代と共有しているのである。古典古代の循環的な歴史意識は、諸々の都市や帝国の治乱興亡が飽くまで繰り返されるという認識、換言するならばいかなる国制も永続性に与ることはできないという悲劇的認識と結びついていたのであった。アウグスティヌスの『神の国』は、かかる流転循環を切断する直線的な、しかも究極の大団円へと前進する歴史意識を提出することによって、時間概念に決定的な改変を画したとして不動の評価を博している。しかしながら不滅性の約束は、ただ歴史の終極において完全に現前すべき「神の国」にのみ留保されていたことが銘記されねばならない[41]。聖書宗教の歴史意識もまた、地上の都市や帝国に関しては、やはり興亡が不断に反復されるという古典的な循環論の枠組に依然として留まっていたのである[42]。このことは、ローマ帝政すらも破滅を回避することはできず、しかもそれは旦夕に迫っているという、尋常ならざる衝撃をもって受け止められたものと想像されるアウグスティヌスの諸々の暗示に明確に見て取れる。それゆえに天堂、火星天のカッチャグイーダによる「閉ざされた都市」の賞揚のみならず、あらゆる政治秩序の必滅に関する発話は、古典古代と聖書宗教が一致して抱懐していた伝統的見解の、ほぼ忠実な表明として理解することができる[43]。

ニッコロ・マキァヴェッリの新しい政治学が、古典古代の「悲劇」tragedia を廃棄し、聖書宗教の「神聖喜劇」

commedia divinaをも超克して、人為によって地上における大団円を成就すべき「人間喜劇」commedia umanaの展望を確立したものと想定するならば、その共和政体論は、「閉ざされた都市」を支持した諸々の伝統を批判するのみならず、あるいはこのことを通じて、此岸における「不滅の都市」の建設を構想するはずである。しかるに『ディスコルシ』が、その「拡大的共和国」についての名高い立論の裏面において、はなはだ古典的伝統を髣髴とさせる言辞を尽くして「閉ざされた都市」を賞賛していることは留意されねばならない。(44)『ディスコルシ』は、確かに「諸々の限界」terminiを厳守して、「狭小な諸々の限界」brevi terminiの内部に留まり外部との接触を慎むことが、「真の政治生活と都市の真の平和」il vero vivere politico e la vera quiete d'una città（D., I, 6 [I, p. 216]）の条件であることを承認している。ドイツの自治都市群、すなわち「マーニャ地方」Magnaが、同時代において唯一「高度な善良さと宗教心」が保持され、したがって「堕落」corruzioneを免れている地域として賞賛の対象となる所以である。この地方が、風紀の紊乱を回避してよく一致団結し、長期の自由を享受していることの原因として、城郭に拠っては領民を隷属させる種の「貴紳」gentiluominiが不在であることのみならず、近隣諸国とのあらゆる交渉を断って自足していることが指摘される。異邦人が「マーニャ地方」に来訪することもなければ、その居住民が異邦に赴くこともない。「というのも、この地方の人々は自分の土地にあるものだけで満足し、自国産の食料だけで生活し、衣類も自国製の羊毛に頼っているからである。それゆえに、彼らには外国と商取引をする理由もなければ、外国との接触によって堕落してしまう機会などはさらにない」（D., I, 55 [I, p. 311]）。欲望の抑制による自足的生活こそが政治秩序の安寧を保証するという洞察は、都市が建設されるべき土地に関する地理的考察上、「土地の豊饒」と「海のもたらす諸々の便宜」は市民の「柔弱」と「懶惰な風潮」を惹起するとして、あえて精勤と結団をうながす「不毛な土地」の選択が評価されていることからも明白に看取される。この選択は、「人々が持っているものだけで満足し、他者を支配しようなどという野望のないときには、非常に賢明で、有効である」（D.,

I, 1 [I, pp. 200-201])。しかしながら「マーニャの自治都市群」の模範は、ある極めて特殊な事実、つまりこの都市群が神聖皇帝の直轄領として諸々の恩典を享受しているために、外敵の強力な介入を免れているという事実により可能となっていることが指摘される。それゆえに、他の地方の都市にとってこれを模倣することは不可能であると断定されていることから、あらゆる問題が生起しているように思われる(see, D., II, 19 [I, pp. 377-381])。「不毛な土地」に建設された「閉ざされた都市」、そしてその「真の政治生活と都市の真の平和」の模倣という選択肢を、あらかじめ完全に排除することが『ディスコルシ』全篇、とりわけローマ共和政の「内部において dentro、そして公的熟慮 consiglio publico によって発生した事柄」(D., I, 1 [I, p. 202])を主題とした第一巻における諸々の思索を駆動する契機となっているように思われるのである。

ローマ共和国の内政について論じた『ディスコルシ』の第一巻には、「貴族と平民の間の諸々の騒乱」i tumulti intra i nobili e la plebe を積極肯定する主張ゆえに、その共和政体論が「多くの人々の意見」から著しく逸脱することになっているという明示的な自覚が確認される(D., I, 4 [I, pp. 208-209])。[45] 第一巻冒頭部分の立論は、「国内に敵対関係や紛争が不在であったために、長く自由を享受した諸々の政体」として、同時代と古代の実例、すなわちヴェネツィア共和国とスパルタを挙げ、ローマとの対比においてこれらの得失を吟味するものである。『ディスコルシ』は支配的通念に理解を示し、両者に対する賛辞を惜しんではいないようにみえる。ヴェネツィアは「貴紳」の支配を、スパルタは「王および元老院」の支配を確立することで「貴族と平民の協調」を維持することができたのであった。ただし海洋通商都市、ヴェネツィアが一定の評価の対象となっているのは、ラケダイモンに比しては程度において著しく劣るものの、その国制が恒久的な閉鎖性を帯びていた事実によることが看過されてはならない。すなわちヴェネツィアは、古代末期、アドリア海沿岸の岩礁に難を逃れた旧来の居住者らに「貴紳」の称号を授与し、新規の移住者らを「平民」として、これらには統治への参画を認めず、武装を禁じた。[46]「貴紳」と「平民」の人口が拮抗し、むしろ前者が後者を上まわる状態においてのみ、安定した寡頭的支配が可能となっていたというのである。そしてスパルタが、同時代の共和国の実例にもまして高く評価されることとなったのは、これが徹底した人口の抑制政策を採用し、異邦人の移住を厳禁することで、リュクルゴスの律法の墨守を国是としたからである。リュクルゴスは、異邦人らに市民権を与えず、これらとの婚姻を禁じ、さらには革製貨幣を採用することで都市の閉鎖性を強化したのであった（see, D., II, 3 [I, pp. 336-337]）。人口増大こそが静穏な寡頭的支配を動揺せしめ、種々雑多な外来習俗の混淆は市民的徳性における「堕落」を引き起こし、やがては内紛へと至るのである。内部紛争の危険を極力排除することに成功し、さらには「諸々の限界」を尊重する都市の幸福に対する賛辞が吐露されるのは、かかる文脈においてである。「もしもその共和国が諸々の限界内に留まり、野心など抱いていないということが経験から理解されてくると、〔他国が〕これに恐怖を感じて戦争をしかけてくるということは、断じてないだろう。とくに国制や法律などで領土拡張を禁じている場合には、なおさら戦争が起こる懸念はない。このように均衡がとれていると、そこには真の政治生活と都市の真の平和が到来するものと、心底から私は信じる」（D., I, 6 [I, p. 216]）。

内訌の危険を排除することで秩序と安寧を享受するためには、ヴェネツィア共和国を模倣して「平民を戦争に使用しないこと」、あるいはスパルタを模倣して「外来者の移住に対して門戸を閉ざすこと」の、すくなくともいずれか一方の方針が採用されねばならない。しかしながらローマ共和政は、これら各々の反対を実践したのであった。「……平民には武器を与え、外国人には移住を認めて人口増大をもたらした。そこで内紛が発生する機会は際限のないものとなった……」（D., I, 6 [I, p. 215]）。『ディスコルシ』は、かくして不可避となる「貴族と平民の間の諸々の騒乱」を是認し、さらには考察する事象を過度に単純化しては主張を先鋭化することで「共通の意見」commune opinione との対立を飽くまで顕示する思惟様式に拠りつつ、最終的にこれを祝福するに至るのである。

ローマは平民を武装化し、外来種には市民権を付与することで、「真の政治生活と都市の真の平和」を放擲せねばならなかった。というのもそれらは「偉大な支配権」grande imperio、つまりは空前絶後の地中海帝国を建設するためには、不可欠の施策だったのである。不断の征服活動を遂行し、被征服民への支配を盤石たるものとするためには、巨大な装甲歩兵団を編成し、異邦人の流入とその習俗の混淆をも許容せねばならなかったのである。「……ローマの国内がより平和 più quieto であったならば、ローマがより弱体 più debile となるという結果をもたらし、あの偉大 grandezza へと至る道を遮断することになっていたであろう。諸々の内紛の原因を除去していたとするならば、拡大する原因をもまた除去されていたことであろう」。やがて激越の度を増す内紛を鎮静する要請から付設されたのが、諸々の傑出した制度、とりわけ護民官職である。ヴェネツィアおよびスパルタが「自由の守護」の役割を貴族に委ねることで寡頭的支配を貫徹したのに対し、ローマ元老院は譲歩して、この任務を平民に委ねたことになる。それもまた、支配権の維持ではなく「拡大」を企図する共和国に相応の配慮であった（D., I, 5 [I, pp. 211-212]）。護民官職とその弾劾権（D., I, 7 [I, pp. 217-220]）が非常な賞賛の対象となっていることから、やがて『ディスコルシ』の第一巻はフランチェスコ・グイッチァルディーニ（Francesco Guicciardini, 1483-1540）による、ほとんど揶揄に近い非難を被ることとなる。すなわち、「〔貴族と平民の〕不和を賞賛することは、おこなわれた治療が正しいものであったという理由で、病患を賞賛するようなものである」[47]。しかしながら『ディスコルシ』中に内紛が賛美の対象となっているのは、ここから帰結した諸々の制度そのものを賛美する以上に、むしろローマ共和政の「拡大」の実践を賛美せんがためであることが銘記されねばならない。「ローマが目的としたのは支配権と栄光 lo imperio e la gloria であり、断じて平和 la quiete ではなかった……」（D., II, 9 [I, p. 349]）。この一節において、閉鎖的な寡頭的政体における「真の政治生活と都市の真の平和」が簡潔極まる一語のもとに要約され、ほぼ無為徒食の同義へと矮小化されていることは明白であるだろう。「偉大」は静止ではなく運動に、より猛然たる運動に宿るものと理解されているとするならば、内訌は、あるいは流血を伴う内訌すらも「病患」ではなく、すくなくとも死に至る病ではありえないのかもしれない。むしろ静止、つまりは「平和」こそが軽蔑すべき卑小と醜悪、そして忌むべき「怠惰」ozio の証として、否定的価値を付与されているようにみえる。

「……新たに共和国を建設しようとする者は、それをローマのように広大な領土と権力へと拡大してゆくべきなのか、あるいはまた狭小な諸々の限界に抑制しておくべきか、まずは吟味すべきであるだろう」(D., I, 6 [I, p. 215])。確かに「拡大」して「偉大な支配権」を建設すべき共和政体と、「諸々の限界」を遵守して「平和」を享受すべき共和政体との間には、原理的な差異が存在する。前者は人口増大をよしとして、外来民の流入と、これによって不可避的に生じる異国的習俗の浸透に対して相対的に寛容であり、平民の大規模な武装を推奨する。かくして危惧される内紛に関しては、自由の守護と監督の任務を平民に委ね、むしろ階級対立を制度化することによって対応する。その国制は、より平民に好意的なものとして組織されることになるであろう。他方における後者は、人口増大を警戒し、それゆえに市民権の拡張については消極的で、さらには外来種との接触もまた公序良俗の腐敗の契機になるとして差し控え、平民を広範に武装化することはない。このことが自由の守護と監督の任務を貴族のもとに留め置きつつ、内紛の危険を最小限に抑止することを可能ならしめる。その国制は、より寡頭的なものとして組織されることになるであろう。「諸々の都市の始源 principii」の考察から開始した『ディスコルシ』の第一巻は、いずれの種の共和政体を組織するのか「吟味すべきである」と述べることで、あたかも問題が立法者の自由な選択に委ねられているかのような印象を与えている。しかしながら「獲得する」acquistare ことを国策とする都市と、「維持する」mantenere ことを国策とする都市との比較検討の結論部分に至り説き明かされるように、実のところ選択の余地はない。「……すべて人間的な事柄は流転〔運動〕moto のうちにあり、不動ではありえない。それらは上昇するか下降するか、いずれかであらねばならない。また〔人間を〕多くの事柄へと導いているのは、理性

ragione ではなく必要性 necessità なのである」[I, p. 216]。すなわち「古い城壁」を護持する「閉ざされた都市」といえども、万物の「流転」のならいゆえに、四囲の情勢から抗い難き「拡大」の「必要性」に迫られることは必定であるというのである（see, P., 3 [I, p. 125]）[48]。それゆえに、あらかじめ賢慮をもって「拡大」を断行する用意のない「閉ざされた都市」は、むしろ「より容易に滅亡する」rovinare più tosto [I, p. 216]。たとえ万が一、好運にも戦禍の脅威に直面することなく「平和」を保持しえたとしても、やがてはそのことが禍機となる。つまりは「平和」から「怠惰の風潮」が発生し、これが国制の腐敗と分裂の契機とならずにはいないのであり、あるいは端的に倦怠が国内に「敵」を培養する。そして、「拡大」と「維持」の「中間の道」via del mezzo を選択することは不可能である。したがって、共和国が模倣するべきは、唯一、ローマ共和政の「偉大な支配権」の実例であらねばならないのである。

「共和国は、諸々の狭い境界 pochi confini のなかで自由を楽しみつつ、平和のうちにあることはできない」（D., II, 19 [I, p. 378]）。『ディスコルシ』は、「閉ざされた都市」における「真の政治生活と都市の真の平和」の伝統的理想を首尾一貫して峻拒している。それは「閉ざされた都市」が、「流転」に伴う環境の変動に適応する意欲も能力も備えておらず、したがってあまりにも「運命」の猛威に対して脆弱であり、換言するならば端的に「悲劇の都市」であるがためである[49]。伝統的理想は「古い城壁」の内部においてのみ可能な静態的秩序を勧説することによって、「生存」vita よりはむしろ「死と滅亡」morte e rovina への道を教示していたことになる。ただしあらゆる地上の国制は、たとえそれが最善至高の国制であろうとも最終的な破局を逃れることはできないという悲観的認識は、まさしく古典古代が聖書宗教の伝統と一致して抱懐するところのものであったはずである。しかしながら古典的伝統は、「ただ生存すること」ではなく「善く生きること」のうちに尊厳を承認していたために、高徳の政治生活ののちに到来する「死と滅亡」を縦容として甘受したまでのことである。『法律』中、アテナイからの客人は、海洋の便宜がもたらす諸々の危険に関する議論の末尾において、かかる姿勢を明示していたのであった。「……わたしたちは、世の大多数の人々のように、ただ生命を救われてこの世にあることだけが、人間にとって、最も高貴なことだとは考えません。むしろ、できるかぎり善き人となり、この世にあるかぎりそのようでありつづけることこそ、最も高貴なことと考えています」(707D)。それゆえに、『ディスコルシ』が偉大な伝統と訣別する決定的契機となっているのは、「閉ざされた都市」の顛末に関する認識それ自体に対する批判ではなく、悲劇的終幕を粛然として受諾してゆく態度に対する不満なのである。「拡大的共和国」に関する諸々の教説に、著しく平民に好意的な調子を帯びさせているのは、平民武装をもって征服戦争をより強力に遂行するという戦略的配慮のみならず、平民らに相応の「ただ生存すること」に対する強烈な関心であることは明白であるだろう。あるいは『ディスコルシ』の共和政体論が秘匿しているのは、単なる生存にもまして卓越を追求する少数者の生に対して向けられた「世の大多数の人々」の牢固として抜き難い不信と反感であるといえるのかもしれない。

アテナイからの客人による「最も高貴なこと」に関する発話が、サラミス海戦におけるアテナイ海軍の勝利に対する過大評価を戒める文脈で発生していることは注目に値する。海軍力によって勢威を保ち、これによって外敵に勝利を収めることは、国制にとって望ましからざる事態である。というのも、そのことは「戦士たちのなかの最も優秀なる者」たち、つまり有産階級によって構成された重装歩兵団の精兵たちから栄冠の機会を剥奪することを意味している。艦隊兵力の巨大化は、舵手、水夫長、漕ぎ手、等々の「とるに足らぬあらゆる者たち」の技量に国運を委ねることを意味しており、ついには国制における無産下層民の勢力の増大へと帰結するのである。客人は、サラミス海戦にもましてマラトン、プラタイアイの陸上戦闘こそがギリシア防衛にとって決定的であったとする理解を提案するのみならず、戦闘様式が市民的徳性に及ぼす諸影響に言及する。「……前者〔マラトンの戦い〕はギリシア人の救われる発端となり、後者〔プラタイアイの戦い〕がそれを完成させたのです……。またそれらの陸戦はギリシア人を一段と立派にしましたが、海戦の方は立派にしなかった……」（707C）。かかる発話の直後に、単なる生存ではなく美徳こそ尊重すべきであると語ることによって、客人は耆徳の賢人には相応しからぬ主張、すなわち高徳の士らの萎縮と卑劣な下郎どもの増長を許容するよりは、傑出した不動の国制に殉じて「死と滅亡」を選択すべしとの、いささか峻烈に過ぎる主張の放言を節度によって慎んだものと思われる。ここにおいては、古典的伝統の貴族主義的傾向が、歴然たる「悲劇」の選好と分かち難く連結していることがみてとれる。

『ディスコルシ』の劈頭は、同時代における「古い（古代の）美徳」antiqua virtù の消失を慨嘆し、これを復興せしめんとする決意こそが著述の動機であることを宣言している（D., I, proemio [I, p. 198]）。共和国を整備し、王国を統治し、市民軍を編成し、諸々の征服を統帥する模範的実践は、ティトゥス・リウィウスの史書中に見出されるがゆえに、これの冒頭一〇巻についての諸論説が編まれることになったのである。それゆえにリウィウスの史書は、なかば聖典視されているかのようにみえる。しかしながら『ディスコルシ』は、諸論説中に二度、リウィウスの箴言に対して明示的な弁難をおこなっている。[50] ある「意見」の是非は、「権威」autorità あるいは「力」forza ではなく、「諸々の理性」ragioni をもってして吟味されねばならないというのである。第一の弁難は、第一巻末尾に配されている。「民衆 moltitudine ほど空虚で不安定なものはないというのが、われらがティトゥス・リウィウスの言葉である。これと同じことを、他のすべての歴史家 tutti gli altri istorici も認めている」（D., I, 58 [I, pp. 315-316]）。ここにおいて反駁の標的となるのは、「卑屈な奴隷か、さもなければ傲慢な主人か、これぞ民衆の本性 natura である」というリウィウスの箴言（24, 25）、さらには「民衆」を軽率にして不見識とみなす古典的伝統の全体である。ただし、古今の実例の列挙に拠るその立論が、ほとんど悪質な詐欺の様相を呈していることは看過されてはならない。おそらくリウィウス以下の古典的著述家らは、ローマ元老院との、つまりは政治的選良との比較において「民衆」の蒙昧と無定見を非難していたのであった。しかしながら『ディスコルシ』は、古代におけるエジプトとスパルタ、あるいは同時代におけるフランスの諸王からは区別されるところの、いかなる法律にも服することのない「君主たち」principi、換言するならば諸々の僭主との比較において、集合としての「民衆」の優越を力説しているのである。王者ならざる僭主は「慎重」、「安定性」、「判断力」、「報恩」、等々において、放縦をことする無統制な「民衆」に対しても格段に劣る。ごく少量の水は、多量の水に比してより容易に腐敗するのである。[51]かかる評価そのものは、僭主政治を最悪の支配とみなした古典的教説を再確認しているにすぎないように思われる。それにもかかわらず『ディスコルシ』は、「民衆」が僭主に比しては優越しているという判断から、「民衆」の諸々の美質の執拗な絶賛へと旋回し、ついには「民衆」を蔑する古典的な「共通の意見」la commune opinione の全的排斥へと直進しているのである。「民衆の声」、すなわち「ひとつの普遍的な意見」una opinione universale は「神の声」であるという。そしてそれは、種々雑多な所見から「真理」を識別し、将来を予見する「隠された力量」occulta virtù をも帯びるというのである [I, pp. 317-318]。『ディスコルシ』の第一巻末尾は、古典的伝統、すなわち「共通の意見」の権威を蚕食するのみならず、「ひとつの普遍的な意見」に与した新奇な著述家の信念を、閲する者すべてに共有せしめんと謀っているように思われる。ニッコロ・マキァヴェッリが、「古典的哲学を特徴づけていた貴族主義的偏見、あるいは貴族主義的な諸前提」に対して「民衆」、つまりは「世の大多数の人々」の側から深刻な疑念を表明した最初の著述家と評される所以であるだろう。[52]

「閉ざされた都市」の理想を揚言し、さらには「民衆の本性」natura della moltitudine の劣等性を主張する偉大な伝統の「共通の意見」と決裂することによって、『ディスコルシ』が「前人未到の海洋と大陸」へと乗り出すこととなった第一の理由は、その著者が「ひとつの普遍的な意見」の陣営の側に属していることにある。「民衆」の「ひとつの普遍的な意見」が欲求しているのは、いかなる代償が伴おうとも、たとえ「古い美徳」の衰滅さえもが帰結しようとも、絶対的に「死と滅亡」を回避することである。確かに「平民」、「民衆」、あるいは「人民」

popolo ほど悲劇の舞台に映えぬものもあるまい。『ディスコルシ』は、古代ローマの国制と征服事業に関して暗示的に、ただし僅かに二度、明示的にリウィウスと異なる解釈を提示しつつ、悲劇的終幕を回避する方法を教授すべく、比類なき新奇さを帯びた共和政体論を構築するのである。この際、リウィウス原典の偏頗な読解が頻発することは無論のことであるだろう。この新しい共和政体論の核心に存しているのは、「諸々の限界」を超越することにより、都市は「死と滅亡」を回避することができるという確信である。既に「平民」の政権への参入を容認することが、一五〇〇年代の用語法における「閉鎖的な統治」governo chiuso から「開放的な〔自由な〕統治」governo libero への、あるいは「狭い政体」stato stretto から「広い政体」stato largo への傾斜、つまりは寡頭的支配の閉鎖的性格によって画された「限界」termine の侵犯を含意していることが銘記されるべきである。かかる意味における「限界」の侵犯は、いまひとつの意味における「限界」の超越、すなわち支配権の際限なき空間的な「拡大」を準備しているのであった。『ディスコルシ』の第二巻の主題は、「ローマ人民が、その支配権 imperio を増大させるにあたって採用した〔諸々の決定〕」である（D. II, proemio〔I. p. 327〕）。

(53)

(54)

第四節　『ディスコルシ』の第二巻における伝統批判、すなわち限界の超越

ローマ共和国の対外政策を論じた『ディスコルシ』の第二巻は、すべて「閉ざされた都市」が「悲劇の都市」であるという認識に立脚しつつ、「拡大」をもってして悲劇的結末、つまりは「死と滅亡」を回避せんとする欲求に指導されている。ここにおいても、閉鎖的な寡頭政体としてのスパルタ、およびヴェネツィア共和国の構造的欠陥が指摘される。「古い城壁」を墨守する国制が「より容易に滅亡」せざるを得ないのは、早晩、万物の「流転〔運

動」」の理が、都市に対して必然的に「拡大」を強要することになるからである。確かにスパルタとヴェネツィアの政治史は、かかる必然性が現実に生起しうること、そして寡頭的国制はこれに首尾よく対処しえないことを実証しているように思われる。スパルタは、アッティカの覇権を打倒することで「拡大」の実践と新たな覇権の樹立という「必要性」に直面するに際しても、「諸々の限界」の敬重を命じたリュクルゴスの遺法ゆえに二万以上の戦力を保持することはなかった。それゆえにテーバイ市がこれに反旗を翻すならば、ただちに「支配権」を喪失して漸進的衰微へと至らねばならなかったのである（D., II, 3 [I, pp. 336-337]）。ヴェネツィアは、オスマン帝国の西進によって発生した圧迫、これに伴う東方貿易の退潮、さらには相次ぐ東部地中海上の拠点の失陥によって、北伊ロンバルディア平原に勢力を「拡大」する「必要性」に直面した。しかしながらその国制の寡頭的性格、つまりは広範な平民武装の欠如ゆえに、大規模な領土を獲得しえたとしても、これを維持する能力がなかったのである。かつての偉大な共和国は、「拡大」の実践を試みる都度に、アドリア海の女王として海上通商路の確立に専念していた往時に比して明白な国力の衰兆を示している。小規模な閉鎖的国制にとって、「拡大」の試みはむしろ仇となる。かかる洞察を至極効果的に教示する『ディスコルシ』の格率は、確かに秀逸であるだろう。「……人間のすべての行為は、自然を模倣しているのであり、かぼそい木の幹で太い枝を支えるのは自然的ではなく、可能なことではない」。ここにおいて付言されるべきであるのは、『ディスコルシ』中、人口の多寡が政治的勢威の強弱となかば等置されているために、紀元前におけるイタリア半島の人口は一五〇〇年代におけるそれと比較してはるかに稠密であったという、まったくもって誤った推測が自明の前提として受け入れられている事実である（D., II, 2 [I, pp. 334-335]）[55]。

「偉大な支配権」の確立と悲劇の回避を目論むあらゆる都市は、拙速な版図の「拡大」を厳重に差し控え、ローマ共和国のごとくに「老練な百姓」の妙技を模倣せねばならない。「……ひと株の植物を栽培して、やがて多くの果実を実らせるために、芽を摘んでおいて、その勢力 virtù を根系に蓄積させた。そして時期が到来すれば、青々と繁茂して果実も豊かに実るよう育成していった」(D., II, 3 [I, p. 336])。ローマ共和国の、とりわけその草創期における対外政策は、「太い枝」の負荷に耐えうる強靭な「木の幹」の培養を優先して、国外領土の直接支配を差し控えた点において巧妙であった。スパルタとヴェネツィア共和国が「拡大」を実践する頻度に応じて勢威を減退させずにはいなかったのは、それらの国制と軍事、財政規模が広域版図の直接支配に耐えうるものではなかったからである。他方において初期のローマ共和政は、イタリア半島内の諸都市の戦力を会戦場にて圧倒したのち、直接支配による此方の人的、物的資源の拡散、あるいは浪費を最小限度に止めるべく、これらに対しては従属同盟を課するのみであった。すなわちローマは、「命令権、支配権、そして外征における指揮権」を掌握するのみだったのである。諸々の衛星都市の戦力を再三におよび動員することで、やがて従属同盟の環は半島全域に「拡大」し、ついには半島外の属州までもが付設されるに至る。ただし衛星都市が抗命、造反するに際しては、これを処断するにあたって「中間の道」via del mezzo が採用されることはなかった (D., II, 23 [I, pp. 387-390]; see, P., 5 [I, pp. 129-130])。つまり都市住民の総員を殺戮するか、あるいはむしろ気概と矜持、そして健闘を称え、これらに恩典としてのローマ市民権を授与するか、いずれかの「極端」estremo が採用されたのであった。かかる解説において、古代奴隷制の厳然たる存在はほぼ完全に無視されていることが銘記されるべきである。(56) したがって『ディスコルシ』の歴史解釈にあっては、ローマ市を盟主とする都市同盟の環の「拡大」は、端的に慈悲と恩恵の環の「拡大」を意味していたことになる。慈悲と恩恵の環からの排除は、即座に地上からの消滅を意味するからである。陸続と流入する外来人に対する市民権の寛大な承認のみならず、かかる「極端」な方法の採用が人口増大と軍事、財政規模の拡張を促進する。かくしてローマ市があらゆる要件において充分に強大な規模に達するならば、諸々の衛星都市がその直接の支配下に拝跪するのは、もはや時間の問題であったというのである。

「ローマが偉大な都市となったのは、周囲の諸都市を破壊するとともに、外国人にもその栄誉〔市民権〕を与えたからである」(D., II, 3 [I, p. 336])。ローマ共和国の対外政策に顕著な慈悲と恩恵は、その強力な軍事組織とすくなくとも同程度に、「偉大な支配権」の樹立にとって必須の要件であった。広範な市民権の付与が、ただ大規模な武装市民団を編成する要求を満たすのみではなかったのである。慈悲と恩恵は、それ自体によって「拡大」を推進する効力を帯びている。ローマ元老院は諸々の地方の従属都市に対して、それら固有の慣習を維持することを承認し、あらゆる援助と親睦を惜しむことはなかった。この慈悲と恩恵から、やがてカプア市が、ついでアンティウム市がみずからローマ人に執政官、あるいは総督の派遣を要請して、これの「支配権」への合流を嘆願するに至る環境が発生したのである。『ディスコルシ』は、同様の先例の蓄積がいかほど「拡大」の推進に寄与したかを強調している。「……人民というものは、支配者である諸君が自分たちから何かを剥奪するつもりはないようにみえるのならば、諸君の庇護に頼るようになる」(D., II, 21 [I, pp. 383-384]; see, D., III, 20 [I, pp. 472-473])。寛大と温情、換言するならば「人間性」umanità の効果は、リウィウス原典 (9, 20) のやはり不正確な引用によって傍証されている。「軍事力ばかりではなく、ローマの法律までもが広大な範囲におよび支配をもたらした」。しかしながら『ディスコルシ』の著者にとって、軍事征服に拠らずして実現したローマの市民権と法律の「拡大」は、リウィウス史書の与り知り得なかった深大なる意義を帯びていたはずである。というのもこの著者は、やがてローマ共和政が地中海帝国へと「拡大」を遂げたのちに、ほとんど世界そのものと同一視される帝国領域内のすべての自由市民に、否むしろここでは奴隷制の存在は捨象されている以上、すべての人民に市民権が承認されることを知っている。そしてその帰結として、ローマの法律は「万民法」ius gentium の地位へと上昇し、幾世紀もの間、圧倒的な支配を維持することを知っている。したがってアウグストゥス時代の歴史家には十全に予期しえなかった顛末、つまりは地中海帝国がやがて未曾有の普遍的帝国へと転化することで、あらゆる民族を隔てる「諸々の限界」は消滅し、対外政策と対内政策は同一となり、ついには「キリスト教共同体」res publica christiana までもが準備されることを知っているのである。(57)

ローマ史解釈をめぐり『ディスコルシ』とリウィウス史書との間に発生する諸々の差異の根本的要因となっているのは、おそらく明白にして単純至極、ただし決定的な事実である。すなわち『ディスコルシ』の著者は、ティベレ河畔の七つの丘の小邑が、一〇〇〇年の星霜を経て、やがては普遍的帝国へと昇華することをあらかじめ認識したうえで、リウィウス史書に、しかもその全一四二巻中の冒頭一〇巻を主題として諸々の論説を加えている事実である。『ディスコルシ』が、既に第六世セルウィウス・トゥリウス王の時代、かの「老練な百姓」の技巧を模倣して市民権の「限界」を不断に拡張した結果、ローマ市は八万もの武装市民を擁していたと断定していることは興味深い（D, II, 3 [I, p. 336]）。というのもここにおいて、ローマ市がはやくも王政期から、普遍的帝国としての「偉大な支配権」の形成を意識的に志向して諸々の「拡大」を実践していたとする解釈が垣間みえるのである。疑いなく『ディスコルシ』には、かつて実在した最も強力な国制の歴史全体を、その最終形態から起源へと直線的に遡行しつつ、意識的かつ計画的な選択の連鎖として整合的に説明しようと苦心した拭い難き痕跡がみとめられる。武装市民の人口増大と政体における平民の勢力の伸張、錯綜を極める同盟外交の帰結として生じた支配領域の「拡大」は、すべて周到な意図に基づくものであらねばならず、したがってローマ建国以来一〇〇〇年の歴史は、普遍的帝国の構想を約束の星として凝視しつつ勇躍前進する英雄傑士らの大行進であらねばならないのである。ヴェネツィア、およびフィレンツェ等々、同時代の共和政体の対外政策を指弾し、ローマの先例こそ模倣すべしと勧説するに際して、一瞥したところ気紛れに追加されたかのように映じる言明が注視されねばならない。「……ローマ人は、何らの先例もなく、おのれの賢慮 prudenza のみを拠りどころとして、傑出した諸々の方策を案出していった」（D, II, 19 [I, p. 380]）。ここに言及される「賢慮」が、『君主論』の第二五章冒頭と同様、「運命」と「神」に対置される人間の「自由な意欲」libero arbitrio、つまりは「力量」の意味で使用されていることは明白であるように思われる。かかる「賢慮」あるいは「力量」の模範を同時代人に提示することは、単なる実践知としての「思慮」phronesis の、とくに歴史研究による練磨を推奨することとは根本的に異なっているはずである。史実上の、あるいはリウィウス史書中のローマ共和国のすべての実践を、もっぱら普遍的帝国の建設を意識的かつ計画的に追求した「賢慮」の産物と解釈することによって、『ディスコルシ』が描写し、亀鑑として顕揚するローマ共和国は前例なき新奇さを帯びるのであり、かくして完全に新しい政治学の胚珠となることができる。(58)

『ディスコルシ』中、リウィウスに対して差し向けられた二つの弁難のうち、第二の弁難は第二巻冒頭に確認される。第一の弁難と同様、ここにおいてもリウィウスへの攻撃は、古典的伝統の全体に対する攻撃を含意しているように思われる。というのも、まずもって批判の俎上に据えられるのは「極めて重厚な著述家」gravissimo scrittore としてのプルタルコスと、これに追随する多くの著述家たちの「意見」opinione なのである。その「意見」によるならば、ローマ共和国をあらゆる勝利と尋常ならざる「拡大」へと導き、ついには普遍的帝国の形成へと至らしめたのは、これの「力量」virtù ではなく「運命」fortuna の配剤であった。ローマ人らは、いかなる神々にもまして「運命の女神」Fortuna の諸々の神殿の建立に勤しんだのであり、その事実こそが「大地の主たち」もまた「運命」に対するおのれらの依存を自認していたことの証左であるというのである。「……リウィウスもまた、この意見に接近しているようである。というのも、彼がその史書のなかでローマ人に語らせていることを検討するならば、ローマが保有していた力量を運命と結び付けずに、力量だけについて語っている事例は、ほとんどないのである」(D., II. 1 [I. p. 327])。しかるに、以下のごとき誤解の余地のない陳述がリウィウス史書冒頭に確認されることから、この一節の空惚けは明白である。「……思うに、この偉大な都ローマの誕生と、神々の力にも迫りうる支配権の起源は宿命によって定められていたにちがいない」(I, 4)。『ディスコルシ』が絶対的に賛同してはならないのは、かかる古典的な「共通の意見」であるだろう。「偉大な支配権」の建設が「運命」ならざる「力量」、換言するならば「自由な意欲」としての「賢慮」の産物と解釈されるかぎりにおいて、ローマ共和政に関する諸論説は完全に新しい政治学を編み出すことができるのである。

『ディスコルシ』がプルタルコス、さらにはリウィウスの権威と訣別し、これらに対する敵対姿勢を明示するにあたり、偉大な伝統の性格を「重厚」grave と規定し、とりわけ「運命」と「力量」の関係についての古典的理解を表明した古代著述家の典型例を、「極めて重厚」gravissimo と形容していることは看過されるべきではない。ローマ人の赫々たる幾多の勝利を「運命」の配剤に帰し、したがって瞑々の裡に「運命」の勢威に対峙する「自由な意欲」の脆弱性を認識することは、いかにも「重厚」である。というのもそれは、あらゆる政体の治乱興亡はすべて不可抗力によるものであり、いかなる人間的配慮が尽くされようとも、やがて到来する「死と滅亡」は絶対的に免れ得ないとする悲劇的認識と結びついているからである。「重厚」な、したがって悲劇的な「共通の意見」に新しい政治学が対置するのは「軽薄」leggero な、あまりにも「軽薄」な、したがって前例なきほどまでに喜劇的な「意見」である。ここにおいて、人間の生と政治的営為に関する常軌を逸して楽観的な展望が浮上することになる。もっぱら人間の「力量」、「自由な意欲」、「賢慮」をもってしてローマ人は「死と滅亡」を回避すべく「拡大」を実践し、普遍的帝国の建設へと至ったのである。それゆえにローマ人の諸々の施策を忠実に模倣するならば、誰であろうとも、いついかなる時代にあろうとも同程度の事業を成就し、一〇〇〇年の光輝に浴することができるというのである。「……ローマ人と同じように行動し、かつローマが有していた力量と同様の力量を備えている君主ならば誰でも、ローマ人が掴んだような幸運 fortuna を掌中にすることができる」(D. II. 1 [I, p. 330])。そもそも『ディスコルシ』の著者は、なにゆえ世上、「偉大な支配権」の樹立が「運命」の帰結であると考えられておりながら、かくもローマ共和政が賞賛の対象となっているのか理解に苦しんだことであろう。史上最強の共和政体の「力量」を正しく把握せずしてこれを鑽仰することは、おそらく俗衆の暗愚蒙昧に相応の「古きもの」と「善きもの」との同一視に由来しているに違いない。『ディスコルシ』の第二巻は、かかる同一視を批判することで、俗衆の蒙を啓く試みから議論を開始していたのであった。「人間は、しばしば理由もなく古い時代 antichi tempi を賞賛し、現在を指弾する。彼らは古き事物に与する党派であり、著述家たちが書き残した記録を通じて知られる諸々の時代にとどまらず、老人たち vecchi がよくそうするように、自分たちの若かりし頃に見聞きした事柄までも賞賛する。このような人々の意見は、大抵の場合、誤っているものである……」(D. II. proemio [I. p. 324])。

『ディスコルシ』が「前人未到の海洋と大陸」へと乗り出でて、完全に新しい政治学を構築することとなった第二の、より基底的な理由は、第一の理由、つまりそれが「民衆」の「ひとつの普遍的な意見」に与しているという事実をより的確な表現に置換することで把握される。すなわち『ディスコルシ』は、人間の生と政治的営為に関する根源的楽観論に依拠することで、見紛う方なき喜劇的展望を提示したために、先行の偉大な伝統の全体と決裂することとなったのである。ただしこの展望は、あくまで人間の「自由な意欲」を頼みとして、地上における大団円を構想する点において「神聖喜劇」ならざる「人間喜劇」なのであった。共和政体は、「諸々の限界」termini を超越することで「死と滅亡」を回避する。「諸々の境界の破壊」the breaking of boundaries こそが、あらゆる喜劇を喜劇たらしめる核心的要素であるという指摘は、けだし正鵠を射ぬいたものであるだろう。(59) 喜劇的な共和政体は、まず古雅なる寡頭的国制によって画された「限界」を侵犯し、可能な限り広範な平民の統治への参画を促進せねばならない。そしてこのことは、「古い城壁」によって画された「限界」の侵犯、つまりは支配権の空間的な「拡大」を準備しているのであった。ここにおいて銘記されるべきであるのは、『ディスコルシ』中、「諸々の限界」なる言辞のさらなる用例、すなわちこれが古来の法律、あるいは都市創建以来の国制そのものと同義となる用例が見出されることである。(60) 静謐なる威厳を湛えた不動性が悲劇と親和的であるならば、「ひとつの本性（自然）」una natura から「別の本性（自然）」altra natura へと不断に変化し、軽快にも「境界」を超越する動的性格は喜劇と親和的である。そして喜劇『マンドラーゴラ』におけるフィレンツェの貴婦人は、「運命」の悪意に直面するに際してはおのれの「本性」において「変身」mutazione を遂げ、「時流」tempi の変転に「適応」することで、古典古代の貞女の悲劇を回避しつつ大団円を成就し、「人間喜劇」の原則を開示していたのであった。この原則が共和政体論において貫徹されているものと想定するならば、『ディスコルシ』は建国以来のローマ史をもひとつの「変身物語」metamorphoses として解釈し、法律と国制において「変身」を繰り返すことで「死と滅亡」を回避する極めて新奇な共和政体の構想を案出するはずである。それはあたかも「コメディア・デラルテ」Commedia dell'arte の舞台上の「アルレッキーノ」Arlecchino のごとくに、極彩色の衣装を身にまとい、なかば狂気を思わせるほどまでに猛然と跳躍し、旋回し、倒立し、哄笑し、渋面を作っては、ほとんど痙攣的に硬直した「悲劇の都市」を愚弄する「喜劇の都市」であるだろう。

「……諸々の都市の破滅 rovine もまた……時流に対応して共和国の諸秩序 ordini を変様させないことから生起する」（D., III, 9 [I, p. 450]）。一五一二年冬期におけるピエロ・ソデリーニ宛書簡、ならびに『君主論』の第二五章において開示されていた教説、すなわち「運命」の猛威に対しては自己の「資質」qualità、「前進の様態」modo di procedere、つまりは「本性（自然）」を千態万丈の様相で変態させることによって善処すべしとの教説は、その起源をリウィウス史書の研究ではなく、おそらくひとりのフィレンツェ共和国書記官の諸々の実地観察や政務経歴、あるいはなんらかの生活経験に有しているにもかかわらず、リウィウス史書に関する諸論説において不可欠の役割を果たしている。ローマ史論中、「変身」をもってして「時流」の趨勢に「適応」することが勝利を可能ならしめるという洞察は、まずもって君主政体に対する共和政体の優越を示す証左として機能している。ハンニバルのイタリア侵攻の危機に際会して、既に壊滅的損害を被ったローマ共和国は、強悍無比の仇敵との大規模交戦を慎み、むしろ不抜の堅忍をもってこれの漸進的消耗を図るべき事態に陥った。ここにおいて、「無謀」audaciaを基調とするローマ市民団にあっては極めて異例な執政官、ファビウス・マキシムスの「本性」、すなわち「鈍重と用心」tardità e cauzioneが共和国を窮境から救済することとなったのである。しかしながら『ディスコルシ』は、この「時間かせぎのファビウス」Fabius Cunctatorに関するよく知られた教訓的逸話に対して、あえて批判的考察を追加したのであった。ハンニバルをイタリア半島から完全に駆逐すべき妙策として、やがてスキピオがアフリカ派兵を提言したとき、これに頑強に反対したのはまさしくファビウスであった事実が看過されるべきではないのである。はたして、若きスキピオ・アフリカヌスの大胆不敵こそが戦役の最終的勝利をもたらしたのであるから、誤っていたのはファビウスであったことになる。「ファビウスがローマの王であったならば、この戦争は容易に敗北していたに相違ない。というのも、かれはいかにして時流の変化に応じて前進の仕方を変化させるべきかを知らなかったのである」[I, p. 449]。多士済済、多種多様な「気質」umoreの市民らを擁して、しかもこれら各々に執政の機会が開かれているために「時流」の変化により迅速かつ柔軟に対応しうることが、共和政体の君主政体に対する優越の証左であるというのである（see, D., I, 20［I, pp. 250-251］）。『ディスコルシ』上、かかる「変化」の有利、換言するならば静止に対する運動の優位に関する洞察が局限にまで推進された帰結として発生するところの、古来の法律と創建以来の国制の自在なる改変こそが、都市をして「死と滅亡」の悲運を回避せしめるという教説に至り、古代政治学の転覆は絶頂に達しているようにみえる。「……あらゆる事物には、諸々の新しい偶然nuovi accidentiを生起せしめる何らかの悪maleが潜んでいるために、諸々の新しい秩序nuovi ordiniをもってしてこれに対応することが必要となる」（D., III, 11［I, p. 454］）。

全一四二章によって構成される『ディスコルシ』の最終章の表題が、頻々と「変身」を遂げる「喜劇の都市」に対する明示的な賛美であるのは意義深いことである。「共和国は、もしも自由を維持することを望むのならば、先見の明ある諸々の新しい制定法 nuovi provvedimenti を日毎のごとくに必要としている。そしていかなる功績によって、クィンティウス・ファビウスは『最も偉大』Massimo と呼ばれたのか」(D. III, 49 [I, p. 524])。万物の「流転」の「必然性」に直面して「死と滅亡」を回避するためには、都市は「諸々の限界」を侵犯して不断に越境を実践せねばならない。ただしそのことは有徳の政治生活を侵蝕し、やがて不穏が古来の法律と国制の維持を困難ならしめる水準にまで到達することは必定であるという洞察を、確かに『ディスコルシ』は古代政治学と共有していたのであった。最終章の冒頭において「偉大〔巨大〕な都市」una città grande が、「日毎のごとく」に医師の診断と処方を、あるいはときとして器官の切開施術を要するであろう疾患者に類比されるに至っていることは注目に値する。しかしながら都市が被るいかなる疾患も、それがいかに重篤であろうとも、治癒不可能な死に至る病ではありえないという信念によって、『ディスコルシ』は古代政治学と袂を分かつのである。あらゆる疾患は人間の「自由な意欲」としての「力量」、あるいは「賢慮」をもって救療するならば、断じて死に至る病とはなりえない。「偉大」、すなわち「巨大」であるに比例して深刻となる病状に対しては、「より賢い医師」il medico più savio の施術をもって対処するのである。都市の生理学としての古代政治学に『ディスコルシ』が対置しているのは、まさしく都市の病理学なのである。この病理学上、都市の政治制度と市民的徳性を蝕む最も危険な病原菌は、外来種とこれの流入に伴う諸々の新奇な習俗として想念されているように思われる。既にカプア市の支配時に、これらの危険性が顕在化していたとする認識は、リウィウス史書中にも確認される(see, D. II, 19 [I, pp. 380-381])。「……カプアは軍紀にとって決して好ましいところではなかった。兵士たちの心のすべてを快楽の具によって惹き付け、祖国のことを忘れさせる」(7. 38)。カプア市に猖獗する淫蕩の悪習がローマ共和政を「破滅」へと至らしめなかったのは、同市とローマ本国とが地理的に遠隔であり、さらに元老院の対策が迅速かつ適切であったためである。だが、支配権の「拡大」による雑多な被征服民との接触、そしてこれに対する安易な市民権の付与は、緩慢ではあるが着実にローマ市民団の「腐敗」を進行させていたことが観察される。『ディスコルシ』は、共和政期における公序良俗の頽廃を伝える二つの「奇怪な事件」に言及している。まずサムニウム戦争時代、ローマの婦女子らが大挙して各々の夫の毒殺を計画し、相当数の者がこれを実行する変事が発生したという。ついでマケドニア戦争時代、「バッカス祭」なる信仰儀式が度を越して淫猥なる性格を帯び始めるのみならず、やがて政治的陰謀の温床と化したため弾圧される変事が発生したという。かかる異邦人とその習俗の混淆による民生の変形は、ついには古来の法律と国制に甚大なる動揺を与えずにはいない。「ローマ人が外国人たちに市民権を与えるにあたって行使した寛大さゆえに、かくもローマに新しい人々 genti nuove が生まれたために、そして彼らがかくも大きな割合を投票において有するようになったため、統治 governo は変様 variare しはじめ、そしてそれは、これまで慣れてきた諸々の事柄や人々から乖離した」[I. p. 525]。ここにおいて「賢い医師」に比定される監察官、クィンティウス・ファビウスは、そこから「無秩序」が由来するところの「新しい人々」を四つの部族に編成して整序する「新しい制定法」をもってして「堕落」の進行に善処したために、「最も偉大」の異名を博したというのである。

「……ファビウスは事態をよく理解し、変革なくして sanza alterazione、手際の良い治療策を適用した」[I. p. 525]。クィンティウス・ファビウスが賞賛に値するのは、ローマ支配権の巨大化と「新しい人々」の流入から生起した環境の変転に、「新しい制定法」をもって「適応」した功績のためである。ここにおいて、もしも監察官が「賢慮」を欠き、古来の法律と醇朴なる古俗に固執する愚を犯して移入民の放逐を試みていたならば、ローマ共和政は普遍的帝国への前進を遮断され、イタリア半島に覇を唱えるに大幅に先立って「死と滅亡」へと至っていたことであろう。ただし『ディスコルシ』の最終章において議論の対象となるサムニウム戦争時代の実例が、「変革」を伴うことのない都市の変態、したがってあくまで限定的な変態であったと明言されていることは留意すべきである。『ディスコルシ』中、「変革」alterazione なる術語は、より一般的かつ多義的な近似の用語である「変様」

variazione や「変化（変身）」mutazione に比して、あるいは「諸々の政体の変化（変身）」mutazioni di stato に比しても、明確な意味内容の限定を伴っているように思われる。章の表題上にこの術語が用いられる唯一の事例において、「変革」は共和政体の転覆、つまりは僭主政治の創設を意味している（D, III, 8 [I, p. 446]）。『ディスコルシ』の第一巻にみられる二つの用例もまた、同様の意味で使用されていることは疑いない。すなわち「持てる者」と「持たざる者」、換言するならば「貴族」と「平民」のいずれがより「野心的」であるかという問題が提起された章において（D, I, 5 [I, p. 212]）、より擾乱を引き起こす傾向を帯びているのは前者であると判定される。というのも「持てる者」は、さらなる獲得の保障がないかぎりは安堵に浸ることはできず、したがって「貴族」における喪失の恐怖が「平民」の諸々の欲求にもまして危険な情念となりうるのである。かくして発生する「貴族」の「野心」は不断に獲得を追求し、蓄積される「より強大な力とより強大な運動力」maggiore potenza e maggiore moto が「変革」を、つまりは僭主政治の創設を準備するというのである。さらに、自由な政体を脅かす計画を行政官に告発する弾劾権の重要性が論じられた章において（D, I, 7 [I, pp. 217-220]）、法的弾劾からは区別されるところの讒謗、すなわち証人も物証も必要としない街路の中傷の危険性が論じられる。ここにおいて嫉妬の対象となり、したがって中傷の標的となった権勢家の心中に次第に鬱積してゆく情念が、党閥抗争と僭主政治の樹立の契機となりうるものとして、「変革しようとする気質」と形容されるのである。しかしながら他方において、『ディスコルシ』の第一巻に確認されるところの、いまひとつの「変革」の用例（D, I, 25 [I, p. 257]）が、明白に僭主政治ではなく共和政体の創設を意味していることは注意を要する。「古い諸様態」modi antichi を「新しい諸秩序」ordini nuovi へと改変するにあたっては、実質よりも外見から事物を判断する俗衆の浅薄に配慮して、旧来の公職の名称等々、すくなくとも「古い諸様態」の外観を維持すべしとの勧説上、ローマ市の王政から共和政への移行が「変革」の顕著な事例として言及されているのである。それゆえに「変革」とは、自由から隷従、あるいはその反対において絶頂に達するところの、最大規模における国制の改変を意味しているようにみえる。最終章中、クィンティウス・ファビウスの「新しい制定法」による改革を、あえて「変革なくして」おこなわれたものと付言することによって、『ディスコルシ』は、サムニウム戦争期のローマ共和国における「堕落」の進行が依然として最大規模の国制の改変を要する水準にまでは達していなかったことを示唆するとともに、この時代以降、規模と徹底性において王政から共和政への移行に匹敵する「変革」の必要性が生起する事態を、閲する者たちに想像させているのである。

『ディスコルシ』中、「変革」とは最大規模の国制の再編成を意味しているようにみえる。都市は父祖の遺法のみならず、ときには建国以来の国制までも円転滑脱に変態せしめることで外的環境の変化に「適応」し、悲劇的結末を回避せねばならない。ただし「変革」なる術語の諸々の用例が、隷従から自由への改変ではなく、その反対の改変を意味する事例に傾斜していることは極めて重大な洞察を反映しているように思われる。「新しい共和国を秩序づけ、あるいはそれを古い諸秩序から完全に改革することを望むのならば、一人となることが必要である」(D., I, 9 [I, p. 223])。すなわちそれは、法律や国制の転換がより根本的なものとなるに応じて、より求心的な一人格による権力の掌握が要求されるという洞察なのである。この洞察は、ローマ建国期のロムルスの所業、まずレムスを抹殺し、ついで共同統治を担うザビニ王、ティトゥス・タティウスの殺害にも加担したことを弁護する文脈で開陳されている。しかしながら、都市が「日毎のごとく」の法改正と機に応じての国制改革をもってして「死と滅亡」を回避するのならば、建国期において僭主に比せられる強権を行使した創設者の残像は、そのすべての歴史を通じて拭い去られることはないであろう。タルクィニウス王家を追討したローマ共和政の創設者らもまた、ほとんど僭主的な権柄を掌握していたはずである。世襲君主政下に「力量」に富む君主が二代にわたり連続することは稀有の僥倖であるのに対して、共和政における「自由な投票」は「無限の極めて力量溢れる君主たち」infiniti principi virtuosissimi に執政を委ねることができる (D., I, 20 [I, pp. 250-251])。これらの任務は、運命と時流の変転を明察し、豊饒極まれる自然の多様性を模倣して、国制におおいなる変態をもたらすことである。その変態の徹底性が増大するに応じて、行使される権力は僭主権力に近似してゆくのである。あくまで地上における不滅性を追求する「喜劇の都市」の運動、あるいは「道化」buffone のそれを想起させる舞踏の駆動力となるのは、これらの「共和国における君主たち」なのである。

『ディスコルシ』の第一巻の冒頭部分は、この書物において最も古典的伝統に忠実な部分である。ここにおいてラケダイモン人の国制は、都市創建当初に「ただひとりによって、一撃のもとに」すべての法制度が完備するという「第一位の幸運」la prima fortuna に恵まれ、リュクルゴスの命じるところを八〇〇年の間、墨守することで繁栄したために「幸福」felice であったと語られる（D., I, 2 [I, pp. 202-203]）。他方においてローマ人は、スパルタの「第一位の幸運」に与ることができず、平民と元老院との抗争を通じて諸々の法制度を漸進的に編成せねばならなかったために、「不幸」infelice であったというのである。しかしながら全体として把握された『ディスコルシ』の真意が、かかる判定の完全なる転覆に存していることは明白であるだろう。ローマ市は運命の転調に対峙しては、「新しい制定法」のみならず国制の抜本的な改造をもって、したがって「幸運」ではなく、リュクルゴスに比肩する数多の君主らの「力量」ないしは「賢慮」、換言するならば人間の「自由な意欲」を通じて「適応」しつづけたために、「不幸」を回避したのである。『ディスコルシ』は、単なる「新しい制定法」からは画然と区別されるところの、国制改革の尋常ならざる性格に充分な注意を払っている。ローマ共和政にあっては、「統治の秩序、あるいは真実に国の秩序」l'ordine del governo o vero dello stato が先立って存在し、これを枠組として「諸々の法律」leggi が立案されていた。「国の秩序」とは、すなわち「民会、元老院、護民官、執政官などの権限」、ならびに各種の行政官の選出方法、等々である。「……法律は、都市における諸々の偶然に従って変様するとしても、その秩序は決して、あるいはめったに変様しない」（D., I, 18 [I, p. 246]）。だが、不断に「拡大」を実践し、大挙して移入する異邦民らに市民権を付与し、古俗の変形、あるいは溶解をも是認して普遍的帝国を樹立するためには、絶対的に「秩序」の水準における改変が躊躇されてはならないのである。都市の基幹をなす「秩序」が不動であり続けたという「第一位の幸運」は、むしろ「力量」の微弱を示しているのであるから、ローマ人に対するラケダイモン人の優位ではなく劣位の証左であるだろう。「ローマは堕落の淵に佇みながらも、自由を守ることを念願して、その生命の過程 processo del vivere において諸々の新しい法律を制定し、諸々の新しい秩序 nuovi ordini を付設したのであった」[I, p. 247]。

『ディスコルシ』が偉大な伝統を転倒しつつ遂行しているのは、人為をもってして地上に大団円を成就せんとする「不滅の都市」の計画、すなわち「人間喜劇」の計画である。この計画が、聖書宗教によって提出された「神聖喜劇」の展望の滑稽化 parody であると推理することは、あるいは一定程度の妥当性を帯びているのかもしれない。というのも喜劇的な共和政体の「生命の過程」は、「諸々の限界」を遵守する「悲劇の都市」に比して内訌、外征、各種の紛乱に満ちているようにみえるものの、不滅の普遍的帝国における大団円を望見する点で、苦悩から「永遠の歓喜」eterna gioia へと帰着する「霊魂の聖史劇」il mistero dell'anima と看過すべからざる構造的類似性を有している。「人間喜劇」の展望は、聖書宗教が彼岸に至り完全なる形態をもって現前する「神の国」にのみ留保したところの、歴史の終極における不滅性の約束を地上へと降下せしめているように思われるのである。「喜劇の都市」による「諸々の限界」の超越は、最も真剣な意味に解された「限界」の克服、つまりは「命数の限界」termine della vita（D., III, 1 [I, p. 416]）の克服によって完成されねばならない。しかしながら『ディスコルシ』の計画は、ひとつの明白にして単純至極、ただし決定的な事実によって提起される「アポリア」aporia、語の原義に忠実な意味における「アポリア」に直面するはずである。すなわち、それは歴史上のローマ共和政崩壊、あるいは地中海帝国の全的滅亡の事実である。第三巻における「序文」proemio の欠落によって暗示され、そしてなによりも献辞の末尾において明示的に語られているように、『ディスコルシ』は、とくにその第三巻は未完であり、著者は残部を書き上げる意志を持っていた。(61) だが、このローマ史論は、「変革なくして」実施されたサムニウム戦争時代の制度改定に関する論説の段階で杜絶したまま後世に伝えられることとなった。それは護民官職の設置等々、「国の秩序」が経験した幾多の改変を規模と徹底性において凌駕するところの、ローマ共和政下における最大規模の変態、つまりは地上における不滅性の保障としての「変革」について語ることなく停止しているのである。『ディスコルシ』中、「変革」の術語が適用されているローマの国制改変の唯一の事例は王政から共和政への移行であることが、出来する「アポリア」の困難を表現している。「人間喜劇」の企図は「前人未到の海洋と大陸」を征服せんとする企図であるがゆえに、ローマ人の世界帝国が、否むしろ人類史上のすべての地表の国制が滅亡してきた事実と深刻な、あまりにも深刻な緊張関係に陥ることは必定なのである。

「この先、行き止まり」NON PLUS ULTRA。その一二の功業に関する神話上、ヘラクレスは第一〇番目の使命として西方の怪物、ゲリュオネスを殺害し、これが所有する牛を強奪、移送することとなった。この際、ヨーロッパとリビアを隔てる海峡を通過するにあたり、偉業の記念碑として、両岸にそびえる山上の各々に石柱を建立したとされる。(62) この二つの石柱は、古典古代において世界の最果てを画するものと想念され、そこには境界を、つまりはジブラルタルを越えんとする航海者を戒める警句が刻み込まれていたという。ダンテは、『地獄』篇中、権謀術策を事とした廉で第八の圏谷における永劫の業火に焼かれる亡者、オデュッセウスの発話を通じて、「ヘラクレスの柱」の境界を乗り越えた航海者の顛末を描写した（Inferno, 26, 85-142）。あくなき探求欲、「この世界を知りたい」という激情がオデュッセウスを遠洋へと駆り立てる。限りなく危険な未知の大海原へと乗り出した航海者は、アフリカ大陸西方を南下して、ついに南半球に到達する。やがて海上に煉獄の山影を目視したとき、突如として激烈なる雷雨が巻き起こり、波浪は千々に乱れ、船体は脆くも崩壊し、航海者は絶命した。ダンテは疑いなくこの航海者の運命を「神の御意」とみなしていたのであったが、むしろ鮮烈な印象を与えるのは、まさにジブラルタルを越えんとするにあたり、船中の総員らに決死の覚悟を促すべくオデュッセウスによりおこなわれた演説が、ほとんど讃嘆に値する偉大さを帯びていることである。[63]『ディスコルシ』劈頭、「普通の考え方からすれば常に極めて突飛な見解の持ち主で、諸々の新たな、そして奇怪な物事の発明者」、すなわちニッコロ・マキァヴェッリが疑いなくこれらの伝承を熟知したうえで、おのれを「前人未到の海洋と大陸」acque e terre incognite を踏破する航海者に類比していることは、ここにおいて最大限の注意を要する事実として認識されるように思われる。というのも、かつて実在した最も偉大な共和政体すらもその「命数の限界」を乗り越えることはできなかった以上、「不滅の都市」を建設せんとする「人間喜劇」の計画は、いまや古典古代を模倣する擬態を敢然と放擲せねばならない。『ディスコルシ』の著者は、あたかもコンキスタドーレスがオデュッセウスの悲劇を回避しつつ「ヘラクレスの柱」を突破して不朽の栄誉を樹立したように、古代世界における普遍的帝国が際会した「限界」を成功裡に克服することまでも思念していたはずである。

　フランシス・ベーコン（Francis Bacon, 1561-1626）は、『学問の進歩』（一六〇五）中、航海による未知の世界の開拓と学問による知識の拡大が同時代に歩調を合わせて進行していることは、まさしく神意によってあらかじめ約束された事態であると、聖典を引用しつつ主張した。勃興しつつある新しい学知は、古代世界の遺産に比しても劣るところはないという。[64]しかるに『ノヴム・オルガヌム（新機関）』（一六二〇）の初版に口絵として付せられた銅版画は、むしろ新しい諸学が、知識の未成熟な嬰児の段階としての古代以来の伝統をはるかに超越してゆく心象を明確に表現している。そこには学知の「限界」、つまりは「宿命の柱」columnae tanquam fatales[65]として想念された「ヘラクレスの柱」を通過して、勇躍、大西洋へと出撃してゆく一隻の帆船が描かれていたのであった。既に『ディスコルシ』の著者は、イングランドの大法官に先立つこと一世紀、古代世界の遺産によって画された「諸々の限界」が視界の飛躍的拡大とともに超克され、なにか前例のない眺望が広がりゆく時代の息吹を感得していたものと思われる。あるいはかつて、このフィレンツェ共和国元書記官の属僚に、その個人名が新世界に冠されることになる航海者の血縁、アゴスティーノ・ヴェスプッチなる人物のあった事実が想起されるのかもしれない[66]。古典古代の学知は、「大地の主たち」を「死と滅亡」の運命から救済することはできなかった。あらゆる「限界」を超克したかに思われた地中海帝国もまた、はたして「命数の限界」を打開することはできなかった。古の賢者らは、あらゆる政体の悲運と没落を人間的営為の定めとして甘受したのであった。しかしながら、これらすべての過去は、「統治の技術」におけるコンキスタドールによって超克されるべき「宿命の柱」であるだろう。いまだかつて誰ひとりとして乗り入れたことのない恐るべき海域へと、ほとんど狂気の様態で突入してゆく新しい政治学の眼前に、咆哮する雷霆と怒濤の荒波の間隙から未曾有の展望が、「新しい様態と秩序」modi ed ordini nuovi (D. I, proemio [I. p. 197]) が、すなわち此岸において、しかも人間的営為をもってして、「永遠の歓喜」を享受すべき「不滅の都市」の展望が浮上しつつある。一五〇〇年代、かの「ヘラクレスの柱」に刻まれた古代の警句の第一語を削除した禍々しいほどまでに挑発的な、ただしこの上なく高邁な標語が西方世界全域に流行しはじめていたことが記録されている。すなわち、「もっと遠くへ」PLUS ULTRA[67]。

【注】

（1）この文書の原典を入手することはできなかった。したがって以下の記述は、ヌッチョ・オルディネ『ロバのカバラ――ジョルダーノ・ブルーノにおける文学と哲学』加藤守通訳、東信堂、二〇〇二年、一四六―一五五頁に依拠している。

（2）同上、一二一―一二五頁をみよ。「……〈ロバは、その象徴的イメージによって両義性の広大な領域を対極化しており、その結果、ロバは、特定の観点から見た場合、『対立物の一致』……の完璧な象徴となる〉ということである」（同上、一二一頁）。

（3）オルディネは、ジョヴァン・バッティスタ・ピーノの『ろばについての考察』から以下の文章を引用している。「……私は『ロバ』(ASINO) という音がいかなる重要性を有しているか熟考し、そこから我を忘れるほどの甘美さを引き出した。それほど私がそこで探求した事柄は驚嘆に値するものであり、それらの下に包まれている神秘は奥深いものだったのだ。第一に、この音は世界の機構全体を異なった仕方で表している。このことは、私がこの皿にワインでもって A. SI. NO と書けばすぐ明らかになる。この名は、見てのとおり、三つのシラブルからなっており、そのうち最後の二つは創造されたものを神秘的な仕方で示している。なぜならば、事物は存在し、『然り』(SI) と肯定されるか、存在せずに、『否』(NO) と否定されるかのどちらかだからだ」(同上、一四八頁)。

(4) オルディネは、『ろばについての考察』から以下の文章を引用している。「……この名の最初の文字と最後の文字を熟考するならば、そこにあるAとOがギリシア人たちがかくも賞賛したアルファとオメガを意味すること、そして二つの文字について多くを語ることができることが分かる。それはあたかも、動物の王であるロバが万物の主人である人間と結合していると言わんかのようである……」(同上、一四八頁)。

(5) 「ロバのケンタウルスのモデルは、変転の必然性を体現し、対極を力動的に横断することを促す。知恵は、自然の『多様性』に適合するために、一面的な立場を捨てる能力と一致する。『人間性』と『野獣性』の対立的な圏域を横切ることは、経験の多次元性へと方向付けられた実存的次元の内部へと下降することを意味する。ロバ性の二重の含意は、ここにも見られる。一方には、否定的なロバたちがいる。彼らは、自らの静的な世界に閉じこもり、認識の新しい形態へのいかなる知的要請も持たない。他方には、肯定的なロバたちがいる。彼らは、知の主要な要素が連続的に展開されるのを把握する唯一の可能性である、変容の思想を認めている。ロバのケンタウルスは、中世には、神的な真理と対立した空虚な地上的学を象徴していたが、それはいまやはっきりした肯定的価値を獲得する。完全に世俗的な領域の中で、それは、知の典型、知的力動性の賞揚として提示されるのである」(同上、一五〇―一五一頁)。

(6) オルディネは、『ろばについての考察』から以下の文章を引用している。「世界の偉人が知者と狂人、あるいはもっと直截に言うと、人間と野獣の二つの部分を持たなければならないことを、マキァヴェッリは否定していない。彼が言うには、このことは、アキレウスを半人半獣のキロン〔ケイロン〕の弟子にした詩人たちの言葉によって示されている。アキレウスはキロンから、人間と野獣という自然の二つの特性を用いて、彼の民を支配し、国を治める方法を学んだのである。あるいはこの場合、人間と野獣というよりも、人間とロバと言った方がよいかもしれない。というのも、ロバは前述した理由のため、他の動物のいかなる本性よりも、人間の本性に適合しているからである。そして、キロンの野獣の部分が馬でありロバではないと言われるとき、私にはそれを擁護する理由が分からない。というのも、このことを決定する頭部が欠けているからである。しかし、からだの主要な部分から判断すると、キロンは馬よりもむしろロバであった。なぜならば、キロンは、われわれが後述するように、すばらしい尻尾を持っていたのだから」（同上、一四九―一五〇頁）。

(7) この点については、たとえばSkinner, 1981, pp. 44-46をみよ。ちなみにクエンティン・スキナーは、マキァヴェッリによる古典的倫理学の転倒を「マキァヴェッリ革命」the Machiavellian Revolutionと呼んでいる（ibid., p. 35）。

(8)「諸々の資質を動物の諸々のイメージに変換する傾向」が顕著である『一〇年史』中（389-396［I. p. 103］）、マキァヴェッリは、マジョーネに会盟して反旗を翻した傭兵隊長らを「猛毒を持ったこれらの蛇」と表現し、これらを陥れて扼殺したチェーザレ・ボルジアを「バシリスクス」bavalischioと表現した。

(9)「……マキャヴェリは軍国主義の戦士として語っている。われわれは、彼のうちに、徹底した軍国主義の最初の哲学的な代弁者the first advocate of a resolute militarismを認めることさえできよう」（Cassirer, 1946, pp. 161-162）。

(10) マキァヴェッリの君主像のこの側面については、拙稿「道徳の自然誌――マキアヴェッリ政治学の道徳的基礎に関する予備的諸考察」（上）（下）、『早稲田政治公法研究』、第八一、八五号、二〇〇六―二〇〇七年を参照せよ。

(11) この点について、以下の陳述に注目せよ。「国家を運営し戦争に勝利していくにあたって、とりわけ君主には『本来人間のものである』法律という方法のみならず『本来野獣のものである』方法も要求される。人が世で目的を達するためには野獣の方法も重要であり、それは狐の詐欺〔fraude〕か獅子の力〔forza〕によるのであるが、マキァヴェッリは詐欺のほうをより重視しているように思われる」（厚見、二〇〇七年、一二六頁）。

(12) なお、一五一三年八月二六日付フィレンツェ発フランチェスコ・ヴェットーリ宛書簡中、マキァヴェッリがイソップ寓話を借用しつつ、おのれを「狼をみた狐」に類比していることは興味深い。一五一三年八月二〇日付ローマ発のヴェットーリ書簡は、最新のイタリア情勢を語ったものであった（*Machiavelli and His Friends*, pp. 251-256）。以下はこれに対する返信の冒頭部分である。「大使様、二〇日付の貴翰には肝を潰しました。……狼をみた狐と同じような状態になりました。狐は初めて狼をみたときには恐ろしさで死にそうでしたが、二度目は立ち止まって草むらの陰からじっとみつめ、三度目には狼に話しかけました」［II. p. 287］。

(13)「不法は暴力あるいは欺瞞の二つの方途によって行われるであろうが、欺瞞はいわば狐の、暴力は獅子の方法とみなすことができる」（Cicero, 1991, p. 19）。

(14) すなわち、タキトゥス『年代記』(13, 19) における「この世の中で、権勢がそれ自身の固有の力で支えられていないときの名声ほど、不安定ではかないものはない」(Tacitus, p. 292)。

(15)『カストルッチオ・カストラカーニ伝』の冒頭部分にも、類似の表現がみられる。「……運命 la fortuna とは、人間を偉大にするのは当の彼女であり、賢慮 la prudenza ではないということを世界に見せつけようとすると、この時とばかりにもてる力をふるい、賢慮の出る幕を一切奪って、むしろ彼女からこそすべてが生まれることを何人にも認めざるをえないようにしてしまうものなのだ」[III, p. 277]。

(16)「……君主に対する助言書の分野で、マキァヴェッリが企てた革命 revolution は、実質的にヴィルトゥという中心概念の再定義にもとづいていたことが明らかとなるだろう。……マキァヴェッリは、真にヴィルトゥをもつ君主を特徴づけるものは、最高目的を達成するためには、――行為が不正になろうと、また有徳になろうとも――必要が命ずるどのようなこともすすんでする意志である、と論ずる。このようにヴィルトゥは、君主に必要とされる道徳的な柔軟性という資質 quality of moral flexibility をまさに意味するようになる」(Skinner, 1981, p. 44)。「ヴィルトゥをもった人間とはどんな人間かということについて、マキァヴェッリの究極的な言葉は、君主はなによりも『融通無碍の心構え』flexible disposition をもった人間、すなわち『運命と状況の命じるままに』善から悪へ、さらにはその逆へと行動を変えることができる人間にならなくてはならないということである、と要約することができる」(Skinner, 1978, p. 138)。

(17)「『君主論』は政治的論稿であるのみならず、人間的行為の模範の構成なのであり、そこにおいては、君主という人間像は『賢者』sage (savio) や『賢慮ある』prudent 人間の像と同一視される傾向がある」(Ferroni, 1993, p. 84)。

(18)『わが祖国の言葉についての談話もしくは対話』中にも、以下のごとき陳述がみえる。「……技術 arte はなにもかも自然 natura にさからうようなことは到底できない……」[III, p. 269]。「……技術 arte が自然 natura に勝つことは不可能……」[III, p. 271]。アリストテレス『自然学』(194a; 199a) をみよ。「……技術は自然を模倣する art imitates nature……」(Aristotle, I, p. 331)。「……一般的に技術は一方で自然が仕上げることのできないものを完成させ、他方では自然を模倣する」(Aristotle, I, p. 340)。あるいは『政治学』(1337a)、ならびにキケロ『神々の本性について』(2, 57)、トマス・アクィナス『君主の統治について』(12) をみよ。

(19)「……人間の運不運の原因は、諸々の時流とその前進の様態とのつり合いである。……その様態を時流につり合わせ、つねに自然 natura が要求するように前進する者は、誤ることはより少なく、幸運を得ることになる」(D, III, 9 [I, pp. 448-449])。

（20）一五一五年一月三一日付フィレンツェ発フランチェスコ・ヴェットーリ宛書簡である［II, p. 349］。

（21）Ridolfi, 1969, p. 238.

（22）「『ジェータとビッリア』は、学識や人文主義文化の諸々の真偽さだかならぬ主張を諷刺の標的として楽しむところの、一四世紀および一五世紀初期トスカナの諸々の民衆的な文芸潮流から発生した。……マキァヴェッリの生きた時期に非常な人気を博した」（Najemy, 1993, p. 64）。なお、マキァヴェッリが『アンドレア（アンドロス島の女）』のトスカナ口語訳［III, pp. 93-138］をおこなっていた事実が、ここで重要となってくるかもしれない。「マキァヴェッリによる『ジェータとビッリア』の利用によって喚起される演劇史は、ローマ演劇における登場人物たちの名称のレパートリー（奴隷のジェータとビッリアは、それぞれテレンティウスの『ポルミオ』と『アンドレア』にあらわれる）を安定させるのみならず、『アンピトルオ』の特別な重要性に焦点をあてている」（Martinez, 2010, p. 211）。

（23）「……わたしが会ったのは、アンピトリュオンの妻アルクメネ、大神ゼウスの腕に抱かれて交わり、勇猛無比、獅子の心を持つヘラクレスを生んだ女性であった。また剛毅のクレイオンの娘で、その力、衰えることを知らぬ、アンピトリュオンの息子〔ヘラクレス〕が妻としたメガレにも会った」（『オデュッセイア』（上）松平千秋訳、岩波書店、一九九四年、二八九頁）。

（24）"Geta e Birria", in *Novelle italiane Il Quattrocento*, a cura di Gioachino Chiarini, Garzanti Editore, 1982, pp. 29-85. 以下、本短篇小説については、本文中（ ）に節番号を記し、［ ］内に頁番号を挿入する。

（25）プラウトゥス喜劇『アンピトルオ』については、小林、二〇〇九年、一七三―一九六頁を参照した。

（26）この点については、Ridolfi, op. cit., pp. 220-221 をみよ。

（27）一五一三年三月一五日付ローマ発ニッコロ・マキァヴェッリ宛フランチェスコ・ヴェットーリ書簡（*Machiavelli and His Friends*, pp. 221-222）。

（28）「……まさしくジェータが、アンピトリオンの書物の幾らかを運搬するように、気のすすまないビッリアを説得しようと試みているように、マキァヴェッリもまた、我々が知っているように、ヴェットーリが彼の書物〔『君主論』〕を受け入れることを欲している。これに続くジェータ（彼がビッリアに望んでいることをビッリアが知っているということを知っている）とビッリア（彼にジェータが依頼するであろうことを知っているが、そのことを認識することを回避するために逃げ隠れしている）との間の『対話』は、こうして、マキァヴェッリがヴェットーリに関係して直面したジレンマを喜劇的に変奏している」（Najemy, op. cit., p. 65）。

(29) 一五一三年一二月一九日付フィレンツェ発フランチェスコ・ヴェットーリ宛書簡の末尾では、マキァヴェッリは色事に話題を逸らしている [III, pp. 297-300]。

(30)「マキァヴェッリもまた、彼の新しい科学 new *scienza* から、非常に大きなものを期待している……。まさしく奴隷たるジェータが『ジェータ師匠』と呼ばれることについて、愉快な夢想に耽っているように、元書記官たるマキァヴェッリは、君主たちや大使たちによる彼の新しい科学の承認を渇望していたのであった。両者にとって、新しい科学は、かつての下僕を栄誉の場所へと引き上げることを約束していたのであった……」(Najemy, op. cit., p. 68)。

(31) いまひとつの興味深い事実がある。この翌月、すなわち一五一四年一月一八日付ローマ発ニッコロ・マキァヴェッリ宛書簡中、ヴェットーリがコスタンツァ Costanza なる隣人の少女にぞっこんになったことを報告したとき、マキァヴェッリは返信において、彼にユピテル神の「変身」を模倣するよう勧説したのであった。「……君としては、彼女のひざに卵をおけるよう、白鳥になりたいところだね。それから黄金になるのさ。そうしたら彼女は君をポケットに入れておけるだろ。そしてまたある動物に、ついでまた他の動物になるといい。君が彼女と一緒にいるかぎりね」(*Machiavelli and His Friends*, p. 277)。「……マキァヴェッリの示唆することころでは、もしもヴェットーリがコスタンツァを獲得したいのならば、ユピテル神がダナエを誘惑する際にそうしたように自身を変身させるべきであり、とりわけ黄金へと姿を変えるというユピテル神の力から得るところが大きいであろう。……ユピテル神の変身 Jovian metamorphosis は、演劇的伝統にとって……慣習的なものであった……」(Martinez, 2010, p. 210)。

(32)「ジェータはビッリアを欺くために、かれ自身が変身の科学 the science of metamorphosis の師匠であると宣言していた……。しかし神々が、つまり変身の真の師匠たちが、彼の主人の家に到着して……」(Najemy, op. cit., p. 68)。

(33)「無論、彼ら〔マキァヴェッリとヴェットーリ〕の両方が、ジェータはビッリアを説得することに失敗することを知っていた。このことからジェータに擬えることは、マキァヴェッリが、ヴェットーリを説得することに失敗することを認めることなのである。したがってある意味で、その運命がジェータと近似するのかもしれないという、いくらかのとまどいのマキァヴェッリによる告白であった。『君主論』の新しい科学を拵えることで、そして——ヴェットーリの手助けを伴ってか、あるいは伴わずに——かくも偉大な征服の英雄として、あまりにも絶望的に家に帰ることを欲することで、彼はジェータのように、彼自身が罠にかけられ、欺かれ、彼自身から疎外され、その猟師よりは、他者たちのために唄うところの、檻の中のツグミによりいっそう似ていることを見出したことであろう」(ibid., p. 72)。

（34）『イリアス』（下）松平千秋訳、岩波書店、一九九二年、二四六頁。

（35）以下、『天堂』の訳文には若干の変更を加えた。（ ）内に歌番号と行数を示す。

（36）ダンテの発話、「……運命の打撃にたいして十分堅固な心構えはできているつもりです。ですからいかなる運命が迫りつつあるのか伺うことができたならば、この気持ちはおさまるでしょう。飛んで来るのが見える矢は、飛び方が遅いものです」（17, 23-27）に対して、カッチャグイーダが応えて言うには、「おまえは最愛のものをことごとく捨て去らねばならないだろうが、これが追放の放つ第一の矢だ。他人のパンがいかに辛く、他人の家の階段の上り下りがいかに辛い道であるかを身にしみてお前は悟るだろう。おまえの両肩にいちばん重く喰いこむ重荷は、おまえがもろともに谷間に落ち込む同志の凡庸、卑劣さ加減だ。……だからおまえは、自分自身で党派を組む方がおまえの名誉となるだろう」（17, 55-69）。

（37）アリストテレスの『政治学』（1326a-1327a）もまた、「人が多すぎる国がよい法治国になるのは難しい――おそらくは不可能かもしれない」と述べている。「……国家の大きさの最善の限界とは――自足的な生活の要求を満たすために許されるかぎり多く、一目で見渡すことができる程度に多い人口……。人口が一目で見渡せる程度の多さであるとわれわれは語ったのであるが、領土も同様である」（Aristotle, II, pp. 2104-2106）。ただしアリストテレスは、都市の「海とのつながり」に関しては、プラトンに比して寛容な判断を下している。「もし……まずい結果が避けられるならば、国の安全のためにも、必要な物資を潤沢に確保するためにも、都市と領土が海と直結するのがよりよいことであるのは疑いない」（Aristotle, II, p. 2106）。なお、キケロの『国家について』（2, 7）の判断は、プラトンのそれに近い。「海に面した都市には、さらに習慣のいわゆる退廃と変化 corruption and alteration of character が起こる。というのは、これらの都市は新しい言葉や生き方と混じり合い、外国の商品のみならず慣習が輸入されるので、祖先の制度はなにひとつ元のまま留まることができないからである。その上、これらの都市に住んでいる者は彼らの住居に留まらず、つねに翼の生えた希望や想像によって家からいっそう遠くへ駆り立てられ、たとえ身体は留まっていても、心は国の外へ逃れて放浪する。しかも、市民のこの放浪と離散ほど、長いあいだ揺り動かされたカルタゴやコリントスをついに倒壊させる大きな原因となったものはない。なぜなら、彼らは通商と航海を熱望したために土地や武器の手入れをすることをやめたからである」（Cicero, 1999, p. 35）。

（38）「……神はすべての浄福な真剣さに値するものであるが、人間のほうは……神の玩具 a toy for God……」（Plato, p. 1471）。「人間というものは……操り人形 puppets……」（Plato, p. 1472）。

（39）「天上から見おろすと、『人間をとても獰猛にする』現世が、彼には麦打ち場のように見える。タッソによって美化され緩和されることになるこのたとえが、ここでは儀式の執行の際のようなきびしい意味をもっている。ダンテは、もう自分は天国の市民だと感じていて、このように通りすがりにちらりと一瞥するだけで、その姿のあまりの醜さにほんの少し微笑をもらしたかと思うと、すぐ目をベアトリーチェの方に向け、その姿に見入るのである」(De Sanctis, 1965, pp. 220-221)。

(40) このニーチェの用語については、たとえば『ツァラツストラ』(1, 3-4; 2, 20; 3, 2; 3, 10; 3, 12-13; 4, 6) をみよ。

(41)「歴史において可能であるものと、永遠性のために留保されているものとの区別を象徴するアウグスティヌスの時間概念は、また、古典古代の理想的政治体への探求を、不遜で傲慢な野望であるとして非難する。永遠性の約束はただただ神の国のためにのみ留保されているのである」(Wolin, 2004, p. 115)。

(42)「……直線的な時間概念という条件のもとでのみ、新しさとか出来事のユニークさなどが考えられるというのは明らかである。そのうえキリストの誕生は人間の世俗的時間のなかに起こり、一回限りのくり返すことのできない出来事であると同時に新しいはじまりであるから、キリスト教哲学は古代人の時間概念と手を切ったのである。しかし、アウグスティヌスが定式化しているように、キリスト教の歴史概念が新しいはじまりを考えることができるのは、彼岸の出来事が世俗的歴史の正常な過程に割って入り、それを妨げるというかたちにおいてのみである。アウグスティヌスが強調しているように、このような出来事は一回起こっただけであり、時の終わりまで二度と起こらないであろう。キリスト教から見た世俗的な歴史は、やはり、帝国は起こり滅亡するという、古代人の循環論に拘束されたままだったのである。ちがうところは、永遠の生命をもつキリスト教徒はこの果てしなくつづく循環を断ち切ることができ、またその循環が織りなす光景を無関心に眺めなければならないという点であった」(Arendt, 1963, p. 27)。

(43) ただし、「フィオレンツァの盛衰も運命 Fortuna に左右される」という表現において、この発話は聖書宗教の伝統から逸脱しており、文芸復興を予感させるものとなっている (see, Wolin, op. cit., p. 115)。

(44) 以下の論述は、厚見、前掲書に負うところが大きい。この業績に対する拙稿の立場は、既に、「厚見恵一郎『マキァヴェッリの拡大的共和国――近代の必然性と「歴史解釈の政治学」』について――摘要と若干の指摘」、『早稲田政治経済学雑誌』、第三七〇号、二〇〇八年において説明されている。

(45) マキァヴェッリの共和政体論における「貴族と人民の不和」については、拙稿 "On The Florentine Republic ―― Considerations on the Historical Genesis of Machiavelli's Political Philosophy", *The Waseda Journal of Political Science and Economics*, No. 378-379, pp. 166-179, Oct. 2010 を参照せよ。

(46)『ディスコルシ』中、ヴェネツィア共和国の「貴紳」gentiluomini は、第一巻の第五五章［I, p. 311］において激しく指弾される種の「貴紳」からは明確に区別されることが指摘される。「……ヴェネツィア共和国での貴紳と呼ばれる特権階級は、名前だけのものであって、実際は別の機能をもっているもの……」(D., I, 55［I, pp. 312-313］; see, D., I, 6［I, pp. 213-214］)。

(47)『マキァヴェッリのディスコルシに関する諸考察』Considerazioni sui《Discorsi》del Machiavelli 中の一節をみよ。「……不和の原因がなかったならば、ローマはより良いものとなっていたであろうから、ローマを自由かつ強力ならしめたのは、平民と元老院の間の不和ではなかった。諸々の叛乱もまた、他の諸都市におけるそれらと比較して確かに害は少なかったものの、有益ではなかったし、もしも貴族が平民を必要とすることを回避する諸々の方法を案出するよりも、むしろ平民の意志により速やかに譲歩していたならば、ローマの偉大さにとってとても有用だったことであろう。しかし、不和を賞賛することは、おこなわれた治療が正しいものであったという理由で、病患を賞賛するようなものである」(Guicciardini, I, p. 616)。

(48)「防備を固めた城塞は、人間の幻想のシンボル the symbol of man's illusions である。城塞は、その堅固に思われるすべてのものによって、つねに変動する世界にも不動の地点があり、また政治的・軍事的な安全性のための確固たる基礎がありうるという誤った希望を、劇的に表現している」(Wolin, op. cit., p. 191)。

(49) ここにおいて、一九五〇年刊行の和辻哲郎の著作、『鎖国』の副題が「日本の悲劇」であったことを想起するのも一興であるのかもしれない。

(50) ただし、リウィウスの主張に対して異論が提起されている事例が、いまひとつ存在することは確かである。それは第三巻の第一三章にみられる。ここにおいて、「勇将のもとに弱卒ある場合と、弱将のもとに精兵ある場合と、どちらが信頼できるか」という問題が提起されたのちに、ローマ共和国の勢威は精兵ではなくして、傑出した将帥に負っていたとするリウィウスの判断が紹介される。しかるのちにマキァヴェッリは、指揮官を欠いた部隊が、兵士らの優秀さによって戦闘に勝利した事例を挙げて異論を唱えるのである。ただし同章の結論が、「将軍と兵士のいずれに重みがかかるか論ずることはできない」というものであることから、ここでのリウィウスに対する異論は第一巻の第五八章、および第二巻の第一章と比較して重要性に劣ると判断することができる［I, pp. 459-460］。

(51) アリストテレス『政治学』の第三巻中の名高い一節 (1286a; see, 1281b) を想起せよ。「ちょうどみんなが持ち寄った会食が、一人の出費でまかなわれたものより、もっと豪勢であるように。まさしくこのゆえに、だれであれ一人の人よりも、群衆のほうが多くの事柄をいっそうよく判定するのである。さらに多くのものはいっそう損なわれにくい。多量の水が少量の水より汚染されにくいように、多数者も少数者より堕落しにくい。また一人の人が、怒りかその他の似たような激情によってうち負かされると、判断を誤らざるをえないが、多数者の場合には全員が同時に怒りに駆られ、過失を犯すことはめったに起こることではない」(Aristotle, II, p. 2041)。

(52)「マキァヴェッリが、大衆あるいは民主主義の名のもとに、古典哲学が形作っていた貴族主義的偏見あるいは貴族主義的前提を疑った最初の哲学者であったということは、容易にあらわれてくるのかもしれない」(Strauss, 1958, p. 127)。

(53) これらの用語については、石黒、二〇〇九年、一六―二二頁をみよ。

(54) これらの用語は、たとえばグイッチァルディーニの対話篇『フィレンツェの政体をめぐっての対話』Dialogo del reggimento di Firenze においても確認される (Guicciardini, I, p. 319)。

(55)「そこ〔古代のイタリア半島〕には、〔一五世紀に比して〕結婚がより容易で望ましいものであったため、より多くの人々 maggiori popoli がみられた……」(D. II, 2 [I, pp. 334-335])。ちなみに、塩野七生『ルネサンスとは何であったのか』、新潮社、二〇〇一年、口絵ivにみえるグラフによれば、イタリア半島における人口は、たとえばポエニ戦争期（紀元前二〇〇年）においておよそ五〇〇万人、そして一五〇〇年においておよそ一〇〇〇万人である。ただし二〇〇年頃、すなわち五賢帝期と一四〇〇年頃、すなわちペスト大流行期がともに七〇〇万人前後であることは留意してもよいのかもしれない。

(56)「一四世紀中葉から一六世紀初頭のイタリア都市共和国という経験のユニークさは、それが奴隷をもたずに政治的自由を達成したということである。奴隷に支えられていたがゆえに、国富とは無関係な市民の公的かつ個人的自由として政治的自由をとらえることができたギリシア‐ローマのポリスやレス・プブリカではなく、個人の自由な交換が国富増大をもたらすという啓蒙でもなく、国富（領土）の維持や拡大が、（奴隷という恣意的支配からの）共和主義的自由によって促進される、ということを発見したことが、イタリア、とりわけマキァヴェッリの拡大的共和国の特徴であった」(厚見、前掲書、二八六―二八七頁)。

(57)「第二巻の第二章で述べられるように、ある都市はそれが居住民に満たされて、その本体を増大させ、他方において、その近隣に最も過酷な隷属を課するときにのみ、偉大な帝国を形成することができる。リウィウスが語っているようにみえることとは対照的に、この目的は二つの仕方で、つまり『愛と力によって』達成された。愛によって、その都市に来て居住することを決意した異邦人たちに、諸々の道は解放されたままであったのであり、力によって近隣の諸都市は破壊され、それらの居住民たちは『あなたの都市において』居住するために送られた。……愛と力を混合する可能性は、すべての異邦人を征服するためには、すべての異邦人を歓迎しなくてはならないという事実から引き出される。無制限の帝国主義は普遍的な愛に通じる Limitless imperialism leads to universal love。我々は、現世の市民であることを来世の市民であることに変形するならば、異邦人たちを歓迎することに存するところの愛の源泉を、容易に推測することができる。この側面において、帝国主義がコスモポリタニズムへと解消するのみならず、対外政策が対内政策と同一となる。というのも、普遍的な愛は帝国主義と同様に、外的諸事物から内的諸事物を区別するすべての政治的な境界線 all the political boundaries を克服することにおいて示されるのである」(Mansfield, 1979, p. 198)。「……ローマ共和国が、つまりかつて存在した最も偉大な共和国、あるいは最も政治的な共同体が、西洋世界にアジア的服従と政治的、あるいは公的な生活の至上性の抑圧を準備したということは、真であり続ける。ローマ共和国は一方においてキリスト教共和国 the Christian republic の正反対であり、そして他方においては後者の原因、あるいはその模範でさえもある」(Strauss, 1958, p. 118)。

(58) 史実においては、帝政期のローマ人のあいだに、普遍的世界帝国の建設とその帰結に対する否定的評価があったようである。タキトゥス『年代記』(3. 54) の記録したティベリウス帝の発話に注目せよ。「……あの昔、質素が幅をきかしていた理由はなにか。それぞれが自己を制御していたからに他ならない。われわれがイタリアを支配するに至った段階でも、刺激は今ほど大きくはなかった。われわれは外国を征服して他国民のものを、市民戦争に勝って自分らのものを、浪費することを学びとったのである」(Tacitus, pp. 144-145)。

(59)「……古代から派生したものであれ、あるいはより同時代的で地域的な諸作品であれ、文学的諸形式をこえて、この議論を通じて私が使用しているものとしての『喜劇』とは、諸境界の破壊 the breaking of boundaries である――神々を我々の水準へと引き降ろし、人間を性的衝動と飲食の諸々の必要を伴った生物学的被造物へと引き降ろす冒瀆である」(Saxonhouse, 2000, pp. 57-58)。

(60)「スパルタ王アギスは、かつてリュクルゴスの法律が定めていたところの、諸限界 termini へとスパルタ人たちを回帰させようと欲した。彼の目には、スパルタ人たちがリュクルゴスの法律から逸脱してしまっていて、スパルタの古い美徳 antica virtù はまったく地に堕ちたばかりでなく、それにつれて国勢も支配力も失われているように映じた」(D., I, 9 [I, p. 224])。

(61) 献辞の末尾をみよ。「私の意見がなおご両人の関心をひくに値するとお考えいただけるなら、私は、はじめのお約束どおり、この史書の残部をなしとげることに、やぶさかではございません」[I, p. 196]。

(62) アポロドーロス『ギリシア神話』高津春繁訳、岩波書店、一九五三年、九七―九八頁。

(63)「『諸君』と私〔オデュッセウス〕はいった、『百千の危険を冒し諸君は世界の西のさい果てに来た。もはや余命の長くはない諸君が、その短い夕暮の一刻を惜しむあまりに、日の当たらぬ、人なき世界を探ろうとするこの体験に参加を拒みはしないと信ずる。諸君は諸君の生まれを考えよ。諸君は獣のごとき生を送るべく生を享けたのではない。諸君は知識を求め徳に従うべく生まれたのである』」（Inferno, 26, 112-120）。

(64)「この航海と発見における進歩は、また、すべての学問のなおいっそうの進歩と発達に対する期待をひとの心に植えつけるといってよいだろう。航海と学問はおない年であるように、すなわち、時代を同じくするように定められているように思われるからである。というのは、予言者ダニエルは、後世について語り、そのように――『多くの者はあちこちと探り調べ、そして知識が増すであろう』〔ダニエル書（12, 4）〕――予言していて、まるで、世界が開かれ、通行できることと知識が増すことが、同じ時代におこるように定められているような口ぶりであるが、現にその予言は、大体においてすでに成就されているのであって、近代の学問は、往時の、かたやギリシア人が代表し、かたやローマ人が代表する、学問の二つの時期あるいは周期……にさしておとるところがないからである」（Bacon, 2000a, p. 71）。

(65) Bacon, 2000b, p. 6.

(66)『一〇年史』（一五〇六）の公刊は、この属僚によるものである。「……『一〇年史』の刊行……。……同僚補佐役のアゴスティーノ・ヴェスプッチが自分で費用を負担し、フィレンツェ人への献呈文を附して刊行してくれたのだ」（Ridolfi, op. cit., p. 142）。さらに以下の陳述に注目せよ。「……マキアヴェリの生涯を通じて、一つ、まことに不可解な事実がある。それは、マキアヴェリが、コロンブスに始まる新世界の『発見』という歴史的大事件を、終始無視していることである。この歴史的大事件を知らなかった筈はない。ヨーロッパでは広く話題となっていた。イタリアはその航海技術及び資金供給に深くかかわっていた。また、マキアヴェリは、ヴェスプッチ家とは、メディチ家を通ずる間接のかかわり合いのみならず、直接にも関係があった。一五一〇年〔一五一一年?〕、彼が最初の遺言を作成したとき、その法的手続きを、アメリゴの長兄の公証人アントニオに依頼している。……マキアヴェリは、大航海時代の到来には全く関心を示さなかったのであろうか。アメリゴの航海にも、何の興味も抱かなかったのであろうか」（色摩力夫『アメリゴ・ヴェスプッチ――謎の航海者の軌跡』、中央公論社、一九九三年、一一三頁）。ただし、この有益な陳述には諸々の不正確な点が含まれていることは明白である。

(67)「さらに海運が、海風が、ヘラクレスの柱を経由する大西洋の大海原への航海が、コロンブスを異なった形で継承しながらつけ加わります。この地上での《さらに遠くへ》Puls〔Plus?〕ultraが、《この先、行き止まり》Non puls〔plus?〕ultraに逆らってつけ加わるのです。『さらに遠くへ』はベーコンの主著『ノーブム・オルガヌム』（Novum organum）の初版の口絵に描かれた銅版画の下に、説明文として書かれたものです。そこには豪華なイギリスの三本マストの帆船が帆をいっぱいにはらんで、ヘラクレスの柱を通り抜けて大西洋へ漕ぎ出してゆくのが見えます」(Bloch, 1977, S. 85)。さらに、『哲学の歴史(四)——ルネサンス』伊藤博明編、中央公論新社、二〇〇七年、六七五―六七八頁をみよ。

第四章　革命の原義

『ディスコルシ』は、「諸々の限界」termini を不断に侵犯しつづけたローマ共和政の実践、すなわち参政資格の制限を漸進的に撤廃し、「古い城壁」を乗り越え支配領域を拡張して、異邦人らの大挙流入に伴う社会構造の変質には古来の法制度の改変をもって対処する実践を支持した。それは、「静止」に対する「運動（変化）」の優位の原則、つまりは「人間喜劇」の第一の原則に合致していたためである。「人間喜劇」は、「古い（古代の）美徳」antica virtù を堅持する不動の「閉ざされた都市」の古典的理念がやがて逢着せねばならない「死と滅亡」morte e rovina の悲劇的結末を、回避せんとする意図に導かれている。しかしながら、ローマ史研究をつうじて「不滅の都市」の可能性を追求する試みが、明白にして厳然たる「アポリア」aporia に直面することは必定である。すなわち、ローマ共和政崩壊、あるいは地中海帝国の全的滅亡の歴史的事実である。本章において、あまりに困難なこの「アポリア」を、『ディスコルシ』はいかにして克服せんと企図したのかが考究される。

第一節は、『ディスコルシ』中、「不滅の都市」の建設による地上の大団円を実現せんとする根源的楽観論が、確かに動揺をきたしているようにみえる諸論説が散見されることを指摘する。「単純物体」corpo semplice としての諸個人がその「資質」、「前進の様態」、あるいは「本性（自然）」において、すなわち「形式」forma においてどれほど「変化（運動）」を繰り返して歓喜に陶酔しようとも、その「身体」における、すなわち「素材」materia における老朽化の過程、最終的には死に至る不可逆的な過程に抗うことは絶対的に不可能である。『ディスコルシ』には、これと同様に「混合物体」corpo misto としての都市についてもまた、参政資格や支配領域、法律や国制、換言するならば「形式」における「変化（運動）」とはほとんど無関係に、「素材」としての市民団の習俗や徳性が不可逆的に劣化、老朽化して、ついには腐敗して解体に至るという認識がみられる。ローマ共和政の倒壊とは、いわば市民団の不可避的な腐敗堕落ののちに到来した「命数の限界」termine della vita であったことになる。

第二節は、『ディスコルシ』の追求する「不滅の都市」の計画が直面した「アポリア」は、「人間喜劇」の第二の原則、すなわち新旧の交代の原則によって克服されていることを確認する。ひとつの全体として把握されたマキァヴェッリ喜劇、『マンドラーゴラ』と『クリツィア』の「人間喜劇」の展望は、ただフィレンツェの「ルクレツィア」が「変身」を遂げて、貞操を放棄したのみでは成就しえなかったことが想起されるべきである。というのも、「ルクレツィア」がいかほど不貞の歓喜を享受しようとも、その「素材（身体）」における不可逆的な老化の過程と、やがて訪れる死を回避することはできない。「人間喜劇」の展望は、不義密通の帰結としての新生児の誕生、つまりは「素材（身体）」の新生、したがって「始源」principio の回復が、『クリツィア』中に告知されることによってはじめて完成したのであった。永久に反復される新旧の交代、「古きもの」の死滅と「新しきもの」の誕生の心象こそが、根源的楽観論を救済するのである。これと同様に、はなはだ濃厚に「謝肉祭」carnival の歓喜や哄笑との親和性を帯びた「始源への回帰」の心象は、明らかに『ディスコルシ』においても貫徹されている。おそらく、かの「アポリア」の克服の契機となっているのは、人類の種的記憶として普遍的に語られる「大洪水」の伝承である。悠久の歴史上、たびたび「黒死病」、「飢饉」、そして「大洪水」、等々の大災厄は人類文明を壊滅させてきたのであったが、その都度に爛熟し、老いて腐敗堕落した人類は、「始源」における習俗と徳性の純朴へと「回帰」してきたとされる。無論、「大洪水」は「天」あるいは「自然」の作用であるものの、人間的営為は「自然」を模倣する。したがって都市の「素材」としての市民団の習俗と徳性における腐敗堕落が、「大洪水」に比定される異常な人間的作為の衝撃によって、つまりは「始源への回帰」の巨大運動によって矯正されるのならば、「永遠の共和政体」una republica perpetua は可能であるというのである。

第三節は、「人間喜劇」の展望を完成させる「始源への回帰」の巨大運動、すなわち「革新」rinnovazione こそが、『ディスコルシ』の第三巻の主題であることを確認する。人間の「自由な意欲」libero arbitrio をもってする「革新」の運動は、諸々の卓越せる市民たちの最も異常な行為によって発動するという。これら行為は、「始源」に遍在した「恐怖とテロル」を想起せしめることによって、あるいは鮮烈な「模範」を顕示することによって、「素材」としての市民団に「新たな生命と新たな美徳」nuova vita e nuova virtù を鼓吹するというのである。一〇年の間隔をおかずして不断に諸々の「革新」が生起するならば、反復的に「素材」の清新は回復され、かくして「永遠の共和政体」は可能であると断言されている。『ディスコルシ』の第三巻の明示的主題として提示されるところの、ローマ共和国市民らの傑出せる「諸々の行為」とは、厳密に解されるならば、ほかならぬ「革新」の運動なのである。ここでは、「人間喜劇」の根源的楽観論を約束する「始源への回帰」の教説は、特定の市民の個人的な「力量」の所為として語られている。かかる大規模領域国家成立以前の政治的思惟に特徴的な非人格的構造に対する意識の欠落によって大幅に混濁されているものの、『ディスコルシ』の第三巻の主題としての「革新」は、「革命」revolution の政治現象の極めて原始的な意味内容を帯びている疑いがある。近現代政治史における最も壮大にして、意義深い現象としての「革命」の概念の歴史的変容を瞥見し、これと「革新」の観念との看過すべからざる類似性を指摘して本章は結ばれる。

第一節　国制の循環論とローマ史の悲劇性、そして人間喜劇のアポリア

ローマ共和政は、ハンニバル戦争における亡国の危機を脱してからわずか半世紀、第三次マケドニア戦争の勝利をもって、ほぼ地中海世界に覇権を樹立した。ついにピュドナ会戦においてマケドニア王、ペルセウスの死命は制せられ、ローマ人による征服事業は、ほとんど史上空前の規模に到達することが明白となった。それまで各々が独立して進行してきた諸民族の歴史は、ここにおいて相互に連結され、あたかも「ひとつの身体」のごとき統一性を

帯びたのであり、いまや「世界史（普遍史）」historia katholikē の記述が可能となったことになる。ポリュビオスをして『歴史』、つまりは最初の「世界史（普遍史）」の構想へと至らしめたのは、眼前において展開する未曾有の事態、あまりにも強大なる地中海帝国の創生によって喚起された驚嘆であった。「……人間の住むかぎりのほとんど全世界が、いったいどのようにして、そしてどのような国家体制によって、わずか五三年にも満たない間に征服され、ローマというただひとつの覇権のもとに屈するに至ったのか……」（1, 1: see, 6, 2）[1]。『歴史』中、ポリュビオスがローマ共和政躍進の根本原因であるとして、その卓越せる国制を注視したことはよく知られている。「自然の法則」として想念された「国制の循環」politeion anakuklosis の摂理を勘案するに際して、それは現実に編成可能な最善至高の国制であることが認識されるというのである。[2]

ポリュビオスの「国制の循環」に関する洞察は、アリストテレスの『政治学』にみられるプラトン批判を継承、精緻化したものとして理解することができる。[3]プラトンは、『国家』中、理想の哲人支配から名誉支配制、寡頭的国制、そして民主制を経て僭主政治へと至る国制変動を直線的な過程として描写したのであったが、これにアリストテレスは、僭主政治の倒壊が新たな国制変動の起点となる可能性に言及することで、自身の周期説を対置していたのであった（1316a）。ポリュビオスが「循環」に関する教説を開示するのは、『歴史』の第六巻に至ってのことである（6, 5-9）。原始、一定地域の人間種が集住するのは「自然」の所為であるが、まずもってこれを統率するのは最も身体的に強壮な者である。この始源における「独裁制」のもとで、なかば野獣の群棲に比せられる集住の営みのうちに、やがて知性と理性から美と正義の観念が芽生えるとき、「王制」が発生する。しかしながら、諸王が理知と深き洞察をもって統治し、臣民らと対等の倹しい生活に満足する時代が過ぎ去るならば、王族子弟らは放埒と苛斂誅求に傾斜して、ここに「王制」は「僭主制」へと移行する。燃えるがごとき憎悪の対象となる僭主を陰謀の計画、実行によって放伐するのは、それらの門地、精神ともに高貴かつ勇壮な選良たちである。僭主放伐が成就するとき、公共の安寧に献身する権門の支配、すなわち「優秀者支配制」が出現するものの、これが累代のうちに劣化してゆくのは、やはり必定であるだろう。はたして「優秀者支配制」が「寡頭制」に変質するならば、門閥の支配は民衆の蜂起をもって倒壊するのである。ただし、それまでの国制変動の経緯が、ここにおいて再び諸々の王や閥族に統治を委ねることを忌避させる。それゆえに、もはや民衆自体が支配を担わねばならず、権利の平等と言論の自由が基調となる「民主制」が組織されるのである。だが、これもまた、世代を重ねるに応じて腐食の度を増すことは不可避であるだろう。むしろ平等と自由ゆえに熾烈化してゆく財貨と名誉をめぐる競争が、「民主制」を「暴力支配制（衆愚制）」へと転化させてゆく。街路と広場に群れ集まり、殺戮、国外追放、土地再配分を繰り返す民衆の怒号と叫喚の渦中、人間は原始の野獣へと回帰して、またしても「独裁制」が樹立され、「国制の循環」の壮大なる円環は確固として結ばれるのである。ポリュビオスは、並々ならぬ自信を覗かせつつ、この「自然の法則」に照会するならば、あらゆる都市の政治生活の将来に関して、然るべき蓋然性を具備した予測を提示することができると明言した。かくして、ポリュビオスは「大地の主たち」の国制を注視した。そして発見されることとなったのは、ローマ市における国制の変遷史が帯びている、ある種の異常性であったというのである。

『歴史』中、ポリュビオスがローマ人の国制史について叙述した部分は、既に散佚している。ただし、現存するキケロの『国家について』にみられるローマ人の国制史に関する記述が、ほぼ全面的にポリュビオスを典拠としているものと推察されることから、すくなくとも散佚部分の概要については窺い知ることができる(4)。すなわち、まず建国期、破壊と創造の獣的暴力を再三にわたって行使したロムルスの支配が、始源の「独裁制」と同定される。この支配権を継承しつつも、むしろ威徳と英知をもって統治した第二世、ヌマ・ポンピリウス王により確立されたのが、美と正義を支柱とする「王制」であった。やがてこの「王制」が頽落して、巨財と権勢を恃み驕慢となった第七世、タルクィニウス・スペルブス王の時代に至り、「僭主制」が現前する。ユニウス・ブルートゥスらがタルクイニウス一門を討滅したのち、元老院の権威が市民団を統率することによって形成されたのは、「優秀者支配制」であった。しかるに、一二表法制定のために付設された一〇人会が、アッピウス・クラウディウスを首領として専制化するにおよび、「優秀者支配制」は「寡頭制」へと滑落したというのである。キケロによれば、あるいはおそらくポリュビオスの喝破したところでは、次第に護民官権限の拡張をつうじて「民主制」が前景に浮上する一〇人会時代までの過程が、ローマ国制の形成期である。ローマ人の国制史が帯びている顕著な特異性は、「民主制」が出来する段階において「自然の法則」としての「国制の循環」が、いわば切断されたことに存する。このことはローマ共和政において、「王制」の機能が執政官の権限によって、そして「優秀者支配制」の機能が元老院の権限によって、厳然と保持されていたことから可能となったものと推理される。事実、ローマ人の国制は、執政官に着目すれば「王制」と、しかるに元老院に注意を転じれば「優秀者支配制」と、あるいは民衆の地位を考慮するならば「民主制」と映じるのであり、これを適当に分類するには若干の困難が伴う。ローマ共和国が「自然」の摂理に抗い、衰滅を回避し、世界征服を成就したのは、かかる国制、すなわちポリュビオスの分類における七種の国制、あるいは始源の「独裁制」を除外した六種の国制のうち、善なる三種の国制の融合形態、つまりは「混合制」の威力をもってしてのことであった。「……三つの各部分の力が抑えあったり助けあったりしながらひとつの調和を生み出し、その結果いかなる状況にも適切に対処できる国制を作り上げる。これ以上にすぐれた国家制度を見つけるのは不可能と言ってよい」(6.18)。

ポリュビオスの目撃する次第となったのは、ローマ人がまさしく栄光の絶頂を極めんとする瞬間であった。かの共和政体こそは、実現可能な最善至高の国制であった。しかしながら、これらすべてにもまして注目に値するのは、「自然の法則」さえも克服したかのようにみえる地中海帝国もまた、やがては滅亡へと至ることを、ポリュビオスが確信している事実であるだろう。『歴史』の第六巻は、七種の国制の循環に関する教説と何らかの関連性を有することが推察されるものの、厳密にはこれと区別されるべき摂理として、[5]「身体であれ国家であれ、また何らかの活動であれ、すべてのものには成長があり、それに続いて盛期があり、その後に衰弱が来る」という「自然の理」について語っている。カルタゴ人の国制は王、元老院、民衆の権限が均衡に達していた点において、真実のところローマ人のそれ同様の「混合制」であったと指摘されていることは興味深い。[6]ポエニ戦争の帰趨を決したのは、両国の国制の種別ではなく、カルタゴ人が生命過程の下降期にあったのに対して、ローマ人が上昇期にあったという事実なのである（6, 51）。だがポリュビオスは、マケドニア王国の打倒をもって、既にローマ市民らが生命過程における頂点から下降期へと至る起期に立っていることを察知していたのであった。「……外からの脅威から解放され、勝利が生み出した富と栄華に囲まれて暮らすようになると、ローマ人も好運に酔いしれ、他者の追従と自身の気の緩みから倨傲と慢心に陥りかける……」（6, 18）。すべての国制が「自然の理」によって衰退と破滅を運命づけられている以上、絶対的に「混合制」もまた倒壊を回避することはできない。最善至高の国制にあっても不可避的な衰亡には、二つの由来がある。つまりは、「外から来るもの」と「それ自体のなかに生まれ出るもの」である。ポリュビオスの洞察するところ、前者について一定の「法則」はありえないものの、後者についてはひとつの「法則」を把握しうる。すなわち、幾多の試練を乗り越えて、最強の国制が無敵の覇者となるならば、安逸と倦怠が人心を腐食しはじめる。とりわけ国制を蝕むのは、「官権への欲望と無名であることの不満」であり、「日常生活のなかの虚栄と奢侈」である。この二つが連結し、貪欲の犠牲となった民衆が官職志願者どもの佞弁に扇動されて劣情の虜となるとき、もはや統治者らの命令が聞き入れられることはないであろう。いまや民衆がすべての権限を掌握することを要求し、かくして「混合制」は「自由と民主制」なる名称の冠せられた「衆愚制」へと転化して、再び「自然の法則」としての治乱興亡の輪廻に滑降してゆくのである（6, 57）。ポリュビオスは、スキピオ・アエミリアヌス（小スキピオ）の節度を絶賛し、頽廃へと傾斜してゆくローマ市民団に対する大カトーの憤激に共感しつつも、[7]地中海帝国の前途に関して、疑いなく悲観的展望を抱懐していたのである。

「……存在するものはすべて衰弱と変質を免れない、そのことはとくに説明する必要もなかろう。絶え間ない自然の移ろいがそのことを十分に納得させてくれる。国家もまたいかなる種類の国制であれ、いずれ衰弱のときが訪れる」（6, 57）。『歴史』中、古典古代の学殖の根本性格としての悲劇的展望が最も扇情的に表明されているのは、おそらくカルタゴ市の滅亡炎上を眼前にして、ポリュビオス、そして小スキピオが憂愁を含んだ感慨を吐露するという、第三八巻の現存部分末尾にみられる印象深い叙述であるだろう。スキピオ将軍は、カルタゴ人の城市が震駭すべき滅亡の業火と阿鼻叫喚のなか崩落してゆく光景を凝視して、人目をはばかることなく落涙し、嗚咽し、そして沈思黙考したと伝えられる。これに随行して傍らにあったポリュビオスは、偉大なローマの将軍の涙のうちに、その「現実の洞察力と叡智の深さ」を感得し、賛辞を呈したのであった。将軍が涙したのは、「いかなる都市も民族も帝国も、人間と同じく、運命の流転から逃れられないという真理」（38, 22）を明察するがゆえに、いつの日か、ローマ人もまた焔獄に墜落して滅びゆく運命に逢着することを思ったためなのである。「敵の最後に立ち会い、栄光の絶頂にあるとき己の足元を見つめて境遇の逆転を想像すること、つまり幸運のさなかにあって運命の定まりがたさを忘れないことは、真に偉大で無疵なる人間、それゆえ永く記憶に値する人間のみがなしうるところである……」（38, 21）。かつて殷賑を極めた「イリオスの都」も敗亡した。そして各々の時代に覇を唱えたアッシリア、メディア、ペルシア帝国、あるいはマケドニア王国もまた同様の運命を回避することはできなかった。これらすべてを想念して、スキピオ将軍はホメロス叙事詩中の一節（4, 164-165; 6, 448-449）を口ずさんだとされる。ポリュビオスがその意味するところを尋ねると、将軍は明確に祖国の名を挙げて、運命の変転と人為の儚さを思うにつけ、ローマ人の行く末が案じられてならぬと語ったというのである。「聖なるイリオスにも、槍で名高きプリアモスにも、そしてプリアモスの民にも、やがて滅びの日が来るであろう」（38, 22）。[8]

ニッコロ・マキァヴェッリの『ディスコルシ』の第一巻冒頭部分、第一章から第一八章の諸論説は、キケロの『国家について』におけるローマ国制史の叙述とよく類似しており、[9]ポリュビオスの『歴史』の第六巻の論旨をほぼ忠実に踏襲しているように思われる。第一巻の第一章において、諸々の都市の起源、とくにローマ市の起源が語られたのち、第一巻の主題が対内的事象であることが表明される［I, pp. 199-202］。ついで第二章中に解説される「君主制」、「貴族制（優秀者支配制）」、「民主制」と各々の堕落形態としての「僭主制」、「寡頭制」、「衆愚制」という国制の種別、そしてこれらの「循環」cerchio に関する教説は、ポリュビオスのそれと非常な細部に至るまで一致している［I, pp. 202-207］。『ディスコルシ』もまた、ローマ人の国制の卓越性として、これが執政官、元老院、護民官の諸権限の合成体、すなわち「君主制」、「貴族制」、「民主制」の機能を併せ持つ「混合制」、換言するならば「完全なる共和政体」una republica perfetta であった事実を指摘している。留意されるべきであるのは、ラケダイモン人の国制はローマ人のそれ同様の「混合制」として分類されるものの、前者がリュクルゴスの立法行為によって始源から「完全なる共和政体」として構成されたのに対して、後者は諸々の内紛の教訓から漸進的に組織されたものであるという理解においても、『歴史』と『ディスコルシ』が一致していることである。[10]明示的な論旨の連続性が見て取れる第二章から第八章［I, pp. 202-222］、つまり平民と元老院の対立抗争の是認、そしてこれに付随して護民官権限の機能、あるいは中傷と弾劾の区別に関する議論、等々に充てられた七つの章は、かかる理解をまずもって確認する意図に導かれているように思われる。事実、ローマ共和政初期における諸々の内部紛争を肯定することは、その「拡大」の実践を肯定することと同じであるのみならず、始源から「混合制」に帰着するローマ人の国制の「変化（運動）」を肯定することと同じである。これ以降、第九章と第一〇章［I, pp. 223-228］はローマ人の国制の形成過程における「独裁制」を、つづく第一一章から第一五章［I, pp. 228-239］が「王制」を、そして第一六章から第一八章［I, pp. 240-248］が「僭主制」の出現から「貴族制」へと至る諸々の段階を議論している。このことから、『ディスコルシ』の著者は第一巻の起稿にあたり、リウィウスのローマ建国史冒頭一〇巻を、ポリュビオスの『歴史』の第六巻を論及の枠組として、大要において通時的に考察してゆく計画を抱懐していた可能性が浮上するのである。

「創設者」について論じられる『ディスコルシ』の第一巻の第九章と第一〇章は、ロムルスを「身体強壮にして度胸のある人物」(see, D., I, 2 [I, p. 204]) と位置づけ、その支配を「独裁制」と同定し、ユリウス・カエサルの執政との差異を強調しつつ、建国に際しての残虐行為を是認する。「宗教」について論じられる第一一章から第一五章は、ヌマ・ポンピリウス王を「より賢慮ある、正義の人物」として、これによる信仰生活の導入をもって美と正義を伴った「王制」の発生とみなしたのちに、共和政期における敬虔の美徳の政治的、軍事的効用を示す諸々の事例を列挙するのである。ただし、ここにおいて考慮されるべきであるのは、「王制」が「僭主制」へと堕落したのち、タルクィニウス一門を討滅したブルートゥスとその周辺の人士、「度量、精神の偉大、富、高貴性において傑出した人物たち」による統治、つまりは「貴族制」の段階を叙述する第一六章から第一八章に至り、ポリュビオスの「国制の循環」の教説に則したローマ建国史の解釈の試みが完全に放棄されている事実である。僭主放伐に関する諸論説につづくのは、不可解なことに最初の三代のローマ王らの事績について論じた第一九章から第二四章 [I, pp. 248-256] である。[11]『ディスコルシ』の第一巻の第一八章末尾において、通時的論述における断裂が画然として生じていることは確かであるように思われる。この断裂があまりにも明白であるために、サンタンドレア山荘のマキァヴェッリ元書記官は、まず『ディスコルシ』の第一巻の第一八章までを執筆したのち、ひとたびはこれを放棄して『君主論』へと転じ、しかるのち『ディスコルシ』の残部を仕上げたとする学説が二〇世紀において広範に流布し、なかば定説的地位を占めることとなったのである。[12]

『ディスコルシ』の第一巻の第一八章に見て取れる時系列的な論述の連鎖の杜絶を、『君主論』の執筆へと促す霊感が降臨した痕跡とみなす学説の是非に関しては措くとしても、ここに至ってマキァヴェッリ元書記官が思索を中断し、ひとたび筆を置いた可能性は、おそらく極めて高い。というのも第一巻の第一六章から第一八章において、「国制の循環」と「混合制」についての伝統的教説に則るローマ史論が、ひとつの「アポリア」aporia、術語の原義に忠実な意味における「アポリア」に直面していることが明白に確認されるのである。第一六章中、タルクィニウス一門の打倒以後、いわゆる「ブルートゥスの倅ども」の抹殺をもってローマ共和政が継続的な自由を維持しえた次第が語られたのち、これは依然として当時のローマ人が腐敗堕落してはいなかったために可能となったことが指摘される。もしも、このときに市民らが腐敗堕落していたとするならば、ある僭主の放伐は、むしろ連綿と僭主どもの簒奪が繰り返される事態、つまりは隷従と放縦の反復を招来していたであろうというのである。つづく第一七章の表題によるならば、「腐敗した人民 uno popolo corrotto は、解放されたとしても、自由を維持してゆくことはこの上なく困難である」[I, p. 243]。同章は、表題に掲げられた命題の証左の最たるものとして、「カエサル、ガイウス・カリグラ、そしてネロの死後」、つまりは帝政下に「カエサルの血統が絶滅したあと」、ついに自由を回復することのできなかったローマ人の実例を挙げたのであった。タルクィニウス時代のローマ市民とは対蹠的に、カエサル時代のローマ市民は、もはや頽落の極みに至っていたのである。「素材〔人民〕materia が健全であれば、どんな騒動や内紛が起こったところで、国そのものが損なわれることはない。けれども素材が腐敗している場合……どれほど法律がよく整備されていようとも、どうすることもできない」[I, p. 244]（see, D. I. 11 [I, pp. 228-231]; 55 [I, pp. 309-313]; cf., P., 26 [I, pp. 189-192]）。『ディスコルシ』の著者は、『歴史』の著者が実見することはなかったもの、ただし明敏にも予見していた事態がほぼ現実のものとなることを知っている。すなわち、「国制の循環」の「自然の法則」を超克したかのようにみえる「完全なる共和政体」としての「混合制」が、まずはガイウス・マリウス、ついでカエサル、したがって平民党の領袖らによって破壊され、「衆愚制」へと堕したのちに壊滅へと至る史実を知っているのである。このことから『ディスコルシ』の著者は、ローマ国制史の通時的考究上、はやくも共和政の建設期に関する論説の段階で停止し、その最終的な「結末」fineに注意を転じて、やがてはそれが「素材」の腐敗とともに衰亡へと至った史実に関して深刻な思念に陥らざるを得ない。第一八章中に浮上する「アポリア」とは、端的にローマ共和政崩壊の、あるいは地中海帝国の全的滅亡の史実そのものであるように思われる。ついに古典的学殖を論及の枠組とするローマ史論の計画が放擲されることとなったのは、「国制の循環」に関する教説と不可分に結びついているひとつの心的態度、つまりはあらゆる都市の「死と滅亡」morte e rovinaの運命を予期しつつも、落涙と嗚咽をもってこれを甘受する悲劇的態度に対して示されたところの、絶対的に拭い去ることのできない、なかば衝動的な拒絶反応の痕跡であるように思われるのである。(15)

『ディスコルシ』の第一巻第一八章は、ローマ市中の習俗と人心の壊疽が「アジアとアフリカを統治し、ほとんどギリシア全土を征服」［I, p. 246］した段階に発生したと推理する点において、またしてもポリュビオスの『歴史』を踏襲する。ここにおいて提起されているのは、「ある腐敗した都市una città corrottaにあって、もしも自由な国制lo stato liberoが存在するとき、それはいかなる方法で維持することができるのか。あるいは、もしもそれが存在しないとき、それはいかなる方法で組織することができるのか」という問題である［I, p. 245］。それは、おそらくローマ史論上に提起されうる最も困難を孕んだ諸問題に属している。この難問に対して与えられている回答は、民衆の省悟と悔悛を待つのではなく、「極端な力una estrema forzaを有するひとりの個人」が極めて「異常」straordinarioな「諸々の手段」を行使して、腐敗した「素材」を清新な「素材」へと改良するならば、「自由な国制」は保持され、あるいは新規に樹立されうるというものである（see, D., I, 17［I, pp. 244-245］）。しかしながら、かかる「素材」の改良の企図の古典古代における事例と想念されていると思しき、スパルタ市のアギスとクレオメネス（see, D., I, 9［I, pp. 224-225］）、さらにはテーバイ市のエパミノンダスによる施策は、いずれも結局は不首尾に終わった事実が明示的に確認されていることからも窺い知れるように、難問に直面した諸論説は奇妙な逡巡、あるいは判断停止に陥るのである。「……このようなこと〔腐敗した「素材」の改良〕が、いまだかつて起こったことがあるのか、あるいはそれは可能であるのかどうか、私は知らない」(D., I, 17 [I, p. 244])。というのも個人に定められた命数は、幾世紀におよび蓄積された都市の悪弊を掃うには、あまりにも短い。したがって偉大な改革者の下、しばしの期間、風俗の改善がみられようとも、この改革者の没後には再び忌むべき頽廃が首をもたげ、昂進してゆくというのである。加うるに、極めて「異常」な「諸々の手段」を実践する者、つまり「共和国における君主たち」はほとんど無比の強権を確立せねばなるまいが、権力の階梯を上昇するにあたり、不可避的に悪辣な方法に訴えることもあるだろう。かくして支配権を掌握した「君主」が、その圧倒的な威勢をもっぱら高潔な目的、すなわち習俗と人心の改善に差し向けるという事態は、どこか想像し難いものがある。[16]『ディスコルシ』の著者は、爛熟極まった都市において共和政体が、ないしは「混合制」が維持され得るのか、「私は知らない」という。つまりは史上、最も優秀な国制としてのローマ共和政が、その自由を維持しつつ崩壊を回避する可能性が、はたしてありえたのかどうか、換言するならば「不滅の都市」の構築が可能であったのかどうか、「私は知らない」というのである。それゆえに、すくなくとも『ディスコルシ』の第一巻中、かの最も困難な問題に対して与えられた最も率直な回答は、むしろ第一八章末尾において確認されるように思われる。すなわち、「……腐敗した諸都市において共和政体を維持すること、あるいはそれを新規に創生することは、困難な、あるいは不可能なこと difficultà o impossibilità である」[I, p. 248]。

ニッコロ・マキァヴェッリが抱懐し、貫徹することを切望しているのは「人間喜劇」commedia umana の展望、すなわち天堂ならざる地上において、しかも神的恩寵に拠らずして、人間的配慮をもって大団円の歓喜を成就せんとする楽観的展望である。この展望が政治言語に翻訳された際に発生するのは、「前人未到の海洋と大陸」を征服するコンキスタドールの雄図に類比されるところの、「諸々の新しい様態と秩序」modi ed ordini nuoviをもって「不滅の都市」を建設せんとする空前の計画である。『ディスコルシ』以下の諸々の政治的主著が、いかほどまでに古典的政治学と親和的な言辞を尽くそうとも、究極的にはこれと訣別せねばならないのは、伝統的教説が人為の脆弱性について語り、あらゆる都市の必滅を予見する悲劇的展望と不即不離の関係を形成しているからである。ここにおいて銘記されるべきであるのは、かつて存在した諸々の偉大な都市がすべて廃墟と化し、かの「完全なる共和政体」もまた終末の火焔の渦中に消散していったという人類の幾千年の歴史的経験は、疑いなく伝統的教説の正しさを裏付けていることである。(17) それゆえに『ディスコルシ』において潜在的に、ときとして顕在的に看取される古典的伝統に対する不満は、歴史的経験に反する誤謬が説かれていることに対する不満ではなく、むしろ歴史的経験によって厳然と画されているかのように映じる「諸々の限界」terminiを前に座して諦観するという、なるほど節度ある悲観的態度に対する不満なのである。古代世界を割拠した諸々の偉大な都市、とりわけローマ共和政の倒壊過程に関する『ディスコルシ』中の解説が、古典的学識におけるそれと極めて類似しているのは、すくなくとも従前の歴史的経験を所与とするならば、伝統的教説は決して誤謬ではなく、むしろ到底、黙殺しえぬ妥当性を帯びていることが承認されていた証左であるだろう。

『ディスコルシ』の全篇を通じて、しばしばペルセウス打倒以後のローマ市民団の頽落は不可避であったとする認識が散見され、再三にわたり「人間喜劇」の展望が動揺をきたしたのち、ついに「不滅の都市」の建設は実現不可能であるという認識、換言するならば人類の生と政治的営為に関する悲観的認識が、ほとんど不意に漏洩されるに至っていることは、おそらく第一巻の第一八章が逢着した「アポリア」の深刻さを表現している。ポリュビオスによって「自然の理」の観点から予告されたところの、覇権確立以降のローマ共和政の「それ自体のなかに生まれる」であろう二つの災厄に関する洞察は、『ディスコルシ』中、歴史的事実として追認されている。光輝の頂点を極めたまさにその刹那、酸のごとくにローマ市民団を蝕み始めた第一の禍機は、征服領域から流入する巨万の富が醸成した強欲と奢侈、淫蕩の弊風であった。元来、自由な政治生活を秩序づけるにあたり最も有効であるのは、市民らを「清貧」povertà の状態に保つことである。「清貧」を名誉とみなす良俗は、「マルクス・レグルスの時代」、つまり第一次ポエニ戦争期には依然として堅持されていたことが知られる。だがそれは、「パウルス・アエミリウスの時代」、つまり第三次マケドニア戦争期を最後に払底したというのである。「……清貧は財産よりも、より豊かな果実を産出する。そして清貧が諸々の都市、地方、宗派に栄誉をもたらし、財産はこれらを滅亡させてきた……」(D., III, 25 [I, p. 484]; see, D., I, 37 [I, pp. 276-277])。事実、ローマ人は「清貧」の美風に扶翼されたる「力量」を保っていた共和政期、三度に及んで北方蛮族の猛攻を退けていたにもかかわらず、強欲と奢侈、淫蕩による腐敗の極まった帝政末期、西方帝国は同一の外敵、すなわち「ガリア、ヴァンダル、およびその他の種族」の南下をもって「滅亡」するのである (D., II, 8 [I, p. 347])。度重なる征服戦争における赫々たる勝利の帰結として生じた「質実剛健、その他の卓越した諸々の美徳」の喪失と政治的、軍事的勢威の逓減は、あたかも被征服種族の「復讐」であるかのようにみえる。『ディスコルシ』中、帝政期の諷刺詩人、ユウェナリスの含蓄に富んだ詩句 (6, 291-292) が共感と共に引用されている (D., II, 19 [I, p. 380])。「貪欲、享楽ひろまって、属国、ここに復讐す」gula et luxuria incubuit, victumque ulciscitur orbem。

ローマ市民団を「死と滅亡」へと至らしめる第二の禍機は、不断の哨戒を要する外敵の消滅と征服戦争の停止に伴って、行方を喪失した彷徨える選良らの気概、つまりは剣呑な怒気を含んだ倦怠であった。「困難な諸々の時代」tempi difficili において「力量」ある人士らが躍進し、とかく「安易な諸々の時代」tempi facili にあって卑劣な凡骨が金銭や縁故、あるいは阿諛追従を通じて増長するとは、この上なく不都合な永遠の真理であるように思われる。「偉大で稀有な人物は、共和国が平和な時代においては軽視されてきたし、これからも常にそうであろう」

(D., III, 16 [I, p. 465]; see, D., II, 22 [I, p. 385]; III, 30 [I, pp. 491-492])。ローマ共和政が「カルタゴとアンティオコスを破って以降」、つまりセレウコス朝シリアに対する戦勝以降、実力伯仲の強敵との死闘を想定する必要性が減少するに比例して、「力量」ではなく、人民の歓心を買う手管に富んだ人物が執政官に選出されてゆく傾向が増す。このとき、勇武英邁の傑士らが嫉妬と中傷の餌食となって、醜悪極まる下衆どもの風下に甘んじ鬱々と不遇を託つという、まこと恐るべき惨状が現出するのである。太平の下、「力量」を持て余して無為の不満に苦悩する者たちは、かくして時勢を「安易」から「困難」へと差し戻さんと内外の危機を扇動し、内訌や戦火を招来して都市の秩序を破壊していくのである。『ディスコルシ』は「不滅の都市」の実現を阻害して、ローマ市を「死と滅亡」へと至らしめた二つの禍機のうち、強欲や奢侈、淫蕩にもまして、気概の抑圧をより深刻なものとみなしているように思われる。というのも、もはや「人間喜劇」の展望は放棄されたかのごとき、人間的営為に関する悲観的認識を示す決定的な言明が吐露されるのは、第二の禍機について論じられる文脈においてなのである。すなわち、「共和国に生起するこのような秩序の動揺に確実な治癒を与えることはできないので、永遠の共和政体 una republica perpetua の建設は不可能 impossibile であることになる。というのも、その破滅は千の予測しえない仕方で引き起こされるからである」(D., III, 17 [I, p. 468])。

第二節　大洪水の浄化作用の模倣、そして人間喜劇のアポリアの克服

『ディスコルシ』中、「人間喜劇」の展望の著しい動揺をうけて、ついには古典古代の悲劇的展望が承認されたかのごとき諸論説は、確かに散見される。それらのうち最も重大であるのは、人類の種的記憶として、ほとんど普遍

的に語られる「大洪水」una inondazione d'acque についての伝承が主題となる第二巻の第五章［I, pp. 341-343］であるだろう。プラトンが、『法律』において、これまで幾度となく人類は「大洪水」を筆頭とする諸々の災厄をもって破滅してきたのであり、その都度に文明は原始の水準へと引き戻されたという伝承を、ひとつの真実として認めていたことが想起される。周期的に到来する大崩壊の災厄は「平野や海のそばに定住した国々」をことごとく滅亡させるのであり、これを生き延びて人間種の残り火となるのは「山に住む若干の牧人たち」であるために、周期的にあらゆる知識や技術は忘却されてきたはずである。この原始の薄明から、長久の星霜を重ねるなかで、喪失された知識や技術が漸進的に再発見されてゆく過程は反復されてきたというのである（677A）。かかる古代文献に広くみられる「大洪水」に関する教説が[18]、自然的摂理に対する人為の産物の究極的な脆弱性、人間的配慮についての悲観的認識の自然学言語による表明であることは疑いない。ポリュビオスの『歴史』においてもまた、自然的摂理としての周期的な大崩壊についての説明は、あらゆる国制の必滅についてのそれと同様の哀調を帯びているように思われる。「大洪水、疫病、穀物の凶作など、なんらかの原因で人類が壊滅し、そして人間とともにその文化も技術もすべて滅び去った……。このようなことは過去に起こったと言い伝えられ、今後も繰り返し起こるだろうと論理が教えてくれる」（6, 5）。『ディスコルシ』の第二巻の第五章が注目に値するのは、ここにおいて、人間的営為に関する悲劇的展望の自然学的説明が承認されているようにみえるからである。

『ディスコルシ』の第二巻の第五章は、冒頭第一文、聖書宗教の創造説に違背して「世界は永遠 eterno である」と説いた哲学者たちに言及したのち[19]、最終的にはこれらに完全に同意した立論を展開している[20]。提起される問題は、世界が「永遠」であるとするならば、何故、「五〇〇〇年以上も前の古い記憶」は保存されてはいないのかというものである。この問題に対して、同章は二つの回答を用意している。すなわち、「人間」に関わるものと、「天」cielo に関わるものである。太古の記憶の抹消の人間的原因とは、「宗教と言語」の変化である。ついで「天」

に関わる原因として挙げられるのが、「人間種を破滅させ、世界の居住民を少数へと減じる」ところの、周期的な「黒死病」peste、「飢饉」fame、そして「大洪水」であり、これについては古代文献、とくにプラトンの『法律』を忠実に踏襲したかのごとき説明が与えられている。[21]「大洪水」を生き延びるのは、「すべて山間僻地の粗野な者ども」であるために、破滅に伴って再三、過去の記憶は消滅してきたというのである。そしてポリュビオスの『歴史』と同様に、文明を壊滅へと至らしめる災禍は、無論のこと将来においても発生するであろうと付言されている。「人間的事柄は運動してやまないものであり、上昇、あるいは下降のなかにある」という洞察においても、『ディスコルシ』は『歴史』と一致していたことが想起される（see, D., II, proemio [I, p. 325]）。ただし、ここにおいて看過されてはならないのは、個体としての生物と人間の集合体との類比という、『法律』中の解説にはみられない視点から、「大洪水」がひとつの「浄化作用」purgazioneとして理解されていることである。「諸々の単純物体corpi sempliciの体内に過剰な物質が蓄積されてくるようになると、自然naturaは何度もそれ自体で運動して浄化作用を生み出すのであるが、これがこの物体の健康となる。人間たちからなる混合物体corpo mistoの場合でも、同じようなことが起こるものである」[I, p. 343]。『ディスコルシ』の著者の想像するところでは、人類の栄耀栄華が極まって、あらゆる大陸が人口稠密となり、地表に立錐の余地もない状態が現出するならば、「狡猾」astuziaや「人間的悪意」malignità umana、等々の道徳的頽廃の増長も極限に到達するはずである。このとき、「天」の作用によって「黒死病」、「飢饉」、あるいは「大洪水」が到来して惑星を粛清し、腐敗せる人類の大多数を抹殺するとともに、残り火としての生存者らの徳性までも「浄化」するという。「……世界は、必然的に三つの方法のいずれかによって浄化されねばならず、かくして人々は少数となり、打ちのめされて、より好都合に生き、そしてより善良となるであろう」。第二巻の第五章末尾にみられるこの記述の、古代文献と対比するに際して表出する異様さは明白である。というのも古代文献中、人間的営為の脆弱性を闡明して悲劇的展望に最終的確証を与えるべく、哀調とともに語られた「大洪水」の伝承が、驚くべきことに人類の種的不滅性を約束するものとして、ほとんど悦ばしき、人間存在に対する「自然の慈愛」the beneficence of nature であるかのごとくに語られているのである。[22] 絶対的な悲観論へと不可避的に導くかのように思われる主題が、『ディスコルシ』にあっては、はなはだ奇妙な楽観的気分と癒着している。

聖書宗教の説いている有限の時間の観念は、創造を始点として直線的に思念された時間軸の終点、つまりは歴史の終極における神的審判の観念と不可分であるがゆえに、「人間喜劇」の展望に相応しいものではない。「人間喜劇」は、神的恩寵を俟たずして、あくまで此岸における歴史的時間の内部において大団円を成就せねばならないのである。したがって「人間喜劇」の展望に親和的であるのは、むしろ古典古代の哲学者らによって説かれた「世界の永遠性」の教説であるだろう。しかしながら古代哲学が「世界の永遠性」を、人間的事柄において反復される治乱興亡の輪廻の不可避性、換言するならば、あらゆる人為の産物の必滅を確信する悲劇的展望と結び付けて理解したのに対して、「人間喜劇」はこれを、地上において達成されるべき「永遠の歓喜」eterna gioia の条件として理解するはずである。[23] 無論、『ディスコルシ』の第二巻の第五章にあっては、「始源」principio の無垢の回復による頽廃の根本的矯正の可能性、そしてここから発生する常軌を逸した楽観的気分は、「天」の作用に由来する「自然」の「浄化作用」に全面的に依存していることは確かである。ただし同章中、かなり忠実にプラトンの『法律』を踏襲している「大洪水」に関する解説には、アテナイからの客人の発話には確認されない極めて珍奇な、著者の真意を測りかねる要素が追加されていることは留意されるべきである。すなわち『ディスコルシ』の著者が、大崩壊ののちに残された「山間僻地の粗野な者ども」に言及した直後に付け加えるところでは、もしもこの田夫野人らのなかに「〔過去の歴史についての〕知識 notizia」を所有する者があったとしても、「〔彼は〕おのれに信望と名声をなすために、その知識を隠蔽し、歪曲し、その結果、彼ひとりが記述したいと望んだことが、そしてそれのみが後世の人々に残る……」[I, pp. 342-343]。かかる細部における追加要素は、同章が、自然的摂理に対する人間的営為の脆弱性という古典古代の洞察を忠実に追認するつもりはないことを示唆しているように思われる。ここにおいては、「大洪水後」の惑星に生存する「知者」が、過去の「知識」を改竄して述懐し、そのことによって廃墟の中に再び始動する新しい歴史の出発点を左右しうることが暗示されているのかもしれない。「知者」は、おのれのために人類文明の破滅を利用する。そして「天」と「自然」の不可抗力の猛威を出し抜くことで、新たな世界の建設を操縦して栄誉に浴するのかもしれない[24]。「知者」は悪魔のように強い。

古代文献中の「大洪水」に関する解説と対照して、『ディスコルシ』中のそれにおいて顕著に感得される異様な楽観的気分は、おそらく「人間喜劇」の展望がローマ史論上の「アポリア」に直面して、いかにしてこれを乗り越えんと企図したのかを解明する鍵である。「人間喜劇」の展望が、ローマ共和政の編成過程、つまりは「自然の法則」としての「国制の循環」の教説における「貴族制（優秀者支配制）」の局面を論じた第一巻の第一六章、第一七章、第一八章に至って逢着する「アポリア」とは、やがてはローマ市民が自由を喪失して、ついに史上最強の普遍的帝国もまた灰燼に帰したという歴史的事実そのものである。ティベレ河畔の七つの丘の小邑が「死と滅亡」morte e rovina を回避しつつ征服事業に邁進し、すべての大敵を併呑して地中海帝国を建設することができたのは、躊躇なく「諸々の限界」termini を侵犯したからであった。ローマ市民団は「古い城壁」la cerchia antica によって画された空間的な「限界」を侵犯するとともに、市民権の「限界」の拡張をもって広範な平民に参政資格を付与し、異邦人らの大挙流入を容認した。その結果として引き起こされる社会構造の変質に対しては、古来の法律と統治様式により策定された「限界」の修正、あるいは撤廃をもってして適応した。『ディスコルシ』は、かかる実践を「人間喜劇」の第一の原則、すなわち「静止」に対する「運動」の優越をみとめ、頻々たる「時流」tempo の変転に呼応した「変身（変化）」mutazione をよしとする原則に沿うものとして、全面的に肯定したのであった。

だが、ローマ人の実践は、緩慢ではあるものの着実に、「形式」formaにおける「変身」としての諸々の法制度改革をもってしては対処しえぬ禍機を醸成するのであり、ここから「大地の主たち」の「死と滅亡」の悲運が生じることになる。それは「素材（人民）」materiaの「腐敗」、劣化あるいは老朽化である。(25) それは、『ディスコルシ』の冒頭部分の執筆の進行に伴って、鉛のごとくに著者の脳裏に遺憾の念を沈殿させていったところの、「人間喜劇」の展望の貫徹を困難ならしめる大脅威であったはずである。「〔素材が〕腐敗した都市」にあって、共和政体は維持され得るのか、あるいはそこに新規に共和政体は樹立され得るのかという決定的な問題に対して、『ディスコルシ』の第一巻が回答するところでは、「私は知らない」。この回答の提出をもって、おそらく著者は思索の理路を中断し、ひとたびは筆墨を放擲したのである。かくも困難を孕んだローマ史論上の「アポリア」の突破を企図するにあたり、「人間喜劇」の制作者にひとつの霊感を与えたのは、「大洪水」の伝承から浮揚しうる人類の「浄化」、「始源」の回復の心象であったものと推察される。というのも、人間的技術は「自然」を模倣する（D., II. 3 [I. p. 337]）。もしも古典的学説上、「天」あるいは「自然」の作用として理解された「大洪水」が人間的配慮によって模倣され、ひとつの「混合物体」corpo mistoとしての人類なる生物種ではなく、「諸々の混合物体」corpi misti としての諸々の都市の内部において、「その始源へと回帰する」ritirare verso il suo principio 運動が再現されるのならば「不滅の都市」、換言するならば「喜劇の都市」の実現は可能であるだろう。

史実上、ローマ共和政の「素材」としての市民団における徳性の腐敗、劣化ないしは老朽化が、「大洪水」に比定しうる大規模な災厄によって「浄化」され、「始源への回帰」が達成された顕著な実例は、確かに存在する。それは、明白にリウィウス史書の叙述において確認されるところの、ガリア人侵攻とローマ市陥落に伴う「浄化」purgazioneの実例である。マケドニア王ペルセウス打倒に先立つこと二世紀、既に紀元前四世紀初年、ロムルス以下、賢慮ある君主たちによって整備された諸々の秩序は弛緩の極みに至り、古来の信仰と正義は顧慮されることなく、市民団の良識は地を掃い、怠慢の気風が充満しつつあったという。勇武英邁、不世出の傑士、この上なく卓越せる市民、フリウス・カミルスが護民官による不当な告発を被り、アルデア市への亡命を余儀なくされた事実こそが、腐敗の進行を証し立てている。独裁官在任時、カミルスはエトルリア随一の雄都、ウェイイ市との戦争を指導し、これを攻囲征服して、ロムルス以来、それまでローマ市が獲得してきた略奪物の総計に匹敵する戦利品をもたらしたのであった。しかしながら、ほとんど天にも届く栄光に浴するカミルスが、凱旋式において四頭の白馬の牽引する戦車に搭乗して入城したとき、おのれをユピテル神に類比しているとの誹謗中傷の標的となったのである。ついにカミルスが事実上の国外追放という忘恩的処遇を受けることとなったのは、人心の頽廃を計る指標としての嫉妬と讒謗の傾向が、相当程度、ローマ市民団に浸透しはじめていたことを示している。リウィウスによって指摘されるところでは、もしもカミルスがローマ市に留まっていたならば、この共和国がガリア人の攻勢にあえなく陥落することはなかったであろう。

人口膨張に苦慮するケルト系ガリア人諸部族は、イタリア半島の葡萄酒の魅力に引かれ南下を繰り返し、すでにアペニン山脈以東のアルプス山麓に大挙侵住して、次第に勢威を拡大していた。この北方蛮族の圧迫に直面したクルシウム市がローマ共和国に救援を要請したとき、調停にあたるべく派遣されたローマ人使節団が、当地においてガリア人使節団を殺害するという狼藉をはたらいたことからも、共和国市民の乱脈がみてとれる。暴挙に憤激したガリア人が憎悪の鋒先をローマに転じて侵略を開始するに際しても、市民らは狼藉をなした使節団の成員を処断することはなく、むしろこれらを護民官に任じ、迫り来る剽悍無比の大敵を侮るのみであった。やがてガリア蛮軍は城市と指呼の間に接近し、これを駆逐すべく急遽編成された軍団は、著しく練度の低いままに、なんらの宗教儀式も挙行することなく出陣して、ローマ市北方、アリア川付近にて蛮軍と交戦、あえなく壊滅した。凶報の飛来をうけて、もろくもローマ市は恐慌状態に陥り、都市防衛の意志すらも挫かれ、ほとんど市民総員がカピトルの丘陵へと逃避して、市壁の外部に飛び交い始める北方蛮兵どもの叫喚に打ち震えるのみだったのである。蛮軍は歩哨の影すらもみえぬ城壁を突破して市街に乱入、ここに留まった市民らを殺戮し、略奪と破壊によって丘陵を除くローマ市は廃墟と化した。ローマ史上、城壁が突破され市街が灰燼に帰した事例は、これを措いて西方帝国の壊滅期、かの教父に『神の国』の執筆を促したアラリック王によるローマ劫掠があるのみである。

このとき、アルデア市に亡命中のフリウス・カミルスが、祖国あやうしの悲痛な呼び声に決起する。カミルスはアルデア市民に助力を請うて兵員を募り、アリア川の敗戦以後、雌伏するローマ敗残兵らを糾合しつつ軍団を編成し、いまや命運の尽きんとするローマ市へと帰還した。カピトルの丘陵より、すべての生存市民らが固唾を飲んで見守るなか、カミルスはガリア蛮軍と会戦、大捷し、潰走する蛮兵らのことごとくを討ち取った。かくしてローマ市民団は、法秩序を厳正に保つ必要性を再認識し、古来の信仰と正義を回復して、ガリア人来寇を招来した使節団の成員を処罰するのみならず、おおいなる栄誉をもってカミルスを顕彰したのであった。もはや生ける英雄伝説となったカミルスは、望めば「ローマ王」として登位することさえも可能であったといわれる。しかしながらカミルスはよく自制し、伝来の共和政体を護持しつつ、生涯、ひとりの市民としてローマ市の廃墟からの再建設を指導してゆくのであった。リウィウス史書（5, 49）は、カミルスをもって「祖国の父」、「第二の建国者」、したがって「第二のロムルス」とする世評に言及しつつ、いかなる逡巡も留保もなくこれに同意している。[26] 北方蛮族によるローマ破壊が、頽廃し、劣化し、老朽化した市民たちの徳性と制度祭式における「浄化」、つまりは都市の「始源への回帰」の契機として認識されていたことの証左であると思われる。[27]

「このように外部的な衝撃 battitura estrinseca がローマに襲いかかって改革を促したため、ローマ固有のすべての秩序が回復され、人民も以下のことを自覚するに至る。すなわち、本来の宗教や正義を保つことが是非とも必要であるばかりでなく、市民のなかの傑出した人物を尊重してその卓越した力量を活用し、彼らの高邁な生き方を台無しにしてしまう安易な方法を排除することこそ、市民の急務であると」(D. III. 1 [I, p. 417])。ローマ共和政は、はやくも紀元前四世紀初年、「形式」forma における改変としての諸々の法制度改革、あるいは抜本的な国制改革をもってしても対処しえぬ危機、つまりは「素材（人民）」materia の腐敗に直面していたという。運命の悪意と「時流」の変転に対峙して、ひとつの静態的な「形式」に拘泥する愚を犯すことなく、不断に「運動」を繰り返すことによって、換言するならば「変身（変化）」をもってして適応すべきであるとの教説が、「人間喜劇」の根源的楽観論を貫徹するにあたり、絶対的な「限界」に遭遇せねばならないことは銘記すべきである。このことは、喜劇『マンドラーゴラ』中、かのフィレンツェ人の淑女、ルクレツィアが、ローマの烈女を模倣することなく「変身」を遂げて貞節を放擲するのみでは、断じて「人間喜劇」の展望の完成は果たされなかったことを勘案するに際して明白となる。というのも、陰謀をなして、ルクレツィア夫人が首尾よく不貞の歓喜をいかほどまでに謳歌しようとも、その「素材」における不可逆的な劣化、つまりはその身体の老化の冷厳なる過程に抗うことは絶対的に不可能である。腐敗ののちの「死と滅亡」が、あらゆる「単純物体」に定められた「結末」fine である以上、個体の水準における根源的楽観論の貫徹、「命数の限界」termine della vita の超克は絶対的に不可能であることになる。(see, D. III. 1 [I, p. 416])。「人間喜劇」は、すべての個人の生涯が例外なく苦難と悲嘆に満ちており、あらゆる政治的、社会的、経済的、技術的改良も、ただその事実を可能な限り上首尾に隠蔽してみせるだけであることを承認していたと云えるのかもしれない。それゆえに『マンドラーゴラ』の「人間喜劇」の展望は、いまひとつの喜劇、姉妹篇『クリツィア』による補完をもってはじめて、すなわち解き放たれた愛欲の成就の帰結として、新生児が誕生する事実が告げられてはじめて、根源的楽観論の保障をみいだすのである。「古きもの」がやがて腐敗し、劣化し、死滅してゆくのに対して、あくまで「新しきもの」は誕生する。この「素材（身体）」における「始源」principio の回復、新旧交代、「新しきもの」の隆盛の心象、したがって「人間喜劇」の第二の原則による補完を経ることで、絶対的に楽観的な展望は救済される。「混合物体」としての都市においても、生物の「素材（身体）」と同様、「形式」における「変身（変化）」の如何とはほとんど無関係に「素材（人民）」の頽廃、劣化、老朽化の不可逆的な過程は常に進行している。かくして「不滅の都市」の建設の計画としての「人間喜劇」によって要請されるのは、まさしく『マンドラーゴラ』および『クリツィア』中の新旧交代、「素材（身体）」における「始源」の回復に対応する契機であるだろう。それゆえに、ガリア人の来寇に伴うローマ市の壊滅と「素材（人民）」の「浄化」、「始源への回帰」に関するリウィウス史書中の叙述は、根源的楽観論を確立せんとする『ディスコルシ』の未曾有の計画上、枢要の意義を帯びることになるはずである。注目すべきであるのは、「形式」における最大規模の変態、ただしローマ史に関しては王政から共和政への移行にのみ適用されている「変革」alterazione なる術語が、ほとんど「形式」における「変化（変身）」を伴うことのなかった事業、フリウス・カミルスのローマ再建設に適用されている事実である［I, pp. 416-417］。それは『ディスコルシ』中、この術語が国制の最大規模の再編成以外の意味で使用される唯一の事例である。かかる「形式」ならざる「素材」における「変革」としての「始源への回帰」の着想こそは、第一巻の第一六章、第一七章、第一八章が逢着した「アポリア」の打開を可能ならしめるように思われる。

「……共和国や宗派のごとき混合物体を始源へと回帰せしめる諸々の変革 alterazioni は安全のためのものである。……ローマ人が再生 rinascere して、再生することによって新たな生命と新たな美徳 nuova vita e nuova virtù を回復し、すでに損なわれはじめていた宗教と正義の遵守を回復することを望むのならば、ガリア人によって占領されることが必要であった」（D, III, 1［I, pp. 416-417］）。

『ディスコルシ』の「不滅の都市」を実現せんとする計画が、かの「アポリア」の突破を企図するにあたり、フリウス・カミルスをめぐる逸話、「始源への回帰」としての「変革」、ローマ共和政における「素材（人民）」の「浄化」に関する伝承は、ほとんど最大限の重要性を帯びるかのようにみえる。しかしながら注意を要するのは、リウィウス史書中に確認されるカミルスへの最高の賛辞、つまりは根源的楽観論を支える「始源」の回復の心象と極めて親和的であり、圧倒的な英傑に傾倒する著者の嗜好にもおおいに適うかのように思われる「第二の建国者」、あるいは「第二のロムルス」なる賛辞に対する言及が、『ディスコルシ』中にまったく確認されないことである。事実、ローマ市の破壊と再建設の故事そのものに対する『ディスコルシ』の言及は、主題の重要性に比して不自然なまでに寡少である（D., I, 8 [I, pp. 220-221]; II, 29 [I, pp. 404-407]; 30 [I, p. 407]; III, 1 [I, pp. 416-420]）。『ディスコルシ』の著者が、もしも徹頭徹尾、リウィウス史書を聖典視する古典古代の使徒であったならば、高揚のあまり饒舌となったに相違ないローマ復活の伝承に関して、はなはだ奇妙にも平静、もしくは冷淡ですらある態度を示していることは、この著者が、むしろ斬新奇抜な「人間喜劇」の制作者であったという事実から、最も適切に説明することができるだろう。というのも此岸において、そして人間的配慮をもってして大団円を成就せんとする「人間喜劇」の見地に拠るならば、カミルスにまつわる事変は、古典古代の致命的な欠陥を証し立てるものと映じたはずである。『ディスコルシ』は、ガリア人襲来とその顚末を「外部的な衝撃」battitura estrinseca と形容しつつ、これを「外部的な偶然」accidente estrinseco と換言している（D., III, 1 [I, p. 417]）。紀元前四世紀初年のローマ共和政における「始源への回帰」の運動は、さしあたり事態の好転へと帰着したものの、人間的配慮ならざる「偶然」の産物であったがゆえに、顕彰ではなく冷徹な批判的吟味の対象であらねばならない。というのも「偶然」の僥倖に救済されて歓喜することは、運命の猛威に対する人間的営為の脆弱性を認識して諦念するところの、あるいは粛然として「天」、ないしは「自然」に起因する「大洪水」を望見するところの、古典的な悲劇的展望の裏面であるにすぎず、あくまでも指弾の対象であらねばならないのである。元来、「人間喜劇」は「機械仕掛けの神」deus ex machina に依存してはならない。

「外部的な衝撃」、すなわち「外部的な偶然」によるローマ共和政復活の伝承に、最も詳細な解説が加えられるのは、『ディスコルシ』の第二巻の第二九章においてである。それは、「運命の女神は、人間が自分の計画 disegni に違反しようとすると、その精神を盲目にする」と題された章である〔I, p. 404〕。この表題が、リウィウス史書中にみられる一文（5, 37）の相当に忠実な引き写しであることは注意を要する。『ディスコルシ』は、かの「始源への回帰」に逢着した事件の経緯すべてを「運命の女神」の配剤とみなす古典古代の立場に、意識的に同意していることになる。確かに、人間的事柄には「天の力」la potenza del cielo が作用しているように思われる。というのも、カミルスの国外追放、クルシウム市におけるローマ使節団の愚行、ガリア人の進軍に対する拱手傍観、アリア川の敗戦、これらすべての失策にもかかわらず、ローマ市民らのカピトル籠城は成功裡に進捗し、カミルスは生命を絶たれることなく亡命して、これの決起に合流せねばならぬローマ敗残兵たちは健在のまま逐電したのであった。リウィウスは事変全体の推移を解釈して、ローマ再建設の資源については保証しつつも、市民らの堕落と驕慢を戒めるべく、しばし市民らの「精神」を「盲目」ならしめるという「天の力」が作用したものと説明したのであった。それらはすべて、「運命の女神」によって制作された筋書であったというのである。『ディスコルシ』は、カミルスとローマ再生、「始源への回帰」としての「変革」に関する逸話の解釈について、完全にリウィウスに同意する。ただし、この同意は、史実上のローマ共和政がついに突破できなかった「宿命の柱」columnae tanquam fatales を超克せんとする計画、つまりは人間的配慮をもって「始源への回帰」を達成し、「不滅の都市」を実現せんとする「人間喜劇」の計画、換言するならば、「運命の女神」ならざる人間こそが、おのれらの演じる悦ばしき喜劇の筋書の制作者となるという未曾有の計画の、まさしくそこから離脱すべき出発点を確認しているにすぎないのである。「〔リウィウスの原典から〕極めてよく認識されるのは、ローマをより偉大ならしめ、かの偉大さにまで導くために、運命はこれに衝撃を加えることが必要であると判断しつつ、ただしこれが完全には滅亡に至らないことを望んだということである。これについては、次巻〔第三巻〕の冒頭で詳細に論じられるであろう」〔I, p. 406〕。

「序文」proemio の欠落した『ディスコルシ』の第三巻の冒頭、したがってその第一章の表題によるならば、「宗派や共和国が長く生きることを望むのならば、しばしばその始源 principio へと引き戻すことが必要である」[I, p. 416]。同章中、第二巻の第二九章に予告されたところの、運命の配剤によるローマ再興の故事に対する言及が実際におこなわれている。ただし、そのさほど詳細ではない言及は、「外部的な偶然」に依存して爛熟の都市の「浄化」を達成しようと思念することを厳重に戒めるためにおこなわれるのである。「……〔諸々の混合物体にとって〕必要であるのは、始源に抱いていた信望を再びわがものとするよう努力することである。しかも優良な法律と傑出した人間によって、始源を回復するように努力せねばならない。外部の力を借りて実現しようなどと考えてはならない。ローマの実例にみられるように、ときとしてそれが便法でありえないこともない。しかし、これは極めて危険を伴う荒療治であって、好ましいものではない」[I, p. 420]。ここにおいて、「外部の力」una forza estrinseca としての「外部的な偶然」に対置されるのは、「優良な法律と傑出した人間」の力能、つまりは「内部的な賢慮」prudenza intrinseca である。「内部的な賢慮」なる言辞が、『君主論』の第二五章冒頭と同様、「運命」と「神」に対置される人間の「自由な意欲」libero arbitrio そのものと同義に用いられていることは明白であるだろう。「新しい様態と秩序」は、「自由な意欲」をもって「大洪水」を随意に発動し、再三、都市の「素材（人民）」を粛清して刷新を達成する。そしてローマ共和政の「命数の限界」termine della vita を超克し、「不滅の都市」を建設して「永遠の歓喜」eterna gioia を享受せねばならない。ただし『ディスコルシ』は、リウィウス史書に関する諸論説の体裁をあくまで堅持する。それゆえに「自由な意欲」をもってする「始源への回帰」の諸事例を、ついには悲劇的結末に逢着したはずのローマ共和政における諸々の事績のうちに読み込むという、なかば牽強付会の方法が採用されるために、「新しい様態と秩序」の企図と古典古代の賛美との区別は混濁し、第三巻の異常な新奇さは隠蔽される帰結が生じることになったのである。

かくして提起されるのは、「いかにして特定の個人の諸々の行為がローマを偉大ならしめ、かの都市に数多くのよい結果を引き起こしたのか」という第三巻の主題である。この「よい結果」buoni effetti が厳密な意味に解されるのならば、「外部的な偶然」、あるいは「運命の女神」の所為からは画然と区別されるべき、人間的営為をもってする「始源への回帰」と同一であることは疑いない。(28) 第一巻の第一六章、第一七章、第一八章においては断念された「極端な力を有するひとりの個人」による極めて「異常」な「諸々の手段」に対する信頼が、ほとんど「自然の慈愛」として想念された「大洪水」に関する解説を媒介することで、十全なまでに回復されているように思われる。諸々の卓越せる市民の極端苛烈、耳目を聳動せしめる異常行為こそが、不可逆的に進行する都市の「素材（人民）」の頽廃、劣化、老朽化の冷酷なる過程を切断し、「始源」の純正への「回帰」を可能ならしめるというのである。「永遠の共和政体」una republica perpetua を約束する「人間喜劇」の根源的楽観論は、『ディスコルシ』の第三巻に顕示されるところの「自由な意欲」による「大洪水」の招来、「浄化作用」に伴う清新の回復、「新しきもの」の反復的な勃興の心象の追加をもって完成する。それは、喜劇『クリツィア』による『マンドラーゴラ』の補完に比定することができるだろう。一五〇〇年代初年の文書中、かの言辞すらほとんど不在ではあるものの、都市の「素材」における「変革」alterazione、すなわち「革新」rinnovazione の巨大運動として理解された「始源への回帰」は、おそらく近現代政治史における最も壮大にして意義深い現象の、極めて原始的な意味内容を変奏していることが強く疑われる。『君主論』と『ディスコルシ』の「正真の注釈者」とはニッコロ・マキァヴェッリ没後の歴史全体であるという、ジョン・アクトン卿（Lord John Acton, 1834-1902）の評言が想起される。(29) かくして以下、本章の論述は、ただひとつの命題の成否にすべてを賭ける。すなわち『ディスコルシ』の第三巻は、「革命」revolution の政治現象を主題とした最初期の文書に属す。

第三節　『ディスコルシ』の第三巻の主題、すなわち始源への回帰と革命の原義

近現代政治史上、端倪すべからざる意義を帯びることとなった数々の政治現象に冠せられている術語「革命」revolution は、現在、はなはだ広範囲に及ぶ諸観念を包摂するために、これに対して明確な概念規定を与えるには非常な困難が伴う。まず、それは「古い、廃れたものとみなされた政治的、社会的、経済的諸秩序の破壊」であると同時に「新しい政治的、社会的、経済的諸秩序の意識的な政治的創造」である。しかしながら一七八九年のパリ市の盛夏以降、飛躍的に尊厳を増大して意味内容を深化させてきた結果、それは「諸々の古い体制の倒壊と諸々の新しい体制の出現を明白に望ましいと、因果関係上、驚くにはあたらないと、さらにはおそらく因果関係上、不可避でさえあるとみなす、ひとつの近代世界史についての見解」をも意味するに至る。そして、それはついに「古きものの倒壊と新しきものの再構成を加速させる試みのうちに営まれるところの、諸々の人間の生の存在論的な価値」の表象にまで上昇したかのように思われる。[30] あるいは二〇世紀中葉以降、この術語は特定の政治的事象に関する概念であることを止め、あらゆる人間生活の局面に適用されることとなったために、すでに「理想的生活様式を表現する特定不可能な概念」に昇華したことが指摘される。いまやそれは、「年功に挑戦する若者であり、人口爆発と社会的制約からの解放であり、不可能事の達成であり、世界を内面的なものであれ、外形的なものであれ、いかなるイメージにも合わせて再構成するための定式」と一致したというのである。確かに、それは目下、「年長者たちの抑圧に反抗する青年たち自身の解放と満足感を表現する手短な語」として一般に通用しているのかもしれない。[31]

政治的術語としての「革命」を理解するにあたり、あらかじめ留意すべきであるのは、「革命」の語源は古典

古代にまで遡及することはできず、これと精確に符合する語彙が古典文献において明白に欠落している事実である。無論、たびたび古代文献の翻訳者らは、古典期ギリシア諸都市における政治変動を意味する諸々の用語の訳語としても「革命」を採用する。このことは、ときとして「革命」に、たとえば「諸々の成功した叛乱」successful insurrections のごとき極端に単純明快な定義があたえられ、それが「戦争」や「内紛」と同様、おそらくは人類文明と同程度に古い政治現象を意味する一般的用語として運用される事態のありうることを示唆している[32]。かかる馬鹿馬鹿しいほどまでに単純明快な定義において、この術語を端的な「叛乱」から区別する喜劇的含意が不意に漏洩しているようにみえるのは興味深いことである。しかるに「革命」に関して主題的に考究した論者の多くは、これを「国家」state や「主権」sovereignty と同様、特殊近代的な政治現象を指し示す術語として把握している。それは「多くの政治的記録のうちでも最新のもの」に属するがゆえに、古典古代にあっては未知の現象であり、したがって偉大な伝統に属する著述家らは、それについて語る言葉を持たなかったというのである[33]。

「革命」を特殊近代的な政治現象とみなす理解は、世界歴史に関する至極常識的な理解によっても支持されているようにみえる。世界人類の年代記上、常識的用法によって最初に「革命」の術語が適用される政治変動は、ブリテン島における絶対王権の倒壊、ステュアート王朝の一時的杜絶へと帰着した一連の政治変動、すなわち「ピューリタン革命」Puritan Revolution である。つまり、現在、史上最初の「革命」として広く認識されているのは、一六四〇年と一六六〇年の間に生起した諸々の事変の連鎖、王党派と議会派の武装闘争の開始から議会派の勝利、そしてチャールズ一世の斬首処刑と共和政樹立、オリヴァー・クロムウェルの独裁へと至った政治変動なのである。政治的術語としての「革命」の意味内容を、その起源に遡行しつつ精確に把握せんとする試みの端緒となりうるのは、「ピューリタン革命」なる名称は同時代人の用語法ではなく、疑いなく一七八九年以降の政治的経験との類比の観点から一八世紀末年、ないしは一九世紀に発生したことが確認されている事実であるだろう[34]。同時代において、イギリス国王の処断をもって絶頂に達する事態の推移に冠せられた一般的名辞は、まさしく「内戦」the Civil War、あるいは「大反乱」the Great Rebellion であったことが知られている。(35) ただし、ここにおいて最大限の注意を要するのは、英語をもって、そして同時代人によって「革命」なる術語が慣用的に冠せられることとなった最初の巨大な政治変動が、いわゆる「ピューリタン革命」につづく一六六〇年の事変であったという事実である。一六六〇年のイングランド人らが、むしろ「内戦」、あるいは「大反乱」の収拾と共和政の撤廃、チャールズ二世の即位とステュアート王朝の復辟、したがって「王政復古」the Restoration を「革命」として認識したという事実は、近代史に関する現今の常識的な理解、慣習的な用語法に照会するならば、まこと驚倒に値する事実として浮上するのである。

初代クラレンドン伯爵、エドワード・ハイド（Edward Hyde, 1st Earl of Clarendon, 1609-1674）は、一六四二年より王党派の成員として活発に行動し、そのためチャールズ二世の信任厚く、一六六〇年以降の復古的諸政策を主導した有力政治家である。(36) この政治家は、『イングランドにおける反乱と諸々の内戦の歴史』*History of Rebellion and Civil Wars in England* と題された一六四〇年代の動乱に関する史書の執筆者としても知られる。一七世紀の英語における「革命」の意味内容を調査した諸々の研究上、クラレンドン伯爵は「王政復古」に際して、これを「革命」と形容しつつ祝福したという事実がほとんど例外なく言及されているのは、(37) ここにおいて政治的術語としての「革命」の原始的な意味内容が、極めて明瞭に表出していることに起因するものと思われる。すなわち、まず「革命」とは、元来、「出発点への回帰」turning back to the starting point の現象を表現する術語であった。それゆえに一六六〇年の政治変動こそが、とりわけ王党派に属する政治家によって、共和政樹立に伴い放棄された古来の国制の回復、正しき「出発点」を指向する転回、つまりは「革命」として語られたのは至極当然であったことになる。さらに伯爵は、一六四〇年から二〇年の期間に生起した諸々の事変を、「ある凶星の邪悪な影響」the evil influence of a malignant star による常態からの逸脱と理解していたとされる。このことから政治的語彙における「革命」には、いまひとつの看過すべからざる要素が伴っていたことが確かにみてとれる。すなわち、「出発点への回帰」を意味する「革命」なる術語とは、中世期末から文芸復興期、イスラム科学から西方世界へと広範に流布したところの、天界の諸惑星の運行と地上の諸々の個人、家門、あるいは政治体制の治乱興亡との間には照応関係が存在すると想定した占星術的世界像を、はなはだ濃厚に反映する用語なのであった。天界の諸々の星辰の合法則的な円環運動のなんらかの影響下、ある政治的事象が暫時の逸脱ののちに「出発点」へと復位する運動こそが、一七世紀の政治的語彙における「革命」だったのである。

現在、「ピューリタン革命」なる術語が適用される一六四〇年から一六六〇年に至るイングランドの政治変動は、同時代人により「内戦」、あるいは「大反乱」として語られ、一六六〇年における「王政復古」の事態が「革命」として認識されたのに対して、一六八八年から一六八九年に発生した政治変動に一般的に冠されている名辞「名誉革命」Glorious Revolution は、まさしく同時代人の使用に起源することが確認される。このことは、復活したステュアート王朝がチャールズ二世からジェームズ二世へと継承されてゆく過程で次第に絶対主義的傾向を強化して、親カトリック的態度までも顕在化させるにおよび、議会によるジェームズ二世のフランス追放、メアリ二世とウィリアム三世の即位へと帰結した事変が、同時代人によって、ただし一六六〇年の与党とは異なる党派によって「古き善き法」の回復、したがって祝福すべき「出発点への回帰」として想念されたことを示している。そしてカトリック勢力の打倒という事態が、エリザベス治世の一五八八年（アルマダ海戦）から精確に一世紀を隔てて再発したことから、「名誉革命」なる用語にあっても、「諸天の完全な一回転」a complete turning of the heavens の影響下に生起した政治現象であるという含意が強固に編み込まれていたのであった。(38) いわゆる「ピューリタン革命」が一七世紀の用語法によって「革命」と認知されることがなかったのは、政治変動の激越性、あるいは変動の急展開の驚くべき性質の程度においてこの術語に値しなかったことによるのではなく、チャールズ一世の処刑と共和政の出現という未曾有の事態が、いかなる党派にとっても、またいかなる意味においても、天体運行と連携した「出発点への回帰」として受容される余地が皆無であったことによるのは疑いない。一八世紀末年以降、一六四〇年と一六六〇年の間に進行した一連の擾乱事件が「内戦」、あるいは「大反乱」であることを止め、「ピューリタン革命」なる名称を獲得して意義と尊厳を増すに応じて、「王政復古」が「革命」として説明された事実は黙過され、「名誉革命」をもって「史上すべての革命のうち最も保守的なもの[39]」とする歴史理解が浸透してゆくことになる。一七八九年に開始した政治に関する思想と実践の巨大変動が全西方世界に、ついにはほとんど惑星全域に伝播するに応じて、「イギリス名誉革命体制」をブリテン島における「旧体制」ancien régimeと認識する歴史理解は共有され、「革命」の意味変容が進行し、その政治的術語としての原義は忘却されてきたことになる。

中世期に流通した最古の形態における「革命」revolutioなる言辞は、後期ラテン語の新造語であった[40]。その最初期における語義は、なんらかの物体がある点からいまひとつの点へと移行する運動、そして運動に伴う諸々の変化を表象していた。ただし、ここにおける運動は無論のこと諸々の新しい状態を産出するとともに、曲折を経て「出発点」へと、つまりは「始源」へと回帰する必然的、永続的な円環運動として想念される。動詞「革命する」revolvōは、「後ろへ回転させる」、「逆転させる」、「初めに巻き戻す」、「始源へと回帰する」の意味で用いられたとされる。それゆえに、まずもって「革命」の用語が、第一義的に天界の星々の公転運動を指し示すための単語として使用されたのは、至極順当であったことになる。ニコラウス・コペルニクス（Nicolaus Copernicus, 1473-1543）の主著、『天体の回転〔革命〕について』*De revolutionibus orbium coelestium*（一五四三）の表題から明白に窺い知れるように、一六世紀に諸々の天体の周期的運動の円心が地球から太陽へと変換されるに際しても、この最原始の意味内容は維持されていたのであった。しかるに季節と歳月の更新をつかさどる諸々の星辰の運行を指示した用語が、次第に地上へと降下して、より人間的な事物に相応の仕方で転用された結果、多様な派生的語義を帯びていったであろうことは想像に難くない。すなわち、本来の「時間の回転」、あるいは「諸々の時代の回転」の意味から「時間を通じた変化」の意味が生じ、さらにそこから「ある突然の、驚くべき変化」、そして「ある出発点へと向かう前方への、あるいは後方への転回」等々、充分に政治現象に転用可能な語義が派生してゆくのである。かくして理論的な天文学上の概念を政治的語彙へと降下せしめてゆく決定的要因として、しばしば中世期イタリア諸都市における自然的占星術の汎流行が挙げられる。占星術的世界像にあって諸々の惑星は、各々の周回軌道を旋回しつつ天蓋より坤輿に対してなんらかの効力を照射して、地表の人間的営為の成否を左右するものと想定される。しかも惑星は、ほとんど数学的な正確さをもって規則的に運行しており、この運動法則に精通した賢人は特定の日時における特定の惑星の位置を完璧に予測することができるはずである。したがって賢人は、星辰の合法則的な円環運動の観想を通じ、諸々の個人、家門、とりわけ都市に到来しつつある吉凶の出来事に関して、なんらかの予測をおこうことができるのかもしれない。まさしくこれこそが、「賢者は星辰を支配する」Sapiens vir dominabitur astris の標語の真意なのであった。一四世紀以降、あいついでイタリア諸都市が、自然的占星術をもって政治変動の予測に従事する官職の付設に至ったことが記録されるようになる。

イタリア半島において、天文学用語「革命」revoluzione（rivoluzione）の政治現象への転用は、すでに一四世紀のうちに発生したことが確認されている。(41) イタリア語における諸々の用例は、政治的術語としての「革命」が、当初から大規模かつ抜本的な、ときとして国制上の改変を伴う政治変動の意味で使用されたことを明確に示している。一六世紀に至ってフランチェスコ・グイッチァルディーニは、一四六九年のフィレンツェ市におけるピエロ・デ・メディチの逝去に伴い、内外の衆人らが「革命」の勃発する可能性について口々に噂したという逸話を書きとどめている。(42) 同様にベネデット・ヴァルキ（Benedetto Varchi, 1503-1565）は、一五二七年四月二六日にフィレンツェ市街に勃発したところの、いわゆる「金曜日の騒乱」Tumulto di Venerdi に「金曜日の革命」Revoluzione di Venerdi として言及したとされる。(43) しかるに、これらにもまして注目に値するのは、ヤーコポ・ナルディ（Jacopo Nardi, 1476-1563）の史書中にみられるという諸々の「革命」の用例であるだろう。すなわちナルディは、あまりによく知られたフィレンツェ市の三つの政治変動、つまり一四九四年におけるメディチ政権倒壊、ついで一五一二年における共和政崩壊とメディチ家の復辟、そして一五二七年におけるメディチ一門の再度の追放のすべてを「革命」と形容したのであったが、ここでは各々が「ある出発点」への、ただし党派によって認識の異なる「出発点」への「回帰」の運動として意識的に語られているのである。一四九四年の政変はメディチ一門による寡頭的体制以前の共和政体への「回帰」として、ついで一五一二年の政変は一四九四年以前のメディチ体制への「回帰」として、そして一五二七年の政変は一五一二年以前の共和政体への「回帰」として意識されているのであった。かかる天体の周期的な運行と連動したものと想像されるところの、「ある出発点への回帰」としての巨大な政治変動こそが、政治的術語としての「革命」の原義である。文芸復興期、この中世期イタリア起源の用語がアルプス以北への伝播を開始し、その原義を留めたままドーヴァー海峡を踏破して、一七世紀のブリテン島において広く人口に膾炙したものと理解することができるだろう。

歴史家、ヤーコポ・ナルディは、ジロラモ・サヴォナローラの信奉者にして熱烈な共和主義者であり、反メディチ派として行動したフィレンツェ市民であった。(44) ナルディは、ルチェッライ家の庭園に蝟集した知的市民のひとりとして、『ディスコルシ』執筆期のニッコロ・マキァヴェッリ元書記官とも議論を交わしたことが知られている。この歴史家が、元書記官の臨終に立ち会った四名の朋友のひとりであった事実は、両者の終生の親交を証し立てる。(45) しかるに両者の知的環境の顕著な親近性にもかかわらず、元書記官が、自身の公的生活における躍進の契機となった一四九四年の政変について、そしておのれがいわば当事者として渦中に実見した一五一二年の政変について、あるいは失意の晩年に最後の落胆を添えることとなった一五二七年の政変についてもまた、「革命」なる術語を用いて言及していないのは興味深いことである。否むしろ、元書記官の畢生の政治的著作、『君主論』ならびに『ディスコルシ』において「革命」なる術語が実質的に不在であることは、二〇世紀に至りニッコロ・マキァヴェッリが「革命の精神的な父」the spiritual father of revolution とも評される事実を勘案するならば(46)、絶対的に無視し得ぬ疑問符として浮上するのである。ただしマキァヴェッリ元書記官は、大規模な政治変動を指示するための用語として、ほとんどもっぱら「変様」variazione、「変化（変身）」mutazione あるいは「諸々の政体の変化」mutazione di stato、そして「変革」alterazione を使用しているものの、政治的語彙としての「革命」の意味内容を適切に理解しており、しかもこれが同時代における多くの歴史家や政論家によって好んで用いられている事実を知らなかったわけではないらしい。そのことは、『君主論』中の重要性に劣るとは言い切れない箇所、すなわち最終章に「革命」の言辞の使用例が確かにみられることから窺い知れる。「先に列挙したイタリア人らが誰も、ご尊家〔メディチ家〕によって成し遂げられるであろうことが望まれている事柄を実行できなかったとしても、そしてイタリアにおけるかくも多くの革命 tante revoluzioni di Italia、そしてかくも多くの戦争における作戦行動では、常にイタリアの軍事的力量が死滅したかのようにみえたとしても、驚くにはあたらない」(P. 26 [I. p. 190])。この著者にあっては極めてめずらしい『君主論』中の使用例からみてとれるのは、ここにあって「革命」が「政体の変化」、つまりは「形式」forma における変態とほぼ同義に用いられており(47)、さらに肯定的範疇ではなく否定的範疇に明確に引き付けられて認識されていることであるだろう。『君主論』の著者は、「革命」の用語を知ってはいたものの、とりわけこれに否定的含意を嗅ぎ付けていたために、意識的に忌避して使用を差し控えた疑いがある。

『君主論』、および『ディスコルシ』の著者が、政治的術語としての「革命」の使用を慎んだ理由については、この術語の起源に関して提出されているひとつの異説を考慮するならば、かなりの妥当性をもって推理することができるように思われる。[48] その異説によるならば、「革命」なる用語はおよそ一七世紀に、天文学ではなく文芸批評の語彙から、政治的語彙へと流入したものであるという。ここでは、初期近代にフランス語の「革命」révolutionが、アリストテレスの『詩学』中（1452a）[49]に「認知」や「苦難」とならんで戯曲の筋の構成要素に挙げられる「逆転」peripety（peripeteia）の訳語として、広く通用していた歴史的事実が重視される。つまり物語の進行のなかで、登場人物の境遇が幸福から不幸へと急転するならば「悲劇」を構成し、あるいは不幸から幸福へと急転するならば「喜劇」を構成するところの、筋の転回点としての「逆転」こそが「革命」だったというのである。無論、政治的術語としての「革命」は、文芸批評ではなく天文学から借用された語彙であり、またその起源は一七世紀のフランスではなく一四世紀のイタリアであることがすでに確認されており、かかる議論は明白な誤謬を犯している。しかしながら、この誤ってはいるものの非常に興味深い異説は、「革命」のいまひとつの、看過すべからざる語義に光を投射しているために注意を要する。すなわち、ここで浮上する「革命」のいまひとつの語義とは、「運命の反転」reversal of fortuneである。事実、「革命」が『詩学』上の「逆転」の訳語として流通した時期のあったことは確かであり、たとえば一七世紀初年成立のシェイクスピア悲劇にあっても、「革命」が「運命の反転」の意味で使用されている事例がみられる。ハムレットは陰鬱な墓場に散乱した頭蓋骨のひとつを手に取って、この人物もまた生前は小奇麗で上品な廷臣だったのかもしれぬと思案して語るのであった。「うむ、きっとそうだ。それが、今では、蛆虫の思いもの、腭をなくして、墓掘りの鋤で頭蓋骨を小突かれる。考えてみれば、これほどみごとな革命もあるまい Here's fine Revolution!」（5, 1）[50]。

銘記されるべきであるのは、墓場におけるハムレットの「革命」、つまりは「運命の逆転」に関する沈思黙考が、即座に人間的営為に関する悲観的認識に帰結していることである。たとえばアレクサンドロス大王のごとき、史上、いかほど栄耀栄華を極めた帝王であろうとも、埋葬されたのちには腐敗して塵芥となるのだから、いまとなっては粘土として何処かのあばら屋の壁面にでも塗りたくられているのかもしれない。即興でハムレットの唄うところでは、「帝王シーザーも死しては土と化し、風ふせがんとして穴を埋む。かつては天下を睥睨せしかの土塊、いまは破れし壁を繕い寒風を避く」(5,1)。本来、「悲劇」のみならず「喜劇」の誘因ともなりうるはずの「革命」、すなわち「運命の反転」についての省察が、究極的には人間的営為に関する悲観的認識へと漂着せねばならない理由は明白である。というのも、アレクサンドロスやユリウス・カエサルのごとき英傑もまた「運命の反転」に対しては完全に無力である以上、「革命」について語ることは、かの女神の気随気儘に対峙した人間的賢慮、「力量」virtù あるいは「自由な意欲」libero arbitrio の脆弱性について語ることと、ついには一致せねばならないからである。もとより「革命」なる言辞は、おそらく何事にもまして人為によっては如何ともしがたい必然的、合法則的な天体の公転運動と、地上の人間的営為との照応関係を認める占星術的世界像を前提としているかぎり、すべからく「力量」あるいは「自由な意欲」への冒瀆とならざるを得ない。[51] かかる「運命の反転」という、即座に「運命〔の女神〕の車輪」Fortune's Wheel を想起させる否定的含意を熟知していたために、『君主論』と『ディスコルシ』の著者はこの用語を敬遠して使用を慎みながらも、ただし同時代のイタリア諸都市における「力量」の凋落について至極一般的に言及するに際しては、おそらく注意深い選択によってこれを用いたものと思われる。

「革命」の政治現象が、しばしば急転直下の「運命の反転」として月下の営為に介入するところの、天体運行と連動した「出発点への回帰」と理解されているかぎり、ニッコロ・マキァヴェッリはこれを肯定することが絶対的にできない。というのも、『君主論』および『ディスコルシ』において確立されつつあったのは、いかなる運命の作用にも依存することなく、もっぱら「自由な意欲」をもって確固不抜の「不滅の都市」を建設し、地上の大団円に歓喜せんとする「人間喜劇」commedia umana の展望である。それは「悲劇」のみならず、予期せぬ僥倖としての「運命の反転」、換言するならば「機械仕掛けの神」deus ex machina の介在によって成就された大団円に対しても敵対的な展望なのである。だが、それでも「人間喜劇」にとって、「革命」の観念がまったく魅力を欠いていたと断定するには躊躇されることも確かであるだろう。「不滅の都市」を樹立せんとする企図は、「形式」formaにおける「変身」をもってしては、つまり法制度改正をもってしては対処しえぬ「素材 materia（人民）」の劣化、死に至るまで不可逆的に進行する老朽化の過程に抗うために、随時の「出発点」への、「始源」principioへの「回帰」を要求していたのであった。「人間喜劇」を完成させるにあたり、まこと新奇な象嵌細工の中核を飾るべき碧玉として、あるいは「始源への回帰」に凱切な術語、「革命」が喜劇作者の脳裏にひと度も去来しなかったと断言することはできないのである。しかるに喜劇作者は、「大洪水」の「浄化作用」に類比されるガリア人のローマ来寇にまつわる伝承を、祝福ではなく批判的吟味の対象としたのと同じ理由で、「革命」をもってする「始源への回帰」を峻拒せねばならない。「不滅の都市」は、つねに「内部的な賢慮」prudenza intrinsecaとしての人間的な「自由な意欲」によって「始源」を回復せねばならないのである。かくして『ディスコルシ』の第三巻が珠玉として選択した術語とは、「革命」ならざる「革新」rinnovazioneであった。

「宗派や共和国が長く生きることを望むのならば、しばしばその始源 principioへと引き戻すことが必要である」(D., III, 1 [I, p. 416])。あらゆる宗派、共和国、王国のごとき「諸々の混合物体」corpi mistiの「始源」には、それらに「最初の名声と最初の勃興」を可能ならしめたところの、なんらかの「善」bontàが存在していたはずである。かかる洞察が、『ディスコルシ』中、サルスティウスの記録したユリウス・カエサルの言葉によって傍証されているのは極めて興味深いことである (D., I, 46 [I, pp. 293-294])。だが、その「善」は、時間の経過に伴って「素材（人民）」が腐敗し、劣化し、老朽化してゆくために、絶対的に衰微することになる。この議論における「諸々の単純物体」corpi semplici、つまりは諸々の生物の身体と宗派、共和国、王国との類比関係は明白であるだろう。「混合物体」もまた、その「新しさ」novitàと「若さ」gioventùを喪失するに比例して精力は減退し、柔軟性をなくし硬直化して（see, D., I, 32 [I, pp. 267-268]）、ついには冷却して死に至る。死に至る過程にあって、老いた「単純物体」によく観察されるように、その判断力は次第に低下し、情態と品性はますます卑劣化してゆくのかもしれない。『君主論』中の、世襲の支配権に対して差し向けられる仮借なき、残忍なまでの侮蔑、そして「新しい人々」uomini nuovi、すなわち「新しい君主」il principe nuovo たちに対するほとんど無条件的な鑽仰からも確かに看取されるように、「新しさ」と「若さ」こそが「人間喜劇」における無条件的に積極的な価値である。かくして、「死と滅亡」morte e rovina を回避して不滅性を獲得すべき「混合物体」に要請されるのは、随時の「始源への回帰」をもってする「新しさ」と「若さ」の回復、換言するならば「再生」rinascita をつうじた「新たな生命と新たな美徳」nuova vita e nuova virtù の回復である（D., III, 1 [I, p. 417]）。この方法は、身体における老廃物の吐瀉と「浄化作用」purgazione に関する「医学博士たち」dottori di medicina の見識と符合するものとして提示されている（see, D., II, 5 [I, p. 343]）。「毎日毎日、なにかを吸収しているのだから、ときには元の身体へと整える必要がある」。「革命」ならざる「革新」とは、かかる「単純物体」における反復運動と原理を一致させるところの、「混合物体」における「始源への回帰」の運動を指示する術語なのである。「制度の力でみずから革新 rinnovare された り、あるいは制度の外部でなんらかの偶然により革新 rinnovazione と同様の成果をつかみとる共和国や宗派は最もよく整備されており、より長い生命 più lunga vita を持つ。そして、それら自体を革新しないのならば、それら物体は持続しないことは明白である。革新する方法とは、それらの始源 principii へと回帰することである」。

諸々の都市の「始源への回帰」が達せられるのは、「外部的な偶然」あるいは「内部的な賢慮」によってであるものの、「人間喜劇」上、ほとんど「運命の反転」と相違ない前者に依存することは厳重に戒められているために、あくまで後者の方法が追求されねばならない。しかるに「内部的な賢慮」による「革新」もまた、二つの方法に分かたれる。すなわち「ある秩序の徳」virtù d'uno ordine に拠るものと、「ある人間の徳」virtù d'un uomo に拠るものである（D. III, 1［I, p. 417］）。ローマ共和政に「革新」をもたらして、その「素材（人民）」の性状を「始源」の清新へと「回帰」せしめた「ある秩序の徳」とは、護民官職および監察官職の設置、そして「人々の野心 ambizione と傲慢 insolenzia に対抗したその他あらゆる法律」の制定であったという。だが、これらに比してより有効であるのは、「ある人間の徳」をもってする「革新」である。もとより、諸々の法制度に生命を吹き込み、現実に運用することが有徳の市民の任務であるのは自明の理であるだろう。「諸秩序 ordini に血をかよわせ、実際に効力を発揮させるためには、どうしてもひとりの市民の徳 virtù d'uno cittadino を必要とする。つまり法律を侵犯しようとする有力者に対抗して、勇気をもって対決し、法律を執行する市民があらねばならない」［I, pp. 417-418］。

『君主論』と『ディスコルシ』に散見されるところの、ある事象に関する二項対立の分類を繰り返し、いわば樹形図を形成してみせる思惟様式は、「始源への回帰」に関する論説にあっても採用されている。「始源への回帰」には、二つの方法がある。すなわち、「外部的な偶然」によるものと「内部的な賢慮」によるものである。「内部的な賢慮」にも、二つの種類がある。すなわち、「ある秩序の徳」と「ある人間の徳」である。そして「ある人間の徳」をつうじた「始源への回帰」には、二つの方法がある。すなわち第一は、「恐怖 paura の想起」、あるいは「テロル terrore の想起」である。「ひとりの市民の徳」が万難を排し、法律をあくまで厳正に執行して権門の有力市民らを処断するとき、かかる鮮血の供儀とともに古来の諸規範の峻厳は想起され、「革新」が、「始源」における清純の回復が遂げられるという。「ある処刑からいまひとつの処刑に至るまで、最長一〇年が経過することは望ましくない。というのも、時間の経過に伴って人々の習俗は変化し、法律は侵犯されるようになる。それゆえに、人々の精神に厳格な刑罰を想起させて、その恐怖を革新するなにごとかが生起しないかぎり、違法行為はあとを絶たず、これを処罰するにも危険が伴うようになる」［I, p. 418］。ただし、ここで強調されているのは、古来の法律の墨守そのものではなく、「始源」に遍在したと想念されるところの「恐怖」（see. D. I, 26［I, pp. 257-258］）を、端的に諸々の厳罰をもって想起させることであるように思われる。「法律の厳正な執行」に関する記述の直後には、一五世紀のメディチ政権下のフィレンツェ市民によって開陳されたという、極めて興味深い洞察への言及がみえる。「一四三四年から一四九四年までフィレンツェの政体 stato を統治していた人々は、五年ごとに支配権 stato を再獲得 ripigliare することが必要であり、さもなければこれを維持してゆくのは困難であると、よく語っていたものである。それは支配権を再獲得せねばならぬと叫ぶことによって、最初にメディチ家が支配権を獲得したときと同じ恐怖とテロルを、人々に喚起するためであった(52)」。

「ある人間の徳」をもってする「始源への回帰」の第二の方法は、「模範 esemplo の顕示」である。すなわち、極端に強大な「力量」virtù を具備した「ひとりの市民」が、極めて「異常」straordinario な諸々の行為をつうじておのれの卓越性を顕示するならば、これが市民団の「模範」として機能するという（cf. D., I. 17-18 [I, pp. 243-248]）。傑出せる市民らの極端苛烈、世人の耳目を衝動せしめる異常行為の亀鑑、射光の槍の一閃、雷霆の鉄槌の一撃こそが、昏睡しつつある「素材（人民）」の覚醒を喚起して、これを「始源」へと「回帰」させてゆくというのである。かかる「模範」を提供した諸々の異常行為者の実例として、おそらく最も高く評価されているローマ市民はティトゥス・マンリウスであり、これに比較して、かのフリウス・カミルスが従属的地位に配されているようにみえることは注意を要する。「カミルスの前進の様態は……マンリウスにやや類似している。ティトゥス・リウィウスは彼〔カミルス〕について、『兵士たちは、その勇武を憎悪しつつ、感嘆していた』と語っている」（D., III. 23 [I, p. 480]）。事実、ティトゥス・マンリウスは、すくなくとも三つの行為によってローマ市民団に讃嘆をあたえ、範を垂れたのであった（D., III. 34 [I, pp. 502-503]）。まずマンリウスは、「極めて力量溢れる、異常な方法」で、つまりその堂々たる威風をもって告発者を慴伏せしめることで、父親を告訴から救出した。ついでマンリウスは、ガリア人戦士と決闘してこれを殺害し、遺体から「首飾り」torques を略取したために、「トルクァトゥス」

Torquatus の異名を誇った。のみならずマンリウスは、おのれの指令を仰がずして戦端を開き勝利した自身の子息を、即座に軍陣にて殺害し、おおいなる賞賛を博したのであった。かくも剛毅なる傑士は、しばしば幕下の下士従卒にも同程度の剛毅を要求するものである。したがって、その諸々の命令は苛烈を極めたために、「マンリウス式命令」manliana imperia なる用語の発生したほどであるという（D., III, 22〔I, p. 476〕）。

「始源への回帰」の運動は、「外部的な偶然」ではなく、あくまで「内部的な賢慮」をもって発動されなければならない。「内部的な賢慮」のうち、「ある秩序の徳」にもまして有効であるのは、「ある人間の徳」である。そして「ある人間の徳」による「回帰」の二つの方法のうち、より大いなる期待をもって語られているのは、これら尋常ならざる「模範の顕示」の方法であるように思われる。換言するならば、「模範の顕示」による「始源」の清新、都市の「素材（人民）」の「新しさ」と「若さ」の回復こそが、「革新」の教説の最深の奥義であるように思われるのである。それというのも、ついに「人間喜劇」の福音、すなわち「永遠の共和政体」una republica perpetua の悦ばしき約束が開示されるのは、まさしく稀有のローマ市民、ティトゥス・マンリウスの常軌を逸して峻烈な実践が解説される文脈に至ってのことであった。「それら〔マンリウスの〕異常な諸々の命令 imperi istraordinari は、共和国の諸秩序 ordini をそれらの始源 principio に向かって、そして共和国の古い美徳 antica virtù へと回帰させるがゆえに、共和国においては有効である。すでに述べられたように、もしも共和国が、その模範 esemplo によって諸々の法律を革新し、共和国の破滅 rovina への滑落を抑止するのみならず、これを引き戻す者をしばしば持つのならば、共和国は永遠 perpetuo であるだろう」（D., III, 22〔I, p. 477〕）。

『ディスコルシ』の第三巻の主題は、「いかにして特定の個人の諸々の行為がローマを偉大ならしめ、かの都市に数多くのよい結果を引き起こしたのか」というものである。同巻劈頭に明示的に語られているように、ここでの「特定の個人の諸々の行為」le azioni degli uomini particulari によってもたらされる「よい結果」buoni effetti

とは、厳密に解されるのならば、都市の不滅性の保障としての「始源への回帰」を意味している。それゆえに、ほかならぬ「内部的な賢慮」としての「ある人間の徳」、わけても「模範の顕示」をもってする「革新」こそが、第三巻の主題であると理解されねばならない。「人間喜劇」の根源的楽観論は、第三巻における「始源」への、「新しさ」と「若さ」への不断の「回帰」、したがって「若者たち」の反復的勃興の心象の大氾濫とともに完成する。尋常ならざる「革新」の巨大運動は、「若者たち」の決起によって発動されることが期待されている。もとより『ディスコルシ』は、ルチェッライ家の庭園にて邂逅した二人の「若者たち」を名宛人とする書物であった。それは「若者たちの精神」animi de' giovani が、「諸々の時間と運命の悪意」la malignità de' tempi e della fortuna の恐るべき猛攻に対峙して（D., II, proemio [I, p. 327]; see, AG, VII [I, p. 689]）、いかに闘い、祖国を赫々たる光輝へと導き、そしておのれらも栄誉に浴するべきかを教示するために編まれたのであった。注目すべきであるのは、第三巻中、閲する「若者たち」にティトゥス・マンリウスの模倣を推奨する陳述がみられることであるだろう。およそ「民衆」popolo は、ある市民に名誉を授与する際の判断力において「君主」principe に優越するものである。これが特定の人物を賞揚するには三つの原因がある。すなわち、その人物の偉大な祖先に基づく評判、その人物の交友関係に基づく評判、そしてその人物みずからの「異常で、顕著な行為」azione istraordinaria e notabile に基づく評判（see, D., I, 33 [I, p. 269]）である。古き近親者や知己らの声望に寄生することなく、おのれ自身の傑出せる行為によって名声を博することが勧説されるのは、とりわけ「若者たち」に対してなのである。あくまで「若者たち」は、ただひとり闘って範を垂れねばならない。「共和国に生を享けた者たちは、この第三の方針を採用せねばならない。異常な事業 operazione istraordinaria をおこなって、おのれの声望を増すよう努力せねばならない。事実、ローマの多くの市民は、若き日々に in gioventù、こうしたことを実践している。……諸々の顕著な、新しい事柄 cose notabili e nuove を決行して、世上に評判となっている。……ティトゥス・マンリウスが生涯をつうじておこなったように、つねに新しい事柄を引き起こさねばならない」(D., III, 34 [I, pp. 501-502])。

『ディスコルシ』の第三巻中、ローマ共和政は、その旭日昇天の隆盛期、「ある人間の徳」をもってする「始源への回帰」、すなわち「恐怖(テロル)の想起」と「模範の顕示」を一〇年の間隔をおかずして反復的に経験していたとされる。「上に述べたような死刑執行 esecuzioni とこれら特定の模範 esempli は、すくなくとも一〇年間隔でつぎつぎとローマに到来したのであった。したがって必然的に、ローマは堕落することがなかったのである。ところがこれら二つの両方が減少しはじめると、諸々の腐敗が進行しはじめる」(D., III, 1 [I, p. 419])。「すくなくとも一〇年間隔」で発生していた「革新」の運動が杜絶して、「腐敗」の傾向が優勢となる分岐点となったのは、マルクス・レグルス・アッティリウスの時代、つまり第一次ポエニ戦争の時代であったとされる。無論、これよりのちに両カトーのごとき「模範」もみられたものの、「彼〔レグルス〕と彼らのあいだに、そして彼らの一方と他方のあいだに大きな間隔があり、相互に孤立していた」ために、有効に機能しなかったという。とりわけ小カトーの時世、ローマ市民団は「腐敗」の淵に沈みきっていたために、これがいかほど高邁な行為で世の師表たらんと奮起しようとも「革新」は生起せず、ほどなくして共和政体の崩落へと至ったというのである。かかる説明からは、レグルス以前のごとき「恐怖(テロル)の想起」と「模範の顕示」の連鎖が維持されていたならば、ローマ共和政は不滅性を獲得したであろうという理解が垣間みえ、それゆえに「革新」としての「始源への回帰」の教説そのものが、ローマ史研究の成果であるかのごとき印象が生じる。しかしながら、「ある人間の徳」によって発動された「始源への回帰」の巨大運動が都市の「素材(人民)」を浄化して、かくして地上の「永遠の歓喜」eterna gioia が準備されるという根源的楽観論は、いうまでもなくリウィウス史書、あるいはポリュビオス史書中に完全に欠落している要素である。古代文献を満たしているのは、あらゆる都市が、否むしろ史上最強の世界帝国もまたやがて滅亡して廃墟と化すであろうという、見紛う方なき「悲劇」の予感であった。古代文献の注解に仮託しつつも、「不滅の都市」を約束した教説を創案することによって、おのれが「宿命の柱」columnae tanquam fatales を超越して「前人未到の海洋と大陸」acque e terre incognite を征服するコンキスタドールのごとくに、古典古代の「限界」termine を克服し、前代未聞の「新しい様態と秩序」を構築しつつあったことを、『ディスコルシ』の著者は確かに自覚していたはずである。

「普通の考え方からすれば常に極めて突飛な見解の持ち主で、諸々の新たな、そして奇怪な物事の発明者」、すなわちニッコロ・マキァヴェッリは、「持続的で永遠不滅の政治体を創設する可能性を考えた最初の人間」the first to think about the possibility of founding a permanent, lasting, enduring body politic と評される。(53) かかる評価の発生は、マキァヴェッリが古典古代の「悲劇」tragedia の展望、そして聖書宗教の「神聖喜劇」commedia divina の展望の双方と鋭く対立するところの、いわば「人間喜劇」commedia umana の展望の定礎者であったという事実によって、おそらく最も適切に説明することができる。「人間喜劇」の展望の核心をなしているのは、もっぱら人間的営為に依拠しつつ、彼岸ならざる此岸の大団円に歓喜することが可能であるという根源的楽観論である。これが政治学領域に流入した際に浮上するのが、人間の「自由な意欲」によって地上に「不滅の都市」を、すなわち「喜劇の都市」を建設せんとする計画だったのである。喜劇『マンドラーゴラ』および『クリツィア』中に最も純粋に表出しており、政治的主著『君主論』および『ディスコルシ』にあっても確かに貫徹されている「人間喜劇」の展望は、二つの原則によって要約することができる。すなわち第一は、「静止」に対する「運動」の優位、つまりは「変化（変身）」の優位の原則である。静態的自然の観念に基礎づけられた固定的規範への執着こそが市民、家門、都市の「死と滅亡」の根本原因であり、「時流」tempo の変転に適応して自在におのれの「資質」qualità、あるいは「自然（本性）」natura を「変化」させることができるのならば、悲運は回避され大団円が成就するというのである。ここから、「変身」mutazione の能力そのものと同一視される斬新奇抜な「力量」virtù の観念と、はなはだ伝統的政治学からの逸脱の目に余る共和政体論が帰結したのである。この共和政体論の教示するところでは、都市は破滅を回避すべく、不断に支配領域の拡大を実践し、広範な平民武装と異邦人の大挙流入を是認して、遅疑逡巡なく、しかも頻々と古来の国制と法制度を改新せねばならない。しかるに、ただ第一の原則が確立するのみでは、「人間喜劇」の根源的にして絶対的な楽観論は完成しない。いかほど融通無碍に固定的規範から離脱しつつ、「変身」をもって上首尾に身を処して破滅を回避しようとも、「単純物体」の「素材（身体）」の老朽化の過程、最終的には死に至る過程に抗うことは絶対的に不可能である。「混合物体」としての都市が、いかほど旺盛に国境線を前進させ、参政資格を拡張して国法と政体を改新しようとも、その「素材（人民）」の性状の腐敗堕落の不可逆的過程に抗うことができないのは、これと同様なのである。したがって「人間喜劇」は、第二の原則、つまりは新旧の反復的更新の原則による補完を要請する。「老人」に対する「若者」の、「古きもの」に対する「新しきもの」の勝利、そしてここから帰結する新生児の誕生をもってはじめて、喜劇『マンドラーゴラ』および『クリツィア』の根源的楽観論は完成するのである。これと同様、「不滅の都市」の計画は、「素材（人民）」における「始源」の清新、「新しさ」と「若さ」の回復、大行進をなして勃興してくる「若者たち」によって反復的に発動される「革新」rinnovazione の教説の追加とともに完成をみるのである。(54)

『ディスコルシ』には、「人間喜劇」の第二の原則に最深の基礎を提供しているように思われるところの、極めて興味深い人間学的洞察がみえる。すなわち、「人間は諸々の新しい事柄 cose nuove を欲望するものであり、あまりにもそうであるから、しばしば裕福な者たちも、貧乏な者たちと同程度に新しさ novità を欲望する」(D., III, 21 [I, p. 474])。「新しい事柄」に対する自然的欲望とは、換言するならば「始源」に対する自然的欲望である。「つねに諸々の事柄の始源 principii delle cose を好むということは、人間にとってより自然 più naturale であるようにみえる」(D., I, 33 [I, p. 269])。新旧の反復的更新、不断に繰り返される「新しきもの」の氾濫は、端的に人間の自然的欲望の要請であることになる。銘記すべきであるのは、『君主論』ならびに『ディスコルシ』の著者自身もまた、この欲望を抱懐していることは疑いなく、それどころか、この欲望にかけては蓋世の第一人者を自認しているようにみえることである。それゆえに、両著作が「諸々の近代の事柄に関する積年の経験と諸々の古代の事柄に関する不断の読書」una lunga esperienza delle cose moderne e una continua lezione delle antiche（P., ded. let. [I, p. 117]; see, D., ded. let. [I, p. 195]）から得られた知見に基づくものとして提示されている事実にもかかわらず、「人間喜劇」の第二の原則は、一五〇〇年代イタリア半島の動乱とも、もしくは蓄積された古代文献に関する学識とも、ほとんどなんらの関係もない源泉から発生しているのかもしれない。あるいは、根源的楽観論の保障としての「革新」に関する諸論説から窺われるのは、喜劇『マンドラーゴラ』および『クリツィア』の筋書に垣間みえるのと同じニッコロ・マキァヴェッリの相貌、つまりはフィレンツェ共和国の政務官でも、リウィウス史書の研究者でもなく、むしろ「祝祭」の広場と街路に歓喜して哄笑する「中世都市の民衆」の表情であるのかもしれないのである。

一五〇〇年代、中世期にあっては教会権力による抑圧の対象でありつづけてきた「笑いの文化」が無条件的な解放をみることにより、あたかも燎原の火が移るかのごとく、怒濤の哄笑は全西方世界に伝播したことが報告される。文芸復興期において広範に浸透した笑いの心性は、中世都市の「祝祭」、とくに四旬節に先立つ「謝肉祭」carnival の空間に遍満する「民衆の笑い」が、祭典の時節の限定を越えて漲溢し、ついにはあらゆる文化諸領域へと伝染した帰結として説明されている。「民衆の笑い」は、季節の交代に伴う世界の刷新の心象と結びついているために、つねに両義的性格を帯びている。すなわち、それは去りゆく季節を象徴する諸々の「古きもの」、老いて腐敗したあらゆることどもを嘲罵、打擲、冒瀆とともに追放し、殺害し、埋葬する否定の哄笑であると同時に、到来する季節を象徴する諸々の「新しきもの」、若々しく清新なあらゆることどもの反復的生誕に狂喜する肯定の哄笑なのである。それは、永劫に涸渇しえぬ大地の豊饒に類比される集合的民衆の生殖能力、人類の種的不滅性を想起させる笑いであるために、いかなる苦悩、悲嘆、恐怖にも屈することのない根源的楽観論を包蔵することになる。「祝祭」の狂乱の渦中には、身体的下層の象徴が、とりわけ性的隠喩が氾濫せねばならないのである。ここに浮上するのは、あらゆる死が新たな誕生を、したがって「始源」の回復を孕んでいるという、いとも悦ばしき感覚である。かかる「謝肉祭」の時節を支配したとされる歓喜の感覚が、マキァヴェッリ喜劇にも濃厚に浸透していることは疑いない。『クリツィア』は筋書の進行する舞台をほかならぬ「謝肉祭」の最中に設定しており、あるいは『マンドラーゴラ』が「謝肉祭」において実際に上演され、非常な好評を博した記録の現存することが想起されるのかもしれない。二篇の喜劇作品を特徴づける「謝肉祭」の「民衆の笑い」が、二篇の政治的主著『君主論』および『ディスコルシ』にも侵入していた可能性は、これを無視する同学の士に、老婆心の警告を発する誘惑に駆られるほどまでに高い。事実、政治論へと翻訳された「人間喜劇」、なかんずくその第二の原則、つまり『ディスコルシ』の第三巻の主題としての「始源への回帰」の教説は、「謝肉祭」に台頭する根源的楽観論と看過すべからざる親近性を帯びているように思われるのである。

地上に、人間的配慮をもって大団円を樹立せんとする「人間喜劇」の展望は、マキァヴェッリ没後幾世紀を経て、近現代世界史の指導原理として機能していったように思われる。ただし、「人間喜劇」の定礎者となったひとりの喜劇作者が、おそらくは意識的に「革命」の術語の使用を回避したにもかかわらず、やがて「革命の精神的な父」という評価を獲得していった経過については説明を要す。『ディスコルシ』の第三巻に提示された「革新」が、喜劇的大団円を保障するところの、「ある人間の徳」をもってする「始源への回帰」であるのに対して、その原義における政治的術語としての「革命」は、悲劇的結末にも喜劇的結末にも至りうるところの「運命の反転」であり、星辰の周回運動の作用に起因する「ある出発点への回帰」であった。二つの術語の顕著な差異にもかかわらず、ニッコロ・マキァヴェッリの名称が「革命」の術語と密接に結びつけられて語られることとなった原因の一端として、一七世紀以降に進行してゆく「革命」の意味変容の過程で、この術語が『ディスコルシ』における「革新」にますます近似していったという事実が挙げられるであろう。しばしば指摘されるように、マキァヴェッリの用語法上、「国家」stato の概念が特定の君主個人の人格と不可分のものとして想念されているのと同様、「革新」の概念もまた、卓越せる市民の個人的な「力量」の所為として語られていることは確かである。かかる近代的な大規模領域国家以前の政治に関する思惟に特徴的な、非人格的構造に対する意識の欠如によって大幅に曇らされているものの、「革新」と近代的用法としての「革命」とのあいだには、想像以上の意味内容の一致がある。通例、一六八八年から一六八九年のブリテン島における政治変動、すなわち「名誉革命」を弁証する文書として位置づけられるジョン・ロック（John Locke, 1632-1704）の『統治二論』*Two Treatises of Government*（一六九〇）の第二論文最終章（19, 211-243）中、「天に訴える」appeal to heaven こと、つまり「革命」Revolutions が完全に地上へと降下して、中世、文芸復興期の占星術的世界像、あるいは「運命の反転」の観念から切断されているのが観察される。[55]「緒言」にみられる「わが偉大な王位復興者 Great Restorer、わが現国王ウィリアムの王座」への頌辞からも窺い知れるように、ここでは「革命」が、「信託」に違背して「固有権の保全」を脅かす政治権力を駆逐し、「ある出発点」へと、逸脱の状態から正常な状態へと「回帰」する悦ばしき、明確に積極的な運動として語られる。のみならず、その運動の淵源となるのは、天界の客観的な秩序ではなく、「自分（人民）自身の安全と保護とに備える権利」、したがって主観的な「権利」なのである。[56]かかる「革命」の意味変容を勘案するとき、「権利」や「信託」、あるいは「契約」、等々の観念の不在にもかかわらず、マキァヴェッリを「革命の精神的な父」と評して、『ディスコルシ』の第三巻を「革命」の政治現象を主題とした最も原始的な文書に属すると判断することは、到底、無視することのできない妥当性を帯びるように思われる。

無論、近現代政治の理論と実践が未曾有の性格を露出してゆくに応じて、「革命」の概念もまたさらなる意味変容を遂げてゆく。わけても特筆すべきであるのは、いわゆる「近代人‐古代人論争」を経て一八世紀に「進歩」の観念が発生する過程と雁行して、中世期ラテン語以来、その語義の最古層として維持されていた「始源」への、「出発点」への「回帰」の含意が脱落し、なにか聖書宗教の時間概念を思わせる直線的な歴史意識と合流した結果、「革命」が史上空前の新時代へと前進してゆく巨大なパトスを象徴する言辞となったことであるだろう。このことは、文芸復興の最終段階において、ニコラウス・コペルニクスが依然として維持していた「天空の壁」の観念が崩落し、有限の、閉ざされた宇宙像が無限の、開かれた宇宙像にとって代わられたことと関連しているのかもしれない。ただし他方において、やがて「革命」が人間の「自由な意欲」ではなく、ある種の不可抗力、歴史的な必然性の産物として想念されるようになっていったのは、この術語が、その起源に保持していた心象、すなわちほとんど機械的な決定論の引力圏をついに離脱し得なかったことを示しているようにもみえる。(57) かかる諸々の意味変容にもかかわらず、一七八九年の「大革命」ですらも「ローマの衣装に身を包み、ローマの決まり文句を使って」(K. Marx) 遂行され、しかも勃発当初は「復古」、あるいは「復旧」の企図として意識された事実は、「革命」の術語に付帯した「始源への回帰」の観念の強靭な生命力を証し立てているように思われる。そして、なによりも『ディスコルシ』の著者を「革命の精神的な父」であるとした評言に首肯する誘因となるのは、この術語が政治的、社会的、経済的、技術的な改良に伴う人類の生の改善という根源的楽観論を一貫して強化しつづけ、ついには「事物の自然の秩序の革新」、「真理や人間存在と同様に普遍的で、政治的幸福および国民的繁栄と道徳的幸福および繁栄とを結び合わせるひとつの原理体系」にまで上昇した事実である。(58) のみならず二〇世紀、さらには二一世紀に発生した「革命」の政治現象にあってさえも、あらゆる観念的な、ときとして空虚で意味不明な政治用語の雑音の背後に、「祝祭」の歓喜と哄笑に陶然とする「中世都市の民衆」の残像が去来しているように感じられるのは興味深いことである。(59) 近現代における「革命」の語義の変転の委細について討究を尽くすのは、本章の論述の射程をはるかにに越えている。だが、「革命」の現代的理解について、ただひとつ付言すべきことがあるとするならば、この政治現象に好意的ないずれの党派にも、おのれらの擁護する「革命」を「最後の革命」と主張する傾向がしばしば観察されることである。[60]永久に途絶えることなき「新しきもの」の反復的勃興と「古きもの」の死滅という大原則を拒絶することによって、かくのごとき「革命」の礼賛者らは、みずからの「精神的な父」を最も不誠実な仕方で裏切っていることになる。かつては「若者たち」であったのかもしれないが、いまでは腐敗し、劣化し、年老いた者たち、これら「革命」の最良の伝統の継承者をもって任じる僭称者たちは、むしろ地上からの即刻の退場を拒絶して固執する老醜の権化、つまりは「謝肉祭」に演じられる喜劇上の永遠の愚弄、殴打、「奪冠」uncrowning の標的そのものであるだろう。あくまで「革命の精神的な父」に忠実であろうとする場合、これらに要求されているのは、立ち去るべき土地に見苦しくも居座って「正義」や「公正」、もしくは「平和」や「民主主義」等々について議論しつづけることではなく、端的に死ぬことであるのかもしれない。あるいは、これらが狂乱の「民衆」によって正当にも嘲罵、打擲、冒瀆をもって追放され、屠殺され、埋葬されるのならば、惑星は「祝祭」の歓喜と哄笑に沸騰するのだろうか。「全世界がひとつの舞台、そしてすべての男女は役者であるにすぎない」（『お気に召すまま』）。

【注】

（1）Polybius, p. 41; see, p. 302. 以下、邦訳には若干の変更を加えた箇所がある。

（2）『歴史』中の以下の論述（6, 47）に注目せよ。「……プラトンの国家制度についても、哲学者たちのなかにはそれに頌辞を捧げる者もいるけれども、これを私たちの議論のなかに招き入れるのは不当であろう。なぜなら技芸や運動の競技の場合、〔技芸者組合に〕登録していない者や身体訓練をしていない者は競技祭典への参加を許さないものだが、それと同じようにプラトンの国制も、まずそれが現実に動いているところを見せてくれないかぎり、優勝をかけた競争に参加を認めるわけにはいかないのだ。現在までのところ、プラトンの国制をスパルタやローマやカルタゴの国制と比較して論じることは、ちょうど彫像をひとつ持ち出して、それを生きて息をしている人間と比較するようなものだと言ってよかろう」(Polybius, p. 342)。

(3)「……彼〔アリストテレス〕は、プラトンが国制の諸形態の没落の自然的原因を『サイクル』として語ったが、しかし、どのように僭主制が没落して、それが新しい変動のサイクルを生み出すかについては説明しなかった、と指摘している。……アリストテレスが『政治学』第五巻で論じているのは、社会的解体（stasis）でも、また宮廷革命それ自体でもなく、政治変動（metabole）である。その議論の中で、彼は、この変動がギリシアの国制のさまざまなタイプを周期的にめぐりつつ生ずる、と前提している。しかし、彼はこの周期に名称を与えなかった。それをなしたのは、後の歴史家ポリビウスであった……」(Calvert, 1970, p. 39)。

(4) キケロの『国家について』中（I. 69-70）、ポリュビオスと親交のあったスキピオ・アエミリアヌス（小スキピオ）の語るところでは、「すべての国家の中で、体制において、構成において、陶冶において、わたしたちの父親がかつて祖先から引き継ぎ、わたしたちに伝えた国家に比肩できるものはまったくない」。それは「王制」、「優秀者支配制」、「民主制」の混合形態であるというのである。「……最初の三つの種類〈の中で〉王制がわたしの考えでははるかに優れているが、他方、最初の三つの国家の様式から均等に混ぜ合わされたものは、王制そのものにまさるだろう」(Cicero, 1999, p. 31)。これをうけて、同書第二巻の第四節以下に「王制」としてのロムルスの治世が、同第二四節以下に「王制」としてのヌマ・ポンピリウスの事業が、同第四四節以降に「僭主」としてのタルクィニウス・スペルブスの所業が、同第五九節以下に「優秀者支配制」としての「元老院」の支配が、そして同六一節以下に「寡頭制」としての一〇人会の専横が叙述されている。

(5) 邦訳者は、この問題について以下のような解説を加えている。「国制を成長と盛期と衰弱の生物学的比喩で説明する理論と、国制循環の理論との間に、ポリュビオスは厳密な整合性を示していない」(『歴史』(二) 城江良和訳、京都大学学術出版会、二〇〇七年、三六五頁、注記三)。

(6) 類似の指摘は、アリストテレスの『政治学』(1272b) にもみられる。「カルタゴの国制はすぐれているという評判である。それは多くの点で他の国制とくらべて際立っているが、いくつかの点ではラコニア人の国制にとりわけ似ている」(Aristotle, II, p. 2019)。

(7)『歴史』(31. 25) をみよ。「……マルクス〔・カトー〕も、あるとき民衆に向かってこう警告したのだ。見栄えの良い少年が畑よりも高価で、魚の塩漬けの壺が農夫よりも高値で売られているのを見かけたなら、それこそは国家が衰退の道を歩んでいることを示す何よりの証拠である、と。そもそもこの時代にこういう習慣が火のように燃え広がった原因は二つあり、第一はマケドニア王国が崩壊したことによって、ローマ人は全世界に及ぶ自分たちの覇権にもはや脅威はないと感じていたことである。そして第二の原因は、マケドニアからローマに運び込まれた莫大な財産が引き金となって、個人の生活でも公共の場でも、富を誇示する風潮が生まれたことである。しかしスキピオはそういった世間の大勢とは正反対の生活態度を崩さず、あらゆる欲望と戦いながら、自らの生き方に整合と調和をもたらすためにいかなる努力も惜しまなかった」(Polybius, pp. 529-530)。

(8) なんでも、紀元六四年のいわゆる「ローマ大火」に際してネロ帝は、炎上するローマ市を前にこの歌を口ずさんだという噂である。「……次のような噂が拡がっていた……。『ネロは都が燃えさかっている最中に、館内の私舞台に立ち、目の前の火災を見ながら、これを太古の不幸になぞらえて「トロイア陥落」を歌っていた』と」(Tacitus, p. 363)。

(9) ただし、マキァヴェッリは『国家について』の第六巻にみえる「スキピオの夢」を「熟知していた」(Viroli, 2001, p. 4) ものの、これ以外の現在のテクストには接していなかった。邦訳者による以下の解説を参照せよ。「キケローの『国家について』は……ルネッサンス期にはその写本を発見することができず、したがってそれは第六巻の『スキーピオーの夢』を除いて中世のあいだに失われたと信じられていた。ところが一八一九年、ヴァティカン図書館長であったアンジェロ・マイがアウグスティーヌスによる『詩篇』の注釈を写した羊皮紙を調べたところ、それが紀元四世紀末に筆写された『国家について』の写本の文字を消して再利用した写本（パリンプセスト）であることを発見し、『スキーピオーの夢』を除く元の写本の約四分の一を復元することに成功した。現在の『国家について』の刊行本は、別の伝承によって伝えられた『スキーピオーの夢』を加え、さらにラクタンティウス、アウグスティーヌスなどによる多数の引用（引用断片）や要約をその本来の位置と推定される箇所に配置したものであり、これによってわたしたちはキケローの国家思想のほぼ全容を知ることができる」(『キケロー選集』(八) 岡道男訳、岩波書店、一九九九年、三二三―三二四頁)。

(10) 『歴史』(6. 10) をみよ。「……ローマ人も祖国の制度について、最後にはリュクルゴスの場合と同じ結果にたどり着いたのだが、しかしそれは理知のはたらきではなく、数多くの闘争と経験から生まれたものであり、実際に惨禍にみまわれながらも、そこで得た教訓をもとに常により良いものを選択してゆくという過程を経て、最終的にリュクルゴスの場合と同じ結論にいたり、現代の国家のうちで最善の制度を作り上げたのである……」(Polybius, p. 311)。同時に注目すべきであるのは、スパルタの国制は「故国の安全を保障し独立を守るためには申し分のない出来ばえ」であるものの、「広域に覇を唱え、多くの国に支配と権力を及ぼし、世界中から伏して仰ぎ見られることを、もっと美しくもっと尊い行為と考える人」にとっては、むしろローマの国制が優れているという判断が『歴史』中 (6. 48-50) にも確認されることである (ibid., pp. 342-344)。リュクルゴスの法律には、対外的拡大に関する配慮が欠けていたという。『歴史』と『ディスコルシ』の第一巻冒頭部分の影響関係は、相当な細部に及んでいるように思われる。

(11) Strauss, 1958は、『ディスコルシ』の第一巻第九章から第一〇章を「明示的に創設者たちにあてられたセクション」、同第一一章から第一五章を「明示的にローマの宗教にあてられたセクション」(p. 107)、同第一六章から第一八章を「ローマの王たちの追放に関係づけられた諸論説」、同第一九章から第二四章を「最初の三人のローマ王たちに関係づけられた諸論説」(p. 98) としている。なお、Mansfield, 1979は、『ディスコルシ』の第一巻第一章に「諸都市の建設」、同第二章から第八章に「諸々の体制の秩序づけ」、同第九章から第一〇章に「創設者たちと彼らの名声」、同第一一章から第一五章に「宗教の利用」、同第一六章から第一八章に「君主の下で生きること」、同第一九章から第二四章に「三代目の王」という表題を付して下位セクションに分割している (p. 5)。

(12) この『君主論』と『ディスコルシ』の執筆年代に関する問題については、拙稿、「道徳の自然誌――マキアヴェッリ政治学の道徳的基礎に関する予備的諸考察」(下)、『早稲田政治公法研究』、第八五号、二〇〇七年、五〇―五三頁をみよ。さらに、鹿子生、二〇一三年、一五八―一六五頁を参照せよ。

(13) フリードリヒ・マイネッケは、そのように推理している。「彼〔マキァヴェッリ〕が自由国家は個々の偉大な支配者や組織者の力がなくては生まれ得なかったであろうという見解を把持しているかぎり、その共和主義的観念は、それによって最初から一つの君主主義的な色合を帯びていたのである。……没落に瀕した国家から失われたvirtùの量をふたたびそれに作り与え、このようにしてその自由国家を再興させるためには、さらに一個人の創造的なvirtùが、すなわち一つの支配の権力mano regia、準王権podestà quasi regia(『ティトゥス・リヴィウス論』第一編、第一八章および第五五章)が、国家をその手中におさめて新しく活力を吹き込むこと以外にはなんらの手段もないことを看取した。……マキアヴェルリのvirtù概念は共和主義的傾向と君主主義的傾向との間に内的な橋を作り与え、これによって彼は主義節操を失うことなく、フィレンツェ自由国家の崩壊後メディチ家の公国にその期待をかけ、メディチ家のために『君主論』を著わすことができた。この橋があったからこそ、彼はその直後にまた『ティトゥス・リヴィウス論』のなかで共和主義的な糸を再度とりあげて共和国と君主国とを相互に秤量することができたのである」(Meinecke, 1925, S. 40-41)。

(14) この問題は、佐々木毅のマキァヴェッリ論において充分な注意がはらわれている。佐々木は、マキァヴェッリが前提とする人間像を、「人間の自然的能力へのオプティミズムと理性的秩序への信仰に支えられていた『ヒューマニスト』の人間尊厳論」の崩壊ののちに出来した人間像として把握する。それは「野心」と「貪欲」、そしてこれらの充足手段にほかならぬ virtù を具備した「動物以下」の存在である（佐々木、一九七〇年、七九―八〇頁）。かかる「ペシミスティックな人間像」（同上、一六九頁）を前提とするマキァヴェッリが、まず自己矛盾に陥るのは、その軍事理論においてであるという。「……公民ならいざ知らず、狡猾でも邪悪でもなく、他人の利益のために死を賭ける『忠良なる臣民』がマキアヴェッリの人間像の一体何処に存在しているだろうか」（同上、一三五頁）。ついでマキァヴェッリが自己矛盾に陥り、ついに「アポリア」（同上、一七三頁）に直面するのが、その共和政体論においてであるというのである。「……その〔ペシミスティックな〕原理的人間像を前提にして『共和国』の成立を理論的に解決する作業は遂に挫折……。こうした彼のペシミズムは『リウィウス論』第一巻第十六、十七、十八章に端的に表現されている。そして『リウィウス論』のそれ以後の部分ではもはや『共和国』の成立を論ぜず、『共和国』を所与として観察するに止まったのである」（同上、一七四頁）。この研究に対するおそらく最も簡潔かつ適切な評言は、「その〔マキァヴェッリの〕思想の一部分にすぎないものを総体として捉えている」（鹿子生、前掲書、一〇頁）というものであるだろう。『マキアヴェッリの政治思想』が完全に見落としているのは、『君主論』と『ディスコルシ』に確かに顕在する「ペシミズム」が、「ヒューマニズム」とは著しく異なる形態の、常軌を逸した「オプティミズム」と並存している可能性であるだろう。

（15）「プラトンは、彼自身、僭主政治を再び理想国家へと推移させることによって円環を完結させることはなかった。そのことは、ポリュビオスに託されたのであったが、彼の作品において、ついに我々は、いまひとつの意味――ゆっくりと回転する車輪という意味――における革命 revolution に出会うのである。そして銘記されるべきであるのは、その回転の背後にある力とは、運命 Fortune なのである」（Hatto, 1949, p. 498）。ただし、後述の理由で、ポリュビオスにおける「循環」anakuklosis と「革命」の原義との同一視に賛同するのは躊躇される。なお、ポリュビオスにおける「国制の循環」に関する教説の悲劇的含意については、以下の論述がこの上なく有益であるように思われる。ポリュビオスの人間的営為に関する悲観的認識は、おそらく紀元前五世紀、あるいは紀元前四世紀の著述家に比してもより深刻であるだろう。「歴史研究によって人間が先人の過誤を避け、先人を凌ぐ世俗的成功を収め得るとは、ポリュビオスは考えない。彼にとって、歴史研究で達し得る成功は内的成功であり、境遇ではなく自我に対する勝利である。われわれが歴史上の英雄の悲劇 the tragedies of its heroes から学ぶものは、われわれの生活にあって同様の悲劇を避けることではなく、運命が悲劇をもたらすときに、それに雄々しく堪えることである。このような歴史観では、運命の観念は増幅し、決定論の要素 element of determinism を新たに歴史に輸入する。歴史家が自身の絵を描く画布が拡大するにつれて、個人が持つとされる力は弱まる。人間が試みることの成否が自身の知性の有無優劣に比例するという意味で、人間が運命を支配することは、もはやなくなる。運命が人間を支配し、人間意志の自由が明らかになるのは、人生における外的事件を制御する場合ではなく、そういう事件に直面した際の自己の内的気分を制御する場合である。かくて、ストア学派やエピクロス学派が倫理学に適用したと同じヘレニズム的な考え方を、ポリュビオスは歴史に適用する。これら両学派が一致して考えたことは、倫理生活の課題は、ギリシャの古典道徳家が考えたように、われわれの周囲の世界における出来事をいかに制御するかではなく、外的な出来事を制御せんとする試みを放棄した後に、精神の純粋に内的な完全と均衡とをいかにして保持するかにある、ということだった」(Collingwood, 1946, pp. 35-36)。

(16)「……立法者が»virtù«を有する»stato«の保有者から『共通善』に服従するという転換のモメントが要求されねばならない。この転換を示すモメントが『善良さ bontà』という資質に他ならず、»virtù«は»bontà«と結合することによって、私益 utilità propria 追求能力から『共通善』追求能力へと換骨奪胎される。このような奇跡的な内面的転換によって»principe«は立法者に転化する」(佐々木、一九七〇年、一七〇頁)。

(17)アーウィン・ローゼンタールは、一四世紀の北アフリカの回教徒、イブン・ハルドゥーン(Ibn Khaldūn, 1332-1406)とマキァヴェッリとの親近性を指摘した。「イブン・ハルドゥーンの思想のある面をマキアヴェルリの驚くほど類似した見解と比較するのは場違いではない」(Rosenthal, 1958, p. 106)。ここにおいて注目に値するのは、両者が「歴史と循環的発展の因果関係」を認める点において共通しているという指摘がみられることである。ローゼンタールは、「イスラム教徒著作家たちがポリビウスを知っていたかどうか」に関しては、「疑わしい」と述べている(ibid., p. 108)。ただし、それよりもはるかに興味深いことに、その主著における「王朝は個人と同じように自然の寿命をもっている」と題されたひとつ章で、イブン・ハルドゥーンは以下のように陳述しているという。「王朝の寿命は通常三つの世代(各々四〇年間存続するものとして)を越えることはない」(ibid., p. 88)。人類の政治的経験の悲劇性に対する一六世紀のフィレンツェ市民のふてくされた態度は、回教圏の政治的経験について思索をめぐらせた一四世紀の北アフリカの哲人にとっても、さぞかしわがままに映じたことであろう。

(18)アリストテレスの『政治学』(1269a)においても、以下のような記述が確認される。「そして原初の人びとは、大地から生まれたにせよ、大災害からからくも生き残ったにせよ……」(Aristotle, II, pp. 2013-2014)。

(19)アリストテレス『自然学』(7)、『形而上学』(7, 6-7)、『天について』(1, 9)、キケロ『トゥスクルム論叢』(1, 28)。

(20)「〔『ディスコルシ』の第二巻第五章冒頭の〕マキァヴェッリの文は、一見したところではキリスト教的な創造の名のもとに、世界の永遠性に与した古代哲学者たちの主張に挑戦するという、戯れの嘘とともに開始しているが、その末尾までには、何故、最も遠い過去の諸々の記憶が存在しないのかということに関する完全に合理的な説明を与えることによって、彼は世界の永遠性に関する古代哲学の見解を確認するのである。すなわち、それらは人間的、そして自然的諸原因によって破壊されたのである」(Sullivan, 2000, p. xiv)。

(21) ただし、本書第五章において言及されるように、マキァヴェッリがプラトンのみならず、ルクレティウス『物の本性について』、とくにその第五巻の第三二四—三五〇行の影響下にあった可能性は高い。

(22)「……周期的なもろもろの大洪水 cataclysm が生じるという意見は、テクノロジーの過度の展開にかんする、あるいは人間の諸発明がかれのもろもろの主人となり、そしてかれのもろもろの破壊者となるかもしれないという危険にかんするあらゆる懸念に、事実のところ配慮していた。この光のなかで眺められるならば、自然的なもろもろの大洪水は自然の慈愛 beneficience の顕示としてあらわれる」(Strauss, 1958, p. 299)。

(23) アレクサンドル・コジェーヴの言明は、この点に関連しているのかもしれない。「アプリオリにいって……哲学者の個人的省察がこれまで解き明かすことができなかった問いないし闘争を、歴史が解決することができるということは、おおいにありうるように思われる。実際、わたくしたちが見てきたのは、闘争それ自体が、その『悲劇的』性格 "tragic" character と同様に、有限性に由来するものである、すなわち一般には人間の、また特殊的には哲学者の、時間的有限性によるものであるということであった」(Strauss, 2000, p. 168)。

(24)「まさしくこの細部〔の変更〕こそが、マキァヴェッリが、単に諸々の偶然の出来事に対する人間の脆弱性に関する古代の理解を反復しているだけではないということを示唆している。……マキァヴェッリのヴァージョンにおいては……この唯一の知者 unique knower が、いかにして新しい時代は展開すべきかを手配することができる。かくしてマキァヴェッリによって構想された新しい始まり new beginning は、完全に新しいものではないけれども、しかしながらそのかわりに、先行する時代に関する知者の理解と査定によって形成される。……生まれるべき時代は、瓦礫からではなくひとりの人間の知識と理解から発生するのである。この方法で、マキァヴェッリは、たとえ自然あるいは天の猛威に直面してさえいようとも、いかにしてひとりの人間が歴史を形成しうるかを示唆している。……この知者は文明の崩壊を利用する。ひとりの個人が、みたところでは人類が服従している諸力を、出し抜くことができる。……マキァヴェッリは、すべての人間的事柄の脆弱性に関する古代の理解を確認しているのではなく、そのかわりに、一見したところでは操縦不可能な諸々の出来事の人間による操作への道を指し示しているのである」(Sullivan, op. cit., pp. xv)。

(25)「『共和国』の没落は主として、『素材 materia (=人間)』の堕落、即ち、『悪しき習俗 cattivo costume』、『悪しき諸資質 umoli maligni〔umori maligni?〕』の発生による『腐敗』に求められる。『習俗』の悪化は»ordini«や『法』などの forma に機能障害を起させ、『法』の変転と»ordini«の本来的機能の空洞化とが帰結する」(佐々木、一九七〇年、一七五頁)。

(26)「独裁官〔カミルス〕は、その祖国を敵から奪い返したのち、勝利者として都市に帰還した。そして兵士たちの諸々の荒っぽい冗談につつまれながら、意義深い諸々の賛辞をもって讃えられた。すなわち、ロムルスのごとき者、その祖国の父、第二の建国者 a Romulus and Father of his Country and a second Founder of the City」(Livius, III, pp. 166-167)。

(27) リウィウス史書中 (5, 19)、フリウス・カミルスの独裁官就任に関する叙述に注目せよ。「命令権の変化は、ただちにその他すべての事柄の変化をもたらした。そこには新しい希望 new hope、新しい精神 new spirit があった。そして、都市の運命さえもが刷新されたようにみえた even the fortune of the City seemed to be renewed」(Livius, III, pp. 66-67)。

(28)「原初状態への回帰をテーマとしている『リウィウス論』第三巻は、腐敗の克服を考察していると見ることができる。……(ただし、実際には同巻の議論の多くは、この原点回帰というテーマに即している訳ではない)」(鹿子生、前掲書、三四七—三四八頁)。

(29)「彼〔マキァヴェッリ〕が代表するのは、彼の祖国や彼の時代を超えた何者かである。知識や文明そして道徳性は増大していった。だが、この三〇〇年間というもの、彼の政治的真実性に対する証言が延々と繰り返されるのを、私たちは耐え続けねばならなかった。……『ディスコルシ』と『君主論』の〈正真の注釈家〉Commentarius Perpetuus とは、後代の歴史全体に他ならない」(Acton, 1891, pp. xix-xx)。ただしマキァヴェッリの遺産が、あるいは「耐え続けねば」ならない性質のものではなかった可能性について、アクトン卿はまったく注意を払ってはいない。

(30) 以上については、Dunn, 1989, p. 334 を参照した。

(31)「このころ〔キューバ革命〕までに、『革命』という言葉の意義はすでに非常に広いものになっていたので、ほとんどどんなことであっても、この言葉に関連づけられるほどであったといえる。しかしながら実際に生じたことは、この言葉が、政治的出来事と目標とにかかわる特定の概念であることを止めて、理想的生活様式 an idealized way of life を表す特定できない概念にまで高まったことであった。もちろん、旧来からの意味はすべて、その特定の文脈においてはそのまま有効なものとしてとどまった。暴力、予測不可能性、権力者の打倒、支配への抵抗、独立といった観念はそのまま残された。しかし、新しい綜合のなかでは、革命ははるかにそれ以上のものを意味する。それは、年功に挑戦する若者 youth defying age であり、人口爆発と社会的制約とからの解放であり、不可能事の達成でありachieving the impossible、世界を内面的なものであれ、外形的なものであれ、いかなるイメージにも合わせて再編成するための定式なのである。この帰結は壮観であった。そして、それはいっそう華々しいものとなっていきそうに思われる」(Calvert, op. cit., p. 109)。

(32) 事実、ピーター・カルヴァートは「革命」の歴史を、古代エジプトのファラオたちの諸王朝における政治変動から説き起こしている。「……『革命』という言葉は、物理的な力(またはこの力による確乎たる威嚇)が、政府とか体制の顚覆のため実際に成功的に行使された事態を指している……」(ibid., p. 15)。「もし政治的意味における革命を擾乱一般から区別するものが何かあるとすれば、それは成功の事実the fact of successである」(ibid., p. 130)。

(33)「……革命は、正確にいうと近代以前には存在しなかった。つまり、革命は多くの政治的記録のうちで最新のものに属する」(Arendt, 1963, p. 12)。さらに、堀田、二〇〇七年、一五六頁をみよ。

(34)「フランス革命の諸々の出来事の衝撃の下で、バークは一六四八年から一六四九年の諸々の出来事を、皮肉をもって革命と語った。一八二六年から一八二七年になってはじめて、フランスの歴史家ギゾーによって、『イギリス革命の歴史』*Histoire de la révolution d'Angleterre* 中、一六四〇年から一六六〇年の諸々の出来事は真剣に『革命』と呼ばれたのであった。これもまた一七八九年のフランス革命との類比によるものであった。……これに対して一六六〇年の諸々の出来事は、その時点において、そして予感された時点においてさえも革命と呼ばれたのであった」(Hatto, 1949, p. 505)。

(35) 堀田、前掲書、一六八頁をみよ。「……イギリスの大反乱the English Great Rebellion(フランス革命以後に言うところのイギリス革命the English Revolutionは、このように最初に名付けられた)……」(Dunn, op. cit., p. 338)。

(36) この人物については、塚田、二〇〇一年、一七七―二二四頁に詳しい。この人物は、ニッコロ・マキァヴェッリの讃美者であった。「『イングランドの反乱と内戦の歴史』のなかで、ハイドは、クロムウェルが『決定された主要な目的に絶対的に必要なものはなにかを考慮し、つぎにそれが正しいことであろうと、不正なことであろうと、あらゆる手段をその目的の実現に役立たせた』と述べる。これにつづけてハイドは、『この点において』、すなわち目的実現のためには正、不正にかかわりなく、必要なあらゆることをするのが政治的力量であると認める点において、『マキァヴェッリは正しい』と明言するのである。またハイドは『もしすべての歴史がマキァヴェッリのように賢明な人々によって書かれ、国家が衰退する真の原因と起源、およびその救済策が見つけられるならば、統治者にとってはそれらの歴史を冷静に曇りない目で読むこと以外の知恵は、ほとんど必要ではなくなる』と備忘録に書き記している。ハイドは『その言説を他の人からのまた聞きで受けとり、その言説を自ら十分に考察しない人々』によって悪名をえているものの、マキァヴェッリが政治的力量の分析において卓越し、政治家への助言者としても抜きんでていることを評価するのである」(同上、一七九—一八〇頁)。

(37)「……一七世紀においてRevolutionの語義は、いまだ古代からルネサンスを支配した天体の合法則的循環の観念に縛られ、同時代人による出来事の評価のうちにもその影響が窺えるのである。例えばよく引用されるように、クラレンドン……がRevolutionの語を使用したのは、今日ピューリタン革命と呼ばれる一連の出来事に対してではなく、逆に一六六〇年の『王政復古』を目の当たりにしてのことであった。王党派の政治家・歴史家として彼は、チャールズ一世が処刑され共和政が樹立された動きを、凶星の邪悪な作用によるものと認めている。彼にとってチャールズ二世の即位こそ、あるべき姿への回帰であり、Revolutionに他ならなかった。当時、一六四二年から一六六〇年までの事態は、RevolutionではなくCivil War(内乱)として語られることが多く、その推進者たちが初めて明確にRevolutionとして規定した名誉革命には、ラディカルな暴力的契機を見出すことはできない。それはまた、『古き善き法』が取り戻されイングランドがあるべき国制へと回帰する『復古』の運動だったのである」(堀田、前掲書、一六七—一六八頁)。さらに、Hatto, op. cit., p. 505; Arendt, op. cit., pp. 42-43; Calvert, op. cit., p. 69をみよ。

(38)「一六四八年から一六四九年の諸々の出来事が、それらの同時代において革命と呼ばれることがなかったのは、それらが一六六〇年と一六八八年の諸々の出来事と比較して唐突ではなかったからではなく、それらが以前の体制への回帰ではなかったからであるというのが、よりもっともらしい」(Hatto, op. cit., p. 505)。

(39)「……ジェイムズ追放は革命的行為であったがその他の点では、この奇妙な革命の精神は革命的なものとは正反対であった。それは法を廃止したのではなく、法を破った王に抗して法を確認するにいたった。……名誉革命体制の基調は、宗教と政治の両面での、法のもとにおける個人の自由であった。史上すべての革命のうち最も保守的なもの the most conservative of all revolutions in history は、また最も自由主義的でもあった」(Trevelyan, 1965, p. 5)。

(40)以下の説明は、Hatto, op. cit., p. 510; Dunn, op. cit., p. 337を参照した。さらに堀田、前掲書、一五七—一五八頁をみよ。

(41)「マッテオ・ヴィッラーニMatteo Villaniの『年代記』*Cronica*における一三五五年という年……。シエナにおける一三五五年の出来事〔『革命』revoluzione〕とは、ある寡頭的な体制が、基調において明白に民衆的な体制によって駆逐された出来事なのであるが、これは充分に、その現代的な意味における「革命」revolutionという名辞に値する」(Hatto, op. cit., p. 502)。「イタリアは切迫した運命によって支配された社会であり、フリードリヒ二世の時代から、未来を予言することがイタリア人の重要な関心になっていた。占星術が惑星の相接近する時期をはかることによって運命的出来事の予測をなそうと試みていた。そして、これらの惑星の運行は後期ラテン語の表現で revolutiones と呼ばれていた。このようにして、本来純粋に天文学的意味を有しているにすぎなかった言葉が、外見上これと関連していると思われた政治体制の諸変化を指すものとして用いられるようになったのである。第二に、惑星の運行は、一般に、その本来の相に対して有利な、あるいは不利な影響を再現させるものであるけれども、政治における革命は、より特殊的に、運命の突然の逆転 a sudden reversal of fate を指して用いられる。すなわち、有力者の打倒と抑圧された者の興隆など。この二つの意味は、たしかに、その後のあらゆるヨーロッパの言語および今日において多くの非ヨーロッパ語にも借用されるに至ったこの言葉のうちに共存している」(Calvert, op. cit., p. 57)。

(42)「彼〔ピエロ・デ・メディチ〕は二人の息子を残した。ロレンツォとジュリアーノである。兄のロレンツォはわずかに二〇歳か二一歳の若さであったため、内外の多くの人々はピエロの死とともに革命 rivoluzione が起こるのではないかと思った。しかしそうはならず……」(Guicciardini, I, p. 81)。

(43) 以下、ベネデット・ヴァルキとヤーコポ・ナルディにおける「革命」の用例については、Hatto, op. cit., pp. 502-503 を参照した。

(44) ヤーコポ・ナルディに関する伝記的事実については、Hale, ed., 1981, p. 223; Bergin and Speake, 1987, p. 284 を参照した。

(45) この四人の姓名は、Ridolfi, 1969, p. 390 にみえる。そこには、『ディスコルシ』の献呈を受けたザノービ・ブオンデルモンティ(Zanobi Buondelmonti, 1491-1527)も含まれている。

(46)「……マキャヴェリは、一八世紀の彼の後継者たちと、そう思われるほど異なっていたわけではない。のちに見るように、革命は復古あるいは復旧としてはじまったのであり、まったく新しいはじまりのパトスが生まれたのはようやく出来事そのものが進行過程に入ってからである。『フランス革命のプランは、マキャヴェリの……著作のなかに大文字で書かれてあった』とロベスピエールが述べたのは多くの点で正しかった。そして彼も次のようにつけ加えることは簡単なことであったろう。われわれも『わが魂の安全よりもわが国をさらに愛している』と。実際、この革命という言葉の歴史を無視してまでも革命現象の誕生日をルネッサンス期イタリアにおける都市国家の擾乱に求めたくなる最大の誘因は、マキャヴェリの著作と結びついて起こっているのである。彼はたしかに政治学あるいは政治理論の父ではなかった。しかし、彼のなかに革命の精神的な父を見ることを否定するのは困難である」(Arendt, op. cit., p. 37)。ただし、このように述べたのちに、アレントが指摘しているのは、マキァヴェッリとフランス革命の推進者たちの双方に、「暴力を賞賛すること」と「ローマ的なもののすべてを公然と讃美すること」との奇妙な結合がみられるという点である。なお、アレントの著作には、「イタリア初期ルネッサンスの歴史文献や政治理論」に「革命」の用語が「欠けている」という明白に誤った陳述がみられる(ibid., pp. 35-36)。

(47)「『君主論』の第二六章には、『イタリアにおける多くの革命』tante revoluzioni d'Italiaという語句がみられるものの……ルービンシュタイン博士が親切にも指摘したように、それは、『革命』revolutionという特別な意味ではなく、むしろ『諸々の変化』mutazioniという一般的な意味で使用されている」(Hatto, op. cit., p. 503)。

(48) 以下は、R・G・コリングウッド(R. G. Collingwood, 1889-1943)の晩年の著作、『ニュー・リヴァイアサン、あるいは人間、社会、文明と野蛮』(一九四二)中にみられる陳述である。「『革命』という語は、一七世紀の終わりごろに、文芸批評の語彙から、政治の語彙によって借用されたのであった。文芸批評において、それはアリストテレスが彼の『詩学』のなかで『逆転』peripetyと呼んだものを意味していたのであり、『革命』révolutionとはこの語の字義通りの訳語だったのである。その観念は以下のようなものである。ある戯曲、あるいは小説、あるいはこれらの類似物には、読者あるいは観客が(心理学者たちが言うように)彼自身をそれと『同一化』するところの、専門用語では『主人公』と呼ばれるひとりの登場人物がおり、この登場人物は、はじめ幸福で裕福な人間であるか、哀れで悲惨な人間であるかのどちらかなのである。さて、物語はいとも容易く、ゆっくりと進行し、場合によって主人公の幸福か、あるいは不幸が繰り返されるのであるが、突如として、ある驚くべき事柄が発生する。読者が予期していなかった(ただし著者は、もしも彼がとても明敏であるならば、邪魔にはならない諸々の警告を発していたのかもしれない)『運命の反転』reversal of fortuneによって、『主人公』は幸福から不幸へと投げ込まれるのであり、その場合、物語は『悲劇』tragedyとなり、あるいは不幸から幸福へと上昇するならば、その場合、物語は『喜劇』comedyとなる。読者は、彼自身を主人公と同一化しているために、悲劇的な逆転によって悲しまされ、喜劇的な逆転によって喜ばされる」(Collingwood, 1992, p. 199)。この議論は、歴史に関する浅薄な理解を助長するとして、政治的語彙としての「革命」の乱用を戒める文脈でおこなわれている。コリングウッドの主張するところでは、「運命の反転」が歴史上に遍在していることは明白であり、したがって「革命」の用語の氾濫は、「ニュートンの運動の第一法則」のように歴史が一貫性を保ち、しかも直線的に進行するという、一七世紀と一八世紀の浅薄な歴史の観念に由来する。さらにこの用語は、戯曲や小説中の「主人公」に自己を同一化して、その「運命の反転」に悲しみ、あるいは喜ぶのと同様の態度、つまりは歴史上の人物たちを「主人公たち」と「悪党たち」とに分類して歴史的出来事の展開に一喜一憂するという、これもまた一七世紀と一八世紀の浅薄な態度へと導くというのである(ibid., pp. 200-201)。この有益な議論の成否を判定することはできないものの、ここには歴史的に不正確な主張が含まれていることは明らかであるだろう。政治的語彙としての「革命」が、文芸批評ではなく自然科学からの借用であることは通説的見解であるように思われる。Hatto, op. cit., p. 509には、コリングウッドに対する批判がみえる。

(49)「逆転 peripeteia とは……これまでとは反対の方向に転じる、行為の転換 metabolē のことである。しかもこの転換は……ありそうな仕方で、あるいは必然的な仕方で起こることが求められる」(Aristotle , II, p. 2324)。さらに『弁論術』(1371b) においても、以下のような記述が確認される。「……筋の急転 peripeteia とか、間一髪のところで危難から救われるというのも快い。なぜなら、こういったことはすべて驚嘆を引き起こすからである」(Aristotle, II, p. 2183)。

(50) 訳文は、『ハムレット』福田恒存訳、新潮社、一九六七年、一六四頁を参照した。ただし、「変化」は「革命」に変更してある。

(51) 佐々木、一九七〇年、五四―七一頁は、マキァヴェッリにおける「運命」対「自由」の図式を、文芸復興期に流行した「魔術的『完全自由』論と占星術的『完全必然』論」に結び付けて説明している。

(52) この洞察は、もしかするとトマス・ジェファーソン (Thomas Jefferson, 1743-1826) の洞察となにか関係しているのかもしれない。「彼〔ジェファーソン〕はアメリカ憲法にたいして、そしてとくに『憲法を信仰の対象のように眺め、あまりに神聖なので触れることもできない契約の箱のように考える』人びとにたいして時々激しい敵意を示したが、それは自分の世代だけが『世界をふたたびはじめる』権力をもつべきであるという不正な考えにたいして激怒していたからであった。ペインと同様、ジェファーソンにとっても『死後も (統治するのは) むきだしのうぬぼれであり、図々しさ』であった。そのうえそれは、『あらゆる暴君のもっとも愚かな行為であり、傲慢』であった。彼が『これまでのところ、われわれは憲法をあえて不変のものとするほどそれをまだ完全なものにしていない』と述べたとき、明らかにこのような完成がありうるかもしれないと恐れて、すぐにつけ加えている。『憲法を不変なものにすることができるであろうか？　私はできないと思う』。なぜなら、結論として『人間の固有かつ譲渡できない諸権利は別として、万物は変化する』からである。そして彼はこの人間固有の権利のなかに反乱と革命の権利をふくめた。彼がパリにいたとき、マサチューセッツにおけるシェーズの反乱のニュースが彼のもとにとどけられたが、そのときでも彼は少しもおどろかなかった。もちろん彼はその反乱の動機が『無知にもとづいている』ことを認めたが、それを熱烈に歓迎したのである。『神は、われわれがこのような反乱なしに二〇年もすごすことを禁じている』。この事件の良否は別にして、彼には、人民が蜂起と行動に自ら加わっていたという事実そのもので十分であった。なぜなら、『自由の木は時々愛国者と暴君の血でよみがえらせなければならぬ。それがその自然のこやしなのだから』」(Arendt, op. cit., p. 233)。

(53)「マキャヴェリの著作は無数の変動、変化、変更 (mutazioni, variazioni, alterazioni) にあまりにも満ちているので彼の教義は『政治変動の理論』であるという誤解さえ生まれているくらいである。しかし、彼が主としてこのような変動にたいして関心を抱いたのは、正確にいえば、不易なもの、不動のもの、不変なもの、要するに永遠なもの、不朽なもののためである。マキャヴェリは革命の歴史という点ではたんに先駆者であるにすぎないのであって、この問題にこれほどの関心を払ったのは、彼が持続的で永遠不滅の政治体を創設する可能性を考えた最初の人間だったからである」(ibid., p. 36)。

(54) ただし、「人間喜劇」の「不滅の都市」、すなわち「喜劇の都市」を建設せんとする計画には、あくまでひとつの「限界」が画されていることは銘記されるべきである。つまり、『ディスコルシ』の第二巻第五章において語られる「大洪水」に伴う人類文明の壊滅である。これに関してマキァヴェッリは、おそらく完全に「忘却」することで対応している。この問題については、以下の陳述が参考になるのかもしれない。「『真理はもはや固定した教条的な命題の寄せ集めではありえず……認識の過程、すなわち低い段階から高い段階へと昇っていく過程のうちのみに存する。……それらすべての段階は、低い段階から高い段階への無限の進歩のなかで、滅びゆく段階であるにすぎない。……究極的な絶対的真理や発展の究極的な絶対的段階など存在しない。生成と消滅との不断の過程、低いものから高いものへの無限の上昇の不断の過程以外には、不滅のものは何も存在しない。……我々はここで、こうした見解が自然科学の今日の状況と一致するかどうかという問題を考慮する必要はない。というのは、現在、自然科学は、地球の存在に終わりがあるかもしれないということ、地球上に人間が住める状態は確実に終わりがくることを予測しているからである。それゆえ今日自然科学は、人間の歴史が上昇の過程からだけでなく下降の過程からも成るものであると想定している。いずれにせよ我々は、衰退が始まる地点からはまだかなり遠くにいることは確かである……』。この言説は、カール・マルクスの友人であり協働者であったフリードリヒ・エンゲルスによるものである〔『ルートヴィヒ・フォイエルバッハとドイツ古典哲学の終結』〕……。ここに我々は、無限の進歩そのものが放棄されているのを見て取る。しかしその重大な帰結は、まったく理解できないし正当化もできない『関係ない(never mind)』という態度によって回避されている。比較的最近になって出てきた進歩の信念のこのような形態は、まさしく終わりについては忘れること、永遠についても忘れることにするという決意に基づいている」(Strauss, 1989, p. 238)。

(55) Locke, pp. 406-428.

(56) 「……客観的な領域から主観的な領域への革命の移転の重大性……。……世界の諸々の出来事における客観的な変化の本性を確認するために、そして……すべての党派の影響力を中立化するために、自然科学の語彙からの『革命』という用語の選択が有用であった一六八八年におけるように、一七八九年以前には、諸々の出来事それ自体の根本的な力が先導してきたのであった――しかし、いまや、これらすべてが変わったのであった。……現代の著述家は……より初期の諸々の革命の実行者たちが、彼らの思想において、諸々の出来事のあとを遅れて歩んでいたのに対して、現今の革命家たちは諸々の出来事の三歩あるいは四歩ではないにせよ、一歩先にいるようにみえることを観察せずにはいない」(Hatto, op. cit., p. 507)。

(57)「Revolution はそもそも天体の回転であった。したがって、何かしら『本来的なものへの必然的回帰』というメシア主義的志向は、はじめから革命と親和的だったと言えようか。……マルクスの革命理論は二〇世紀へと接続される。その際に重要なのは、この必然性という概念……」(堀田、前掲書、一七五頁)。さらに、Arendt, op. cit., pp. 47-58; Calvert, op. cit., pp. 80-81; Dunn, op. cit., p. 346 をみよ。

(58)「以前に革命と呼ばれていたものは、せいぜいのところ、人物の交替、ないしは地方的環境の改変 alteration にすぎなかった。そうした革命は、日常茶飯事のように、起こっては消え、革命が起こった地域の外へまで影響を及ぼすことができるものは、その存続しているあいだにも、その運命の中にも、何一つとしてなかった。ところが、今日、アメリカおよびフランスでの革命以来、全世界に見られるものは、事物の自然の秩序の革新であり、真理や人間の存在と同様に普遍的で、政治的幸福および国民的繁栄と道徳的幸福および繁栄とを結び合わせる一つの原理体系 a renovation of the natural order of things, a system of principles as universal as truth and the existence of man, and combining moral with political happiness and national prosperity なのである」(Paine, p. 144)。

(59) 本書第一章の注記九五をみよ。「……〔二〇世紀の〕青年運動の広い部分にとっては、『革命』は、年長者たちの抑圧に反抗する青年たち自身の解放と満足感を表現する手短な語として、きわめて個人的な仕方で説明されるようになった。このときになってはじめて、この概念にユーモアの要素が導入された。そして権威的立場が理解し、許容するのを最も困難に感ずるのも、この要素であった。この新しい意味において、革命は恐ろしくまじめなものであるのみならず、また慰み事でもあった」(Calvert, op. cit., p. 111)。

(60)「フランスの『旧体制』の崩壊の原因に関する自由主義的解釈とマルクス主義的解釈は、政治権力を、変化してゆく社会的、経済的組織の歴史へと組み込むところの、ひとつの説明上の視角を共有しているのであるが、その歴史は、自由主義的な思想家や政治家たちが希望するには、本質的にその終着点に到達したものであり、しかしカール・マルクスの追随者たちが自信をもって期待するには、順当にいけば、すくなくともあとひとつの決定的段階へと前進することを強いられるであろう歴史なのである」(Dunn, op. cit., pp. 342-343)。さらに、Calvert, op. cit., p. 81 をみよ。

第五章　科学の問題[1]

中世期、後期ラテン語の新造語「革命」revolutio は、諸々の天体の「出発点への回帰」、つまりは公転運動を表わす天文学用語として確立した。一四世紀以降、「革命」revoluzione（rivoluzione）は次第に星界から地上へと降下して、充分に政治現象に転用可能な諸々の語義を帯びていった。やがてそれは、なんらかの「始源」への「回帰」として想念され、明確に肯定的範疇において理解された大規模政治変動を指示する用語へと変貌を遂げるのである。しかしながらそれは、一七八九年以降に飛躍的に尊厳を増して人口に膾炙する過程上、「回帰」という最古層の原義をも脱落させた結果、史上空前の新時代へと勇躍前進してゆく熱烈なパトスを象徴する言辞となる。もはや「革命」revolution は、「事物の自然の秩序の革新」a renovation of the natural order、「真理や人間存在と同様に普遍的で、政治的幸福および国民的繁栄と道徳的幸福および繁栄とを結び合わせるひとつの原理体系」（Paine）として語られるのである。ついには政治用語としての限定からも離脱しつつ、この言葉が一貫して強化してきたのは、端的に人間の「自由な意欲」libero arbitrio の営為に関する未曾有の楽観的展望であったことになる。二〇世紀中葉に至り、初期近代における自然科学の勃興と圧倒的勝利を指示する「科学革命」Scientific Revolution なる用語が発生したこともまた、これら「革命」の意味変容の帰結であったことは疑いない。本章の目的は、いわゆる「一七世紀科学革命(2)」へと至る初期近代の哲学思想の文脈上、「人間喜劇」commedia umana として把握されたマキァヴェッリの政治哲学が占めている歴史的境位を究明することにある。この目的は、相互に密接に関連する二つの主題について考究を尽くすことで達せられる。

第一に本章は、「マキァヴェッリの哲学」について考究する。『君主論』および『ディスコルシ』以下、主要諸著作における政治的諸教説の背後にあってそれらを規律する哲学的前提、つまりは自然学の領域をも包摂した世界像の究明を企図するのである。無論、現存するマキァヴェッリ全集には、哲学的諸問題を体系的に論議した文書は存在しない。そればかりか、あるときマキァヴェッリは、おのれの知識の領域が人間的な諸事物に局限されており、「自然的な、そして超自然的な諸事物に関する知識」についてはまったくの無知であることを告白したのであった。しかしながら、過去五世紀におよぶ解釈史を考慮するならば比較的近年に判明したといえる若干の伝記的事実から、たとえばディオゲネス・ラエルティオスの『哲学者列伝』中に解説される諸々の古代哲学派のうち、最もマキァヴェッリを魅了したひとつの哲学派を推理することが可能となっている。ここにおいて討究の有効な出発点となりうるのは、マキァヴェッリの外孫、ジュリアーノ・デ・リッチの証言である。リッチは、一六〇〇年前後、偉大な祖父に対して差し向けられた糾弾の典型例を伝えている。すなわち、「そのすべての文章において、ニッコロは聖俗の偉大な人物たちを非難し、すべての事物を自然的、そして偶然的な諸原因に帰するほどまでの放縦に耽溺している」(3)。リッチの証言は、しばしば現代の研究者らによって見落とされるものの、「科学革命」以前において思考した解釈者らには明瞭であったことが想像されるところの、マキァヴェッリの諸論説に表出する世界像の基本構造に光を投射しているのである。

マキァヴェッリは「すべての事物」tutte le coseを二つの種類の「諸原因」に帰したとされる。そのうち、諸事物を「自然的な諸原因」cause naturaliに帰する思惟様式に関しては、これを文芸復興期に汎流行の様相を呈した自然的占星術の影響として説明する極めて有力な先行研究が存在する。マキァヴェッリが、諸星辰の運行と布置を地上的な諸現象の作用因とみなす自然的占星術の影響下にあったことは、おそらく事実である。しかしながらマキァヴェッリの諸論説には、人間的事柄に関する宿命論へと滑落する危険をはらんだ占星術的な世界像とともに、諸事物を「偶然的な諸原因」cause fortuiteに帰する世界像が奇妙にも並存しており、鋭く対立する二つの世界像の深刻な葛藤がみえる。マキァヴェッリを哲学的思索へと駆動しているのは、「自然的な諸原因」によって構成された世界像から離脱して、「偶然的な諸原因」によって構成される世界像へと転進しようとする意欲であったように思われる。「偶然的な諸原因」の台頭とともに自然的占星術の決定論は克服され、人間の「自由な意欲」の活動に関する極度に楽観的な展望への回廊が打通されるのである。「偶然的な諸原因」によって支配される世界像は、若き日のマキァヴェッリが邂逅したエピクロスの哲学の影響であることが強く疑われる。以上の考究は、一九六一年、ヴァチカン図書館所蔵MS Rossi 884写本が、マキァヴェッリ直筆のルクレティウスの『物の本性について』であることが確定したことによって、はじめて可能となったのである。

第二に本章は、一九世紀以来の権威ある命題、「科学者マキァヴェッリ」Machiavelli the Scientistを再検討に付す。フランチェスコ・デ・サンクティスの『イタリア文学史』（一八七〇）以来、マキァヴェッリの『君主論』を、たとえばガリレオ・ガリレイの『新科学対話』（一六三八）とともに、「新しい科学」の発生を画する重大文献とみなす解釈の潮流が存在する。[4]かかる二〇世紀に広く流布した解釈は、しばしば『君主論』の第一五章冒頭のよく知られた一節を根拠として立論しているように思われる。しかるに「科学」の基底が、「存在」と「当為」あるいは「事実」と「価値」の峻別、ないしは「価値判断の排除」として理解されるかぎり、「科学者マキァヴェッリ」なる命題は成立困難であるだろう。というのも、マキァヴェッリの諸論説は諸々の「価値判断」に基づく憶断に満ち溢れており、その政治哲学はあまりに「規範的」であるように思われるのである。[5]ただし、もしも「科学」の根基を、「思惟は存在を認識できるばかりか、訂正することさえできるという、あの不動の信念」、「自分が無制限だと妄想している楽観論 Optimismus」、あるいは「すべての人間が地上の幸福を手に入れることができるという信仰、そういう普遍的な知識文化が可能であるという信仰」（Nietzsche）として理解するのならば、根本的に議論の位相は変化して、「科学者マキァヴェッリ」なる命題は真剣な考究に値する疑問符として浮上することになる。

「一七世紀科学革命」と「人間喜劇」として把握されたマキァヴェッリの政治哲学との関係を説明する端緒となるのは、文芸復興期の知的環境にエピクロスの哲学が隠然たる影響力を及ぼしていた歴史的事実である。一四一七年のルクレティウスの哲学詩篇、『物の本性について』の再発見以降、エピクロスの原子論哲学の波紋は、フィレンツェ市から緩慢ではあるが着実にヨーロッパ世界に伝播していった。古代原子論が「科学」の隆盛にあたえた直接的な諸影響の程度に関しては、研究者らの主張に広範な振幅がみえる。しかしながら、復活した唯物論哲学の衝撃は、すくなくとも新たな世界像の創造ではなく旧来の世界像の破壊において、つまりはアリストテレス自然学とプトレマイオス天文学の権威の凋落にあたり、極めて重大な誘因となったことが推定される。それが、明確な中心をもち厳格に階層づけられた有限の宇宙像の崩壊と、いかなる中心も階層もありえない無限の宇宙像の出来とを促進した可能性は極めて高い。そしてなによりも、あらゆる事象が「偶然」の渦動へと放擲されたとき、「摂理」の信仰や「宿命」の観念は致命的な損傷を被り、一七世紀における「機械論的世界像」の確立にとって欠くべからざる過渡的段階が現出したのであった。やがて「科学革命」は、諸現象のうちに「偶然」ではなく「合理性」を看取して、諸現象の観想ではなくこれらの予測と支配を企てる「操作的科学」(Bacon)を組織してゆく。かかる「摂理」や「宿命」から「偶然」へ、そして人間の「自由な意欲」による「偶然」の征服へと躍進する自然学の領域における展開は、明白にマキァヴェッリの政治哲学に内在する潜勢力との構造的な類似性を帯びている。マキァヴェッリの政治哲学もまた、『物の本性について』のおそらくは甚大なる影響下、諸事象を「偶然的な諸原因」に帰することで自然的占星術の宿命論を打開したのちに、人間的な「賢慮」prudenza、すなわち「力量」virtù としての「自由な意欲」をもってする「偶然」accidente、すなわち「女(運命の女神)の気紛れ」の制圧を宿願とする。「科学者マキァヴェッリ」なる古い命題の妥当性が精確に理解されるのは、まさしくマキァヴェッリの政治哲学が人間の生と政治的営為に関する根源的楽観論、つまりは「人間喜劇」として把握されるときなのである。

第一節　文芸復興期における占星術的世界像とその政治学、倫理学上の含意

「そうなると、あの美しい秩序は、いったいどこにあるというのですか。土という濃密な物体から密度の希薄な水へ、さらに純粋微細な空気へ、最も微細な火へと、そして神的な天上のものへと上昇してゆく、あの美しい自然の階梯 scala della natura は」(6)。ジョルダーノ・ブルーノ（Giordano Bruno, 1548-1600）の対話篇『無限、宇宙、および諸世界について』*De l'infinito, universo, e mondi*（一五八四）は、ひとりのアリストテレス学徒の発話をつうじて、初期近代における世界像の刷新が誘起したところの、絶望的な心理的動揺を極めて生々しく描写している。事実、アリストテレス自然学とプトレマイオス天文学によって基礎づけられた堅牢無比の世界像の大伽藍は、地上の諸物質から天上の諸星辰に至るまでの秩序体系を、聖書宗教の諸教説に抵触することなく、さらには日常的直覚にもよく合致する仕方で説明していた。月下の地上世界の万物は、四つの「元素」elementum、すなわち「土」、「水」、「空気」、「火」から構成されている。このうち「土」と「水」は、全宇宙の中心と同定された地球の中心を志向して、つまりは下方への直線運動をおこなう自然的傾向を有するのに対して、「空気」と「火」は、かかる中心から遠ざかる上方への直線運動をおこなう自然的傾向を帯びているようにみえる。そしてアリストテレスとプトレマイオスによって共有され、じつに一六世紀まで一般に自明視されたひとつの原理によるならば、物体は外力を加えられないかぎり、その「本来の場所」へと向かって直線運動をおこない、そこに到達すればただちに静止するのであった。したがって、もしも地上のすべての「元素」が、各々純然たる様態で存在していたとするならば、最も重量ある「土」は全宇宙の中心に球体の集塊を形成し、これの周囲に「水」、その周囲に「空気」、さらにその周

囲に「火」から成る球体の皮膜が組織され、すべては「本来の場所」に安らい満ち足りて、静止しているはずである。しかるに地表にあって触知されるすべては、安定と充足の欠如を証し立てる上方、あるいは下方への直線運動を繰り返すのである。というのも、この地上に実在している万物は、無論のこと純然たる様態ではなく、種々雑然とした卑賤なる混合物の様態で存在しており、したがって四つの「元素」は不断に攪拌され、各々の「本来の場所」から乖離して鬱憤をかこつからである。確かに、ことごとく海底に沈殿すべき「土」の相当部分は「水」から引き出されて幾多の大陸を構成し、随所では峻嶮が「空気」の圏域を裂いている。これら大陸に居住する人類をはじめ諸動物もまた四つの「元素」の混合物であることは、それらの破壊に際して「水」が赤黒く滴り落ちて瞬く間に大地を這い、それらの燃焼に際しては「火」が紅焔の柱となって舞い上がることからも明白であるだろう。したがって、直線運動によって支配されるこの地上世界とは、諸々の「元素」が不浄にも混淆した不安定な世界、眩暈を誘う多様性と絶えざる変化の世界であり、生成、腐朽、そして解体、あるいは生誕、老衰、そして死滅の舞台であらねばならない。

だが、この地上世界の外部に凛然として存在するのは、まったく異質の「元素」によって組成され、それゆえまったく異質の物理法則が支配する天上世界である。月の運行軌道の上方に遍満しているのは、いっさい重量を帯びない「第五元素」、精妙至極の「エーテル」であり、しかもそこには「第五元素」以外のいかなる物質も存在しない。したがって純然たる様態で形成される天上世界のすべての物体は完璧に安定しており、腐敗することも分解することもなく、恒久不滅である。そこでは、なにものかが新たに生成する余地もなく、夥しい諸天体の形状、配置、運動のことごとくは、永劫の過去と未来において不変定常であるだろう。これら物体は、もとより各々の「本来の場所」に安らい完全に満ち足りているために、絶対的に直線運動をおこなうことはない。それらの唯一おこないうる運動は周回運動、いかなる軌道や緩急の変化をこうむることもなく、同一地点へと回帰する永遠の円運動である。諸々の惑星や恒星に円運動をあたえているのは、透明の「エーテル」により組織され、地球を中心として同心円状に積み重なる球体の皮膜、すなわち「天球」である。あらゆる天体は、回転運動をおこなう諸々の「天球」の各層に付着して移動するのである。最も地上世界に近接して位置する第一天は月を擁した「月天球」であり、ここから第二天「水星天球」、第三天「金星天球」、第四天「太陽天球」、第五天「火星天球」、第六天「木星天球」、第七天「土星天球」へとつらなり、数多の恒星を付帯して運行し、可視的世界の限界をなす第八天「恒星天球」へと至る。これら「天球」のさらなる上方では、第九天「原動天」がすべての「天球」の動力を賦活し、最上位には神の居住する第一〇天「至高天」が静止して、全宇宙の限界を画している。「至高天」の外部にはなにものも、物質も空間もありえない。おそらく人類にとって原初的な感覚、すなわち驚嘆に値する天体運行の規律と、どうすることもできない地上生活の混沌との対照に由来する感覚を反映して、この秩序体系が月下の領域と月上の領域とを截然と区別していることは銘記されねばならない。月下の死すべき存在らに可能であるのは、星界の完全性に憧れ慨嘆することだけであるだろう。ただし、それでも神は全宇宙の中心に這いずり回る人類をつねに注視し、摂理によって統治して、恩寵をもって選ばれたる存在を救済するはずである。物質ならざる霊魂のみは被造物にあっても永久不滅であり、これが四つの「元素」の牢獄から解放されて昇天するならば、諸天体の世界に参画し、煌めきわたる「エーテル」の粒子に包まれて、永遠の至福に安らうことができるのかもしれない。癒し難き労苦と悲嘆に悄然とした死すべき存在が、清澄なる巨万の諸星辰を見上げるときに込み上がる情動の痛切を、想像することができる。かくも卑賤な地上のあらゆる被造物を、かくも荘厳な天蓋をもって見守り、そして抱擁していた、あの「美しい自然の階梯」は(7)。

ダンテの叙事詩三部作『神聖喜劇〔神曲〕』において最も典型的に活写されたこの世界像が提示しているのは、明確な中心と限界を伴った有限の、閉ざされた宇宙である。かかる「城壁で囲まれた宇宙」が中世期、あるいは古典古代の「城壁で囲まれた都市」に、つまりは明確な中心と限界を伴った閉鎖的共同体における政治的、社会的営為の心象に対応していたことは、しばしば適切にも論及される。(8) そして粗雑かつ鈍重なものから繊細かつ精妙なものへ、流転しては腐乱する汚泥から万古不易の星辰へ、冥闇の場所から光輝あふれる場所へと至る空間的階層秩序が、そのまま価値の位階秩序を反映していたこともまた明白であるだろう。完全な秩序体系の観念は、宇宙において人類の占める位置と方向感覚についての了解を保障するのみならず、個々人の日常的な生活感情の隠微な襞の深奥にまで浸透していたはずである。古代以来、報告される天体観測上の諸々の事象は、しばしば星界が、かくも明瞭で容易に理解可能な統一的形状と構成を具備してはいないことを示していたにもかかわらず、あくまで「自然の階梯」についての一般的認識は確固として維持されつづけた所以であるだろう。

「一二世紀ルネサンス」として総括される古代哲学の復興運動に起源し、ついにはカトリック教会公認の地位を獲得した有限の、階層的に秩序づけられた世界像には、その発生当初から、あるいは聖書宗教の諸教理にとって深刻な脅威となりうるひとつの知的伝統が、隠然と随伴していたことは指摘されねばならない。アレクサンドリアからバグダードを媒介して西方へと伝達されたプトレマイオスの天文学書『アルマゲスト』*Almagest*は、一一五〇年にラテン語訳されたのちに、アリストテレス自然学と融合しつつ、俗衆化の程度に応じて簡略化され、やがて広範に流布する天界像を形成したのであった。しかるに一一三六年、プトレマイオスのいまひとつの著作『テトラビブロス』*Tetrabiblos*のラテン語訳が、天文学書の翻訳に先行しておこなわれていたのである。『テトラビブロス』は、ギリシア哲学や旧約聖書よりもはるかに古い、バビロニア起源の「カルデア人の科学」について解説する学術的著作であった。「カルデア人の科学」は、諸天体の運行が地上における諸現象になんらかの影響をおよぼしており、したがって作用因として、それらを支配していることを説いていた。たとえば太陽軌道の推移が季節の変化にあたえる明白な効果、あるいは月の満ち欠けと海洋の潮汐や女性の月経との間に観察される関係等々、確かに天界の支配力を示すようにみえる若干の事実から、すべての惑星が地上になんらかの効力を照射しているものと推理され、膨大な観測と考究、ないしは憶断が蓄積されることとなったのである。『テトラビブロス』は、七つの天体の配置が天変地異のみならず、都市や帝国の興亡、個々人の性状や禍福に対して行使すると想定された影響力を、いささかの疑念も差し挟むことなく承認している。のみならずプトレマイオスは、この書物が『アルマゲスト』の姉妹篇であることを明言していたのである。[9] 一一四〇年前後、九世紀イスラム圏の著述家、アブー・マーシャル Abu Ma'shar の主著のラテン語訳によって、より明確に全貌を現しつつあった「カルデア人の科学」は、七つの「天球」に付着した星辰を乾と湿、熱と冷、男性と女性、等々によって分類して善性と悪性を割り振り、各々の位置関係が地上へとおよぼす諸作用を詳論していた。わけても日食や月食、諸惑星の接近や彗星の出現といった歴然たる異変は、地上における飢餓、悪疫、洪水、あるいは戦乱、反逆、君主の死などの前兆として諸々の解釈が施される。かくして諸星辰の様態の観察により、将来における人間的諸事象の吉凶までも精確に予知することが、この知的営為の偉大な使命となる。しかも各々の個人の気質や性向、ならびに身体的条件、さらには結婚や社会的栄達の程度から命数、死因に至るまでの生涯の変転は、各々の個人の懐妊、もしくは生誕の瞬間における諸天体の布置によって、すでに判定しているものと想念される。したがって出生時の諸天体の配置を記録した天宮図 horoscope から、ある個人の心理や素質を把握して、たとえばその政治的諸行為の目的、時機、そして成否のことごとくを予見できるのかもしれない。タキトゥスやスエトニウスの年代記は、ローマ帝政期に「カルデア人の科学」が隆盛を極めたことを報告し、これに惑乱されては凶行を繰り返す諸皇帝の狂態を伝えている。[10] 中世盛期、西方世界においてアリストテレス自然学、ならびにプトレマイオス天文学とほぼ同時期に再発見され、ひそかに浸透し、やがて文芸復興期に大流行の様相を呈することになるのは、かかる自然的占星術の知的伝統であった。[11]

アウグスティヌスの『告白』には、自然的占星術に対する批判がみえる。[12] すでに古代末期、教会権力は自然的占星術に対する組織的攻戦を開始し、一二世紀にこれが再興して以降にも、再三にわたり激越なる弾劾が反復された。自然的占星術が七つの天体の各々をオリュンポスの神々と比定し、ギリシア神話の様々な主題を借用して諸々の恒星の集合に名称をあたえたことからも窺い知れるように、それが必然的に帯びる多神論的傾向は、聖書宗教の前提に抵触することは確かである。しかしながら、このことにもまして、学匠らの巨人的な偉業をもって成立した古代哲学とキリスト信仰との綜合を動揺せしめ、かくも精密な機構を毀損するとして警戒されたのは、自然的占星術のほとんど不可避的な帰結、すなわち「決定論」determinism であったように思われる。星界によって人間的諸事象の帰趨が予定されているとする教義は、妖しい「カルデア人の科学」に蠱惑の魅力を付与するとともに、これを信じる者には気の滅入る憂鬱、心底を酸のごとく侵す恐怖、ときとして死を想う絶望の原因となったはずである。無論、諸天体を地上の作用因として承認するに際しては、誘うが強いないとする穏健な立場から厳格な予定説まで、大幅な程度の差異がありうる。[13]だが、ひとたび自然的占星術の原則が真剣に受容されるとき、星々の支配領域は次第に拡張する傾向を帯びたのであった。[14]「自由意志」liberum arbitrium の余地が大幅に縮減し、これを行使する意欲は萎縮して、ついにはこの観念の有意性が疑われる事態が憂慮される。のみならず諸星辰による支配の観念は、聖書宗教に欠くべからざる「奇跡」miraculum の信仰を融解させることになる。自然的占星術は、自然的理性の行使によって、しかも可視的諸物体の観測をつうじて諸々の個人や王国の来歴を説明し、人類の歴史の全体を通観して、これらの将来を予知しうると信じているのである。モーセやナザレのイエスもまた諸星辰の支配下にあったという主張を、教会権力は絶対的に容認することができない。新約マタイ伝中にみえる「ベツレヘムの星」に関する記述（2, 1-10）が、あらためて不穏な動揺を引き起こす。というのもキリスト誕生に際しては、天界に未知の星辰が出現し、これが「東方の三賢者 magi」をイェルサレムへと導いたというのである。教会権力はこれを、アリストテレス自然学が天界にあって直線運動をおこなう彗星を処理した仕方で、つまりは月下の地上世界の陽炎のごときものであったとして処理したという。[15] しかしながら一三二七年、ひとりの占星術師がイエス・キリストの天宮図を作成した罪過で焚刑に処せられた事実からは、自然的占星術に対する教会権力の厳戒のほどが垣間みえる。[16] 聖書宗教が「カルデア人の科学」を容認することができなかった原理的な理由は、おそらく至極簡潔に要約することができる。すなわち聖書宗教は、それが「神的摂理」の支配を「自然的摂理」の支配をもって置換していたために、原理的に容認することはできなかったのである。一五世紀末年までに、凄まじい勢威を得て反響を増した自然的占星術に対する聖書宗教の批判は、ジロラモ・サヴォナローラ修道士による説教中の一節に尽くされているように思われるのである。「これら哲学者や占星術師は、彼らの観るすべての事柄を自然的な諸原因 cause naturali へと帰し、あるいはすべての事柄を神ではなく、むしろ天 cielo に帰することを好んでいる」。[17]

ロレンツォ豪華公時代のフィレンツェ市において、自然的占星術は非常な流行をみたことが報告される。おそらく大流行の理由のひとつは、占星術的世界像が、メディチ宮廷の知的環境を決定づけたプラトニズムと一定の親和性を帯びていたことにある。[18] フィレンツェ・プラトニズムは、根源的な「一者」から万物が「流出」し、天界から地上へと、上位の諸存在から下位の諸存在へと至る階梯が間断なく連続して、この「大宇宙」は「小宇宙」としての人間と照応関係にあり、ともに一端を弾けば全体が律動して和音を奏でる調和のなかに住まうものと想念していた。この「存在の大いなる連鎖」the great chain of being の観念が、諸星辰の運行と地上的諸事象の間に因果関係を認める占星術的世界像と整合可能であることは疑いない。ただし、プラトニズムの静謐な秩序体系に「カルデア人の科学」が編み込まれていたことは、[19] 宮廷を構成するマルシリオ・フィチーノ以下の碩学、貴顕らに共有されていたものと想像しうるところの、階層的な秩序観念の枠組に去来する一抹の憂鬱、ある種の疲労感を伴った諦念を説明するように思われる。「自然的摂理」と「決定論」の重圧から、プラトニズムにおける霊魂の特権的位置を瑕疵なく保全することは、事実上、極度に困難であった。そのことが痛烈に意識されるとき、聖書宗教の教条とのあいだに緊張が走るのみならず、「自由意志」の無力と回避しえぬ宿命という思念が、生活感情に深い灰色の影を落とす。かくして文芸復興期の自然的占星術に対する最大の批判者、ジョヴァンニ・ピコによって熱烈に宣揚され、擁護されたところの「人間の尊厳」についての信念が、懐疑にさらされることは必定であるように思われる。[20]ロレンツォ豪華公による「謝肉祭の歌」中の一篇は、かかる帰結を充分に表現しているようにみえる。「われらは七つの惑星。地上に天の教えを伝えに、高き座をあとにする。すべての善とすべての悪は、われらに由来するもの。哀れな者たちよ、お前たちの苦しみも喜びも、人間どもに起きることも、動物、植物、鉱物に起きることも、すべてはわれらから生ずる[21]」。

一六世紀初年、「カルデア人の科学」は、ほとんど汎流行の様相を呈している。諸天体は『テトラビブロス』の語る「諸々の時間の主人たち」chronocrators（masters of the times）として想像され、ある政治的決断の成否は、星界の様態によって定まる「諸々の時間の性質」との協働にかかっているものと推定されたことから、君侯や都市の枢機会議に占星術師らが臨席することは常態化する。フランス国王シャルル八世がイタリア侵攻の時機について占星術師に諮問するならば、チェーザレ・ボルジアは傭兵隊長らの政治行動に関する占星術師の所見に耳を傾けていた。教皇ユリウス二世の即位式は占星術師の判断で延期されるのみならず、パウルス三世が占星術師の計算にしたがって枢機卿らを召集し、レオ一〇世はローマ大学に占星術講座を開設する。自然的占星術の威力は、すでに教皇庁の中枢にまで闖入していたのであった[22]。

一五二六年一一月、ニッコロ・マキァヴェッリは逗留中のモデナ市において、ある「予言者」profetaと二日間にわたり、いまや最終的破滅へと帰着しつつあるイタリア政局について議論を交わしたことが知られている。「……彼は、教皇〔クレメンス七世〕の敗走と作戦の失敗を予言していたと、いくつかの証拠を挙げながら語り、悪い時間は依然として完全には過ぎ去ってはおらず、まだ相当に苦渋を強いられるはずであると告げています[23]」。「諸々の時間の性質」に言及しつつ政治変動について予測するこの「予言者」は、占星術師であったことが強く疑われる。この半年ほどのちに永逝することになる元フィレンツェ共和国書記官は、生涯における最も歓喜と栄光に満ちた瞬間において、つまりは一五〇九年六月の共和国市民軍によるピサ市制圧に際しても、同様に「諸々の時間の性質」に関する助言に接していた。「……木曜日にピサ市の占領を実行すべきでありますが、いかなる事情があっても、午前六時三〇分以前に入城すべきではありません。もしも可能ならば、七時のほんのすこしあとに入城すべきです。それが幸先よいでしょう……」[24]。フィレンツェ政庁は、諸々の重要案件に関して頻繁に占星術師らに諮問をおこなっていたため、このとき前線に飛来した忠告もまた、自然的占星術の判断を伝達していた可能性が高い。かくして提起されねばならない問題が、相当に深刻であることはもはや明白である。すなわち『君主論』および『ディスコルシ』の著者は、はたして「カルデア人の科学」を信じていたのか。

最も権威あるマキァヴェッリ伝、あるいはその他の諸研究の判断するところでは[25]、マキァヴェッリは諸星辰の運行と地上的諸事象とのあいだに因果関係を認め、終生、自然的占星術を信じていた。事実、マキァヴェッリは「自然的な、そして超自然的な諸事物に関する知識」notizia delle cose naturali e soprannaturali（D., I, 56［I, p. 314］）を所有していないことを自覚しているにもかかわらず、その諸著作中には諸々の政治現象を「天」il cielo、ないしは「諸天」i cieli の作用因に帰する陳述が散見される。『一〇年史』は、一四九四年以降のイタリアの興廃を「星々」le stelle の影響によるものとみなす（1-3［I, p. 94］）。『ディスコルシ』によるならば、都市の戦争と平和は「天」、あるいは「諸天」に依拠するものであり（D., I, 6［I, p. 216］; II, 29［I, p. 404］）、栄光に浴する好機を諸個人にあたえるのは「諸天」にほかならず（D., I, 10［I, p. 228］; II, proemio［I, p. 327］）[26]、宗派の発生までもが「諸天」の配剤に由来し（D., I, 11［I, p. 229］）、「諸々の天の徴」は大規模な政治変動の前兆となるという（D., I, 56［I, p. 313］）。そしてこれら論説は、「あらゆる世界の事物」が「天によってそれらに定められた路程 il corso」を進行するという明確な言明によって、簡潔に要約されているのである（D. III, 1［I, p. 416］）。『フィレンツェ史』中、「天」はフィレンツェ市における政変の原因となったことが語られ（IF. II, 33［III, p. 405］）、さらに「諸天」は「フランス人とドイツ人がイタリアから退散し、この地域が完全にイタリア人の手中に保持される時間が到来することを知っていた」（IF. I, 25［III, p. 344］）という印象深い記述がみえる。あるいは自伝的寓意詩『〔黄金の〕ろば』中、マキァヴェッリが都市や王国、そして宗派の興亡のみならず、おのれ自身の不遇までも星々の運行の作用に帰した切実さは、その自然的占星術への信頼が真率であったことを証し立てるのかもしれない。キルケの乙女が元書記官に語るところでは、「星々や天、そして月やその他の惑星が高く、低く、休むことなく動き回るのが観えるでしょう。……同じように地上でも、何ひとつそれ自体の姿を保ち続けるものはないのです。平和が訪れ戦争が起こるのも、そのためです。同じ壁と同じ溝に囲まれた者たちが憎しみ合うのも、そのためです。おまえの最初の苦痛が生じたのも、おまえの報いのない労苦が引き起こされたのも、そのためなのです」（3［III, p. 60］）。

これら占星術的言説が、同時代における修辞上の慣例への追随以上のものであったことは、それらがマキァヴェッリの政治学、および倫理学上の核心的論題のひとつと結び付いていることから明らかとなる。しかもこの結びつきは、マキァヴェッリの執筆履歴のかなり初期にまで遡及することがきる。一五〇六年成立と推定される詩篇「運命」Capitolo di Fortuna は、マキァヴェッリが『君主論』起稿以前に執筆した現存文書のなかで、おそらく最も明瞭な人間学的洞察を提示している[27]。そこには、すでに『君主論』および『ディスコルシ』上に考究される主題が萌芽的にあらわれている。詩篇中、地上世界を支配する運命の女神の館のなかで、諸々の回転する車輪の上に乗った人間たちという、鮮烈ではあるが気の滅入る映像が進行する。この車輪の回転に応じて人間的事柄の浮沈は繰返されている。地上の覇権がエジプトからアッシリアへ、そしてメディア、ペルシア、ギリシアを経てローマに至り、やがてここから去っていったのもそのためである。無論、運命の女神の支配は諸個人の生涯にもおよぶ。諸個人の行為の成否は、その「気質」umor が女神の選好に合致するか否かにかかっている。ただし女神は、種々様々な「気質」のなかでも、頻々と好意の対象を転じてゆく。それゆえに、おのれの「気質」を女神の徒心に応じて頻々と変化させることができるのならば、「車輪から車輪へと飛び移る」こともできるだろう。しかしながら諸個人は、各々生来の「気質」を自在に変化させることができない。かくして幸福のうちに生を終えるのは、浮気な女神の寵を失う以前に死んだ者たちだけであることになる。諸々の回転する運命の車輪の観念と、天界における諸惑星の周回運動の関係という最も重大な問題に関しては、さしあたりここでは保留しておく。(28) ここでは第一に、マキァヴェッリの思索上、運命に対する人間的営為の限界を画し、したがって決定的な意味を帯びているのは、各個人の「気質」の恒常性、あるいは硬直性であることが銘記されるべきである。そして第二に、詩篇中、各個人の生来の「気質」が硬直的であるのは、それが「天」の「隠れた力」occulta virtù に由来しているためであるという、疑いなく占星術的な言明がみえることは銘記されねばならない。「君は人格 persona を変えることも、天から与えられた性向 ordine を変えることもできない」[III, p. 36]。詩篇にみえる極度に悲観的な結論は、諸星辰の作用が「気質」、「人格」、あるいは「性向」を固定していると想定する自然的占星術から導出されていることになる。『君主論』および『ディスコルシ』中、しばしばマキァヴェッリによって吐露される人間の生と政治的営為に関する悲観的展望は、その根底に「カルデア人の科学」を包蔵していたことが判明するのである。

ジュリアーノ・デ・リッチの証言によるならば、「そのすべての文章において、ニッコロは聖俗の偉大な人物たちを非難し、すべての事物を自然的、そして偶然的な諸原因に帰するほどまでの放縦に耽溺している」ものとみなされた。ここにおける「自然的な諸原因」は、自然的占星術の想定する「自然的摂理」に、おおむね一致していると推理することができる。(29) そしてマキァヴェッリの思想に自然的占星術が浸透していた事実は、一五一二年冬期執筆のピエロ・ソデリーニ宛書簡、『君主論』の第二五章、あるいは『ディスコルシ』の第三巻第八章と第九章、等々に確認されるマキァヴェッリの憂鬱な洞察の淵源に光を投射することになる。すなわち、「諸々の時間の性質」の変化に即して自身の「気質」、「本性（自然）すなわち資質」、「前進の様態」を変化させるならば勝利は必定であるものの、これは各個人の「気質」の硬直性ゆえにはなはだ困難、あるいは不可能であるという。かかる悲観的洞察を基礎づけていたのは、占星術的世界像だったのである。無論、マキァヴェッリが「カルデア人の科学」の傾向としての「決定論」を、どの程度まで真剣に、かつ徹底的に受容していたかは判然としない。しかしながら「自然的摂理」の承認が、マキァヴェッリの思念において、「自由な意欲（自由意志）」libero arbitrio の可能性に深い灰色の影を落としていたことは明白なのである。(30)

「これら哲学者や占星術師は、彼らの観るすべての事柄を自然的な原因へと帰し、あるいはすべての事柄を神ではなく、むしろ天に帰することを好んでいる」。聖書宗教が占星術的世界像を許容することは、原理的に不可能である。アリストテレス自然学とプトレマイオス天文学によって基礎づけられた世界像は、霊魂が死、滅亡、悲嘆を不可避とする地上から解放されたのちに救済され、天界の「永遠の歓喜」eterna gioia を享受するという根源的楽観論、すなわち「神聖喜劇」commedia divina の展望を基礎づけている。「神的摂理」の信仰は、此岸ならざる彼岸において、しかも人間的営為ならざる神的恩寵の介在をつうじて成就する大団円に対する期待を基礎づけているのである。「自然的摂理」による「神的摂理」の置換は、「奇跡」のみならず「自由意志」の観念を腐食することで「決定論」に傾斜し、ますますアッティカ悲劇の宿命論に近似することで、むしろ人間の生と政治的営為に関する根源的悲観論、すなわち「悲劇」tragedia の展望と親和性を帯びることになる。一四一七年、フィレンツェ市民ポッジョ・ブラッチョリーニは、ローマ帝政期の韻文による占星術書、マニリウスの『アストロノミカ』*Astronomica* を再発見した。そこにみえる詩行の悲観的色調は明白であるだろう。「我々の誕生の時刻が、すでにわれわれの死の時刻を決定している。我々の臨終の時間は、生涯の最初の時間に左右される。……運命が準備したことは必ず起こり、運命が拒むものは絶対に得られない。運命の女神の歓心を買い、不幸を避けようと望んでも無駄なこと。誰もがおのれの宿命に従うほかはない」[31]。

第二節　文芸復興期におけるルクレティウスの再発見とエピクロス主義の流布

一四一七年冬期、フィレンツェ市民ポッジョ・ブラッチョリーニ（Poggio Bracciolini, 1380-1459）は、南ドイツ各地の修道院を訪問しては、それらの文書庫を渉猟していた[32]。パピルス紙から羊皮紙へと転写されたまま、暗室に保管され幾世紀の星霜が経過して、埃にまみれ秘匿され、ついには完全に忘却された古代文献を発掘せんがためであった。それは一三四五年、ペトラルカがヴェローナ市の大聖堂参事会館の文書庫でキケロ書簡を再発見して以降、人文主義者たちの慣行となった実践である[33]。このときポッジョによって発掘され、ついに白日の下に晒された諸々の古代文献のうちに、ローマ共和政末期の詩人、ルクレティウス・カルス（Titus Lucretius Carus, circa, 99-55 B.C.）の『物の本性について』*De rerum natura* が含まれていた。これの九世紀成立の写本を再発見したことが、おのれの人文主義者としての幾多の業績のなかでも、あるいは占星術書『アストロノミカ』の回復に比しても格別の意義を帯びていることを、ポッジョは確かに認識していたはずである。というのも同時代人のキケロが、『物の本性について』の学術的価値と美的秀逸を承認して、その哲学上の教義には反対しながらも傑出した才能に賛辞を呈していたことは、すでに人文主義者らに知られていた。さらにオウィディウスの『恋の歌』には、「偉大なる詩人、ルクレティウスの詩は、世界が滅びるその日まで、決して消えることはないであろう」という、ほとんど最高級の賛辞がみえることも知られていた。あるいはヒエロニムスが、この詩人の数奇な生涯について略伝を残していたこともまた、知られていたのである。すなわち、「媚薬のせいで発狂したが、正気に戻った折々に数巻の書物を書きつづった。のちにその書物はキケロによって改訂された。四四歳のとき、自ら命を絶った」[34]。驚嘆に値する技巧の水準と、強烈かつ異様な魅力を湛えていたことが想像されるにもかかわらず、惜しくも湮滅したものと考えられていた詩篇の再発見は、ポッジョを満悦させたことであろう。しかしながらポッジョは、この詩篇が抜群の美的価値のみならず、恐るべき破壊的威力をも宿していることに関しては、充分に認識していなかったように思われる。もしも『物の本性について』中に語られる思想が、あの「美しい自然の階梯」を完膚なきまでに倒壊せしめ、この世界を根底的に、しかも恒久的に改変する潜勢力を包蔵していることが認識されていたならば、詩篇の書写と伝播は躊躇されていたであろうに。

ポッジョにより再発見され、書写された『物の本性について』は南ドイツからフィレンツェ市へと送付されて、人文主義者ニッコロ・ニッコリによる美麗な筆跡の詩篇写本が成立した。この現存する写本は、そののち作成された数十冊の手稿の原典となり、さらには一六世紀初年までに印刷された諸版の主要な源泉となった。ロレンツォ・ヴァッラの対話篇『快楽について』（一四三一）は、人文主義者らのあいだで次第に語られはじめた『物の本性について』の思想の最初期における反響であった可能性が指摘される。その思想は、写本の回覧、寸評の応酬、微妙な引喩による言及、等々をつうじて当初はフィレンツェ市内に、ついにはこれの外部に、徐々にではあるものの着実に浸透していった。一四五〇年代、若きマルシリオ・フィチーノは、論稿や知己に宛てた複数の書簡中、たびたびルクレティウスの詩行を引用してこれを熱烈に賞賛し、『物の本性について』に関する注解をも編んでいたことが知られる。しかしながらフィチーノは、ある時期の精神的危機を経てプラトン対話篇の翻訳と研究へと転じ、やがて主著『プラトン神学』ではルクレティウスを痛烈に糾弾するのみならず、晩年にはおのれの若年期の注解を焼却するに至ったという[35]。かかる古代詩篇との奇妙な「生涯にわたる愛憎関係[36]」は、一四六五年以降、ポッジョ・ブラッチョリーニ同様にフィレンツェ共和国書記官長として奉職した人文主義者、バルトロメオ・スカーラにも観察されている。おそらくフィチーノをつうじて『物の本性について』に接触したスカーラは、論稿や寓話において頻繁に諸々のルクレティウスの主題に言及するのであり、自邸の中央広間の壁面を、図像化されたそれら主題で装飾したという。しかも『物の本性について』の最初期の校訂者であり、この詩篇をつねに携行したと伝えられるミケーレ・マルッロが、スカーラの女婿となる。ただし奇妙にも、ルクレティウスに対するスカーラの論及は、ほとんどもっぱら、結論において正統的信仰の擁護に至る文脈のなかでおこなわれていたのであった。一四八〇年代までには人文主義者の範囲をこえて、市井にすら浸透していたものと推測される『物の本性について』の諸影響は、[37]一四九八年にスカーラを継承してフィレンツェ共和国書記官長に就任する人文主義者、マルチェッロ・アドリアーニにおいてさらに明瞭である。一四九七年にアドリアーニがおこなった講演「なにものにも驚かず」*Nil admirari*は、表題においてルクレティウスの思想を連想させるのみならず、再三、その詩行を引用しつつ議論を展開している。しかもここにおいて、『物の本性について』に依拠することは、ある政治的態度を、つまりはジロラモ・サヴォナローラ修道士の「泣き虫派」Piagnoniに異議を申立て、フィレンツェ市を併呑しつつある黙示録的恐慌に懸念する態度を含意していたことが窺い知れるのである。[38]

『物の本性について』の詩句をつうじて開示されているのは、アブデラのレウキッポスと「笑う哲学者」、すなわちデモクリトスに起源して、エピクロスによりヘレニズム初期に集大成された古代原子論哲学であった。すでに古典古代において忌避の対象となったのみならず、キリスト信仰の勝利に伴う大規模弾圧の標的となったことから、この哲学派の著述は散逸し、命脈はほとんど杜絶した。しかしながら一五世紀初年、エピクロスの哲学は二つの経路から西方世界へと「帰還」する。ひとつは、エピクロスの熱烈な崇拝者となったローマ人の哲学詩篇である。いまひとつは一四三三年、アンブロージオ・トラバサーリによってラテン語訳されたディオゲネス・ラエルティオスの『哲学者列伝』の第一〇巻である。そこには、エピクロスの三通の書簡と四〇の格言の一覧が保存されていたのであった。一五世紀末年までに七つの版で印刷されて広範に愛読者を獲得した『列伝』は、エピクロスの哲学の再興に特別な貢献をなしたことが疑われる。というのも『列伝』の著者は、あらゆる古代哲学派のなかでも、自身の選好が唯物論哲学派にあることを暗示して、悦ばしくも大著を結んでいたのであった[39]。ラファエロの絵画『アテナイの学堂』（一五一〇）には、プラトン、アリストテレス、あるいはプロティノス、等々とともに、エピクロスと推察される哲学者の姿がみえる。それは諸々の哲学教説の究極的な調和の可能性を信じて、あらゆる時代の諸民族は同一の叡智へと帰着する複数の経路を踏破してきたという、文芸復興期に議論された「哲学的平和」pax philosophica の理念を反映していたのかもしれない[40]。しかしながら、サヴォナローラ修道士の原子論哲学に対する激越なる批判は、これが自然的占星術にもまして焦眉の脅威であり、アリストテレス自然学、プトレマイオス天文学、そして聖書宗教の教義のすべてと絶対的に両立不可能であることが正しく理解されていた証左であるように思われる。「彼らが言うには、この世界は諸々の原子で、つまり虚空を飛び回る最小の粒子でできているという……さあ笑え、女たちよ、これら学識ある者どもの研究を[41]」。

全宇宙は「原子」atomos と「空虚」から構成され、これら以外にはなにもない。したがって地上世界の諸物体と天上世界の諸星辰とのあいだには、素材の性質や運動の様態において、いかなる差異もない。「原子」の数においても「空虚」の大きさにおいても、宇宙には限界がない。恒久不滅の最小粒子、「原子」は不断に「空虚」を運動している。あたかも暗室に投ぜられた光線中に舞う微塵のごとく、離合集散を繰り返す「原子」の運動には始まりも終わりもなく、時間には限界がない。なべて万物が、数において限界がなく、ただし種類において有限である「原子」の結合によって組織されていることは、有限数の文字から無数の言葉が生成するのに似ている。天体を含む諸物体を形成する「原子」は、一定期間、微振動のなかで結合を維持しながらも、やがては解体してゆくために、いかなる可視的物体も永遠ではない。飛行しては相互に打撃し、合体しては分解する不可視の「原子」とその運動だけが、永久不滅である。いつまでも葬送の歌には赤子の産声が混じり、その反対もまたしかりなのである。[42]宇宙には、恒星と諸惑星から成立する無数の世界が存在しており、この大地や人類に特権的地位はない。無数の星々のなかには、はなはだ巨大な物体の表面に付着した苔、つまりは人類のごとき生物を宿したものがあることだろう。人類と地上の諸動物とのあいだにも、数々の哲学派が想定してきたような差異はない。おそらく原始の人類は言語をもたず、かなり野獣に類似した生活を営んでいたはずである。気の遠くなるような時間のなかで建設された文明が、いずれは解体に至るとしても驚くべきではない。そのことは、現生人類にテーバイ人の戦争やトロイア人の滅亡以前の記憶が欠落していることからも予想することができる。だが、たとえそうだとしても落胆することはあるまい。文明は諸々の善のみならず、諸々の悪の原因なのだから。そして神々は、完全に自己充足して平静のうちに安らうがゆえに、地上的事象にはなんらの関心も抱いてはおらず、諸々の功徳に報いて恩寵を垂れることもなければ、諸々の罪業に怒り天罰を降すこともない。したがって、諸々の「世界」を統治する「摂理」もなければ「宿命」もない。腐乱する屍体は、それが諸々の最小単位へと融解しつつあることを、吐き気をもよおす雄弁さで表現しているが、このとき霊魂もまた間違いなく、跡形もなく死滅している。恐るべき冥府に関する幾多の伝承は、愚かな迷信にすぎず、ことごとく捏造された幻想である。それゆえにおのれの死も、畢竟、案じるに足らぬ些事であることが認識されねばならない。これら教説は、すべて地上に生ける者たちの「快楽の生活」のためであるが、それは「身体の健康」と「心の平静」ataraxia のうちに存する。肥大化した欲望は、「身体の健康」を害して「心の平静」を惑乱するがゆえに、回避されねばならない。しかるに元来、至極容易に実現可能であるはずの「快楽の生活」が阻害される最大の要因は、精神に諸々の迷信を吹き込み「死の恐怖」を植え付ける「宗教」religio である。かくしてエピクロスの自然学こそが、森羅万象を「原子」の運動に帰し、これらに合理的な説明を付与することで理不尽な迷信から人類を開放して、「心の平静」の享受を可能ならしめるのである。ルクレティウスが、人類に真の救済をもたらしたところの、ほとんど神格に匹敵する英雄としてエピクロスを鑽仰した所以である。「恐ろしい形相をして上方から人類を威圧しつつ、天空の所々に首をもたげていた重苦しい宗教に圧迫されて、人間生活が、誰の目にも明白に見苦しく、地上に這いつくばっていたときに、はじめてギリシア人の死すべきひとりの人間が、大胆にもこれに反抗して眼を上げた。……宗教が抑えつけられ足下に踏みにじられて、我々を天と対等なものとするに至った」[43]。

エピクロスの哲学において神々の観念は、それが標語「隠れて生きよ」の背後にある生の理想的様式、つまりは「快楽の生活」の極致にある賢者の生の範型であるがゆえに、欠くべからざる意義を帯びている。しかしながら「摂理」の支配を承認せず、霊魂の不死性を拒絶した唯物論の教説は、あらゆるその他の哲学派、宗派によって無神論と同一視された。そして無神論の容疑とともに、エピクロス学派の悪評を決定づけたのは、その倫理学上の所説、すなわち人間生活の究極目的が「快楽」hēdonē にあるという教義であった。すでに古典古代、かかる教義は、たとえ「快楽」が最も抑制された表現で定義されようとも、破廉恥の極みとして嫌悪された。神々や先祖を崇拝し、法律や戒律を遵守して、家門や都市の栄光のために闘い、あくまで美徳を研磨することが、「苦痛」を回避して「快楽」を楽しむ生活と比較して劣位にあり、あるいは端的に誤謬であるとでも云うのだろうか。さらに原始キリスト教会は、イエス・キリストの痛みと苦しみについて思念することを勧説し、「快楽」の享受を悪徳そのものと等置する言説を喧伝した。聖書中に三度、ナザレのイエスは泣いたとする報告があらわれるものの、これが笑ったとする証言は存在せず、したがって「快楽」に喜悦したとする一節があろうはずもない。かくして教会権力は、古代世界におけるエピクロスの論敵たちが展開した謀略を継承する[44]。つまりはエピクロスに関する情報を改竄して、この哲学者を放埒で節度に欠ける豚のごとき大食漢、あるいは狂人として戯画化したのであった。しかしながら原子論哲学の教義を、おそらくは意図的に誤解して巷間に放散するという詐欺の実践が、かくも真剣に、継続的におこなわれねばならなかった事実は、諸々の哲学派や宗派によって感知された一抹の疑念を反映していたのかもしれない。それは、地上の「快楽」を希求して「苦痛」を回避することが、応報の疑わしい美徳の完成や、定かならぬ彼岸の救済といった展望に比してはるかに魅力的であり、あるいは人類の社会生活の合理的な組織原理として充分に有効であるのかもしれないという、不愉快きわまる疑念であったように思われる。(45)

一五世紀におけるエピクロスの「帰還」が、初期近代の哲学思想、あるいは「一七世紀科学革命」の発生と展開に及ぼした波及効果の性質と規模に関しては、依然として間歇的な論議が継続している。一方において、エピクロスの哲学は「現代における世界全体についての合理的理解の基礎」を提供したとして、これが西洋近代の創始にあたって演じた役割を最大限に見積もる評価がある。いかなる超越的契機も認めぬ世界像の提示、あらゆる迷信と臆見の拒絶、そして一度かぎりの物質的身体の存続期間における「快楽」に対する排他的関心は、確かに近代世界の諸傾向と驚くべき類似性を示しているようにみえる。しかも一七世紀にエピクロスの哲学の研究と流布を促進したピエール・ガッサンディとその周辺から、トマス・ホッブズ（Thomas Hobbes, 1588-1679）の哲学体系、あるいはジョン・ロック以降のイギリス経験論を経てフランス啓蒙へと至る原子論哲学の波及効果は、無理なく追跡可能であることが指摘される。(46)さらにはガリレオ・ガリレイやアイザック・ニュートンもまた、ある種の粒子論を受容していたことから、エピクロスの哲学は「キリスト教の出現以来、他に例をみない目覚ましい出来事」（Butterfield）、すなわち近代科学の勃興にも寄与したことが疑われ、かくしてこれを現代技術文明の淵源と同定することも可能であるというのである。(47)しかしながら他方において、古代原子論の威力の過大評価を戒め、これと近代において発生した経験科学や功利主義思想との差異を強調する議論もまたおこなわれる。確かにエピクロスは、ある自然現象に関する複数の異なった説明の並存を容認していることから端的にみてとれるように、じつのところ自然学それ自体の意義を承認したのではなかった。自然学に要求されているのは、なんらかの原子の運動として諸々の現象を説得的に解説することで、精神から迷妄の恐怖を駆逐することであった。[48]それゆえ学的探求も、「心の平静」という目的に従属していたことになる。さらに、かくして獲得される「快楽」もまた、前進につぐ前進によってますます増大してゆく動的性質を帯びたものとは想念されておらず、あくまで「心の平静」と「身体の健康」、つまりは隠遁生活のなかで達せられる静止状態のうちに存していたのであり、ここに明確な古代的思惟の刻印を指摘しうることは疑いない。[49]そして、古代原子論は徹底した感覚論に立脚していたのに対して、「一七世紀科学革命」の諸成果が数学的接近方法の採用によってはじめて可能となった事実は、両者のあいだに単純な因果関係を認めることを躊躇させるのである。[50]したがって、初期近代における世界像の刷新過程上、古代原子論が新たな世界像の青写真を提供したと結論することは困難であるのかもしれない。ただし、それが建設ではなく破壊と解放において、すなわちアリストテレス自然学とプトレマイオス天文学に基礎づけられた「あの美しい自然の階梯」と、有限の、明確な中心を伴った「城壁に囲まれた宇宙」を倒壊せしめるにあたり、きわめて重大な、あるいは決定的な誘因として機能したと推理することは、一定の妥当性を帯びているように思われる。

一五七二年、デンマークの天文学者ティコ・ブラーエは、カシオペア座の一角に新星を観測する。創造の第七日以降、不変定常であるはずの天上世界に、目視によって確認可能な新しい天体が忽然と出現したことは耳目を聳動せしめる。さらに一五七七年、ブラーエは、通過不可能と想像されていた「天球」の皮膜を貫通し、これを引き裂いて直進する彗星を観測する。[51]これら現象は月の運行軌道の下方で生起したという、お馴染みの解説が尽くされたにもかかわらず、アリストテレス自然学とプトレマイオス天文学への懐疑、とくに階層的につらなり、有限の宇宙を構成する諸々の「天球」の実在についての懐疑は、次第に深刻化してゆくことになる。一六世紀末年、明白に動揺をきたしはじめた旧来の天界像に対して熱烈な、断固たる批判を遂行し、かくして近代における「無限の宇宙」

論の鼻祖となったのは、ジョルダーノ・ブルーノであった[52]。主著『無限、宇宙、および諸世界について』（一五八四）中に説かれるところでは、神の力能は無限であるがゆえに、その産出力の帰結としての宇宙は無限であらねばならない。宇宙は無限であるがゆえに、そこには中心や周縁もなければ、上方と下方の区別もなく、したがって位階的構造もありえない。この大地が全宇宙の絶対的中央であり、これを囲んで諸々の「天球」が階層的につらなるとした憶断は、おのれの立つ位置を、固有の半径をもった固有の領域の中心とみなす典型的謬見に基づいている。月に立つ者は、月を全宇宙の中心と思い込むに相違ない。かくしてブルーノは、ニコラウス・コペルニクスの地動説に賛意を表明したのであったが、さらには『天体の回転について』（一五四三）において依然として維持されていた宇宙の「城壁」をも破壊するという、異常な躍進に踏み出すのである。すなわち広大無辺の宇宙 universo には、太陽とその周囲に回転運動をおこなう七つの惑星から構成されるこの世界 mondo と類似したものが、無数に存在するというのである。無論、諸々の世界の諸辺には人類や諸動物と類似した生物らが居住していることであろう。かかる自然存在の「最大者」としての無窮なる宇宙の対蹠に位置づけられるのは、「最小者」としての「原子」atomo である。無限なる宇宙の万物は、不可分割の素材、不可視の「原子」によって組織されている。恒久不滅の「原子」は絶えざる離合集散を繰り返して、これらの集合からなる諸物体もまた不断の流動のなかにある。つねに新たな「原子」を吸収して古い「原子」を拡散していることは、鉱物も、動植物も、人類も、星辰も同様である。物質的身体の最小単位への分解、つまりは死もまた「原子」の運動の一形態であるにすぎない。かくして万物は永劫の生成流転の渦中にあるが、これらを包摂する宇宙全体は永久不変であり、個物の生死には無関心にその同一性を維持しつづける。かかる有為変転の理法が洞察され、「物の本性」la natura de le cose は実体として消滅しないことが認識されるとき、「虚しい不安」vana ansia や「愚かしい懸念」stolta cura は払底し、感覚は冴え、精神は満足し、知性は研ぎ澄まされて、ついに「真の幸福」vera beatitudine が獲得されるというのである。「この世においては、物は物へとつづき、創造主の御手によってそこで二度と帰れぬ無のなかに投げ込まれるような最後の深淵は存在しないのです。無限量の物をこの世から奪いとり消し去ってしまうような、〔宇宙の〕境、終極、縁、壁は存在しないのです。……このように万物は革新と恢復を無限につづけてゆくと、デモクリトスやエピクロスは考えました」[53]。

文芸復興期の哲学思想の基調を反映して、ブルーノの哲学体系は諸々の哲学派の折衷的性格を帯びている。とりわけ「天球」の実在を否定して、諸天体はみずから運動をおこなうとする所論を可能ならしめているところの、「一者」にして万物を照らす根源的活力としての「宇宙霊魂」anima del mondo がすべての「原子」に浸透し、これらに内在しているという教説には、間違いなくプラトニズムの影響を指摘することができる[54]。さらに限界づけられぬ宇宙についての考究には、ブルーノ自身が認めているように、ニコラウス・クザーヌスという偉大な先達のあったことは確かである[55]。しかしながら『無限、宇宙、および諸世界について』中、デモクリトスとエピクロスが頻繁に名前を挙げて言及され、五度におよんで『物の本性について』の詩行が引用されている事実から、ブルーノの思想において最大の歴史的意義を帯びることとなった諸相に最高の霊感を賦活したのは、ルクレティウスであったと推定することができる[56]。すなわち「天球」と存在の階層秩序の破壊、素材と運動に関する地上と天界との質的差異の否認、静止ではなく運動と生成消滅が常態であり、不断の変化と多様性によって価値を減ずるどころか、ますます美しく、そして高貴となる宇宙の活写は、すくなくともクザーヌスと同程度に、おそらくはこれ以上に、一四一七年に再発見された哲学詩篇に負うところがおおきいのである。無論、ブルーノの世界像は、「一七世紀科学革命」によって組織された世界像を精確に予示するものではなかった[57]。しかるに「無限の宇宙」論は、「あの美しい自然の階梯」と「城壁に囲まれた宇宙」に致命的損傷を加えることで、次世紀における「機械論的世界像」の構築に欠くべからざる礎石を据えたのであり、それゆえに過渡的ではあるものの、意義深い歴史的局面を表現していたことになる。この刷新過程上、一五世紀に蘇生した古代原子論哲学が演じた役割は過小に評価されるべきではない。それは「近代性」modernity の創始にあたり、漠然とはしているものの決定的な契機となったことが推察されるところの、はなはだ古代的ならざる心性、すでにブルーノに確認され、フランス啓蒙期にまで継承される心性を[58]、つまりは「城壁」の崩落に際会して熱狂的に歓喜しては雄叫びをあげ、哄笑するという「牢獄の壁が粉みじんになるのを見た囚人」の心性の発生をも可能ならしめたように思われるのである。[59]「……私は決然と翼をはって天空へと飛翔する。水晶の壁も硝子の壁も恐れずに、空を切って無限へと翔ける。この星からあの星へと昇り、エーテルの野を通ってさらにその彼方へと分け入る。かつては遥かに仰ぎ見たものどもを背後に残しながら[60]」。

一九六一年、ヴァチカン図書館所蔵の MS Rossi 884 写本（Biblioteca Apostolica Vaticana, Manuscript Ross. Lat. 884）は、一四九〇年代末年、若きニッコロ・マキァヴェッリの自筆によって転写されたルクレティウスの『物の本性について』であることが確定した。[61]この写本は、マキァヴェッリ青年がフィレンツェ共和国書記官に指名される直前、おそらくは一四九七年に成立したものと推定され、『君主論』と『ディスコルシ』の著者が歴史の表舞台に浮上する以前の、その謎に満ちた若き日々の動静を伝える貴重な資料であることになる。一四一七年以降、再発見された『物の本性について』に接触し、様々に論じ始めたフィレンツェ市内の人文主義者たちとマキァヴェッリとの関係を示唆する若干の伝記的事実は、確かに存在する。まず、一四六五年からフィレンツェ共和国書記官長の顕職にあったバルトロメオ・スカーラは、ニッコロ・マキァヴェッリの実父ベルナルドの知己であった。両名は相当に親密であったことが窺われ、一四八〇年代にスカーラが執筆したひとつの対話篇には、ベルナルド・マキァヴェッリが対話者として登場し、あるべき法律の様態について議論を交わすのである。そして、スカーラのあとを襲って共和国書記官長となるマルチェッロ・アドリアーニが一四九七年におこなった講演、「なにものにも驚かず」の随所には『物の本性について』の反響が指摘されるのであったが、これをニッコロ・マキァヴェッリもまた聴講していた可能性がある。しかもこの翌年、アドリアーニが書記官長に選出されたわずか三か月後に、その属僚としてマキァヴェッリは公務を開始しているのである。それゆえMS Rossi 884写本は、このころマキァヴェッリが学生として、あるいは書写生としてアドリアーニに近侍していたために成立したものと想像されている。[62]

MS Rossi 884写本は、『君主論』および『ディスコルシ』の著者が仕官以前にルクレティウスの『物の本性について』と邂逅して、おそらくはかなりの関心をこれに抱いた時期のあったことを示しているために、たんなる伝記上のひとつの挿話以上の注意が払われねばならない。しかも注目すべきことに、この写本の欄外には、マキァヴェッリ自筆による全二二か所のラテン語の書き込みが確認されており、とくに写本制作者が注視していた『物の本性について』中の詩行を推理することさえも可能なのである。[63] これらの書き込みから、写本制作者の視線は、同時代の人文主義者たちによって盛んに論争されていた流行の問題、すなわち霊魂の問題には注がれていなかったことが推測できる。そしてまた、アメリゴ・ヴェスプッチが新大陸の未開部族民を「エピクロス派」と報告したことにより、広く知られることになった原始人類の描写にも注意が向けられた形跡はない。[64] さらに写本制作者は、エピクロスの倫理学の核心、つまりは「心の平静」に関する諸説諭にも注目してはいなかったようである。のみならず、ボッティチェッリの絵画『プリマヴェーラ』（一四八二頃）に着想をあたえたものと想像されるところの、[65]『物の本性について』の冒頭五〇行ほどにみえる愛の神と性的衝動への讃歌に、写本制作者が格別に魅かれていた様子もみえない。このことは、すでに写本制作者の重篤な女狂いの症状が発覚しているだけに、はっきりいって意外である。むしろMS Rossi 884写本の欄外の諸々の書き込みからは、マキァヴェッリが『物の本性について』のなかでも、エピクロスの自然学、なかんずく「原子」の運動についての諸学説に関連した詩行を注視していたことが判明するのである。[66] 最も重大な意味を帯びていることが疑われるのは、三つの書き込みである。まず、『物の本性について』の第二巻第二一八行周辺にみえる書き込み、「原素〔原子〕principia は傾く」。ついで同第二五二行周辺にみえる書き込み、「運動が可変的であるということ、そしてこのことから我々は精神の自由を得る」。そして、同第二八五行周辺にみえる書き込み、「諸々の種子〔原子〕においては、重量、諸々の打撃、そして偏倚 clinamen がある」。さらに、これらと密接に関連していることが推察されるいまひとつの書き込みもまた、留意すべきである。すなわち、同第六四七行周辺に確認されるところの、「神々は死すべき者どもの事柄には注意を払わない」。

現存するマキァヴェッリ全集中、ルクレティウスが名前を挙げて言及されることは一度もなく、『物の本性について』の詩行が引用されることもない。この純然たる事実に関しては、まさにマキァヴェッリ元書記官が本格的な執筆活動を開始していた一五一三年、第五回ラテラン公会議上、教会権力によりアヴェロエスとエピクロスの哲学が異端宣告を被っていたためであるとする研究者の説明を、さしあたり踏襲しておく。[67]だが、たとえ直接的言及は周到に回避されていたとしても、MS Rossi 884 写本の出現が、『カストルッチオ・カストラカーニ伝』*La vita di Castruccio Castracani*（一五二〇）末尾［III, pp. 298-302］におけるディオゲネス・ラエルティオスの『哲学者列伝』に依拠した三二か所の翻案、ならびに『戦争の技術』（一五二一）における同著作からの逸話の借用とともに、[68]『君主論』および『ディスコルシ』の著者と、一五世紀におけるエピクロスの「帰還」の二つの経路との接続を指示していることにかわりはない。この接続について考究を尽くすことが、かのジュリアーノ・デ・リッチの証言の十全なる理解を可能ならしめるように思われる。すなわちリッチの証言によるならば、「そのすべての文章において、ニッコロは聖俗の偉大な人物たちを非難し、すべての事物を自然的、そして偶然的な諸原因に帰するほどまでの放縦に耽溺している」とみなされた。マキァヴェッリの世界像が包蔵していた事物の二つの「諸原因」のうち、「自然的な諸原因」に関しては、すでに自然的占星術との関連が論及されたのであった。いまやマキァヴェッリの世界像における「偶然的な諸原因」の仔細が究明されねばならないが、それはニッコロ・マキァヴェッリの哲学とエピクロスの哲学との関連を問うことによって、はじめて可能となるのである。

第三節　マキァヴェッリの諸論説と『物の本性について』の世界像との比較検討

一五〇四年、フィレンツェ共和国書記官ニッコロ・マキァヴェッリは、パドヴァ大学占星術教授の地位にあったフィレンツェ市民、バルトロメオ・ヴェスプッチに宛て書簡を執筆していたことが知られている。散逸したこの書簡中、共和国書記官は自然的占星術の原理を受容しつつ、つまりは諸星辰によって照射される地上的諸事象に対する効力を承認しつつも、人間の「自由な意欲〔自由意志〕」libero arbitrio について、相当に楽観的な見解を表明していたことが推察される。というのも現存するヴェスプッチの同年六月の返信には、このとき表明された書記官の見解の簡潔な要約がみえるのである。「貴殿〔マキァヴェッリ〕の意見は絶対的に正しいといわねばならないのですが、なぜならすべての古代人が、賢者はかれ自身で星々の諸影響を変えることができるということに、声をそろえて同意していたのですから――とはいえ、星々の諸影響そのものに関しては、永遠の時間をつうじていかなる変化もないわけですが。そうではなくて、かの陳述は、いまはこの方法で、それからあの方法でというように、自分自身の歩みを変化させてゆくという意味で理解されているのですよ[69]」。書記官と占星術教授が合意しているところでは、諸々の天体の運行軌道、そしてこれらの影響力は確かに永久不変であるものの、各々の個人はその「歩み」の「方法」を頻々と、賢明に変容させてゆくことで「自由な意欲〔自由意志〕」を把持しうるのである。「賢者」とは、自然的占星術の帰結としての「決定論」を回避する者である。

マキァヴェッリ書記官のヴェスプッチ宛書簡が、一五一八年初演の喜劇作品『マンドラーゴラ』の舞台設定、つまりは「一五〇四年のフィレンツェ市内」において執筆されていたことは、おそらく偶然である。しかしながら、それは驚くべき偶然の一致であるように思われる。劇中、老ニチア博士とルクレツィアの夫妻に子息がないために、この家門が断絶の危機に直面していたのは、まさしく一五〇四年のことであった。この危機は、旺盛な性的欲望をもつ若者が頑迷固陋、視野狭窄の人格の象徴としての「法学博士の老人」を出し抜いて、貞女ルクレツィアの誘惑に成功することで回避されねばならない。喜劇の大団円は、貞女がおのれの「本性（気性）」naturaを「別の本性（気性）」altra naturaへと変容せしめることで、つまりは貞節の放棄をもって成就する。それゆえにルクレツィアの「変身」mutazioneと「時流」tempoに対する「適応」riscontroこそが、喜劇の主題であることになる。フィレンツェのルクレツィアは、「古い（古代の）美徳」antica virtùを放擲する「賢慮」prudenzaを備えており、かくして貞節に殉じたローマのルクレティアの「悲劇」tragediaを回避して、比類なく新奇な「人間喜劇」commedia umanaの展望を切り開くのであった。ヴェスプッチの返信は、喜劇作品のみならず、『君主論』および『ディスコルシ』においても反復される「変身」についてのマキァヴェッリの思想が、一五〇四年にまで遡ることを示している。そしてこの思想は、星界の諸々の効力から、「自由な意欲（自由意志）」の余地を確保せんとする試みに起源しているものと推理しうるのである。(70)

だが、通称「ギリビッツィ（随想）」ghiribizziとして重視される一五〇六年九月のジョヴァン・バッティスタ・ソデリーニ宛書簡［II, pp. 135-138］中、「自由な意欲（自由意志）」に関するマキァヴェッリ書記官の思想は激しく動揺していることが窺われる。というのも、ここでは「自由な意欲（自由意志）」について、同年に同じくピエロ・ソデリーニ統領の甥に献呈されていた詩篇「運命」と同様、きわめて悲観的な展望が開陳されるのである。「ギリビッツィ」の発端となったのは、教皇ユリウス二世によるペルージャ征服の経緯であった。大規模攻勢をもってしても征服困難と思われたペルージャ市に、教皇が少数の手勢を伴うのみで入城を強行したとき、悪辣非道で世に聞こえたペルージャ僭主は、かかる予想外の大胆不敵に驚愕し、ほとんど茫然自失したために、ついにはペルージャ市が教皇庁の接収するところとなったのである。この目覚ましい、異様な大勝利は、再び『ディスコルシ』においても考察の対象となっており（D., I, 27［I, pp. 258-259］）、書記官の脳裏に強烈な印象を刻み込んだらしい。諸々の政治的、軍事的行動の成否に関して一般準則を定立することがいかほどまでに困難であるのか、その思念が書記官に「ギリビッツィ」を促すのであった。書簡によるならば、地上的諸事象は「一般的」にも「特殊的」にも、つまりは政体においても個人においても、[71]むしろ「天」cielo と「諸々の宿命」fati に支配されているように思われるのである。かつてハンニバルはイタリア半島で「残忍」、「詐欺」、「不敬」を露出しながら勝利したが、スキピオはイベリア半島で「慈悲（人間的な親切）」、「忠実」、「敬虔」によって同様の勝利を収めたのであった（see. D., III, 21［I, pp. 473-475］）。このことは、諸行為の成否が、各々の個人の生来的な「才覚や創造力」ingegno e fantasia と「諸々の時間 tempi や諸事物の秩序」との一致にかかっていることを教えてくれる。「諸々の時間の条件」に合致した諸行為は成功し、これらから乖離した諸行為は破綻するのである。ただし、「諸々の時間」は絶えず変動している。それゆえに、もしも「諸々の時間」の変転に適応して、おのれ自身を迅速に変容させうる「賢者」savio があるならば、「賢者は諸々の星辰と宿命を支配する」ことが現実となるだろう。しかしながら人間とは、先見の明を欠き、おのれの「自然」natura を操縦することができないものであり、「そのような賢者たちは存在しない」。かくして「運命」fortuna が、行為者らを翻弄し、これらを隷従のもとに据え置くことになるというのである。おそらく、ユリウス二世に関する「ギリビッツィ」の最終的評言は、『君主論』の第二五章において発生している［I, pp. 186-189］。つまりユリウス二世は、その「命の短さ」ゆえに「運命」の暗転から救われたのであった。一五〇三年一一月、ローマ市よりフィレンツェ政庁へと発信された報告書上、書記官はこの教皇の「自然」を、「名誉を重んじ、怒りっぽい」onorevole et collerico と表現している［II, p. 873］。「怒り」collera とは、同時代に流行した占星医術の四気質説において、「胆汁」あるいは「黄胆汁」に対応した性格を意味する専門用語である。「ギリビッツィ」の悲観的な結論は、まさしく自然的占星術が「自由な意欲（自由意志）」に関する書記官の確信を、それゆえ「人間喜劇」の展望を恒常的に惑乱していたことの証言であるといえる。(72)

しかしながら、マキァヴェッリ書記官の「ギリビッツィ」は再び振動する。このソデリーニ宛書簡の現存草稿の欄外には、六か所に執筆者肉筆の書き込みが確認されている。それらのうちひとつの書き込みは、思想の運動上、はやくも星辰の支配力に対する書記官の反抗が開始されていることを示しており、書簡本文と「峻厳な対位法」を形成するのである。四番目書き込みには、思想の動揺がみえる。すなわち、「運命を試すこと。それは若者たちの友 amica de' giovani である。そして諸々の時間に即して変化すること。しかし、諸々の要塞を保有しつつ、同時にそれらを保有しないでいることは不可能。残忍でありつつ、同時に慈悲深くあること、等々は不可能」。そして五番目の書き込みが、七つの天体による地上の支配に対する「自由な意欲（自由意志）」の蜂起を、あるいは「否定の開始」を宣言するのである。すなわち、「運命が衰えたとき、人間も、家門も、都市も崩壊する。各々の人格の運命は、諸事物を実行する彼の方法に基礎づけられているが、各々の人格の運命は衰える。それが衰えたときには、他のなんらかの仕方で、それは取り戻されねばならない(73)」。

マキァヴェッリ書記官のソデリーニ宛書簡が、一五二五年初演の喜劇作品『クリツィア』の舞台設定、つまりは「一五〇六年のフィレンツェ市内」において執筆されていたことは、おそらく偶然である。しかしながら、それは驚くべき偶然の一致であるように思われる。この『マンドラーゴラ』の姉妹篇の劇中、一五〇四年の陰謀の結果、若者と不貞の関係を取り結ぶことに成功したフィレンツェのルクレツィアが、ついに懐妊、男児の出産に至ったという朗報が告げられる。どれほどルクレツィアが官能の悦楽に耽溺しようとも、ただそれだけでは「人間喜劇」の展望、すなわち彼岸ならざる此岸において、しかも神的恩寵ならざる人間的営為によって大団円を成就せんとする根源的楽観論は成就しない。それは「古きもの」の死滅と「新しきもの」の栄光、つまりは老人の敗北と若者の勝利の帰結としての、新生児の誕生をもってはじめて完成するのであった。マキァヴェッリ書記官の二つの書簡は、すでに喜劇作品の主題が『君主論』に大幅に先立って胎動していることのみならず、それが対決せねばならない世界像をも明白に指示している。マキァヴェッリ青年の思索には、自然的占星術の呪縛と、これに対する牢固として抜きがたい反発の両方が確認される。終生持続したものと推察される「自由な意欲（自由意志）」の可能性をめぐる疑問符こそが、ひとりの実務家を世界、もしくは宇宙についての哲学的思惟へと駆り立てている。『物の本性について』の諸々の論題のうち、MS Rossi 884 写本欄外の書き込みから推理可能な「偏倚」、「精神の自由」、そして「神々」に対する哲学者の、あるいはニッコロ・マキァヴェッリの特別な関心を説明するのは、まさしくこの疑問符なのである。

諸々の政治的主著から垣間みえるマキァヴェッリの世界像については、これまでも「ある種の腐敗したアリストテレス主義」、あるいは「アヴェロエス的な、もしくはデモクリトス的‐エピクロス的な、それとも他のなにか」、等々の議論がおこなわれてきた。[74] しかしながら、MS Rossi 884 写本の存在という比較的近年に浮上した事実から、とくにマキァヴェッリと古代唯物論哲学との関連性を問う研究が活発化しつつある。[75] 確かにマキァヴェッリの諸論説と『物の本性について』の世界像とのあいだには、若干の類似性を指摘することが可能である。[76] まず、流転と生成消滅が常態であり、静止の許されぬ世界に関する説明においては、単語の選択上の一致すらも指摘されている。すなわちルクレティウスが、世界は「つねに絶えざる運動のなかにある」semper in adsiduo motu と解説しているように（1. 995）、『ディスコルシ』は、それが「つねに運動のなかにある」sempre in moto と陳述するのである（D., II, proemio [I, p. 325]）。ただし、ルクレティウスの語るところでは、宇宙を構成する「諸事物の総計」（2, 302-303）は永久に保存されており、生成消滅を反復する循環の理法は不変定常である。それゆえに、「原子からなる物質が現在おこなっている運動は、過去の時代におこなわれていたものと同じ運動であり、今後もつねに、同様におこなわれていくことであろう」(2, 297-299)。周知のとおり、宇宙の定常性は『ディスコルシ』もまた承認するところである。すなわち、「世界はつねに同じ様態でありつづけてきたし、そこには同量の善と邪悪とが存在しつづけるであろう」(D., II, proemio [I, p. 325])。あるいは寓話『〔黄金の〕ろば』の説明によるならば、「悪が善につづき、善が悪につづき、つねに一方が他方の原因であることは、いまも昔も変わりはしない」(5, 103-105 [III, p. 67]; see, D., I, 11 [I, p. 231]; 39 [I, p. 282]; IF., V, 1 [III, p. 519])。のみならず、マキァヴェッリによって採用された正義の観念の起源に関する契約論的説明(D., I, 2 [I, pp. 330-335])、時間の永遠性と世界の反復的更新に関する哲学的論議(D., II, 5 [I, pp. 341-343])、その文芸諸作品においても散見される人間の虚栄、貪欲、嫉妬に対する諦念を伴った嫌悪感、あるいはその動物形態論への興味、等々にルクレティウスの哲学詩篇の反響を指摘できることは事実であるだろう。(77)

しかるにMS Rossi 884写本に確認される欄外の書き込みは、若き日のマキァヴェッリの注意が、包括的世界像の輪郭というよりも、むしろエピクロスの自然学上の、「原子」の運動に関する学説の委細に焦点を結んでいたことを示すのであった。未来の『君主論』および『ディスコルシ』の著者が、最大の注意を払っていた『物の本性について』中の論点は、ほぼ精確に特定することが可能である。まず、マキァヴェッリが『物の本性について』の第二巻第二一六—二二四行を注視していたことは間違いない。すなわち、「原子は自身の有する重量により、空間を下方に向かって一直線に進むが、その進んでいるとき、まったく不定なときに、まったく不定な位置で、進路をすこし逸脱し、運動に変化を来たらすと云えるくらいの傾き方をする」。この詩行の周辺に、マキァヴェッリは「原素〔原子〕principia は傾く」と記入した。これに関連した第二巻第二八五行、「運動にも打撃と重量以外の別な原因がある」の周辺に、マキァヴェッリは「諸々の種子〔原子〕においては、重量、諸々の打撃、そして偏倚 clinamen がある」という書き込みをおこなった。これら書き込みから、マキァヴェッリのエピクロスの哲学に対する排他的ではないものの、主要な関心が、その「偏倚」pareglisis（clinamen〔swerve〕）についての自然学説に存していたことが判明するのである。古代原子論の系譜上、諸々の「原子」の無差別方向への運動と相互の打撃を、運動の始源状態と認めたレウキッポスとデモクリトスに異議をとなえ、エピクロスは諸々の「原子」の運動の始源状態を、それらの重量による垂直落下であるとしたことで知られる。ただし、もしも運動が始源状態のままに留まっているならば、諸々の「原子」は「雨の水滴」のように各々一直線に落下するのみで、微粒子の無差別方向への運動も、相互の衝突もなく、それゆえ相互の結合による物体の組織もありえないことになる。かくしてエピクロスは、諸々の「原子」の第二次的運動としての無差別方向への運動を説明するために、運動に偶然性の契機を導入したのであった。エピクロスによるならば、落下する「原子」は、まったくの偶然に委ねられている不特定の場所で、垂直落下に微々たる傾斜を生起させ、それゆえ微粒子相互の打撃を惹起する運動、つまりは「偏倚」の運動をおこなうというのである。この異様な自然学説の意図は、すべてを「原子」の相互の打撃に帰したレウキッポスとデモクリトスの学説にあっては、諸々の運動がほとんど幾何学的必然性の様相を呈し、その結果として倫理学説上、ある種の宿命論へと滑落せねばならなかったことを考慮するときに明白となる。すなわちエピクロスは、微粒子の運動の説明における従来の必然性を偶然性によって置換することをつうじて、「自由意志」を弁証しようと意図していたのである。(78)『物の本性について』の第二巻第二五一―二九三行にみえる詩句は、まさしくこの意図を表明したものと解される。「新しい運動は不変の順序に従って、必ず古い運動から発生するのだとしたならば……原子が進路を逸れることによって〔新たなる〕運動の発生――これこそ宿命の掟なるものを破棄するものであり、原因が原因に続いて無限にわたることをなからしめるものであるが――を起こすことがないとしたならば、地上における生物の、これの自由意志なるものは一体どこに起因しているのであろうか」。その欄外にマキァヴェッリが記したところでは、「運動が可変的であるということ、そしてこのことから我々は精神の自由を得る」。さらに、「神々」に関するルクレティウスの第二巻第六四四―六六〇行にみえる説明についても、マキァヴェッリは「精神の自由」との関連において理解したものと思料される。すなわち、「神々の性格なるものは、我々〔人間〕の問題からは遠く離れて独立し、完全なる平和のうちに、不死の生命を持っているものでなければならない。すなわち、一切の苦痛もなければ、危険もなく、それ自身の力をもって力強く、我々をまったく必要とせず、功労に左右され〔て恩寵を垂れ〕ることもなく、また怒りにも動かされないものなのである」。これの周辺に、「神々は死すべき者どもの事柄には注意を払わない」と記入することによって、マキァヴェッリは「神的摂理」による地上の支配が否認されたことを感得し、精神の解放を愉しんでいたのかもしれない。マキァヴェッリが青年期のあるときに、『物の本性について』に魅かれた最大の理由が、「精神の自由」を可能ならしめる「偏倚」と「神々」に関するエピクロスの教説にあったことは疑いない。そして留意すべきであるのは、エピクロスとマキァヴェッリとのあいだには、「自由な意欲〔自由意志〕」の「自由意志」の内実をめぐって看過すべからざる一致がみられることである。ルクレティウスは「地上における生物の「自由意志」について語る。マキァヴェッリもまた、寓話『〔黄金の〕ろば』の末尾で激烈な自己主張をおこなう「豚」の描写からも窺われるように（8 [III, pp. 74-78]）、「自由な意欲〔自由意志〕」が諸動物に共有されていることを承認する。なぜなら両者はともに、その他あらゆる哲学派の想定に反して、「自由意志」を「理性的動物」に付帯する特権であると理解してはいないからである。[79]

おそらく若きマキァヴェッリは、キケロからヘーゲルに至るまでもが嘲笑したところの[80]、エピクロスの「偏倚」に関する教説に感動した。不可視の微粒子の運動に偶然の契機が導入されるとき、自然的占星術の諸原理は打倒され、星界による地上の支配が崩落することを、マキァヴェッリは明確に意識していたものと思われる。ただし、それでもマキァヴェッリの思念は動揺する。その「運命」fortuna の概念に指摘される顕著な両義性は、この概念が、二つの世界像の鋭く対峙する主戦場と化していたことの証左であるだろう。[81] 第一に、「運命」が「天」あるいは「諸天」と相互に置換可能な術語として使用され、占星術上の「自然的摂理」と完全に同一視されている用例が存在する。かかる用例が最も典型的に確認されるのは、「運命の女神は、人間が自分の計画 disegni に違反しようとすると、その精神を盲目にする」と題された『ディスコルシ』の第二巻第二九章である［I, pp. 404-407］。それは、リウィウスによって語られたケルト系ガリア人によるローマ占領に関する論説であった。すでに紀元前四世紀初年、ローマ共和国の市民団には頽廃の気風が満ち、法制度は弛緩して、美徳と信仰は払底しつつあったといわれる。しかしながら、ガリア人に対する敗戦とカピトルの丘陵を除くローマ市街の破壊という惨事が、「始源への回帰」を、つまりは共和国における徳性と制度祭式の浄化と再生をもたらし、かくして地中海帝国への躍進の基礎は固められたのであった（see, D., III, 1 ［I, pp. 416-420］）。第二巻第二九章は、これらすべての経過が「天の力」la potenza del cielo の配剤であると説きおこす。そして同章の結論部分は、明白に「天」を「運命」と換言して、「自由な意欲（自由意志）」の効力に関する悲観的な見解を吐露するのである。「……人間たちは、運命の介添えをすることはできても、これに反抗することはできない……人間たちはその糸を織りなしてゆくことはできても、これを引きちぎることはできない」。ここにおいて「運命」は、ほとんど「回避しえない定め」、すなわち「宿命」fatum（heimarmenē）と一致して、回転する「運命の車輪」の隠喩は七つの天体の周回運動と同一視されることになる。それは「運命」の、同時代における通俗的、民衆的用法であったことが報告される。

しかしながら第二に、そして圧倒的により多くの用例において「運命」は、ラテン語における原義、つまりは「偶運（運、偶然）」fortuna（tychē）の意味で使用されている。これが擬人化され、苛立たしい「女の気紛れ」の印象と結び付けられるとき、「運命の女神 Fortuna の気紛れ」という寓意が発生することになる。それは「運命」の、同時代における自然哲学上の一般的用法に該当していたことが報告される。諸々の政治的主著中、マキァヴェッリの選好が第二の意味における「運命」にあったことは、諸論説における「偶発事件」accidente という術語の頻出からも窺い知ることができる。あるときマキァヴェッリは、歴史における「諸々の偶発事件の多様性」varietà degli accidenti（D. I, proemio［I, p. 198］）に関する記録を楽しむのみで、それらを「模倣」imitarle しようとはしない風潮を嘆きながら、過去の歴史全体を「諸々の偶発事件」の連鎖とみなす認識までも漏洩したのであった。ジュリアーノ・デ・リッチの証言によるならば、「そのすべての文章において、ニッコロは聖俗の偉大な人物たちを非難し、すべての事物を自然的、そして偶然的な諸原因に帰するほどまでの放縦に耽溺している」とみなされた。マキァヴェッリの世界像を構成したとされる二つの「諸原因」のうち、「自然的な諸原因」は「自然的摂理」としての「運命」の第一の意味に対応し、「偶然的な諸原因」は「運命」の第二の意味に相当していたことが、いまや明らかとなる。マキァヴェッリの哲学的営為を特徴づけているのは、あらゆる地上的諸事象を第一の意味における「運命」に帰する知的伝統から、第二の意味における「運命」に帰する思惟の様式へと突出しようとする熱烈な、ただし逡巡と苦悩を伴う意欲であるように思われる。[82]『ディスコルシ』の第二巻第二九章で「天の力」に帰せられたローマ市の「始源への回帰」が、同第三巻第一章中、「外部的な偶然」accidente estrinseco によるものとされていることは［I, p. 417］、この意図の痕跡であるといえるのかもしれない。フリードリヒ・ニーチェによるエウリピデスの「機械仕掛けの神」deus ex machina に対する批判からも窺われるとおり、「摂理」や「宿命」の支配を排して諸事物を偶然へと還元することに、強烈な反悲劇的含意のあることは疑いない。[83]「偶然的な諸原因」の支配する世界像は、人間の「自由な意欲（自由意志）」の活動領域を拡張することにより、地上において、しかも人間的営為によって大団円を成就せんとするところの、「人間喜劇」の根源的楽観論へと通じる回廊を切り開くのである。まさしくこのことゆえに、MS Rossi 884 写本に結晶した若きマキァヴェッリの『物の本性について』との邂逅は、あるいは、それ自体が偶然の産物であったのかもしれぬ遭遇は、諸々の政治的主著の執筆から喜劇作品の制作に至るまで、おそらくはその生涯をつうじて基底的な、そして持続的な諸影響を及ぼしつづけたもの

と推理することができるのである。(84)

頻々と推移する諸々の環境に翻弄されている地上的諸事象が、不可避的に帯びねばならない不確実性を「偶運」、すなわち「運命の女神」の所為として、その象徴を「車輪」と想念する言説は、無論のこと古典古代に起源する。そしてまた、これと格闘する人間の資質を「徳」virtusとして、両者を対立概念と理解する言説も同様である。しかるに古代末期、たとえばボエティウスの『哲学の慰め』がおこなったとされるように、いわゆる「偶運」なるものは畢竟、人間知性の不完全性に由来していると判断するのならば、これをすべて「神的摂理」の観念へと回収することもできるだろう。そしてアウグスティヌスが、世界帝国の崩壊をも「神の国」の竣成へと至る壮大な救済の物語における幕間劇とみなしたように、個々の市民、家門、都市の政治的、経済的、社会的浮沈になんらの価値も認めなければ、「徳」をもって「運命の女神」に抗争を挑んでは悩乱するほどに虚しく、そして面倒なこともないだろう。かくして「偶運」としての「運命」の観念は、キリスト信仰と結合することで、「神的摂理」の支配する世界像へと解消することができたのであった。このことは、なにゆえ文芸復興期、再び「運命の女神」に関する諸々の表象が噴出するに至ったのかを説明するように思われる。すなわち、再び地上的諸事象を「偶運」に還元する世界像を出来せしめたのは、いわゆる「世俗化」の相対的な昂進であったように思われるのである。かかる世界像の漸進的な改変過程は、マキァヴェッリの諸論説に指摘される「運命」の二つの用法にも反映されているように思われる。第一の用法、つまり「自然的摂理」としての「運命」は、地上的諸事象を「神的摂理」に帰する世界像の堕落形態に相当しており、そしてまさしく第二の用法に該当する「偶運」としての「運命」に関しては、すくなくとも『君主論』と『ディスコルシ』の著者の場合、一五世紀における古代原子論哲学の復活との影響関係が強く疑われるのであった。無論、エピクロスは偶然を「女神」として神格化することに反対していたのであったが。

だが、文芸復興期における哲学思想の展開は、「偶運」の観念に「信仰」が付加されることで成立した「神的摂理」から、端的に「信仰」を差し引くことで、古代以来の言説へと回帰して満足したわけではなかった。それは「神的摂理」の支配を腐食して、「自然的摂理」の支配を破壊したのちに、地上的事柄のすべてを「偶運」に委託して満足したのではなかったのである。[85]というのも、それは異常な躍進へと踏み込んで、ついには人間の「自由な意欲（自由意志）」の活動によって「偶運」を征服するという、おそらくは未曾有の計画を始動するのである。[86]すでに、レオン・バッティスタ・アルベルティ（Leon Battista Alberti, 1404-1472）の対話篇『家族論』*I Libri della Famiglia*（一四三三—一四三四、一四四一）には、あらゆる人間的禍福の原因が「運命の女神の気紛れ」にあるという議論に対する批判がみえる。[87]アルベルティによるならば、しばしば「運命」は不当にも呪詛の対象となっているように思われる。愚者こそが、不幸の原因はおのれ自身にあるにもかかわらず、滑稽にも「運命の荒波」に悲嘆するのである。事実、人間の真に偉大な「力量」virtù は、あらゆる「運命」の猛威を克服するものである。そのことは、過去の諸々の君主国や共和国の歴史を繙いても明白であるだろう。マケドニア人、ギリシア人、そしてローマ人たちをして栄光の極みへと飛翔せしめたのは、いかなる僥倖でもなく、公正な法律、有徳な君主、賢明な助言、強固な政略、市民らの祖国愛、信義、勤勉、忠実だったというのである。『家族論』の「序文」に表明されているのは、「偶運」としての「運命」に対置された「自由な意欲（自由意志）」の賛歌であり、人間の生と政治的営為に関する法外に楽観的な展望であるといえる。「公共の事柄においても、個人の生活においても、確かに賢慮 prudenza は運命よりも価値があり、慎重は偶然よりも価値があると考えられる。美徳に希望を託さず、偶然に頼ろうとする者を賢いとか、分別があると判断するのは、私にはとても無理だと思われる」。[88]

「……このことを知る人間は、同じことが君主国と並んで家族にも該当すると判断するだろう。そして分別と勤勉が欠けるだけで家族は没落しかねないが、それ以外の原因によって家族が不幸になることはない……」。『家族論』の「序文」には、ほとんど『ディスコルシ』の論説のいずれかと見紛う諸々の言明が散見されることは事実である。しかしながら『家族論』の本論は、「自由な意欲〔自由意志〕」の行使をもってするアルベルティ家の子弟の幸福と家門の隆盛という私的領域に属する問題に、ほとんどもっぱら関心を集中させていたのであった。もしもマキァヴェッリが喜劇『マンドラーゴラ』および『クリツィア』を制作したのみで、『君主論』および『ディスコルシ』を執筆することがなかったならば、喜劇作者はアルベルティの『家族論』に比肩する歴史的位相を占めるのみであったことになる。というのも、これら喜劇作品の主題をなしているのは、作者自身が論攷、『わが祖国の言葉についての談話もしくは対話』中で表明していた喜劇の定義とも一致して、若者の性的欲望の充足とカルフッチ一門の存続という、疑いなく私的領域に属する問題だったのである。したがって『君主論』および『ディスコルシ』の独創性は、マキァヴェッリが「神的摂理」と「自然的摂理」の支配を離脱して、地上的諸事象を偶然の渦動のなかに解き放ったのちに、人間の「自由な意欲」による偶然の支配を構想していたことを指摘するのみでは、精確に把握することができない。むしろマキァヴェッリの思惟において真に独創的であるのは、喜劇作品中に表現された「人間喜劇」の展望を、つまりは「自由な意欲」をもってして地上に大団円を実現せんとする根源的楽観論を、個人や家門という私的領域の限界を超克して、公共的領域にまで拡大したことであったと結論することができる。確かに『ディスコルシ』の劈頭におけるマキァヴェッリの陳述は、一見したところ不可解である。すなわち、「それら〔諸々の歴史〕を読む夥しい人々は、それらに含まれている諸々の偶発事件の多様性を見知って楽しむのみで、それらを模倣しようとは考えもしないばかりか、模倣は困難であるのみならず不可能であると判断している——あたかも天、太陽、諸元素、人々が運動、秩序、そして力において変化してしまったかのように」(D. I, proemio [I, p. 198])[89]。この「諸々の偶発事件の多様性」を「模倣」するという不可解な表現のうちに、マキァヴェッリの「新しい様態と秩序」modi ed ordini nuovi の真意が要約されているように思われる。すなわちその真意は、過去の歴史を、とくに最も偉大な共和政体の歴史を諸々の「偶発事件」の集積とみなしたうえで、ここから諸々の幸福な偶然を取捨選択して、それらを人間の「力量」、あるいは「賢慮」、つまりは「自由な意欲」によって完璧に再現する計画のうちに存しているのである。[90] 公共的領域においても偶然は支配しうるという確信、諸々の人間的事柄のなかでも、最も恐るべき不確実性に満ちた政治的、軍事的諸事象すらも合理的に統御しうるという信念において、マキァヴェッリの政治哲学は、過去のすべての哲学派が人間的営為に設定した限界を超克していることになる。たとえばエピクロスの学徒は、偶然性を最小限に抑止しうる私的生活のなかで「自由意志」を温存し、これをもって「心の平静」を確保するために、不確実性の支配する公共的領域から身を引いて、「隠れて生きる」。ヘレニズムの知性は、都市の「城壁」を愚弄するのみならず宇宙の「城壁」をも破壊したのちに、極小の「城壁」を建設して籠城することを選択したといえる。[91] しかしながら一六世紀初年、いまや明瞭な輪郭を帯びて全貌をあらわし始めた「新しい様態と秩序」の創生をもって、人間の「自由な意欲」は後退につぐ後退、守勢につぐ守勢から、前進につぐ前進、攻勢につぐ攻勢へと反転してゆくのである。一九世紀以来の権威ある命題、「科学者マキァヴェッリ」Machiavelli the Scientist に新たな角度から光が投射されるのは、かくしてマキァヴェッリの政治哲学に確認されるところの、人間的営為の可能性に関する法外に楽観的な展望が注視されるときなのである。

ジョルダーノ・ブルーノの対話篇『驕れる野獣の追放』*Spaccio de la bestia trionfante*（一五八四）には、「運命」と人間の徳性との関係について、きわめて興味深い寓話がみえる。それは、神々による天界の浄化の物語に仮託して、新しい倫理学による道徳的刷新の計画を提示する作品であった。対話篇中、いまや老衰したユピテル神は、これまで自身のおこなってきた幾多の悪業を深く悔いている。永劫の生成流転のなかにある無限の宇宙では、神々もまた老いるらしい。とくに老ユピテル神にとって遺憾であるのは、諸々の星座が、神々の恥ずべき逸話と関係した「驕れる野獣」たちによって占められており、さながら一群の悪徳の記念碑と化していることであった。かくして天界の綱紀粛正が断行され、「驕れる野獣」どもは追放されて、それらの君臨していた位置に諸々の美徳が配置されてゆく。このとき、「運命の女神」Fortuna が天界の会議場に進み出て、いつもの傲慢な態度で自身の力を誇り、それまで「ヘラクレス」が占めていた位置を要求するのである。だが、この不遜な要求は断固として却下される。気紛れな女神が退出したのちに、「ヘラクレス」の位置をあたえられるのは「剛毅」Fortezza であった。「あなた〔剛毅〕は、悪徳に打ち負かされることがなく、労苦に負かされることなく、危険に揺るがされることなく、欲求に対して厳格で、富を軽蔑し、運命の統御者 domitrice della Fortuna となる」[92]。自然学においてと同様、この倫理学説においてもブルーノは、始動しつつある第二の天地創造、いわゆる「一七世紀科学革命」を推進することになる心性を予表しているように思われる。『物の本性について』の世界像と、やがて構築される「機械論的世界像」とのあいだには、諸々の類似性にもかかわらず、ひとつの決定的な差異を指摘することができる。というのも古代原子論は、宇宙が偶然性によって支配されていることを説いたのであったが、新しい「機械論的世界像」は、これが合法則性によって貫徹されていることを確信するに至るのである[93]。ただしそれは、合法則的な諸現象の観想に終始するのではなかった。新しい世界像は、宇宙の合理的秩序を喝破したのちに、諸現象を予測し、ついには人間を「運命の統御者」ならしめる「操作的科学」(Bacon) を構想してゆくのである[94]。あまりに実り豊かな世界歴史上の端境期、いったい「剛毅」の徳性以外のなにが、学芸諸部門の隆盛から地理上の諸発見に至るまで、幾多の赫々たる偉業を可能ならしめたというのだろうか。時代を下るに応じて貧相となってゆく自称後継者らの青ざめた相貌からは想像もつかぬ徳性、明らかな死相を示しているにもかかわらず、ほとんど精神疾患を疑わせる不可解な自惚れと小児的な衒いに満ちた容貌からは払底したことが窺われる徳性、すなわち「剛毅」の故郷こそが、一四世紀中葉から一六世紀末年に至るまでのイタリア半島であったことは、絶対的に忘却されるべきではないのである[95]。

古代原子論哲学の受容から、「摂理」や「宿命」ではなく偶然性の支配する世界像へと転進したのちに、人間の「力量」、あるいは「賢慮」、つまりは「自由な意欲」による地上的諸現象の支配を企図したニッコロ・マキァヴェッリの思想上の傾向は、「一七世紀科学革命」へと至る自然学領域の展開と、看過すべからざる構造的類似性を帯びている。「科学者マキァヴェッリ」なる命題は、「運命の統御者」たらんとする楽観的な、そしてあまりに「剛毅」な「近代性」modernity の宿願の観点から再検討に付される必要があるように思われる。通例、マキァヴェッリを経験科学と結び付ける議論は、『君主論』の第一五章の冒頭部分に着目してきたのであった。すなわち、「私の意図は、それを理解するすべての者たちにとって有用な事柄を著述することであるから、私には、事実上の真実 verità effettuale に関する想像ではなく、直接、事実上の真実に向かうほうがよりふさわしいように思われる。そして多くの人々が、これまで真実に存在しているのを見たこともなければ、聞いたこともない諸々の共和国や君主国について想像をめぐらせてきた。なぜならば、人間がいかに生きているかということと、人間はいかに生きるべきかということの間には、はなはだ隔たりがあるので、人間はいかに生きるべきかということのために、現実に人間が生きている実態を見落としてしまうような者は、おのれの存続（保存）perservazione ではなく、むしろ破滅 ruina を学習している」[I. p. 159]。この名高い一節から、マキァヴェッリの「科学的」な態度が、すなわち「存在」と「当為」の分離、「事実」と「価値」の峻別、あるいは「価値判断の排除」、等々が読み取られてきたのであった。しかるに、この陳述が真に歴史的価値を帯びているのは、かかる「科学的」な姿勢が構想されることになった元来の動機、やがては混濁して無自覚化する原初の動機が率直に表出しているためであるように思われる。実のところ、「科学者」の目的は真理の探究ではない。「科学者」の本当の目的は、あくまで人間の「破滅」を回避しつつ「存続（保存）」を確保して、公共の福利を増進することなのである。[96]『君主論』および『ディスコルシ』の著者が、同時に『マンドラーゴラ』および『クリツィア』の制作者であったという事実について考究が尽くされるときに、はじめて命題「科学者マキァヴェッリ」の妥当性は明瞭となる。「運命の統御者」として、彼岸ならざる此岸において、神的恩寵ならざる人間的営為をつうじて大団円を演出する意図、その「剛毅」forte なる絶対的楽観論ゆえに、「科学者」とは「人間喜劇」の制作者の謂なのである。

第四節　マキァヴェッリ以後、あるいは普遍的啓蒙に関する若干の所見

一五九四年初演のクリストファー・マーロウ（Christopher Marlowe, 1564-1593）の戯曲、『フォースタス博士の悲劇的な物語』*The Tragical History of Doctor Faustus* は、ニッコロ・マキァヴェッリの同時代に実在したドイツの医師、錬金術師、占星術師、ゲオルク・ファウスト Georg Faust に関する諸々の伝承が文芸へと結晶した最初期の作品として知られる。(97) 劇中、フォースタス博士は、認識への貪婪なる欲求に憑かれた学究の徒として登場する。マーロウの戯曲、『タンバレイン大王』において「無限の征服欲」が、また『マルタ島のユダヤ人』において「無限の金銭欲」が、そしてここでは「無限の知識欲」が描写されることになる。(98) ついに博士は、森羅万象に通暁して、さらにはこれらの支配と操作をおこなう「魔術」magic の巨匠、すなわち「これら元素〔四元素〕の主君にして指揮官」Lord and commander of these elements たらんとして、悪魔との「契約」に至る。それは二四年の間、悪魔が下僕となり、あらゆる博士の願望を満たす代償として、そののちには博士の霊魂が悪魔の所有となるという「契約」であった。二四年の間、博士は諸々の惑星や恒星を旅行して星界の秘密をあばき、地上のあらゆる大陸を実地検証して世界地誌を極めた。その博識の盛名はとどろき、神聖皇帝の寵を獲得した。あるいは、形姿を消してローマ教皇の食卓から美酒美食を掠め取り、再三、秘術をもって君侯や庶民を籠絡して痛快に酔った。さらには、過去の偉大な英雄らを甦らせて会衆を驚倒させるのみならず、召喚された史上最高の美女、傾国のヘレネを抱いて性的衝動を満たした。しかしながら「契約」の期間満了が迫るにつれて、博士の精神は千々に乱れ、おのれが神的

な恩寵からも救済からも見放され、永劫の地獄の責苦は必定であることを思い直して、絶望に悄然とする。まさしく二四年目の朝、無残にも八ツ裂きにされた博士の死骸が書斎に発見されたという、はなはだ強烈な報告をもって「悲劇的な物語」は閉幕する。この劇作の主題が、もっぱら地上の欲望を追求する錯誤のみならず、死すべき存在でありながら「これら元素〔四元素〕の主君にして指揮官」として神に匹敵せんとする「傲慢」hybrisへの、警抜な訓戒であることは確かであるように思われる。「ああ、なんと広大無辺の利益と快楽が、さらには権力が、名誉が、全能の力powerが、この術〔魔術〕を学ぶ者に約束されていることか！　静止する南北両極のあいだに動くいっさいのものは、おのれの意のままになるのだ。……魔術をよくする者は、なかば神a demi-godだ。わが頭脳よ、この術を学ぼう、神性deityを得るために！」[99]。

ゲーテ（Johann Wolfgang von Goethe, 1749-1832）の戯曲『ファウスト』*Faust*、すなわち「悲劇第一部」（一八〇八）と「悲劇第二部」（一八三二）は、ファウスト博士の人格描写の輪郭においてマーロウ以来の、あるいはこれに先立つ諸々の民衆草紙の伝統を継承しているようにみえる。ファウスト博士は、哲学、医学、法学、神学すべての蘊奥を究めたのちに、従来の学的探求に飽いて、地上的諸事象の混沌を根元において統べる原理的知識を渇望した。しかも博士は、観想ではなく、物質的身体をもってする「無限の行為」をつうじてこれを直覚的に認識するという、死すべき存在には不相応の念願を抱懐したがゆえに、悪魔との「契約」ならざる「賭け」に至るのであった[100]。そして、劇中の博士の地上における生涯の軌跡を俯瞰するかぎり、この劇作は人間の驕慢と没落について語った一篇の「悲劇」であるかのようにみえる。しかしながらゲーテは、齢百にして「憂い」のために失明した博士に、「かつてグレートヒェンと呼ばれた贖罪の女」による最終的な救済をもたらすことで、ファウスト伝説に根本的な修正を加えたのであった。『ファウスト』は、「悲劇」と銘打たれているにもかかわらず、あくまで大団円が成就する一篇の「反悲劇」であることになる[101]。「天上の序曲」における神の言葉「人間は努力するかぎり迷うものだ」(317)、あるいは「山峡」における天使たちの言葉「どんな人にせよ、絶えず努力して励むものを、わたしたちは救うことができます」(11936-11937)からみてとれるように、[102]ここには人間が「努力」streben するかぎり、果敢に前方を目指して邁進するかぎり、すなわち不断に奮闘し、切望し、探求するかぎりにおいて、あらゆる罪業、もしくは神をも恐れぬ倨傲にもかかわらず、最終的な救済に値するという熱烈な信念が表明されている。[103]神によって祝福されているのは、人間の安息ではなく、その生命の絶えざる活動と燃焼だというのである。この「ファウストの救済」という着想を、若きゲーテはレッシング(Gotthold Ephraim Lessing, 1729-1781)から得たといわれる。[104]啓蒙の思想家にとって、認識への旺盛なる欲求が罪であろうはずはなく、さらには「魔術」ならざる「科学」の、すでに輝かしい成果を現出しつつある巨人的前進が指弾される理由はなかったのである。かくして『ファウスト』が、地獄の門を封鎖する極度に楽観的な展望の典型となるにとどまらず、なにか「近代人」の理念型を顕示する金字塔として受容されていったことは、おそらくゲーテが、スエズ運河の完成をみるために、さらに五〇年を生きたいと語ったとされる逸話と無関係ではない。[105]「ファウストの救済」の物語においては、いわば「科学と神の握手」が達成されているように思われるのである。あるいはアッティカ悲劇中、ヘレスポントスに架橋して大軍勢をギリシアに派遣したペルシアの帝王は、ポセイドンを支配せんとした「傲慢」ゆえに処罰されたことが想起されるのかもしれない。[106]

「人間の具体的なものの見方が表現されるのは文学においてである。したがって我々は、もしもある世代の内面的な思想を発見しようと望むのならば、文学、とくに……詩と演劇をみなければならない」[107]。ある二〇世紀の文芸批評は、すでに一七世紀のヨーロッパ世界において、「悲劇の死」death of tragedy が到来していたことを指摘した。ここにおいて「悲劇」なる文学用語は、すぐれて「ギリシア的」な意味で理解される必要があるという。まず「悲劇」とは、本来、その終幕において端的な「破局」catastrophe、いかなる代償や救済の可能性も絶たれた「破局」に帰結せねばならない。しばしば悲劇的な展望の実例として語られる旧約ヨブ記は、それゆえ「悲劇」ではない。ヨブは度重なる受難ののちに、これらの代償として千万の羊、牛、驢馬、駱駝を寄贈されたのであった(42,12)。救済や代償、あるいは正義のあるところに「悲劇」は成立しない。それゆえにヘブライ的伝統は、もとより「悲劇」とは無縁であったことになる。のみならず「悲劇」とは、本来、いかなる人間的配慮をもってしても解消不可能な葛藤から生起せねばならない。思慮か勤勉かによって十分に回避可能な人間的苦境が、むしろ他者の嘲笑を誘発するのは無論のこと、たとえば法規範の改廃、経済状況の改善、もしくは生活環境の向上、等々といった社会的、技術的に解決可能な葛藤から成立するのは、たしかに深刻な劇であるのかもしれないが、「悲劇」ではない。「悲劇は我々に、理性と秩序と正義の領域は恐ろしく限定されていること、また我々の科学や技術の力がどれほど進歩しても、この領域が拡がりはしないことを教えてくれる」[108]。ヨーロッパ世界に固有の伝統として理解されるところの、かかる「ギリシア的」な意味における「悲劇」は、一七世紀の進捗の過程で、とくにジャン・ラシーヌ(Jean Baptiste Racine, 1639-1699)の時代を最後に「死滅」したというのである。

一七世紀における「悲劇の死」が、いわゆる「一七世紀科学革命」と「理性に基づく新しい世界像」の出現の対応現象であることは疑いない[109]。「機械論的世界像」へと至る転回の過程は、学的認識の根本的な性質の変化を伴うものであった。それは「観想 theoria から実践 praxis へ」、あるいは「観想知 scientia contemplativa から行動的、操作的知 scientia activa et operativa へ」として要約されている[110]。かつては神秘の靄につつまれていた諸々の自然現象の合法則性が解明され、これらを予測し、ついには操作する圧倒的な「力」potentia、すなわち「科学」scientia が人間のものとなりうるという信念の発生に対応して、「摂理」や「宿命」という観念は衰微していった。人間は「運命の統御者」として、みずから「摂理」や「宿命」の役割を代行することができるのかもしれない。かくして人間理性への信頼に基づく未曾有の楽観的展望が開拓されるとき、「悲劇」の依拠してきた伝統的な神話体系は空洞化するのみならず、アイスキュロスからラシーヌに至るまでを支配した「悲劇的人生感覚」が昏倒することになる。すなわち、それは「人間の行動は人間を超えた諸々の力によって規定されている」という感覚であった。おおいなる進歩の主導権を掌握したところの、浅薄ではあるものの活力に満ちた新しい社会階層の嗜好にかなったのは、韻文ではなく散文であり、悲運と没落ではなく大団円だったのである。[111]

一七世紀における「悲劇の死」が、諸々の物質に対する新しい力の獲得のみならず、人間性についての、新しい楽観的な理解の発生とも関係していることは明らかである。「悲劇的人生感覚」の背後には、そもそも人間性のなかに、諸個人を破滅へと至らしめる恒常的な欠陥が内在しており、不可避的な挫折の萌芽になるという観念が存していた。しかしながら、人間理性の可能性に関する根源的楽観論が出来し、同時に人間的苦悩は原罪によって神的恩寵から失墜したためであるという古い信念が希薄化するとき、正しい教育をつうじて人間性の諸々の欠陥は克服され、ついには「人間の完全性」の実現もまた可能であると想念されるようになる。[112] 人間が罪を犯しうるのは、その訓育が不十分、もしくは不適切であったか、腐敗した生活環境の教唆に侵されたためであるという、J＝J・ルソー（Jean-Jacques Rousseau, 1712-1778）に起源する「人倫の神話」は、容易に想像しうるように、そして実際にそうなったように、即座に政治言語に翻訳されて巨大な政治変動を準備する。ルソーは、人間を縛る鎖は人間が作ったものであると断言した。したがって、それは人間の金槌で破断することができる。人類の未来は、人類の能力で形成することができるのである。[113]「操作的科学」の抱負は、ついには人間的事柄の秩序に関する思惟へと浸透したことが窺い知れる。かかる人間の生と政治的営為に関する根源的楽観論に立脚するならば、これまでの人類の悲惨の原因は、人間性の欠陥や原罪にあるのではなく、これまでの僭主や搾取者どもが社会組織のなかに育成してきた理不尽な階層秩序や因習的な偏見や欺瞞にあることになる。この「ルソー的楽天主義」Rousseauist optimism の流布が、近現代政治史の基本性格を規定したことは確実である。[114] 無論、これ以降にも諸々の僭主や搾取者らは、奸知や暴虐をもって政治的、軍事的な勝利を、ただし一時的な勝利を収めるであろうし、時期尚早の蜂起は圧殺されて、明日を夢見た夥しい若者たちの鮮血が大地を洗うことだろう。しかしながら、これら出来事がどれほどまでに酸鼻を極めようとも、それらは絶対的に「悲劇」ではない。それらは、すでに第五幕における歓喜の頌歌を大合唱する用意のできている若者たちの、怒濤の雄叫びの威勢をますます増大させるだけであるだろう。いかなる紆余曲折を経ようとも、地上における大団円の成就、「補償的天国」の到来に対する信念が堅持されるかぎり、それらは「神聖喜劇〔神曲〕」ならざる「世俗的な喜劇」secular commedia、つまりは「人間喜劇」commedia umana の諸々の挿話であるにすぎないのである。[115] そして、ひとたび「人間喜劇」の展望が確立するならば、過去の英雄傑士らの敗死、高貴なる諸々の家門の絶滅、殷賑を極めた巨大都市の滅亡炎上の記憶もまた、「悲劇」の絶望へと至らしめるものではなくなる。[116] それらは、あくまでも最後の歓喜へと向かって決然と前進する人類の救済史上の、それなりに吟味に値する含蓄に満ちた諸々の幕間の寸劇となる。[117] あるいはニッコロ・マキァヴェッリが『ディスコルシ』中でおこなったように、たとえば千年の世界帝国の年代記に「人間喜劇」の観点から再解釈を施すことで、プラウトゥスの喜劇『アンピトルオ』（54-55）にみえる発話を実践することもできるのかもしれない。すなわち、「ひとつの単語も変更することなくして、俺は悲劇を喜劇にしてみせる」[118]。

一八八六年、フリードリヒ・ニーチェは、処女作『音楽の精神からの悲劇の誕生』（一八七二）を、『悲劇の誕生、あるいはギリシア精神と悲観論 Pessimismus』と改題して再刊行するに際して、「自己批評の試み」Versuch einer Selbstkritik と題された短文を追加した。ここにおいてニーチェは、アッティカ悲劇の誕生と死滅、そして同時代における悲劇の再生の可能性について考察した処女作が、つまりは「科学の問題」das Problem der Wissenschaft を主題としていた事実に注意を喚起している。「……私が〔一八七二年当時に〕捕捉したのは、ひとつの新しい問題であった。現在の私ならば、それは科学の問題であったというだろう――科学がはじめて問題として、疑わしいものとして捕捉されたのだ」[119]。『悲劇の誕生』中、アッティカ悲劇の基層には、プロメテウス神話に象徴されるところの、人類の「最初の哲学的問題」が埋伏していたとされる。火の使用は、あらゆる文明の曙光である。だが、原始人類にとって、稲妻や太陽光による自然発火以外の手段により火を獲得して、これを自由に駆使することはある種の略奪行為であり、神々に対する禍々しい冒瀆であると想念されたことだろう。あらゆる文化が発祥するためには、宿命的に神々に対して冒瀆行為を決行せねばならず、無論のこと神々による人類への報復として、奔流のごとき苦悩と悲嘆は不可避であるだろう。プロメテウス神話は、かかる「最初の哲学的問題」に対するアーリア人の態度表明として形成されたのであった。それは人間の犯した大罪を是認するのみならず、これの応報として必定の、人間のおおいなる苦悩と悲嘆の大氾濫のことごとくを是認して、恐るべき諸々の災禍に尊厳をあたえている。アッティカ悲劇こそは、かかるセム諸族の堕罪神話と鋭い対照をなす「悲劇的世界像」が結晶して、最高峰の表現形式を得た芸術であったというのである。『悲劇の誕生』の命題は、「悲劇的世界像」を「理論的世界像」によって置換することで、アッティカ悲劇を殺害したのはソクラテスであったというものである。「理論的世界像」が包蔵しているのは、人間的思惟の可能性に関する極端な「楽観論」Optimisms である。それは、人間的思惟によって因果律を明察し、存在の最も奥深い神秘までも解明することが可能であり、さらには諸々の存在を「認識」するのみならず、これらを「訂正」することさえも可能であるという確固不抜の信念である。ソクラテスを原像とする「理論的楽天主義者」は、知識に万能の「力」Kraft をみとめ、あらゆる悪は端的に誤謬から生起したと断定することで、悲劇の美的価値を完膚なきまでに破壊するのである。ニーチェは、ソクラテスの登場を「古代における最も奇怪な現象」であるにとどまらず、「いわゆる世界歴史のひとつの転換点にして渦巻」ein Wendepunkt und Wirbel der sogenannten Weltgeschichte であったとみなす。というのもニーチェは、人間的営為に関する根源的楽観論を宿した「ソクラテス文化」が、紀元前のアテナイ市以来、ヨーロッパ世界を潜在的に、ときとして顕在的に支配しつづけ、ついに近代世界において圧倒的勝利に至ったものと理解しているのである。そして、近代世界における「ソクラテス文化」の諸々の政治的帰結もまた、すでに明白であるという。「すべての人間が地上の幸福を手に入れることができるという信仰、そのような普遍的な知識文化が可能であるという信仰が、次第にアレクサンドリア的な現世の幸福を求める威嚇的な要求にかわり、一種のエウリピデス的な機械仕掛けの神である大変革を呼び出すことになったところで、驚愕する筋合いはないのだ！」[120]。ニーチェは、はなはだ処女作と類似した論調を、最末期の著作群に属する『偶像の黄昏』（一八八八）中、「ソクラテス問題」Das Problem des Sokrates と題された一節において反復している[121]。かくしてニーチェは、その生涯をつうじて「科学の問題」について考究を重ねたのであったが、これを最後まで「ソクラテス問題」と等置していたことになる。

一九五八年におこなわれたレオ・シュトラウスの講演、「ソクラテス問題――五つの講義」The Problem of Socrates: Five Lectures は、ニーチェのソクラテス論への批判と推定することができる[122]。シュトラウスもまた、ソクラテスがひとつの「合理主義の起源」であることを認識している。そしてシュトラウスは、近代世界において、ある種の「合理主義」が「自然の征服」を推進して、際限のない技術的進歩が惑星の様相を一変させたことを認識している。のみならずシュトラウスは、近代世界に流布する諸々の楽観的な展望、すなわち「普遍的啓蒙への信念……普遍的国家における全人類の地上的幸福への信念……功利主義、自由主義、民主主義、平和主義、社会主義」が、ある種の「合理主義」の諸々の政治的帰結であることまでも認識しているのである。しかしながらシュトラウスは、ソクラテスの「合理主義」を「古典的政治的合理主義」classical political rationalism として、近代世界における「合理主義」とは画然と区別したのであった。ソクラテスの「合理主義」は、「全体」the whole を構成している「存在するあらゆるもの」everything that is が、本質的に種類を異にする「諸々の部分」the parts に帰属しているという洞察に基礎づけられている。かかる「全体」の「異種混交性」heterogeneity が認識されるのならば、本質的に差異のある諸々の存在を、なにか共通のものに従属させる方法は峻拒されねばならないことになる。なによりもソクラテスは、「政治的生活」とこれを超越した「最高次の生活」、すなわち「哲学的生活」との本質的な差異を重視していた。特殊的な政治社会の諸要求が尊重され、端的に常識が擁護されねばならない「政治的社会」は、つねに多数者のものである。理論的探求へのエロス的欲望が解き放たれる「最高次の生活」は、必然的に少数者のものである。かかる二つの生活の本質的な差異に基づいて、ソクラテスは二つの種類の弁証法を、対話者らの資質に応じて使い分けていたとされる。ソクラテスは、大多数の者たちと対話するに際しては「政治的あるいは弁論術的な弁証法」を採用したが、聡明な仕方で対話をおこない、常識を克服する資質に恵まれた優秀者たちには、「学的な種類の弁証法」を適用したのであった。それゆえに「古典的政治的合理主義」は、「知恵」wisdom に「節度」moderation の徳目を随伴させることで、政治社会の常識を理論的吟味の破壊的な懐疑から保護するにとどまらず、観想をもってする理論的探求が、「操作的科学」のごとき人間的営為に関する根源的楽観論へと転化する経路を、あらかじめ遮断していたことになる。たとえば、近代の唯物論者たちから区別される古代の唯物論者らが、いかなる社会改革も提唱することなく、「エピクロスの園」における隠遁生活に終始したことが典型的に例証しているように[123]、いかなる古代哲学派も「普遍的啓蒙」や「自然の征服」、あるいは際限のない技術的進歩を構想することはなかったのである。「ソクラテス問題」をめぐるニーチェとシュトラウスの対決は、シュトラウスによる批判の優勢をもって決着したという、すくなくとも暫定的な判定を下す強い誘惑が生じる所以である。

シュトラウスによるニーチェ批判が正鵠を射抜いており、したがってソクラテス的な「合理主義」と近代的な「合理主義」とが区別されねばならないとするならば、即座にいまひとつの「問題」が浮上することになるだろう。すなわち、それは近代的な「合理主義」の起源に関する「問題」である。シュトラウスの用語法に追随するならば、「知恵」を「節度」の徳目から切断し、「政治的生活」と「哲学的生活」との本質的な差異を捨象して、「全体」を「同質的」homogeneousなものと想定することで、「自然の征服」と「普遍的啓蒙」を可能ならしめる形態の「合理主義」の起源が追究されねばならない。この「問題」に対するシュトラウスの回答は、はなはだ明解である。つまりニッコロ・マキァヴェッリの『君主論』および『ディスコルシ』が、「近代性の第一の波」the first wave of modernityの魁であり、近代的な「合理主義」、あるいは「近代哲学」の起源であったというのである。シュトラウスの「ソクラテス問題——五つの講義」が、『哲学者マキァヴェッリについて』*Thoughts on Machiavelli*の刊行と同年におこなわれていたことは、到底、偶然ではありえない。シュトラウスは『哲学者マキァヴェッリについて』を、「マキァヴェッリ問題 the problem of Machiavelliについての私の諸観察と諸省察」として提示している。おそらくシュトラウスは、ニーチェの「科学の問題」としての「ソクラテス問題」を、おのれの「マキァヴェッリ問題」によって置換している。それゆえにシュトラウスのソクラテス論とマキァヴェッリ論は、いわば双生児の関係を形成しているのである。「近代性」を特徴づけているところの、人間的営為に関する根源的楽観論の起源は、ソクラテスではなくマキァヴェッリであった。したがって「いわゆる世界歴史のひとつの転換点にして渦巻」は、紀元前のアテナイ市ではなく一六世紀のフィレンツェ市に指摘されなくてはならない。ここにおいて、「哲学」すなわち「科学」の観念は、決定的な変態を遂げたのであった。というのも、ここにおいて「哲学」すなわち「科学」の目標が、人類の「力」powerをあくまで増大させ、その生活状況を不断に改善して、これを「合理的な社会」rational societyへと成功裡に教導することとなったのである。マキァヴェッリ解釈史上、極めて異例なシュトラウスの評言は、これらすべてを簡潔に要約したものと解される。すなわち、マキァヴェッリは「偉大な伝統と決裂し、啓蒙Enlightenmentを開始する」[124]。

「……私はかつて誰も足を踏み入れたことのない境地へ、ピエリスの娘たち〔詩神〕の道なき道を踏み分けていく。汚れたことのない泉に近寄り、これを飲むのは喜びだ。これまで詩神が誰の額にも花冠をかぶせてやったことのない方面から、新鮮な花を摘み集め、私の頭に冠すべき、ほまれ高い花冠を求めることは楽しみだ」。『物の本性について』中、ルクレティウスは二か所の詩句で（1, 921-950; 4, 1-25; see, 2, 1023-1047）、おのれの作品の前例のない革新性を誇っている。それらは、マキァヴェッリが『ディスコルシ』の冒頭において、おのれを「前人未到の海洋や大陸」を征服するコンキスタドールと比定したときに、強く意識していた可能性が指摘される詩行である[125]。古典古代の哲学詩人は、二つの理由で『物の本性について』の革新性を自認したのであった。第一に、この哲学詩篇は、森羅万象におよぶ問題について議論することをつうじて、人間を「宗教」religio の鞏固な拘束から解放しようと企図する点で革新的である。第二に、それはかくも困難な企図を、すべて詩歌の魅力を利用しつつ遂行している点で革新的である。しかるに原子論哲学をもってする「宗教」の批判には、ルクレティウス自身もおおいに承認しているように、エピクロスという偉大な先例のあったことを勘案するならば、『物の本性について』の主要な革新性は、とくに第二の点にあったと解されるべきであるだろう。ルクレティウスは、おのれの実践を、思慮のない子供たちに「ニガヨモギ」absinthium を服用させるために、杯の縁に甘い蜜を塗り付ける医師の実践に擬えている。なるほど、それは詐欺の実践であるに相違ないが、この詐欺によって子供たちは健康を恢復することができるというのである。「宗教」の批判が、人間的生に福音をもたらすことは必定であるとされるにもかかわらず、思慮の浅い者たちの非常な心理的抵抗に直面することが予測されている。

　エピクロスの学徒にとって、「宗教」が批判されねばならないのは、それが「心の平静」を掻き乱すことで、「快楽の生活」を挫折へと至らしめるからである。「宗教」において想念される神々は、諸々の人間的事柄に強い関心を抱いており、なんとも面倒見がよく、頻繁に立腹しては、祈禱、もしくは献納や供儀によって宥められる。かかる神々に関する想念こそが、諸々の天変地異や魑魅魍魎に対する誤謬にもとづいた「恐怖」を喚起して、信じる者たちの精神を動揺せしめるのである。さらに「宗教」は、しばしば慈悲や希望について多弁を弄するにもかかわらず、その深層において極めて残酷である。アガメムノンのうら若き愛娘、イピゲネイアがトロイア出兵に際して生贄とされ、神々へと供されたことは、迷信的な「宗教」の残忍性の典型的事例であった。そして「宗教」に起因する諸々の迷妄のうち、最も深刻であるのは、これが死後の応報を説き、冥府の情景を描写してみせることで信じる者らの心底に培養するところの、拭い難き「死の恐怖」である。エピクロスの哲学は、あらゆる現象を虚空中に運動する諸々の原子へと還元し、霊魂の不滅も死後の世界も否認することで、迷信の体系としての「宗教」が喚起する悩乱を払拭するために、類まれな知性によって編み出されたのであった。すべては諸々の原子の離合集散であるならば、我々にとって死、すなわち物質的身体の最小単位への解体は、なにものでもないことになる。死は我々の生きているあいだには不在であり、死ねば我々がすでに不在なのである。それゆえに、我々は一度かぎりの地上の生を、「心の平静」を保ち「身体の健康」に配慮しながら、「快楽の生活」を楽しむことに費やすべきである。かくしてエピクロスの学徒は、地上にありながら、いかなる思い煩いもなく、まったく自足した神々のごとき生を享受するのである。「……彼〔エピクロス〕こそは、まさに神 deus であった。いま、『叡智』sapientia と称されている人生の理性的な見解をはじめて発見し、その学芸によって人生をかくも烈しい荒波より、かくも深い暗黒より救い出し、このような平穏のなかに、またかくも明らかな光明のなかに据えるに至ったかの人物こそは、まさに神と称すべきである」(5, 8-12)。

エピクロスの哲学とマキァヴェッリの政治哲学とのあいだに指摘されるべき諸々の差異のうち、おそらく最も看過すべからざる差異のひとつは、「宗教」religione の問題をめぐって発生している。よく知られているように、『ディスコルシ』は、キリスト信仰を「我々の宗教」nostra religione として、「真理と真の生き方」la verità e la vera via を啓示していると明言するにもかかわらず (D, II, 2 [I, p. 333])、若干の論説ではこれを激烈に批判したのであった。それは、武器をとって闘うよりも不正に耐え忍ぶ態度を勧説しては、腐敗せる教会権力の驕慢を助長している。のみならず、それは現世の栄誉を蔑しては、自由への熱望を昏睡させることで、僭主どもの跳梁跋扈をゆるしている（D. II, 2 [I, pp. 330-335]）。そして、寓意詩『〔黄金の〕ろば』においても語られているように（5 [III, p. 67]）、一四九四年のシャルル八世南進以降、諸々の祈禱をもってして都市を救済しうるという有害な観念は、イタリア半島を致命的な政治的帰結へと至らしめつつある。驚くべきことに『ディスコルシ』は、世界歴史における支配的宗派は、「五〇〇〇年から六〇〇〇年のあいだに二度か三度」、交代を繰り返してきたと説明することで、キリスト信仰を相対化する視座さえも提示している（D. II, 5 [I, p. 342]）。その死床にあってマキァヴェッリが、聖者らとともに天国にあるよりも古典古代の英雄傑士たちとともに地獄に堕ちたいと語ったという、「マキァヴェッリの夢」の逸話を裏づけるがごとき[126]、諧謔に満ちてはいるものの、非同調 nonconformity の傾向を疑わせる私的書簡は、枚挙にいとまがない[127]。だが、マキァヴェッリは、かかるキリスト信仰に対する批判を、あらゆる「宗教」へと拡張することはなかったことが銘記されなければならない。それどころか、ローマ共和国の歴史が教示しているように、神殿、供儀、祈禱、等々の諸々の「宗教」の制度祭式は、都市や王国の自由と繁栄にとって絶対的に不可欠であるというのである。古代における賢明な立法者たちは、おのれらの権威が神々に由来していると主張することで、巧妙に法律を制定し、永続的な制度を構築した（D. I, 11 [I, pp. 228-231]）。また、賢明な将師たちは、鳥占い師らの預言を効果的に利用することで、士卒らに必勝の信念を鼓吹したのちに開戦した（D. I, 14 [I, pp. 236-238]）。すなわち、不都合な預言をも恣意的に解釈することで、あくまで所期の作戦を遂行しつつ、不敬を回避したのであった。市民団における「神への恐怖」il timore di Dio の衰退と「宗教」の諸々の制度祭式の弛緩は、見紛う方なき「腐敗」corruzione の証左であり、都市や王国の「死と滅亡」morte e rovina の前兆であるという。まさしく「恐怖」こそが、「ありうるかぎり最も偉大な主人」であらねばならない（cf. P., 17 [I, pp. 162-164]）[128]。「神への礼拝 culto divino の維持が諸々の共和政体の偉大の原因であるように、これを軽視することは、それらの滅亡の原因である。というのも、神への恐怖のないところでは、宗教の欠如を補塡する君主への恐怖によって支えられないかぎり、王国は滅亡せねばならないのである」(D., I, 11 [I, p. 230])。

エピクロスの哲学とマキァヴェッリの政治哲学のあいだに、「宗教」の問題をめぐる顕著な差異が生じた原因を説明することは、さほど困難ではないように思われる。エピクロスの学徒たちが、哲学による「宗教」の抹殺を大胆にも勧説することができるのは、これらが「エピクロスの園」における私的生活の外部に、いかなる関心も払ってはいないからである。古代原子論哲学は、杯の縁の蜜がどれほど甘美であろうとも、実際のところ「ニガヨモギ」を服用することができるのは、少数の選良たちのみであろうことを認識している。「宗教」に対する徹底的な批判は、あらかじめ「啓蒙」の射程を局限することによって、それゆえ「隠れて生きる」ことによって、はじめて可能となっているのである。マキァヴェッリの政治哲学は、「宗教」を都市の政治生活の諸目的に従属させている点で、確かに各々の個人の内的な、そして真剣な信仰生活を愚弄している。しかしながら、それでも政治哲学が「宗教」を、まさしく諸々の「高貴な嘘」noble lie の体系を尊重せねばならないのは、それが公共的領域について、否むしろ人間的事柄の秩序の「全体」について考究せねばならないことの必然的な帰結なのである。かくして、エピクロスの哲学とマキァヴェッリの政治哲学の差異に関する考究は、裏面において両者の決定的な一致点に光を投射していることになる。すなわち、エピクロスの哲学とマキァヴェッリの政治哲学は、すべての人類を理性的な諸見解へと教導するという、「普遍的啓蒙」の可能性を否認している点において、一致しているのである。無論、マキァヴェッリの政治哲学が実践しているのは、ある種の「啓蒙」であることは疑いない。しかるに、この政治哲学の名宛人として「啓蒙」の対象となっているのは、あくまでも少数の選良たち、つまりは諸々の「現実の君主」と「潜在的な君主」であったことも、同程度に疑いないのである。[129] かかる文脈において、人間的営為により地上に大団円を成就せんとする「人間喜劇」の展望にとって、ひとつの究極的な問いが浮上することになる。すなわち、「人間喜劇」の具象としてのマキァヴェッリの「永遠の共和政体」una republica perpetua は、「ソクラテス」を処刑するのだろうか。この究極的な問いに対する正答は、おそらくは「然り」である。『フィレンツェ史』中に表明されるところの、ローマ市より哲学者らを排斥した大カトーの事績に対する肯定的評価からも推理可能であるように（IF., V, 1 [III, pp. 519-520]）、マキァヴェッリの「永遠の共和政体」は、古来の「宗教」を墨守することで「腐敗」を矯正し、「死と滅亡」の悲運を回避するために、「ソクラテス」を処刑せねばならないはずである。『哲学史講義』中、ヘーゲルは「ソクラテスの運命は真に悲劇的である」Das Schicksal des Sokrates ist so echt tragisch と陳述したのであった。[130] エピクロスの学徒とともに、あるいはすべての古代哲学派とともに「普遍的啓蒙」の可能性を否認することによって、マキァヴェッリの政治哲学は、究極において「悲劇」の可能性を残存させている。

「……ダイダロスの息子〔イカロス〕の残酷な顚末も、私を下方へと引き戻すことはない。私はさらに上昇してゆく。私自身が予感している、大地に墜落して死ぬことを。〔しかし〕いったい、いかなる生がこの私の死に匹敵するというのか。……偉大なる破滅を恐れるな。雲を切り裂き上昇して、満足して死ね。天はかくも輝かしい死を、我々に与えたのだから」[131]。一六〇〇年二月一七日、ローマ市の「花の広場」において、告発された二四か条の異端的学説ゆえに、ジョルダーノ・ブルーノは焚刑に処せられた。ブルーノの刑死は、しばしば紀元前のアテナイ市におけるソクラテスの刑死と類比される。[132] それが表象しているのは、至極一般的に、精神の自由を得るために支払われねばならない代償であるにとどまらず、政治社会における哲学の「悲劇的」な顚末に関する、古典古代以来の枢要問題であるように思われる。対話篇『英雄的狂気』*De gli Eroici Furori*（一五八五）中、ブルーノが、おのれの「悲劇的」な末路を予期していたかのごとき詩句を綴っていることは、はなはだ興味深いことである。しかるに一九世紀、とくにリソルジメント期に至って、「宗教」の弾圧に屈せざる「コペルニクス説の殉教者」であるという、ブルーノ再評価の傾向が大勢となり、没後三〇〇年を記念して建造された英雄的哲学者の彫像が現在も「花の広場」を睥睨していることを考慮するとき、この詩句からは「悲劇的」な香気が払底するのかもしれない。なるほど一六〇〇年には、依然として「宗教」が、諸々の虚言や臆見が政治社会を支配しており、それゆえ哲学者たちの殉教は不可避であったことだろう。「近代性の第一の波」が生起した当初の地平には、「普遍的啓蒙」の展望はいまだ未知のものだったのである。しかしながら、「近代性」の第二の、そして第三の波浪が反復的に生起するとき、世界歴史のある局面において、ついに新しい「合理主義」が「普遍的啓蒙」を成就する可能性は否定することができない。「政治的生活」と「哲学的生活」の「悲劇的」な乖離が克服され、哲学は「宗教」に対する勝利の凱歌をあげて、「合理的な社会」が現実のものとなるのかもしれないのである。そのとき、ソクラテスやブルーノら哲学者たちの悲運と没落の記憶は、「悲劇」の絶望へと至らしめるものではなくなる。それらは、あくまで最後の大団円へと、「人間喜劇」の第五幕へと勇躍前進する人類の救済史上の、光輝に満ちた英雄神話へと昇華するのである。あるいは、一五世紀における『物の本性について』の復活が、ブルーノをしてコペルニクス説を超克せしめ、「無限の宇宙」論の始祖ならしめたとき、すでに世界歴史は「普遍的啓蒙」への大躍進を開始していたといえるのかもしれない。アリストテレス自然学とプトレマイオス天文学によって基礎づけられた「城壁で囲まれた宇宙」は、明確な中心と限界を伴った閉鎖的な政治生活、つまりは「城壁で囲まれた都市」を反映していたのであった。諸々の「城壁で囲まれた都市」は、各々の慣習的偏見の体系のなかで呼吸している。一六世紀末年における宇宙の「城壁」の崩落が、やがて諸々の都市の「城壁」の撤廃に帰結せねばならないとするならば、諸々の特殊社会に固有の、ただし誤謬に満ちた諸々の伝統はやがて湮滅して、「啓蒙」が惑星をあまねく教導した結果、そこにおいて諸個人があたかも無数の原子のごとく浮動するところの、脱中心化された際限のない「普遍同質的国家」universal-homogeneous state が現出することになるだろう。はたして星界は、人間的事柄の秩序を予表するのだろうか。無窮の天涯に遍満して煌めきたるは清浄なる星々。

【注】

（1）本章は、『政治哲学』、第二〇号（二〇一六年五月）、第二一号（近刊予定）に掲載された「科学の問題」（上）（下）に加筆修正を加えたものである。石崎嘉彦摂南大学名誉教授、井上弘貴神戸大学准教授をはじめ、政治哲学研究会の諸兄に謝意を表する。

（2）いわゆる「一七世紀科学革命」なる用語は、一九四九年初版のハーバート・バターフィールド（Herbert Butterfield, 1900-1979）の研究書に起源する。「この革命〔『科学革命』scientific revolution〕は、科学における中世の権威のみならず古代のそれも覆したのである。つまり、スコラ哲学を葬り去ったばかりか、アリストテレスの自然学をも潰滅させたのである。したがって、それはキリスト教の出現以来他に例を見ない目覚ましい出来事なのであって、これに比べれば、あのルネサンスや宗教改革も、中世キリスト教世界における挿話的な事件、内輪の交代劇にすぎなくなってしまうのである」（Butterfield, 1949, p. vii; see, p. 174）。「一六、七世紀の科学思想と哲学思想――この二つのあいだには密接な関係とつながりがあって、切り離したらどちらもわからなくなってしまう――の歴史を研究するなかで、私が再三認めざるをえなかったのは、この時代に人間の精神、すくなくともヨーロッパ人の精神が思考の枠組とパターンを一変させる深刻な革命を経験したこと、近代科学と近代哲学はこの革命の根でもあり果実でもあるということだった。もちろん、私以前にもおおくの人がこの事実を認めてはいるが。……『ガリレイ研究』ではこの大革命 the great revolution へのステップ、いわば前史だけを描いた……」（Koyré, 2008, pp. 6-7）。「コペルニクス革命は観念上の革命であった。すなわち、宇宙および宇宙と人間自身との関係についてのわれわれ人間の概念の転換であった」（Kuhn, 1957, p. 1）。「なんという対照、なんという激変であろう。……大方のフランス人はボシュエのように考えていたのに、一夜あけるとヴォルテールのように考えだしたのだ。これはまさしく革命だった」（Hazard, 1973, p. 7）。

（3）Parel, 1992, p. 163, n. 34 の引用に拠る。“Fu Niccolò in tutte quante le sue composizioni assai licenzioso, si nel tassare persone grandi, ecclesiastiche e secolari, come anche nel ridurre tutte le cose a cause naturali o fortuite”.「マキァヴェッリはこの時期〔一五〇二―一五〇四年〕、皮肉や諷刺を彼の日々の公務や諸々の政治的思索に織り交ぜて楽しんでいたようにみえるかもしれないが、このとき彼は、不幸にも散逸してしまった第二の文芸作品を創作していたにちがいないのである。これは『雲』やその他のアリストファネスの諸々の喜劇の模倣であり、『マスケレ（仮面たち）』*Le Maschere* と題されていた。これについて我々が知っているのは、それがマルチェッロ・ヴィルジリオの提案で執筆されたということと、それが彼のその他の草稿や創作と一緒に、ジュリアーノ・デ・リッチ Giulian dei Ricci のもとに伝わっていたということだけである。リッチは、その偉大な祖父の数多くの他の未刊行の著述を書写したにもかかわらず、『マスケレ』の複写を拒否したのであったが、このことは、それがほとんど判読不能の諸々の断片となっていただけでなく、執筆者がそのなかで『架空の姓名をもちいて、一五〇四年にまだ存命中であった多くの市民』を攻撃していたためである。これにつづけてリッチが述べているところでは、『そのすべての文章において、ニッコロは聖俗の偉大な人物たちを非難し、すべての事物を自然的、そして偶然的な諸原因に帰するほどまでの放縦に耽溺している』。彼のこのトゲのある諷刺の精神が、彼に多くの敵をもたらし、その生涯を苦いものとする要因となったことは確実であるが、すべての事実を自然的な諸原因に帰する彼の一貫した態度は、リッチが悲しげに言及しているように、パウルス四世とトリエント公会議によるマキァヴェッリの諸著作の禁書処分へと帰着したにもかかわらず、同時に、はなはだ正当な彼の不死性の原因ともなったのである」(Villari, 1898, p. 353)。以上のヴィッラーリの陳述は、極めて重大な、しかも興味深いものであるが、そのリッチ証言の解釈は「自然的な諸原因」をあまりに「近代的」に理解しているのみならず、「偶然的な諸原因」については完全に無視している点で、同意するには躊躇される。

(4)「こうして人間の科学 la scienza dell'uomo が誕生した。科学の方法はこうありうるとか、こうあるべきということではなく、ひたすらにこうあるという事実をしめすことであり、またこの研究の対象となる人間とは、個人としてのみではなく、集団としての、つまり階級、人民、社会、人類としての人間でもあった。……《天上の喜劇 la divina commedia》は《人間の喜劇 la commedia umana》となり、地上で上演される。そしてこの新しい科学は歴史、政治、歴史哲学と命名される。他方自然科学は、もっとのちになって発達をみる。……いましばらく待てば、ガリレオとその一派の有名な自然学者が、マキアヴェリの概念を自然に応用することになろう」(De Sanctis, 1965, pp. 394-395)。「ガリレオがその『〔新科学〕対話』に、またマキャヴェリがその『君主論』に述べたものは、実際、《新しい科学 new sciences》であった。……ガリレオの力学が現代の自然科学の基礎となったのとまったく同じように、マキャヴェリは政治学の新しい道をひらいたのであった」(Cassirer, 1946, p. 130)。さらに Freyer, 1938; Olschki, 1945; Chabod, 1958 等々をみよ。

(5)「科学者としてのマキァヴェッリにかんして語ることは、愛国者としてのかれにかんして語るのと少なくとも同じくらいに誤りに導きかねない。社会にかんする科学的な学徒は『価値判断』を下したがらない、あるいは下すことができないが、しかしマキァヴェッリの諸作品は『価値判断』に満ち溢れている。社会にかんするかれの研究は規範的なのである」(Strauss, 1958, p. 11)。Strauss, 1959, pp. 286-290 には Olschki, op. cit. に対する批判がみえる。

（6）Bruno, 2, p. 100. 以下、訳文には若干の変更を加えている。

（7）以上については、Butterfield, op. cit., pp. 15-22; Kuhn, op. cit., pp. 77-132 を参照した。

（8）「……中世の宇宙は、人間と地球に比較すると……巨大ではあったが、明確に限定されていた。だから本質的には心に思い浮かべることが出来る。またその宇宙の遠近法はいかに雄大であろうとも想像力にとって面くらってしまうようなものではなかった。一五世紀の人は城壁で囲まれた町 a walled towns に住んだように、まだ城壁で囲まれた宇宙 a walled universe に住んでいたのだ」（Lovejoy, 1960, p. 101）。さらに、村上、一九九六年、一七八—一八〇頁をみよ。

（9）「……彼〔プトレマイオス〕は今日、科学者、地理学者、天文学者としてきわめて広く知られているが、何世紀もの間最も有名なギリシア占星術師でもあった。偉大な天文学者が占星術の権威者でもあったことが奇妙に思われるようになったのは、つい最近のことにすぎない。プトレマイオスは両者を相補うものとみなしていた。……『アルマゲスト』が第一部であり、第二部が『テトラビブロス』なのである」（Tester, 1987, p. 57）。

（10）若干の例を挙げれば、タキトゥスの『年代記』（15, 47; 14, 22）には、以下のような記述がみえる。「この年の終わり頃、奇怪な現象が起こる。近く不幸の訪れる前兆と取沙汰された。かつてなかったほどのひんぱんな落雷。そのたびにネロが名士の血しぶきでもって罪滅しをしていた彗星の出現」（Tacitus, p. 367）。「民間の信仰によると、彗星は王の交替を予告するといわれる」（ibid., p. 324）。ティベリウス帝は、「トラシュッルス」なる占星術師を導師とあおぎ、その忠告を神託と同一視した（ibid., p. 210）。この記事（6, 21）に関連して、タキトゥスは、明らかにエピクロス学派とストア学派に言及しつつ、次のごとき考察をおこなっている（6, 22）。「しかし私〔タキトゥス〕は、この話やこれと似た話を聞くたびに、『いったい、人間事象は、運命とか不変の必然性に従って展開するのか、それとも、全くの偶然に従うのか』といつも判断に迷うのである。皆も御承知のように、古代の哲学者や、現代における彼らの学説の追従者は、この点について、対立した意見を抱いている。多くの学者〔エピクロス学派〕は確信をもって断言する。『われわれの誕生も死も、いや人間それ自体が、神々の全く関知せざるところである。それで、往々にして、善良な人に禍いが、悪人に幸福が訪れるのである』と。これに反して、別の学者〔ストア学派〕はこう考える。『運命は、明らかに人間事象と対応する。しかし天体の運行とは関係がない。幾つかの根本原理と自然の因果関係の結果に左右される、と見るほうが正しい』。……いずれにせよ、世間一般の人は、自分の未来が、出生と同時に予定されている、という信仰から逃れられない」（ibid., pp. 210-211）。ティベリウス帝と占星術師との関係については、スエトニウスの『ローマ皇帝伝』（3, 14）においても報告されている（Suetonius, pp. 121-122）。さらにスエトニウスの歴史書には、ドミティアヌス帝が、まさしく占星術師に予告された時刻に殺害されたという、名高い故事に関する記述がみえる（8. 14）。「このようにしてドミティアヌスはすべての人から恐れられ憎まれ、そのあげくに友人やお気に入りの解放奴隷、それに妻も加わった陰謀によって、暗殺されたのである。彼は生涯の終焉の年と日について、その時刻すら、いやその死に方についても、ずっと以前から警告されていたのである。彼がまだ若かったとき、占星師が一切を予言していた」（ibid., p. 309）。これらローマ史における逸話を、マキァヴェッリがよく知っていたことは確実である。その執筆年代不明の『断想』*Sentenze diverse* には、以下のような文書が確認される。「ドミティアヌスは元老院議員の誕生日を精査し、統治領で幸福かつ幸運とみてとった者たちを殺害した。自分の後継者たるネルヴァを殺害したいと欲した。しかし彼の友人のさる医師から、高齢ゆえ遠からず死ぬはずだから危険はないと言われた。のちにこれが原因となって、後継者ネルヴァが誕生したのである」[III, pp. 256-257]。さらに、『ディスコルシ』の第三巻第六章［I, p. 435］をみよ。なお、マキァヴェッリは、占星術がバビロニア起源であることも認識していたと思われる。一五一四年一月五日付フィレンツェ発フランチェスコ・ヴェットーリ宛書簡の冒頭部分に注目せよ。「人間はなんと、自分の欠点はみえず、自分にない欠点に対しては猛烈に手厳しいものなのでしょうか。こう考えるのは実に重要なことです。例を挙げるのに国内の最近の出来事では不十分だとおっしゃるなら、ギリシア、ラテン、ヘブライ、カルデア caldee から、さらにスーフィー教徒やプレスター・ジョンの国に至るまで、いくらでも例をおみせしましょう」[II, p. 303]。

（11）「……時代がさらに進むにつれ、他ならぬ世俗的な精神や教養の浸透が占星術の根本教説への傾斜を強めていくという事実が、ますます強く感じられる」（Cassirer, 1963, S. 105）。以上、中世末期から文芸復興期に至る自然的占星術の復興の経緯についてはBurckhardt, 1988, S. 372-398; Parel, op. cit., pp. 11-25を参照した。さらに伊藤、二〇一二年、二七一―三二九頁をみよ。

（12）ただし、アウグスティヌスは若き日に、自然的占星術に魅かれていたという。「……わたしは占星家と呼ばれる詐欺師たちをかるがるしく信じて、その意見をきくことをはばからなくなった。……それにもかかわらず、真のキリスト教の信仰は、その原則にしたがって、こういうことを排斥し、非難する」（『告白』（上）服部英次郎訳、岩波書店、一九七六年、九五頁）。とくに『神の国』（5. 1-7）にみえるアウグスティヌスの占星術批判については、Tester, op. cit., pp. 108-112をみよ。

（13）「星辰は誘うが強いない」という「穏健な占星術」（伊藤、前掲書、二七六頁）は、『神学大全』（1, Qu. 115, art. 4）におけるトマス・アクィナスの立場であった（see. Tester, op. cit., p. 181）。

（14）この傾向は、とくにマルシリオ・フィチーノに指摘される。「フィチーノの総じてきわめて節度ある安定した生のなかにも、占星術への分裂した精神的・道徳的な関わりを通じて、ある不安とたえざる内的緊張の要素が現れている。彼とても、キリスト教

‐教会的な根本見解には随順する。なるほど諸天体は人間の身体に及ぼす力を有するが、それでもそれらは人間の精神と意志を拘束することはできないと、彼もまた強調する。そしてこの点から、占星術を介して未来を解き明かそうとする試みに、彼は反対する。……こうは言いつつも、彼が到達したこのような理論的確信が彼の生活感情の核心を変えることができないことも、また明白である。彼の生活感情は、依然として星辰の力への信仰によって支配される。とりわけ彼は、彼自身のホロスコープ上の昇交点にある土星が災いをもたらす力をもつという信仰を強くもっていた」(Cassirer, 1963, S. 105-106)。

(15) 中山茂『西洋占星術――科学と魔術のあいだ』、講談社、一九九二年、一三五―一四〇頁をみよ。

(16)「……一四世紀の終わりまでに、自然学と医学における占星術的自然主義への固執は、摂理、霊魂の不死、キリスト教それ自体の超自然的性格のごとき諸教義に反対するところの、暗黙の反キリスト教的立場に立つことを意味するようになっていた」(Parel, op. cit., p. 14)。

(17) Parel, op. cit., p. 163, n. 35 の引用に拠る。「出エジプト記についての説教(一〇)」の一節である。"Tutte le cose che sentono, questi filosofi e astrologi le vogliono risolvere in cause naturali, o attribuirle al cielo più presto che a Dio". なお Strauss, 1958, p. 335, n. 82 にも同じ引用がみえる。シュトラウスはこれに、「エゼキエル書についての説教(四六)」の一節を付け加えている。すなわち、「その占星術師は言う。すなわち、天はわたくしの神である」。"Dice lo astrologo: Ecco il cielo che è mio Dio".

(18)「新たに到来したプラトン主義を受け入れ占星術を保持することはもちろん可能であった。……天界、惑星、それらの永続性、美、そして神性に対するプラトンの後期の態度のために、プラトン主義はオリエントの原始占星術をギリシア人が受け入れ発展させるための根拠のひとつであった」(Tester, op. cit., p. 206)。

(19)「……ロレンツォのネオ・プラトニズム的な『黄金時代』の文化によって愛好されたところの、階層的なエリート主義と宇宙論的な決定論……」(Brown, 2010a, p. 39)。「……彼〔マキァヴェッリ〕の育った環境……それは、ロレンツォ・デ・メディチの政治的、文化的ヘゲモニーのもとにあったフィレンツェであり、ここでは占星術的決定論に対する大衆的信念が、星々の上にあって支配する賢者としてのロレンツォを賞賛すべく、洗練されたプラトン的理想主義と結合していたのであった」(Brown, 2010b, p. 157)。

(20) 周知の演説『人間の尊厳について』をおこなったジョヴァンニ・ピコは、自然的占星術に対する最大の批判者のひとりであった。「彼〔ピコ〕の占星術論駁の書に生気を与える情熱は、その本来の源泉から言えば、思想的情熱であるよりもむしろ倫理的情熱である。……人間の純粋な創造力とその創造力の自律性への信念、この真正‐人文主義的な信念こそが、それゆえピコにおいて占星術を打ち破るのである」（Cassirer, 1963, S. 124-125）。さらにParel, op. cit., pp. 18-25をみよ。

（21）池上俊一監修『原典　イタリア・ルネサンス人文主義』、名古屋大学出版会、二〇一〇年、七〇八頁。

（22）Burckhardt, op. cit., S. 372-377; Parel, op. cit., pp. 16-17のほか、伊藤、前掲書、三一六―三一九頁を参照した。

（23）一五二六年一一月五日付フィレンツェ発フランチェスコ・グイッチァルディーニ宛マキァヴェッリ書簡［II, p. 453］。

（24）一五〇九年六月五日付フィレンツェ発ニッコロ・マキァヴェッリ宛ラッタンツィオ・テダルディ書簡（*Machiavelli and His Friends*, p. 180）。

（25）一五一一年、フィレンツェ政庁に落雷があって三つの「百合の紋章」が破損したとき、マキァヴェッリは激しく動揺し、ついには遺書を執筆したのであった。「彼〔マキァヴェッリ〕は多くの有力者と同様、天の知らせだと思った。不吉な予感がした。〔一五一一年〕一一月二二日、書記局の同僚の前で最初の遺言状を書いた。間もなく、執政長官も同じことをした」（Ridolfi, 1969, pp. 203-204）。

（26）一五二〇年末あるいは二一年初頭執筆と推理される文書「小ロレンツォ公没後のフィレンツェ統治論」"DISCURSUS FLORENTINARUM RERUM POST MORTEM IUNIORIS LAURENTII MEDICES"中、マキァヴェッリは以下のように陳述している。「……何人のいかなる行動と言えども、法と制度によってある共和国ないし王国の革新をなし遂げた人物のそれ〔栄誉〕ほど称賛されるものではない。……天 il cielo が人に対してこれに勝る贈物を与えることも、これに勝る栄光に満ちた人生を示すこともありえまい」［I, p. 744］。

（27）「マキァヴェッリの最も包括的な――『ディスコルシ』の第二巻序文にみられるものと比較してさえも包括的な――歴史に関する論評は、この詩篇に見出される」（Parel, op. cit., p. 71）。

（28）この問題は、以下の本章第三節において主題的に論じられる。

（29）「ここで私は『自然的な原因』を、『世界の諸事物』と『人間的諸事物』の両方に対して、諸天によって行使されるところの作用因を意味するものと解釈している。ここで私は『偶然的な原因』を、フォルトゥナの人格化された像に帰せられたところの作用因を意味するものと解釈している」（Parel, op. cit., p. 9）。

（30）「……自然的占星術は、彼〔マキァヴェッリ〕の『哲学』において、ある重要な役割を演じており、『自由意志を保護しようとする彼の企図に暗い影』を投げかけていると主張されてきた」（Brown, 2010b, p. 159）さらにParel, op. cit., pp. 37-41をみよ。

（31）Manilius, pp. 222-225.

(32) 以下、ルクレティウスの『物の本性について』の再発見と伝播の過程についてはBrown, 2010a; Greenblatt, 2011; Palmer, 2014を参照した。

(33) 「一三〇〇年代末と一四〇〇年代初めの偉大な人文主義者は、みずからをペトラルカの衣鉢を継ぐ者、ペトラルカの文業の後継者とみなしていた。……中世的野蛮による抑圧への反抗であるところの、ローマやアテナイの末裔という尊厳のトポスが全人類的尊厳のトポスとなる。……こうした動向はブラッチョリーニが重要な文献を再発見したばかりでなく、それらを出版し、流布させ、さらに演説の中で持ち上げたまさにそのときに決定的となった」(Garin, 1967, pp. 24-25)。

(34) 古代文献にみえるルクレティウスへの言及についてはGreenblatt, op. cit., pp. 51-54をみよ。

(35) 「フィレンツェのアカデミーが、その文字通り指導的な精神たちにおいて、結局サヴォナローラに敗北し、彼のまえにほとんど抵抗もなく屈服したという事実は、彼らの世界像に当初から混入している禁欲的様相に着目するときにのみ、理解され得るものとなるであろう。フィチーノの生涯においてその精神的形態と道徳的姿勢をしだいに強く規制するようになるのは、まさにこの様相である。……彼は、異教の誤謬を流布させる罪の共犯者とならないように、自らのルクレティウス註解を火に投じ……」(Cassirer, 1963, S. 66)。さらにBrown, 2010a, pp. 91-92; Greenblatt, op. cit., p. 221をみよ。

(36) Brown, 2010a, p. 23をみよ。

(37) 「……フィチーノが、その『プラトン神学』中、エピクロス主義者らの『騒々しさ』を断固として攻撃したことや、スカーラが、その諸々の寓話のなかのひとつにおいて、一四八〇年代までにエピクロス主義者らの信念が『あちこちに横行している』と言及している事実は、エピクロス主義者らが、これまで我々の信じてきた以上に、広範に脅威となっていたことを示唆している」(ibid., p. x)。

(38) 「……講義の水面下の目的は……表題が示唆しているように、世界には一つではなく三つの『諸事物の創造者』――神Godだけではなく運命Fortuneと自然Nature――があり、我々がそれらに関する我々の恐怖をなくそうとするならば、それらすべてを理解する必要があるということを説明することによって、未知なるものに対する我々の恐怖を払拭することであった」(ibid., p. 51)。「彼〔アドリアーニ〕の諸々の講義は、サヴォナローラの原理主義の迷信的基礎を攻撃するために、いかに賢明に彼がルクレティウスの議論を利用したかを示している」(ibid., pp. 55-56)。

(39) 「さて、それではいよいよ、かれの『主要教説』を読者の前に提供することによって、この哲学者の生涯ならびに全著作のいわば冠としようではないか、そして、この教説をもって、あわせて、わたしのこの全著作を閉じ、この終わりをもって幸福の始まりとしようではないか」(Diogenes Laertius, pp. 662-663)。

(40)「……一五〇九年、ラファエロが『アテナイの学堂』……をヴァチカンで描いていたとき、彼には強い確信があったようだ。選ばれた一部の人々の作品だけでなく、古典遺産はすべて、キリスト教の教義と調和して生きることが可能だ、と。……しかし、〔一六〕世紀の半ばになると、誰もそんな確信は持てなくなっていた」(Greenblatt, op. cit., p. 252)。さらにCopenhaver and Schmitt, 1992, pp. 1-2をみよ。

(41) Brown, 2010a, p. 49, n. 19の引用に拠る。“Udite donne. E'dicevano che questo mondo era stato fatto di atomi, idest di quelli minimi corpicini che volano per l'aria,” “ora ridete, donne, delli studii di questi savi”. 一四九六年二月一九日におこなわれた「アモス書とゼカリヤ書についての説教(三)」からの一節である。

(42)「……死滅を来たらす運動が間断なく勝利を続けることも、永久に生存物を埋没し続けることも、不可能であり、又物を生み出し、物を成長せしめる運動が〔優勢を示し〕一旦生み出した物を、永遠にわたって保ち続けて行くことも、不可能である。かくして、無限の過去から、原子間に起こされた闘争が無勝負のままに、現在も行なわれつつある。……葬儀には、赤子が此の世の光を見てあげる産声が混ずる。如何なる夜が日に継ごうとも、如何なる暁が夜に続こうとも、死に伴う嘆きが、黒い葬儀に伴う嘆きが、悩ましい悲嘆に混じって聞こえない時とてはない」(Lucretius, pp. 138-141)。

(43) Ibid., pp. 6-9. さらにibid., pp. 188-191; pp. 378-381; pp. 492-495をみよ。

(44) ダンテは、善良ではあったものの洗礼を受けなかった古代哲学者たちを「辺獄」limboに配置して、敬意すら表した。そこではアリストテレス、ソクラテス、プラトン、デモクリトス、ディオゲネス、アナクサゴラス、タレス、エンペドクレス、ヘラクレイトス、ゼノン、ディオスコリデス、オルペウス、キケロ、リノス、セネカ、エウクレイデス、プトレマイオス、ヒポクラテス、アヴィセンナ、ガレノス、アヴェロエスの名前が列挙される(Inferno, 4)。しかしながらエピクロスは、これら古代哲学者たちからは区別されて、第六の圏獄に諸々の異端者とともに封殺されている。「墓地の手前の方の区劃には、霊魂は肉体とともに死滅すると説いた、エピクロスやその派の者が埋められている(ibid., 10)。

(45)「……喜びを極限まで追求し、苦痛を回避することは、じつは魅力的な目標であり、人間生活の合理的な組織化原理としてじゅうぶん役立つかもしれない、という恐れ……」(Greenblatt, op. cit., pp. 78-79)。

(46) ジャン・ブラン『エピクロス哲学』有田潤訳、白水社、一九六〇年、二四―二七頁、一〇一―一〇三頁をみよ。なお、伊東・広重・村上、二〇〇二年、一五三―一五四頁は、一七世紀における原子論の「あらゆる思想領域に浸透する一つの大きな思想慣性」を指摘して、トマス・ホッブズとジョン・ロックの社会契約説への影響を主張している。「元来、『民主主義』の理念は……物質観における『粒子理論』もしくは『原子論』と強い親近性をもっている。……ロックの政治哲学は、政治理念としてはアメリカ独立宣言、フランス革命を直接予示するものであったが、その発想の根底には、人間に対する『原子論』的な把握様式があったことを忘れてはならない」。

(47) Greenblatt, op. cit. は、一五世紀における古代原子論哲学の復興の影響を最大限に見積もっているように思われる。その「世界についての科学的な見方」は「最終的に、現代における世界全体についての合理的理解の基礎」となった (p. 8)。それゆえポッジョ・ブラッチョリーニは、「まったく意図せず、無意識のうちに、近代の誕生を手伝う助産師 a midwife to modernity となった」ことになる (p. 13)。哲学詩篇『物の本性について』の復活は、「世界の風景を永遠に変えてしまった」のである (p. 218)。そして今日、この哲学詩篇が読まれなくなり、ポッジョ・ブラッチョリーニがほぼ完全に忘却されていることは、「ルクレティウスが近代思想の主流に吸収されたほかならぬ証拠」であるという (p. 262)。

(48) エピクロスは「ヘロドトス宛の手紙」において、以下のように述べている。「或る事象〔天界・気象界の事象〕が特定のこれこれの仕方で起こりうると思ってはいても、それがそれ以外に幾通りにも同じく平静な心境を保ちうるだけの用意がわれわれにできているならば、いざその事象が幾通りもの仕方で起こるのを知った場合にも、あたかも特定のこれこれの仕方で起こると思っていた場合と同じように、われわれは平静な心境を保つ」(Diogenes Laertius, pp. 608-611)。

(49) 「アリストテレス以降、それまでは〔一七世紀頃までは〕、あるものは何かを実現するために存在しているという考え方、あるものはその特定の目的ないし本質を実現するために存在している、あるいはそういうものであるべきであるという議論が支配的だった。あるいは生成、運動というものも、ある目的を実現するものであると考えられていた。ところが、〔いまから〕三百年、四百年前になると、運動は運動のために存在し、最後にどこに行くかは、いろいろな議論はありますけれども、少なくとも何かを目的として運動が行なわれているというようないい方はしなくなります。その意味で運動の無限進行的な性格がはっきりと出てきます。……古代哲学では、どんなに快楽主義でもどこかに究極の状態があり、無限進行はない。これは……エピクロス主義などにはっきりと見られるところです」(佐々木、二〇〇三年、一一〇―一一一頁)。「……エピクロス派の教説はいわゆるエピキュリアンの快楽主義と違うというだけでなく、近代の功利主義や快楽主義とも違うということです。近代の快楽主義は、一種の無限進行的に快楽を追求します。近代というのはそういう意味で、無限進行的な性格を非常に強く持っています。……例えば近代になると、トマス・ホッブズの『リヴァイアサン』という作品は、人間を反キリスト教的快楽を求めるものとして描きますが、これとエピクロスやルクレティウスはまったく違う理論構成をとっているわけです。ホッブズはよく、人間は常に動いている存在で、ここだという、そこで終わるような最終目的はないといういい方をしています。」（同上、一八一―一八二頁）。

(50)「古代の原子論、少なくともエピクロス、ルクレティウス的な原子論……は科学理論ではなかった。そのいくつかの教え、たとえば天空の現象も地上の現象のパターンに従って説明すべきだという説などは、近代科学が達成した世界の単一化へ導くかにみえるけれども、古代原子論は物理学の発展の基礎を与えることはついにできなかった。近代でも同様だった。ガサンディによるその復興は完全に不毛だったからである。それはエピクロス主義の伝統にある極端な感覚論に起因するのではないかと思う。この感覚論が近代科学の創始者の手で斥けられ、自然への数学的アプローチにとって代わられた時、初めて原子論は――ガリレイ、ロバート・ボイル、ニュートン等の著作で――科学的に有効な考え方となり、ルクレティウスとエピクロスは近代科学の先駆者と見られるようになったのである。もちろん、唯物論と原子論を結びつけることによって、近代科学はデモクリトスのもっとも深い直観と意図をよみがえらせたのかもしれない。たぶんそうであろうが」（『コスモスの崩壊』野沢協訳、三三五―三三六頁、注記七）。

(51) ティコ・ブラーエの観測の衝撃については、Butterfield, op. cit., pp. 53-54; Lovejoy, op. cit., p. 104 をみよ。「……ブルーノがこれに刺激されたことは想像に難くない」（清水、一九七〇年、一五七頁）。

(52)『無限、宇宙、および諸世界について』中にみえるフラカストリオ Fracastorio の発話をみよ。「この秩序（「あの美しい自然の階梯」）がいったいどこにあるのか、知りたいというのですか。夢のなか、想像のなか、空想のなか、狂気のなかにあるのです」（Bruno, 2, p. 101）。「私が結論としたいのは、こういうことです。かの有名な人口に膾炙している諸元素ならびに世界物体の秩序は、夢であり、架空の想像にすぎません。……知るべきことは、一つの無限な容積をもつ拡がりないし空間が存在し、それが万物を包み、万物に浸透しているということです。そこには、この世界と同じような物体が無限にあり、しかもそのいずれもが他のものよりも宇宙の中心近くにあるとは言えぬのです。なぜならば、この宇宙は無限であって、中心もなく縁もないからです。この宇宙にある諸物体は、我々の世界のそれぞれで類似であって、他の場所で述べたようなしかたでそのなかに存在します」（ibid., pp. 109-110）。以下の諸々の陳述に注目せよ。「……新しい宇宙形状誌の要素はいくつかの場所で以前にも表現されたことはあったのであるが、中心のない、無限の、無数の住民のいる宇宙の説の主要な代表者と見なされるべきなのはジョルダーノ・ブルーノである」（Lovejoy, op. cit., p. 116）。さらに Koyré, op. cit., pp. 6-9 をみよ。「……近代科学と近代哲学に及ぼした深い影響を見れば、人間精神の歴史のなかでブルーノに特大の地位を与えないわけにはいかない……」（ibid., p. 38）。

(53)ブルーノは「ルクレティウスの宇宙論をまじめに取りあげた最初の人」である(Koyré, op. cit., p. 10)。

(54)ブルーノとフィレンツェ・プラトニズムについては、清水、一九七〇年、六八—七〇頁、および一九七二年、一〇三頁をみよ。とくに後者の一〇〇—一二五頁は、「ブルーノの思想の三つの源泉」を、「ウマネジモ」、「魔術的・錬金術的・記憶術的思想」、「自然学思想」として、それぞれを概説している。

(55)ブルーノは、クザーヌスを「地上に生きた傑出した才能をもった人の一人」であることを承認している(Bruno, 2, p. 94)。さらにCassirer, 1963, S. 49; Koyré, op. cit., pp. 10-22をみよ。

(56)「ルクレティウスに依拠し、かつルクレティウスもニコラウス・クザーヌスをも創造的に誤解して……」(Koyré, op. cit., p. 27)。さらにGreenblatt, op. cit., pp. 233-241および村上、一九九六年、一七五—一八〇頁をみよ。

(57)ただし、静止ではなく運動と生成消滅が常態であり、不断の変化と多様性によって価値を減ずるどころか、ますます美しく、そして高貴となる宇宙への鑽仰は、ガリレオ・ガリレイの著作にも確認されることは指摘しておく。「ぼく〔サグレド〕はこの不滅・不易・不変などであることが宇宙を形づくっている自然的物体に、その非常な高貴さと完全性とを表わすものとして帰属され、反対に変化し生成し変わりやすいなどであることが非常な不完全性を表わすものであるとみなされているのを聞くと大いに驚き、さらに知性に非常な嫌悪を感じずにはおれません」(ガリレオ・ガリレイ『天文対話』(上)青木靖三訳、岩波書店、一九五九年、九五頁)。

(58)「この無限の空間の永遠の沈黙は私を恐怖させる」(206)。『パンセ』前田陽一・由木康訳、中央公論新社、一九七三年、一四六頁。「コスモスが崩壊し、地球がその中心というかけがえのない(けっして特権的なものではないが)地位を失った結果、必然的に人間も創造の神的・宇宙的ドラマ——今まではその主役でもあり賭金でもあったわけだが——のなかで占めていた唯一無二の特権的地位を喪失した——これは前からしばしば指摘されてきたことである。(もちろんこの指摘は正しいが。)この流れの行きつく先は、パスカルの語る『自由思想家』libertinの物言わぬ恐怖の世界、近代の科学哲学者が言う意味不在の世界である。ニヒリズムであり、また絶望である」(Koyré, op. cit., p. 31)。Copenhaver and Schmitt, op. cit., pp. 349-350は、Koyré, op. cit., pp. 23-24と同様、ジョン・ダン(John Donne, 1572-1631)の詩句を引用して、「恐るべき自由」a terrible freedomが招来する絶望感を説明している。一六一一年成立のジョン・ダンの詩句は以下のようなものである。「そして新しい哲学new philosophyはすべてを疑い始める、火の元素elementはすっかり消されてしまった、太陽は姿を消し、大地も消えた、誰の機知をもってしてもどこに大地を探せばよいのかわからなくなってしまった。そして人々は自由に公言する、この世界は寿命が尽きたと、惑星の中に、また天空の中に、数多くの新しい世界を探しているのだから。この世界がふたたび原子atomiesに分解したことを人々は見ているのだ。すべてが粉々に割れ、すべての結合が消えた、すべては単なる供給であり、すべては関係にすぎぬ。君主、臣民、父、息子、これらは忘れられたものだ、無限の宇宙に絶望することはないだろう。ベルナール・フォントネル（Bernard le Bovier de Fontenelle, 1657-1757）の対話篇（一六八六）には、次のごとき発話がみえる。「伯爵夫人」が広大無辺の宇宙像に対して「恐ろしい」と抗議すると、哲学者は語った。「私は……却ってゆったりとした気分になりますよ。天空が、あの青い天蓋で、そこに星々が釘付けにされていたとき、宇宙は私には小さく狭く思えましたし、その中では息苦しい気がしましたよ。この天蓋に無限の広がりと深さが与えられ、それが数かぎりない渦動に分かれた今、私は自分が一層自由に呼吸できるように思います。一層広々とした外気に触れるような気がします。そして確かに宇宙というものが、また全く違った壮麗さを帯びてくるのですよ」（『世界の複数性についての対話』赤木昭三訳、工作舎、一九九二年、一三三―一三四頁）。さらにButterfield, op. cit., pp. 143-158; Lovejoy, op. cit., pp. 130-133をみよ。

（59）「……ジョルダーノ・ブルーノにいたっては、開かれた広い空間、変化してやまぬ永遠で無限な宇宙の無尽蔵な宝庫に近づくのを拒んできた諸天球がついに破裂し去ったことを燃えるがごとき熱狂――牢獄の壁が粉みじんになるのを見た囚人の熱狂である――をもって告げたのだ。『変化してやまぬ』ever-changingというのが味噌である。……ニコラウス・クザーヌスは不変性は全宇宙のいかなる場所にも見出しえないと記述しているにすぎないが、ジョルダーノ・ブルーノは単なる記述だけでは満足しない。彼に言わせれば、運動と変化は完全性のしるしであって、完全性の欠如のしるしではない。不変の宇宙とは死んだ宇宙であって、生きた宇宙は運動し変化しえねばならないのだ」（Koyré, op. cit., pp. 31-32）。さらに、以下の指摘に注目せよ。「……ジョルダーノ・ブルーノにとって、空間問題は宇宙論的・自然科学的な問題圏域にもっぱら属するものでも、また第一義的にそこに属すのでもなくて、むしろそれは何よりも倫理的根本問題の圏域に属している。……自らのうちに自己主張と無制限な自己拡張の英雄的情動を見出さない者は、宇宙とその無限性に対しても盲目のままにとどまる。……ブルーノにとっては、新しい世界概念を求めることはそのまま自我の知的および道徳的な尊厳を示し、またそれが彼の人格の概念をなす」（Cassirer, 1963, S. 197-201）。ブルーノのこの側面については、とくに岡本、二〇一二年が極めて有益である。なおBloch, 1972, S. 116によれば、「中世の静態的な世界像」は「身分制社会」の反映であり、一七世紀に「物体」の「静止」ではなく「運動」が第一義的なものとなったことは、「市民社会」と「資本主義」の勃興の対応現象であるそうである。

(60) Bruno, 2, p. 31. なお、ブルーノの世界像と、ブルーノの現存する最初期の著作が『カンデライオ』*Candelaio* と題された喜劇作品であるという事実との関係についての考究は、今後の研究の課題とする。そこにおいて、ブルーノは人間的事柄を「ヘラクレイトスかデモクリトスの感覚」senso d'Eraclito o di Democrito で観ていることを告白している（Bruno, 1, p. 277）。清水、一九七〇年の第三章の表題は、「喜劇から哲学へ――ブルーノ思想の形成」である。これに関連して、哲学的人間学上、同様に興味深い事実は、喜劇作者モリエール（Molière, 1622-1673）がルクレティウスの翻訳を試みていたという伝承であるだろう。「彼［ピエール・ガッサンディ］の最も注目すべき弟子の一人で劇作家のモリエール……は、『物の本質について』の翻訳に着手した（残念ながら現存していない）」（Greenblatt, op. cit., p. 257）。

(61) セルジオ・ベルテッリ Sergio Bertelli による MS Rossi 884 写本の発見、これに関する考証については、Brown, 2010a, pp. 113-122 をみよ。

(62) バルトロメオ・スカーラとベルナルド・マキァヴェッリについては ibid., pp. 27-28 を、マルチェッロ・アドリアーニとニッコロ・マキァヴェッリについては ibid., pp. 69-70 をみよ。

(63) 厚見、二〇一五年、一〇六―一〇七頁には、全二二か所の書き込みの位置、ラテン語原文、日本語訳の一覧をみることができる（see, Palmer, op. cit., pp. 82-83）。

(64) Brown, 2010a, p. 31; pp. 89-90. なお、アメリゴ・ヴェスプッチの報告書をトマス・モア（Thomas More, 1478-1535）もまた読んでいた事実から、そのユートピア論にエピクロスの哲学が影響を及ぼしていた可能性を指摘する議論がある。これについては Greenblatt, op. cit., pp. 227-233 をみよ。

(65) Brown, 2010a, p. 103 をみよ。

(66) 「これら空欄の寸評は、マキァヴェッリにとってルクレティウスがもっていた特別な重要性を証し立てており、事実、宇宙の構造についての第二巻に集中しているが、自由意志、運動、物質、死すべき者どもの事柄に関する神々の無関心に焦点をあてている」（ibid., pp. 75-76）。

(67) Ibid., 2010a, p. 77.「その影響がうかがえる部分があるかもしれないが、彼［マキァヴェッリ］はその後に書いたいくつもの有名な著作の中で、ルクレティウスの作品には一度も直接言及していない。それほどまでに狡猾な人物だった」（Greenblatt, op. cit., p. 221）。無論、マキァヴェッリに対するルクレティウスの影響を疑問視する諸々の議論も提起されている。これらについて、厚見、二〇一五年、一〇九―一一〇頁、注記三三をみよ。

(68) マキァヴェッリは『戦争の技術』の冒頭部分で、『哲学者列伝』(6, 2) から「樽のディオゲネス」の逸話を借用した (AG, I [I, p. 535])。

(69) 一五〇四年六月四日付パドヴァ発ニッコロ・マキァヴェッリ宛バルトロメオ・ヴェスプッチ書簡 (*Machiavelli and His Friends*, pp. 103-104)。

(70) この「精神」の「可動性」mobility あるいは「柔軟性」flexibility という主題は、マルチェッロ・アドリアーニが、一四九七年におこなった講演「なにものにも驚かず」においても採り上げられているという。マキァヴェッリにおけるこの主題が、そのエピクロスの哲学との邂逅とも連動しているとするならば、本研究にとって興奮を禁じ得ない決定的な事実となるが、はっきり云って確証はない。ただし、アリソン・ブラウンがそのように判断していることは疑いない。「柔軟性、あるいは『心理的可動性』は、その一四九七年の講義において、アドリアーニが運命の諸々の変化に対する対応として勧説したところのものなのである」(Brown, 2010a, pp. 73-74)。「……アドリアーニとマキァヴェッリによる精神の柔軟性の強調は、ルクレティウスの原子論という、はなはだ異質の伝統から生じたところの、運命に対するひとつの新しい応答なのである」(Brown, 2010b, p. 162)。

(71) アンソニー・パレルは、「ギリビッツィ」[II, p. 137] にみえる「一般的な、また特殊的な諸事物」le cose universalmente e particularmente という表現に、プトレマイオスの『テトラビブロス』冒頭の陳述の影響を指摘している。というのもプトレマイオスは、そこにおいて自然的占星術を二つの主要な部分に分割し、一方を諸々の民族や都市に関係する「一般的な、あるいは普遍的なもの」the general, or catholic、他方を諸個人に関係する「特殊的な、あるいは誕生時星位のもの」the particular, or genethliacal と呼んでいるというのである (Parel, op. cit., p. 12)。パレルは、かかる区別に即して『君主論』の第二五章の意味するところを説明しているが (see, ibid., pp. 63-85)、これには同意しがたい。

(72) 「……不変のものとしての宇宙と人間本性という彼の見解は、彼が政治の領域で要求する柔軟性と両立することは困難であるように思われ、そこでは共和主義、君主の支配、そして宗教についての彼の諸観念は、同様に齟齬をきたしているようにみえるのである」(Brown, 2010a, p. 69)。とくにブラウンは、マキァヴェッリにみえる「古代占星術への伝統的信仰」と「独立して行為する人間の自由への信念」とのあいだの対立を、「マキァヴェッリの難問」the puzzle of Machiavelli と名付けている (Brown, 2010b, p. 158)。

(73) 六か所の書き込みについては、*Machiavelli and His Friends*, pp. 134-136 を参照した。さらに Brown, 2010a, pp. 73-74; 2010b, pp. 159-160 をみよ。

（74）「マキァヴェッリの図式は、真剣な理論的諸困難に対して開かれていた。彼の政治的教えの理論的あるいは宇宙論的基礎は、ある種の腐敗したアリストテレス主義であった。このことは、彼が、目的論的自然科学の弁護できない性格を想定はしていたが、証明はしなかったということを意味している」（Strauss, 1959, p. 47）。「われわれは、マキァヴェッリのもろもろの暗示を完全なものにするためには……『アヴェロエス主義者たち』のもろもろの書物へ向かわなければならない」（Strauss, 1958, pp. 202-203）。「……かれは、われわれを、生ける存在の身体が適切に単純物体と呼ばれうるのかどうか、そしてそれとともに、単純物体はアリストテレス的な仕方で、あるいはデモクリトス的‐エピクロス的な仕方で、あるいは何かその他の仕方で観念されねばならないのかどうか訝るよう強いる」（ibid., p. 222）。

（75）Rahe, 2008; Brown, 2010a; 2010b; Roecklein, 2012; Palmer, 2014. さらに *Lucretius and the Early Modern*, edited by David Norbrook, Stephen Harrison, and Philip Hardie, Oxford University Press, 2015 がある。

（76）厚見、二〇一五年、一〇二頁は、マキァヴェッリとルクレティウスの類似点を以下のように要約している。「第一に、人間の肉体的諸能力が他の動物のそれに劣っていることをもって、神による人間への特別な配慮と摂理を、あるいは自然に内在する目的論的構造を否定する点がある。第二に、宇宙が永遠であることを示唆する点。第三に、視覚・聴覚・味覚・嗅覚にまさって触覚に認識上の優位を与える点。第四に、単純物体（原子）は不滅であるが原子の結合からなる複合物体は生成消滅すると考える点。第五に、人間的事象が不断の運動のうちにあり、そのことが大多数の人びとにとって心を落ち着かなくさせる原因であると考える点である」。

（77）以上についてBrown, 2010b, p. 163をみよ。

（78）「デモクリトスは、その自然学説において必然性を強調したために、倫理説において決定論、運命論におちいらざるをえなかった。……エピクロスは、原子の落下中における方向の偏りによって、自然学説に偶然性を導入したが、それによってまた、意志の自由を説明しようとしたのである」（岩崎、二〇〇七年、一九五頁、注記二三）。「偏倚」について、西川、一九九五年、四〇七―四三五頁に詳細な説明があるが、「自由意志」との関係については、なぜか立ち入った検討を加えていない。これに関連して、エピクロスの「メノイケウス宛の手紙」には、以下のような記述が確認される。「〈けだし、或るものは必然的に生じ、〉或るものは偶然的に（運によって）生じるが、他のものは、われわれの力の及ぶ範囲内にある。というのは、かれ（思慮のある人）のみるところでは、必然性は責任にかかわりなく、偶然性（運）は定めないものであるが、われわれの力の及ぶ範囲内にあるもの（われわれの行為によるもの）は、他のものの支配を免れており、このようなものにこそ当然、非難と賞讃とが加えられるべきだからである。じつのところ、自然学者たちの主張する運命〔必然性〕の奴隷となるくらいなら、神々についての作り話〈神話〉にしたがう方が、まだしもましであろう。なぜなら、神話の方は、神々を敬うことによって、運命を免れたいという願いが聞き届けられる希望をいだかせはするが、自然学者たちの主張する運命の方は、何らの願いもかなわない必然性をもっているからである。また、偶然〈運〉については、かれは、多くの人々の考えとちがって、これを神とは見なさない、というのは、神によってはなにものも無秩序にはおこなわれないからである。また、これを、〈万物の〉不確かな原因とも見なさない、というのは、かれは、善にせよ悪にせよ、人間が祝福された生活を送るために、偶然によって人間に与えられる、とは思わ〈ない〉からである、むしろ、かれは、大きな善にせよ、大きな悪にせよ、そのきっかけが、偶然によって、提供されるにすぎない、と思うのである。そして、かれは、思考することなしに運が善いよりも、よく思考しはするが運が悪い方が、まさっている、と考えている、なぜなら、人間の行為においては、〈悪しく判断されたものが〉偶然によって成功するよりは、〈むしろ、〉善く判断されたものが〈失敗する方がまさっている〉からである」（Diogenes Laertius, pp. 658-659）。さらに「主要教説」一六（ibid., p. 669）をみよ。

（79）「……自由意志は、神の恩恵によって授けられた超自然的な賜物ではなく、その発展の規則的な循環の内部で自由意志の活動を許容する宇宙における自然的な性質であり、動物たちと人間たちによって――マキァヴェッリのマークした一節（2, 256）でルクレティウスが語ったように――「全世界の生き物」によって共有されている。プラトンやアリストテレスのような他のギリシアの哲学者たちは、人間たちが彼らの理性をつうじて自由意志を行使することを承認してはいたものの、ルクレティウスのように、自由意志が動物にも同様に享受されると主張することは新奇であった――そしてさらに、自由意志を物質的世界の内部の諸原子の偏倚に帰することは新奇であった」（Brown, 2010a, p. 86）。ブラウンは、この比較をジェームズ・ハンキンス James Hankins に負っているという（see, ibid., n. 57）。

（80）この点については、岩崎、前掲書、一九一―一九三頁、注記六を参照した。

（81）以下の論述は Parel, op. cit. に依拠している。「フォルトゥナ Fortune に対する諸天 heavens の関係、そして偶然 chance という常に変化してゆく現象に対する諸天体 heavenly bodies の不変の法則の運行との関係は、マキァヴェッリの思想をどのように取り扱おうとも、困難な問題でありつづける。ときとして彼は、それらが同じ存在であるかのように、諸天とフォルトゥナに関して語るが、しかしよりしばしば、それらが別であるかのようにそれらに関して語る。事実、彼の時代の思想において、このような語り方のいくらかの基礎が存在する。確かに、同時代の民衆的思想においては、諸天とフォルトゥナはしばしば同一視され、またフォルトゥナはしばしば神的な地位を与えられ、諸天の力を象徴していた。しかしながら、同時代の自然哲学においては、諸天は、宇宙において作用している不変の決定論 determinism、宿命 fate、あるいは必然性 necessity の源泉と考えられており、他方、フォルトゥナは、そのように決定づけられた宇宙において生起する諸々の偶発的事件 chance events を指し示していたのである」(ibid., pp. 7-8)。さらに ibid., p. 43; p. 64 をみよ。

(82)「われわれは以下のように結論する、両方の書物〔『君主論』と『ディスコルシ』〕において表現を見いだす根本的思想の運動は、神 God からフォルトゥナ Fortuna へと至り、ついでフォルトゥナから偶有性 accidents、そして物体に対して起こる、あるいは物体の偶有性を経由して、運 chance へと至る運動に存し、その運とは選択と賢慮 choice and prudence に余地を残し、したがって無条件に予見し得ない偶有性の原因として理解された運に余地を残すところの非目的論的必然性として理解される、と」(Strauss, 1958, pp. 222-223)。

(83) Nietzsche, 1993, S. 80-81; S. 109-110; S. 111-112. この点に関連して、以下の言明は秀逸であるだろう。「……劇〔エウリピデスの『ヘレネ』〕中にテュケーという語が頻出する……。テュケーとは、この場合『偶然』とか『めぐり合わせ』と訳される。……このことは、ヘレネをはじめとする登場人物たちの行動、またその置かれている状況も、すべてめぐり合わせ、いわば一種の運によって規定されていることを予想させる。……自分の運命をテュケーと捉えると悲劇的領域は切り捨てられてしまう。なぜなら、神の意思と人間の運命との関係に問いを立てること、その関係に人間が主体的に関わって行くことこそが悲劇の本質だからである。……メネラオスもヘレネも劇中での姿は固定されていない。めぐり合わせ(テュケー)に従ってその姿を自在に変化させる。彼らは自らの置かれた状況の意味を問いつめることはしない。自らを取り巻く状況と自らの関係を問うことをしない」(丹下、二〇〇八年、二二六—二二九頁)。

(84)「……マキァヴェッリの生涯と、のちの諸著作の文脈の内部で解釈されるのならば、それら〔「彼の自筆の『物の本性について』の写本における欄外の書き込み」と「一四九七年のアドリアーニの講義『なにものにも驚かず』からの諸々の借用」〕は、彼の哲学的諸見解を、その科学上の原子論や宗教上の自然主義と統合するところの、一貫していて、また独創的な哲学の礎石として現れてくる。マキァヴェッリは、多くの古代哲学者や同時代人らの見解に追従して、我々の生において占星術によって果たされる重要な役割を受け入れていたものの、この決定論的な宇宙の中で、偶然の偏倚に予期しえぬ余地を許容したことにおいて、彼は新奇だったのであり、これが大胆かつ賢明な個人に、スキピオのごとき政治指導者であれ、若きメディチ君主であれ、マキァヴェッリ自身のごとき創造力ある教師であれ、あるいは『〔黄金の〕ろば』における後足で立ち上がるブタでさえあろうとも、その自由意志を行使することを可能ならしめるのであった」(Brown, 2010a, pp. 85-86)。

(85)「……とりわけ明瞭に認識されるのは、ルネサンスの新たな生命感情と、またルネサンスの人間性の概念と理想は、二つの異なる根本力に対抗して実現されねばならなかったという事実である。自我の解放のあらゆる試みに対峙するのは、二重の本性と特質をもった必然性である。すなわち一方には、『恩寵の支配』(regnum gratiae) が、他方には、『自然の支配』(regnum naturae) があって、それらはともに自我に承認と服従を求める」(Cassirer, 1963, S. 106)。この問題を、佐々木、一九七〇年は「マキアヴェッリの哲学」と題された第二章の冒頭部分 (五四―七一頁) において、「魔術的『完全自由』論」と「占星術的『完全必然』論」の相克として把握したといえる。以下の佐々木の言明に注目せよ。「〔マキアヴェッリにおける〕『運命』対『自由』という図式は、『完全自由』論と『完全必然』論との中間形態であり、歴史的に考察すればこの図式は中世キリスト教との対決の中で発生した『完全自由』論の先駆的存在である (先駆的であって完全に哲学的に同じ意味を持つものではない)」(五四頁)。

(86) 以下の論述は、鹿子生、二〇一三年に拠る。「歴史的事象を説明する場合、二つの伝統的方法がある。第一は、ある事象が神慮の実現だと解釈する方法である。この見地からすれば、古代ローマの成功も、全能なる神の摂理の一部であろう。ローマ人の偉業が純粋に彼らの実力に基づいているという理解は、キリスト教の立場からすれば、人間の傲慢さの表れと見えるだろう。逆に言えば、ローマの繁栄の理由をもっぱら神慮に見出すことは、人為的な見地からの説明をほとんど回避することである。しかし、神への信仰が欠如しており、それゆえ世俗の出来事を摂理と捉えることができなければ、どのような歴史認識が生じるだろうか。……この世界の出来事は、神の関与しない事象であり、それは、偶然や幸運として処理されうるであろう。ルネサンス期の著述家たちは、周知のように、偶然や幸運の現象を人格化し、『運命の女神』の作用とした。このようにローマの偉大さの『原因』をフォルトゥナで『説明』することが第二の方法である。この第二の方法からは、ルネサンス期の世俗性が読み取れる。ポーコックは、摂理・フォルトゥナ・信仰という三つの項でこうした説明のあり方を定式化している。ある出来事が人間にとって不可解な現象であっても、それが神慮の下にあると信じているのであれば、その出来事に意味づけがなされていることになる。すなわち、『フォルトゥナ』に『信仰』が加わる場合、その現象は『摂理』の表出である。もし対象を完全に神慮の表出として解釈するならば、フォルトゥナは消滅する。他方、人間の能力が現象すべてを理解・制御しうる場合もまた、フォルトゥナが支配する余地はない。しかし、人間は、そうした資質を欠いている。このように人間の能力が及ばない場合、フォルトゥナが支配しているという表現が用いられる。『フォルトゥナ』＋『信仰』＝『摂理』という式を移項するならば、世俗化の進展が示される。すなわち、摂理から信仰が差し引かれる場合、残りは、フォルトゥナと呼ばれるのである (『摂理』－信仰＝フォルトゥナ』）。この場合のフォルトゥナは、たんに偶然や運を意味する。……しかし、出来事すべてを幸運や偶然とすることは、神の所業とする場合と同様に、それに対する人為的見地からの説明をほとんど放棄していることになろう。……彼〔マキァヴェッリ〕の新しい方法とは、国家の成功の人為的要因を探求し、フォルトゥナという要因を可能な限り説明から排除しようと試みることである」（二九〇―二九三頁）。Pocock, 1975 中の、「問題とその様式（B）摂理、運命、徳」The Problem and Its Mode B) Providence, Fortune and Virtue と題された一節（pp. 31-48）をみよ。

(87) 以下は、鹿子生、前掲書、二九三頁に拠る。

(88) Alberti, p. 6. とくにアルベルティにおける「〈運命〉の矯正」については、池上、二〇〇七年、二六七―二六九頁をみよ。

(89) ちなみに、『ディスコルシ』の第一巻序文は、『ディスコルシ』中、マキァヴェッリ直筆の手稿が現存する唯一の部分である。「あたかも天、太陽、諸元素、人々が運動、秩序、そして力において変化してしまったかのように」として現在に伝わる一節は、手稿において「あたかも天、太陽、諸元素、霊魂、人々が実体、運動、秩序、そして力において変化してしまったかのように」と記されているという。すなわちマキァヴェッリは、意識的に「霊魂」anima と「実体」substantia を削除した可能性がある（Parel, op. cit., pp. 26-28）。

(90) 「これまではひとつの幸福な偶然であったものが、そしてそれゆえに本質的に欠陥をもっていたものが、これからはマキァヴェッリによって発見された新しい大陸において、合理的 rational な欲望と行為の目標となることができる」（Strauss, 1958, p. 116）。

(91) 「……極度に苦悩する者、最も貧しい生の持ち主は、思索においてにしろ、行動においてにせよ、最も多く柔和、安穏、善良を必要とするであろう。できうれば神を、それももともと全く病者のための神を、『救世主』であるような神を、必要とするであろう。同様にまた論理学、つまり現存在の概念的理解――論理学は心を鎮めてくれもし信頼の念を起させもするという理由で――をも、必要とするであろう。要するに、楽観的な視野におさまる或る温かな・恐怖から身を護る狭い場所や囲い場所を、必要とするだろう。こうして私は、だんだんディオニュソス的ペシミストの反対であるエピクロスを、同様に『キリスト教徒』を理解するようになった」（Nietzsche, 1950, S. 285）。この一節は、『悲劇の誕生』にみえる不可解な言明の理解を助けるのかもしれない。すなわち、「エピクロスは、まさに悩める者として、楽天主義者だったのではないか？」（Nietzsche, 1993, S. 10）。

(92) Bruno, 2, p. 298.

(93) 「……物質そのものの性質を純粋に機械論的な原理 mechanistic principles に基づいて説明する体系を復活させようとする試みがこの時期に行なわれたのは、時代の知的風潮によるところがあると言ってもよいであろう。これがやがて、粒子論哲学 the

corpuscular philosophy と呼ばれるさまざまの思想を一七世紀に流行させることになったのである。自然の働きも宇宙の構成もすべて物質の微粒子 minute particles の挙動に帰せられるのであって、人間が経験するいろいろな変化はみな、これら粒子の大きさ、配列、運動、位置、接近などの問題に還元されるという見方が一世を風靡するにいたった。デモクリトスやエピキュロス派の古代原子論が新しい意味あいの中で浮かび上がってきたわけである。しかし、そこにはひとつ大きな違いがあった。すなわち、古代原子論がすべてを原子の偶然の結びつき fortuitous combination によるものとし、それゆえに宇宙はいわば偶然性 chance にあやつられているという考え方をしていたのに対して、新しい粒子論哲学ではメカニズム自体に合理性 rationality があるとされていたのである」(Butterfield, op. cit., p. 106)。

(94)「強さ〔fortezza〕が意味するのは――この語がここで言い表している力（virtus）の概念の語源的意に沿って言えば――総じて男らしさのもつ力、すなわち『運命の統御者』(domitrice della fortuna) となる人間的意思の力である。われわれはここに……一つの新たな、とは言え純古代的な激情‐表明を聞き取ることができる。一つの英雄的情動が、ここではそれを表わす言葉との思想的正当化とを求めているわけである」(Cassirer, 1963, S. 79)。

(95) シュトラウスによるならば、「近代性」modernity もまた老いるらしい。「『ディスコルシ』を研究することでわれわれは、あらゆる若年の運動 youth movement のうちでも最も偉大な、かの運動の誕生 birth の目撃者となり、さらには感動させられた目撃者とならずにはいられない。すなわち近代哲学、読むことからは区別されるものとしての、見ることをつうじては、その衰退 decay において、その堕落 depravation と耄碌 dotage の状態においてのみわれわれの知るところの一つの現象である」(Strauss, 1958, p. 127)。

(96) Strauss, ibid., p. 296 をみよ。

(97) 小塩、一九九六年、六〇―六一頁。ゲオルク・ファウスト (Georg Faust, circa 1480-1539) の生涯については、同上、二八―三七頁をみよ。清水、二〇〇七年、二九三―三一三頁は、マーロウの同戯曲の概説である。

(98)『エリザベス朝演劇集（一）マルタ島のユダヤ人　フォースタス博士』、訳者解説二六一―二六二頁をみよ。さらに、以下の陳述に注目せよ。「……ルネサンスのファウスト的根本基調……。無限なるものへの衝迫、つまり何らの所与のものや既得のものにも止まり得ないということは、精神の負目でも傲慢でもなく、これこそ精神の神的規定性と不可壊性を示す印章なのである」(Cassirer, 1963, S. 73)。カッシーラーは、ニコラウス・クザーヌス (Nicolaus Cusanus, 1401-1464) の「認識論の根本概念」、すなわち「知ある無知（学識ある無知）」docta ignorantia の概念のうちに、この「ルネサンスのファウスト的根本基調」の淵源を指摘している。「……無知の自覚には、きわめて確実にみえるいかなる個々の断定よりも深く多産な認識内容が秘められている。それというのも、この断定においてはもっと先への前進がいわば妨害され停止しているのにたいして、無知の自覚においては無限なものへの眺望が保たれ、探求行程の目的と方向が明確になるからである。いまや無限性は、もはや理性の制限ではなく、理性の自己肯定である」(Cassirer, 1999, S. 21-22)。

(99) Marlowe, 1966, pp. 60-61. なお、訳文には若干の変更を加えている。

(100) 「ファウストが望んでいるものは……人間の有限性を超える永遠の運動であり、自分の自我を地霊空間に一致させるための無限の運動であり、つまり止まることのない無限の行為です。しかもそのことが、メフィストを呼び出してしまう」(柴田、一九八五年、一三四―一三五頁)。人間ゲーテの「ルネサンス的性格」について、以下の言明に注目せよ。「万能の天才はたしかにイタリア独特ではあるけれども、もしルネサンス以後の時代に、その名に値する人を求めるならば、ドイツの生んだ詩人ヨハン・ヴォルフガング・フォン・ゲーテがさしずめ最後の万能の天才ということになろうか。……ゲーテはまさしくルネサンスの生んだ巨人たちの精神をつぐものといってよいだろう」(小栗、一九九四年、一一頁)。

(101) 「……ファウストのこの地上における軌跡を見る限りにおいては、『ファウスト』は、ファウストの驕慢と没落を描いた一篇の悲劇であると言わざるを得ない。しかし、それが最後の「山峡」の場で一転して、ファウストが天上空間へ救済されるのは、御存知のとおりです。……その時ファウストを導いて行くのは『かつてグレートヒェンと呼ばれし贖罪の女』です。これは、地上とは全く異質な天上の論理の介入です。……この悲劇＝反悲劇の転換が、『ファウスト』を「ファウスト物語」として見た時の最大の特徴です」(柴田、前掲書、四四―四五頁)。

(102) Goethe, 1974, S. 20; 1975, S. 376.

(103) 「……作者〔ゲーテ〕は、絶対者が……ファウストの身勝手さをも、彼が求めつづける者であったという一点で宥し、彼を天上へ救済すると言いたかった。極端に言えば、ただそのためにこそ、ゲーテは『ファウスト』全篇を書いた」(柴田、前掲書、二三頁)。「《ハッピー・エンディング》の考えは、一七七〇年代に若きゲーテが書き留めたファウスト劇の最初の素描に、既に明白に現われている。マーロウの『フォースタス』が悲劇であるのに対し、ゲーテの『ファウスト』は崇高なるメロドラマなのである」(Steiner, 1961, pp. 134-135)。「ゲーテがこういう主題〔「悲劇的なるもの」the tragic〕を避けたことは悪名高い事実だ。『ファウスト』は、彼の多種多様な作品の至るところで明らかになっている、悲劇性の回避 a turn away from tragedy という現象の極端な例にすぎない」(ibid., p. 166)。

(104)「……レッシングは、ファウストに新しい解釈をもりこんだ。『強烈な知識欲は、デモーニッシュなものを要求するのだ』。精神と知性による知識欲はそれ自体として、けっして罪ではない。知識を求めたために地獄におちるなどということがあろうはずはない。そう考えて創りあげた彼レッシングの『ファウスト』においては、悪魔が凱歌をあげるその瞬間、天使があらわれて夢幻であると諭す。ここに『救われるファウスト』のモティーフが出てきた。いわば科学と神の握手があるわけで、近代がきたのだといえよう。レッシングの作そのものは残っておらず、覚書だけがある（一七五九年の『文学書簡』一七）。ゲーテは断片であるその覚書を読んで、深くうなずいたのであった」（小塩、前掲書、七四―七五頁）。

(105) 一八二七年二月二一日の水曜日、ゲーテは、第一にパナマ運河、第二にドナウ河とライン河の連結、そして第三にスエズ運河の完成を目にしたいと、ヨハン・エッカーマンに対して語ったという（『ゲーテとの対話』（下）山下肇訳、岩波書店、一九六九年、一〇八―一〇九頁）。

(106) アイスキュロス『ペルシア人』（湯井壮四郎訳）中にみえるダレイオスの発話をみよ。「わが子〔クセルクセス〕が何も知らずに若さの血気でそれをば果たしてしまったのだ。何とあの子は聖なるヘレスポントスに、奴隷に対してするごとく、くびきをかけてボスポロスの神の流れをばとどめようと望んだのだ。……生身の身でありながら、おろかにも、あらゆる神々を、ポセイドンをさえも支配できると考えた。これはまさしく心の病がわが子にとりついたのではあるまいか」（『ギリシア悲劇』、筑摩書房、一九八五年、九五頁）。

(107) Whitehead, 1950, p. 110. なお、訳文には若干の変更を加えている。

(108)「私が根源的な意味で《悲劇》と呼ぶのは、人間はこの世では歓迎されざる客なのだとする現実感の劇的表現――もっと厳密に言うなら、この現実感の劇的検証――のことである」(Steiner, op. cit., p. xi)。「離婚についての法律がゆるやかになっても、アガメムノンの運命は変わらないし、社会的精神医学はオイディプスの問題を解決してはくれない。しかし、経済関係がもっと正常になったり、鉛管工事が改良されたりしたら、イプセンの劇に現われる重大な危機のいくつかは、たしかに解決できる。この区別はよく心に留めておかねばならない。悲劇とはとりえしのつかないもののことだ」(ibid., p. 8)。したがってジョージ・スタイナーは、アイスキュロスやソフォクレスの悲劇のいくつかが「贖い」とともに終幕していることを、あくまで「例外」と説明している (ibid., pp. 7-8)。

(109)「西洋の精神が古来の悲劇的人生感覚に背を向けるという事件は、エウリピデスとシェイクスピアの間ではなくて、一七世紀後半以後に起るのだ。ここで一七世紀後半というのは、ラシーヌ……がこの断絶の向こう側に位置しているからである。アイスキユロスとともに生命力を得た人間像は、『フェードル』や『アタリー』においてなお生命を保っているのだ。もはや引き返すことのできない点をしるしづけたのは、合理主義 rationalism と世俗的形而上学 secular metaphysics との勝利という現象である。シェイクスピアはポープやヴォルテールよりもむしろソポクレスに近いのだ。こんなことを言えば、現実の時間的距離を無視することになる。だがそれにもかかわらず、このことは真実なのである。アテナイの悲劇が内に含んでいる創造力の様態は、デカルトとニュートンの時代までは、人間の精神生活を形成し続けていた。この時代になって初めて、昔ながらの感情の習性と物心両面の経験の古典的秩序づけは、捨てられたのだった。『方法序説』と『数学的原理』とともに、ホレイショーの哲学が夢想だにしなかったことどもは、この世から消えていくように感じられる。ギリシア悲劇においてもシェイクスピアにおいても、人間の行動は人間を超えたもろもろの力によって規定されている」(ibid., p. 193)。ちなみにスタイナーは、マキァヴェッリの喜劇『マンドラーゴラ』を「近代的喜劇の最初の傑作」the first great modern comedy とみなしている。「『マンドラゴラ』に発する道は、モリエールやコングリーヴの喜劇的散文へ一筋に通じているのだ」(ibid., p. 248)。

(110) Koyré, op. cit., pp. 6-9. さらに、伊東・広重・村上、前掲書、一一一四七頁をみよ。

(111) Steiner, op. cit., pp. 115-116. 類似の指摘は、二〇世紀アメリカのジャーナリストによってもおこなわれている。「……ドラマに関するわれわれ大衆の趣味は、もっともらしい存在感を感じさせるだけの現実味がある状況設定で始まり、ありえないと思うほどではないが望ましいほどにはロマンチックな状況のうちに終る、というところにある。発端から結末に至る中間の決め事は自由であるが、現実味のある出だしと幸福な結末というのは動かし難い標識である」(ウォルター・リップマン『世論』(上)掛川トミ子、岩波書店、一九八七年、二二二頁)。注目すべきであるのは、この「標識」の政治的思惟への流入が観察されていることである。「さまざまの政治的イデオロギーもこれらの規則に従う。……真実から始まって、つまり一般に流布している規準に照らして真実であるものから出発して幸福な幕切れに至る」(同上、二二六頁)。

(112) 「……新しい世界像〔諸々の新しい哲学 new philosophies〕には、神の摂理 Providence という概念を棚上げにする傾向があった。……実際、物質的なものに対して発揮できる新しい力が獲得されていくと、人は、自分自身に対して、いわば摂理の役割を果たすことができるのだという考え方が強まってきた。……人間は本来理性をもっているのであり、伝統や制度や誤った教育から解放されるならば、その理性が現れてくるのだという考え方が生まれてきた。そこで、個々の人間を全体的に改善することも可能だということになり、実際、それがまさにその当時すでに行なわれていたのである。人間の完全性 the perfectibility of man という教義への道がここに開かれた。それは、制度を改めれば人間の完全性が達成できるという考えであった」(Butterfield, op.

cit., pp. 198-199)。

（113）「……ルソーから受け継がれた信念……。人間の運命の悲惨と不公平は、原罪によって神の恩寵から失墜したためではないということになった。それは人間性にひそむある悲劇的で変ええぬ欠陥の結果などではなかった。その原因は、歴代の暴君や搾取者が社会の組織の中に組み込んだ理不尽と古めかしい不平等とにあるのだった。人間を縛る鎖は人間が作ったものだと、ルソーは断言した。だからそれは人間の金槌で打ち砕けるものなのだ。これは甚だ含蓄の豊かな見解で、それによれば、人類の未来は人類自身が形成しうるのだということになった。もしもルソーが正しいのなら（そして、たいていの政治体制は今日に至るまで彼の説を受け継いでいる）、人生のありかたは、教育の変革や社会的ないし物質的な生活環境の変革によって、根本的に変えられ、改善されるということになる。……人間は途方もない進歩へと導かれうるものとなった。……人間の円満具足性に対するルソー主義的信仰 the Rousseauist belief in the perfectibility of man……。……人類の状況とは運命によって進歩するように定められたものだと信じられた。正義の都は遥か遠くに見えていた。それを西洋のロマン主義革命家たちのように民主主義と呼んでも、マルクスのように階級なき社会と呼んでもよかろう。いずれにせよ、それはルソーが初めて見た進歩の夢だったのである」（Steiner, op. cit., pp. 125-127）。スタイナーは、類似の表現を反復している。たとえば「ルソーの『補償的天国』」the "compensating Heaven" of Rousseau（ibid., p. 135）、「ルソー的楽天主義」Rousseauist optimism（ibid., p. 173）、「ルソー主義的解放」Rousseauist liberation（ibid., p. 176）。

（114）この点について、以下の陳述に注目せよ。「学問や技芸の発展を厳しく糾弾するルソーは、しばしば誤解されてきたように自然に戻ることを推奨したわけではない。地上の王者として君臨しつつ、自らの作り出した悪によって苦悶する人間を批判したルソーは、それを克服するために、まさに『完成された人為』の力に訴える。ここで人為と訳した語は、まさに狭義には技芸を意味する art に他ならない。人間にとっての悪の原因が摂理でもなく、また、その大半が自然的原因によるものでもないと断じることは、人間が悪の発生と解決にすべての責任を負うという方向に大きく舵を切ることになる。政治も、また教育も、完成された人為として発展していかなければならない。いうまでもなく、それが『社会契約論』の試みであり、また『エミール』における提案であった。同様に、学問や技芸も、完成された人為の一形態として、新たな形で展開していかなければならない。ルソーが学問や技芸の有用性に強いこだわりをみせたのも、まさにそれがルソーにとって、何よりも人間や社会の幸福に寄与する重要な役割を果たしうると考えられたからではないか。ヴォルテールは、リスボンの大震災の報に接し、不条理で無慈悲なものとしか言いようのない自然の力に人間の無力を痛感し、なすすべもなく、ただ被害者になりかわって嘆くという道を選ぶ。ヴォルテールの嘆きに対し、ルソーの反応は恬淡としたもの、やや無神経にすら聞こえるものである。リスボン震災に対するこうしたルソーの態度は、少なくとも現世の範囲内では人為の悪をほぼあますところなく人間が解決しうるという立場にもとづくもので、人為の力でなしうることの範囲を大きく広げる道を切り開いたと言えるだろう」（川出、二〇一四年、九五―九六頁）。

(115)「ソ連の初代教育相であったルナチャルスキーは、共産主義社会を規定する条件の一つは悲劇の欠如であると述べた」（Steiner, op. cit., p. 342）。「スターリンはあらゆる戯曲や小説がハッピー・エンディングをもつことを要求した……」（ibid., p. 343）。「……マルクス主義の信条は徹底して――おそらくは、素朴なばかりに――楽観的である。神の王国の到来を絶対的に信じていた中世の夢想家のように、共産主義者は正義の王国が地上に出現する日が近いと確信している。マルクス主義の歴史観とは神曲ならぬ世俗的な喜劇 a secular commedia なのだ」（ibid., pp. 342-343）。

(116) アイスキュロス『アガメムノーン』久保正彰訳、岩波書店、一九九八年の表紙には、この作品は「現存最古の戦争批判文学」であるという解説がみえる。現代世界において、「悲劇」がほとんど理解不能となっていることを示す好例であるように思われる。この解説をニーチェが閲したならば、抱腹絶倒して笑うか激怒していたことであろう。度し難く無知蒙昧であるのみならず、どこか小児的な衒いと羞恥心の欠如が垣間みえる「正義の感覚」によって、審美眼のみならず学的認識までもが犠牲にされた実例として銘記すべきである。川島、一九九九年、一四一頁、注記一五をみよ。さらに、以下の極度に「喜劇的」な陳述に至っては、ほとんど生理的な笑いを誘う。「アイスキュロス、ソポクレス、エウリピデスの三大悲劇詩人は、数多くの悲劇（ドラマ）を作り出している。その悲劇を悲しむべき出来事と解した時、その事件に生み出された原因が存在している。即ち悲劇的事件の根本原因となるものがある。それは時に運命的な原因もあろうし、人間の感情の動きや、魂の向かう方向による事もあるであろう。その根本原因を洞察し解明し得るならば、悲劇的人間となることを避け、悲劇的事件に遭遇することを回避し得ると信じる。完全の回避は不可能としても少なくともその遭遇する被害を幾分なりとも減少し得るであろう。更にそうした悲劇的事件に、人間が如何に対処したかが、後人の心構えに必ずや益するものと思われる」（中丸岩曽生『悲劇の哲学――ギリシャ悲劇に現われた悲劇的人間の探究』近代文芸社、二〇〇五年、一三―一四頁）。

(117)「……必然的な歓喜という公理は、一九三四年に上演されたヴィシネフスキーの戯曲の『楽天的悲劇』という題名そのものに明瞭にあらわれている。それは赤軍海兵隊一個中隊の英雄的戦死を劇化した作品だ。全員がわれわれの目の前で倒れるが、彼らが犠牲になったことを悲劇的と見なしてはならない。なぜなら、それは党とソ連邦の最終的勝利に寄与するものだということになっているからである」（ibid., p. 344）。

(118) Plautus, *Amphitruo*, edited by David M. Christenson, Cambridge University Press, 2000, p.85. 訳文は、『古代ローマ喜劇全集第一巻』、東京大学出版会、一九七五年、「アンフィトルオ」鈴木一郎訳、二一頁を参照したが、若干の変更を加えた。
(119) Nietzsche, 1993, S. 7-8. なお、訳文には若干の変更を加えた。
(120) Ibid., S. 111-112.
(121) Nietzsche, 1964, S. 87-93.
(122) Strauss, 1989, pp. 103-183.
(123) たとえば、以下の言明に注目せよ。「彼〔カール・マルクス〕はエピクロスのなかに、ギリシャの神々を清算し、空虚なイデオロギーに休止符をうち、みずから運命の主人たる、また政治的社会的秩序――奴隷制と人による人の搾取をとりはらった幸福が花ひらく――を作り出しうる人間、の到来を準備する、古代の偉大な合理主義者をみたのである。このような見方は、〝庭園〟の哲人が社会改革者としての態度をけっしてとらなかったこと、彼が政治に手を出さないようにと賢者に説きつけたこと、人間は社交的な性質のものではないとのゆえをもって、かくれて生きるようにすすめたこと、このアウタルケイアの哲学は人間を政治的動物……とする教説と正反対のものであること、を忘れているのである」（ジャン・ブラン『エピクロス哲学』有田潤訳、白水社、一九六〇年、一〇三頁）。
(124) 「われわれは、かの啓蒙がその名前に値するのかどうか、あるいはその真の名前は迷妄 Obfuscation であるのかどうか、考慮しなくてはならないであろう」（Strauss, 1958, p. 173）。
(125) 「……マキァヴェッリは〔『ディスコルシ』第一巻の序文において〕、『新しい様態と秩序』を見出すために、他の人々によっては踏破されざる道を行くことについて語る。これは、最も明白なことに、ルクレティウスから借用された言明であるが……」（Brown, 2010a, p. 70）。
(126) この興味深い「伝説」についてはViroli, 2001, pp. 3-4 をみよ。
(127) たとえば、一五一三年一二月一九日付フィレンツェ発フランチェスコ・ヴェットーリ宛書簡におけるマキァヴェッリの陳述に注目せよ。「私には説教を聞くという習慣がないので……」［III, pp. 299-300］。このことは、マキァヴェッリの友人たちにはよく知られていたらしい。一五一三年一一月二三日付ローマ発ニッコロ・マキァヴェッリ宛書簡中、フランチェスコ・ヴェットーリは語っている。「休日には、私はミサを聴きに行きます。というのも、私は君とは違うのでね。君といったら、ときとして、まったく気にかける様子もないのだから」（*Machiavelli and His Friends*, p. 261）。さらに、フランチェスコ・グイッチァルディーニの一五二一年五月一七日付モデナ発ニッコロ・マキァヴェッリ宛書簡に注目せよ。「……もしもその年齢になって、君が自分の霊魂について考え始めたとしたら、それは善良さというよりは老齢のせいだ。だって君は、いつも正反対の信念をもって生きてきたのだからね」(ibid., p. 335)。

(128)「支配者たちにとっての宗教の政治的価値に対するマキァヴェッリの関心は、無論、啓蒙された教説をつうじて――アドリアーニがその諸講義において試みていたように――人々をその隷属から解放せんとするルクレティウスの希求とは非常に異なっており、ルクレティウスよりは、ポリュビオスやリウィウスにいっそう近い」(Brown, 2010a, p. 78)。

(129)『君主論』の名宛人は「現実の君主」actual princes であるのに対して、『ディスコルシ』の名宛人は「潜在的君主たち」potential princes である (see, Strauss, 1958, p. 21)。

(130) へーゲルにおける「悲劇なもの」das Tragische については、小川、二〇〇一年をみよ。

(131) Bruno, 2, p. 569. なお、訳文には変更を加えている。この詩句、あるいは本章第二節に引用した『無限、宇宙、および諸世界について』(ibid., p. 31) 中の詩句をみていると、以下の言明が至言に思えてくる。「……近世と古代思想との間には、本質的な区別が認められなければならない。なぜなれば、ギリシアは普遍から出発し、世界を完成したものとして考え、全体の調和と秩序の概念が先きに立ったのに対して、近世は個から出発し、自由が秩序に先き立ち、世界は生成するものとして捉えられるからである。ここに、アメリカ大陸の発見についで、多くの地理的発見がなされ、地中海文化が大西洋文化に、さらに世界文化へと発展するに至ったのは、近世に入ってからである。それには人間の無限性が前提されてあり、ギリシアのような有限の統一的形態において把握されたものではない。この無限の思想は疑いもなくキリスト教の精神であって、人文主義は唯それを神の無限性から人間のそれへと転化したにほかならない。かようにして、ルネッサンスは、単に古代の復興ではなく、まったく新しい時代の意義を担って興ったものということができる」(南原、二〇〇七年、一三八―一三九頁)。さらに、福田、一九八五年、一八一頁をみよ。

(132)「ソクラテスが毒死してよりほぼ二千年。かれ〔ブルーノ〕もまた殉教徒としてみずから死の道を選び、火刑の煙とともに昇天してゆくみずからの魂を信じつつ従容として死んでいったという。……ブルーノの死は、二人とも悲劇的な死に方をしているためであろうか、よくソクラテスのそれに比べられる」(清水、一九七〇年、四一―四二頁)。

結論　悲劇作者と喜劇作者

「なにぶんわれわれのところには、各人がひとつのことだけをするのである以上、二面的な人間も多面的な人間もいないのだからね」（397E）。プラトンの『国家』中、最善至高の国制の市民は、各々の「自然本来の素質」に対応したひとつの役割を果たすべきであるという原則が貫徹されている。この原則は、「全体」the whole、あるいは「存在するあらゆるもの」everything that is に関する理解を、「全体」を形成する「諸々の部分」the parts の統一性、したがって「全体の分節化」the articulation of the whole に関する理解と同一視したソクラテス的前提に基礎づけられているように思われる。ある事物の「自然（本性）」を理解することは、それが自然的に所属する「部分」としての「族」tribe、その「形態」shape、「形相」form、「特性」character を理解することである。[1] 対話篇上、あらゆる事物を「模倣（真似）」することで観る者を楽しませる人間、雷鳴や風雨、車軸や滑車の音声、喇叭や牧笛の発音、さらには家畜や鳥獣の鳴声を「模倣（真似）」する人間が指弾の対象となるのは、単に見苦しいという以上に、なにか「諸々の存在」the beings の秩序に対する忌まわしい冒瀆であるかのごとく想念されたためであるのかもしれない（396E-398B）。かかる存在論的前提が哲学的人間論に適用される際に、すべての市民が自身の「自然本来の素質」に忠実であるならば、つまりはひとつの役割に専念するのならば、ある「全体」としての都市の秩序、あるいは統一性は保障されるという洞察が発生したように思われるのである。そして、人間の「自然本来の素質」の様々な「部分」への分割が非常な細部に及んでいることを示す好例として挙げられるのは、同じ詩人が「悲劇作者」と「喜劇作者」を、また同じ俳優が「悲劇役者」と「喜劇役者」を、技巧の水準を維持しつつ兼務することはできないという、おそらく度々、実地に観察されていたものと思われる事実なのである（395A-B）。

　同様の洞察は、晩年の対話篇『法律』においても確認される。アテナイからの客人の主張するところでは、二つの「技術」を有能に行使することはほとんど人間の能力を超越しているがゆえに、各人はひとつの「技術」に専念して生活の資を得ねばならない（846D-847A）。そのことは、「真面目なこと」と「滑稽なこと」の両方を巧みに「模倣（真似）」する詩人や俳優が世にみられないことからも窺い知れるというのである。ただし「悲劇」が「優れた人間」の「模倣（真似）」であり、「喜劇」が「劣った人間」の「模倣（真似）」である以上、冷厳な軽蔑の対象となるのは後者なのであった。しかも「滑稽な喜劇的効果」は、通例、頻々たる「変化」によって引き起こされるものであり、したがってとりわけ「若者たち」に「古いもの」を軽蔑し、「新しいもの」を尊重する気風を植え付ける傾向があるために、教育的配慮は、これを都市の秩序にとって「悪疫」であるとして排斥することを命じるのである（797A-C）。「……この種の〔喜劇的効果を有する〕物真似には、つねになにか目新しいものがなければならないのです」（816E）。

二つの「技術」の卓越者となること、わけても「悲劇」と「喜劇」の練達者となることは人間の能力を超越しているという洞察、そして「悲劇」は「喜劇」に対して絶対的に優越するという認識は、古典古代の政治学、および倫理学において不動の位置を占めているようにもみえる。しかしながら、アリストテレスの『詩学』（1448b-49a）には、プラトンの『国家』ならびに『法律』中に開示された教説とは鋭く対立しているように思われる論述が確認される。それは、「悲劇」と「喜劇」の起源に関する論述である。すなわち、「悲劇」の起源とは、比較的に「真面目」な性格の人物たちによる諸々の即興の歌唱から発展した「讃歌と頌歌」であり、「喜劇」の起源とは、比較的に「軽薄」な性格の人物たちによる諸々の即興の歌唱から発展した「諷刺詩」であるという。そして、この「讃歌と頌歌」は「ホメロス叙事詩」、つまり『イリアス』と『オデュッセイア』を媒介することで「悲劇」へと上昇することとなったとされる。ホメロスこそが、「高貴な事柄に関する最大の作者」であった。だが、ここにおいて驚倒に値するのは、さらにホメロスは、『マルギテス』Margitēs なる作品を通じて、「諷刺詩」を「喜劇」へと上昇せしめた詩人であるという説明が追加されていることである。それゆえにホメロスは、「悲劇」の創設者にして、同時に「喜劇」の創設者であったことになる。「…… 『イリアス』と『オデュッセイア』が悲劇に対してもつのと同じ関係を、『マルギテス』は喜劇に対してもつ……」(1449a)。

アリストテレスの『詩学』中にみられるホメロスに関する伝承、すなわち最も卓越せる詩人は「悲劇作者」であると同時に「喜劇作者」であったとする伝承を、あるいはプラトンもまたよく認識していたのかもしれない。というのも、プラトンの『饗宴』の末尾において、ソクラテスは同一人格の内部に「悲劇作者」と「喜劇作者」が同居することは可能であると、しかもその議論を聞く者らが首肯せずにはいない仕方で語ったとされる記述がみえるのである。それは、ある若き悲劇詩人の勝利を祝福する饗宴上、かのエロスに関する諸々の弁論が活況を呈したのち、乱痴気騒ぎの酒宴が夜通し繰り広げられた際のことであった。すでに朝日は昇り、鶏の鳴く時分、いまだ酩酊に屈せざる偉大な酒豪、ソクラテスは、さらに杯を重ねつつ悲劇詩人アガトンと喜劇詩人アリストファネスを前に対話を継続していたのであった。このとき、二人の卓越せる詩人に対してソクラテスは、最も傑出した真の「悲劇作者」は同時に最も傑出した真の「喜劇作者」であると語り、両名はこれを容認しつつあったというのである。しかしながら、三人の傍らにあって対話を傾聴していたひとりの頓馬な酔漢が、泥酔のあまり居眠りをした挙句、すべてを忘却するという、いわば世紀の大失態を演じたために、幾千年にわたり人類の生に裨益するところ多大であったのかもしれぬ貴重な教説は、惜しくも永久に失われることとなったのである。ただし、「悲劇」と「喜劇」が各々「泣くこと」と「笑うこと」になんらかの形で対応するという事実を疎かにしなければ、両者の並存、否むしろ根底において分離しがたい連結を想像することは、さほど困難ではないのかもしれない。確かに「泣くこと」と「笑うこと」は人間生活の表裏をなしており、「人間の全体」the whole of man に精通した知恵者ならば、それらを実際に行使するかどうかは別問題としても、「悲劇」と「喜劇」の「技術」の双方をよくして、ほとんど人間の能力を超越することもできるのかもしれない(2)。

「歴史家、喜劇作者、ならびに悲劇作者」istorico, comico e tragico。一五二五年、イタリア半島に対する神聖ローマ皇帝の軍事的圧迫は危機的段階に到達し、イタリア諸都市の命運は風雲急を告げていた。半島内列強は有効に事態を打開することができず、市民らには迫りくる大崩壊の予感が日を追って浸透しつつあった。神聖皇帝軍によるミラノ制圧が確定的となった同年一〇月、ニッコロ・マキァヴェッリはロマーニャ総督、フランチェスコ・グイッチァルディーニに書き送っている。「〔ミラノのジローラモ・〕モローネが捕まりました。ミラノ公国は滅亡です。……他の君侯たちも屈服するでしょう。もはや救う手段はありません。これは天命です Sic datum desuper」[II, p. 411]。ダンテ『煉獄』篇の詩句（20, 86-87）を引用してみせることで、奇妙なことにマキァヴェッリがひとりの預言者として立ち現れるのは、この直後のよく知られた一節においてである。(3)「わたしには見える。百合の花がアラーニャに乱入し、かの代理人を、云々」Veggio 'n Alagna tornar lo fiordaliso e nel vicario suo, etc.。マキァヴェッリは、「〔この〕詩句はご存知なはずです。つづきの部分はご自身でお読みください」と付言してはいるものの、即座にこの引用の含意がロマーニャ総督に理解されることを確信していたはずである。『煉獄』篇中の「つづきの部分」とは、「〔かの代理人を〕逮捕した」Cristo esser catto である。それは「百合の花」、すなわちフランス国王が、ローマ南東のアラーニャ（アナーニ）において「〔キリストの〕代理人」、すなわちローマ教皇を捕縛幽閉した一四世紀初年の事件、いわゆる「アナーニ事件」に言及したダンテの詩句なのであった。一五二五年一〇月、この事件を想起させることによってマキァヴェッリは、「アナーニ事件」と酷似する最悪の事態、つまりは神聖皇帝軍によってローマ市は蹂躙され、教皇にまでも危害の加えられる事態が直近の将来に発生する可能性について考慮するよう、総督に警告しているのである。おどろくべきことに一五二七年五月の「ローマ劫略」Sacco di Roma に際して、実際に皇帝軍はローマ市を占拠するのみならず、破壊のかぎりを尽くして、教皇クレメンス七世は虜囚の凌辱を嘗めたのであるから、預言は的中することになる。一五二五年一〇月の二一日以降に発送されたものと推定されるところの、この非常に印象深い書簡は、末尾において、はなはだ唐突に自身の喜劇作品の上演と『フィレンツェ史』の執筆に話題を転じて結ばれる。「喜劇の準備はどこまで進んでいるのか、いつ上演の予定なのか、お知らせくださ い。『歴史』の報酬は一〇〇ドゥカートに増額されました。執筆再開です。わたしたちをこんなところに連れてくるのに、君主という君主が揃いも揃ってなにをしでかしたのかと、君主への非難をぶちまけます」。そして同書簡の執筆者は、「ニッコロ・マキァヴェッリ　歴史家、喜劇作者、ならびに悲劇作者」Niccolò Machiavelli istorico, comico e tragico であるというのである。

たびたび研究者らは、一五二五年一〇月下旬の書簡中、マキァヴェッリがおのれに帰属せしめた三つの属性のうち、第三の属性、つまり「悲劇作者」の含意について思案する。というのも書簡末尾に明示されているように、このフィレンツェ共和国の元下級官吏は、『フィレンツェ史』の執筆者として「歴史家」であり、かつ『マンドラーゴラ』と『クリツィア』の制作者として「喜劇作者」であったものの、これが全五幕仕立ての悲劇作品を制作したという伝記的事実はないのである。この問題については、公刊から既に半世紀を経ているにもかかわらず、依然として最高峰と評されるマキァヴェッリ伝中の回答に対して、全面的に同意するのが妥当であるだろう。すなわちマキァヴェッリは、フィレンツェ共和国、あるいはイタリア諸都市を併呑した「運命」の濁流の猛威、祖国の政治的崩壊の証言者として、ひとりの「悲劇作者」なのである。「『これは天命です』。悲劇は既に第五幕になっていた。イタリアの悲劇だ。その悲劇の本質はことごとくマキァヴェッリのこの短い文章にこめられている」[4]。この評言があまりにも適切で、抗しがたい説得力を帯びているために、ここからさらに前進して、マキァヴェッリは二つの政治的主著、『君主論』および『ディスコルシ』の執筆者であるがゆえに、ひとりの「悲劇作者」となったと主張する誘惑が生じることになる。[5]「イタリアの悲劇」こそが、「新しい君主」il principe nuovo の出現による救済という、あまりに儚い願望の顕在する『君主論』の、そしてフィレンツェ共和国もまた史上最も偉大な共和政体のごとくあれかしとの、同程度に絶望的な悲願を濃厚に反映した『ディスコルシ』の苗床であったことは疑いないのである。

二つの政治的主著、『君主論』および『ディスコルシ』各々の半身を特徴づけているのは、「イタリアの悲劇」の証言者、換言するならば「悲劇作者」としてのマキァヴェッリの相貌であることは承認されねばならない。そして、この「悲劇作者」による政治的事象についての幾多の明察、その悲痛な憂国の激情と不可分に結びついたところの、危急存亡の緊急事態に対処すべき非常手段の勧説が、その「神の散文」divina prosa の素晴らしい魅力とあいまって、あらゆる理論家と実務家に畏怖と感銘をあたえつづけたことは事実なのである。(6) あるいは「悲劇作者」が、この上なく実り豊かな世界歴史の端境期、つまり近代主権国家の揺籃期の政治的経験に関する透徹した思索者であったという事実は、それ自体の理由で、これを政治哲学史上の枢要の位置に据えるのに充分であると断定したくなるのかもしれない。というのも「イタリアの悲劇」は、諸々の巨大な集権的領域国家が編成されつつあるなか、イタリア列強がついに中世都市の諸限界を脱し得なかったことに根本原因があったのである。しかしながら、ただそれだけであったならば、すなわち『君主論』と『ディスコルシ』の著者が端的にひとりの「悲劇作者」であったならば、両著作が前代未聞の新奇さを、同時代の思索者らまでもことごとく凌駕するように思われる新奇さを帯びて、しかも著者自身がその新奇さを熱烈に自覚するという帰結は生起しえなかったであろう。というのも、諸々の政治現象に強固に付着した悲劇性、たとえば死を賭して防衛すべき祖国がまさに破滅せんとするとき、人間が苦悩し、切歯扼腕し、最後の絶望的闘争を演じながらもついには倒伏して、滅亡炎上の終末へと至る事態、あるいはその諸々の伝承や記録を閲した者の心中に去来する強烈な快楽を伴ったカタルシスの感覚までもが、おそらくは人類文明の歴史と同程度に古い。『君主論』と『ディスコルシ』の著者の「悲劇作者」としての半身に注意を局限するかぎり、両著作が過去の「偉大な伝統」、古典古代と聖書宗教の双方の伝統と決定的に訣別していることを明確に説明することはできないのである。

おそらくニッコロ・マキァヴェッリは、プラトンが『国家』および『法律』中、ソクラテス、あるいはアテナイからの客人の口を借りて不可能であると明言したものの、『饗宴』にあっては同様にソクラテスの口を借りて可能であると示唆したところの、最も卓越せる「悲劇作者」にして最も卓越せる「喜劇作者」、「人間の全体」の明察者、なかば人間の能力を超越した天才的人間であった。事実、その旺盛なる精力、生活経験のはかり知れぬ深大、情熱の驚嘆に値する多様性、あらゆる事物と人間心理に対する観察眼の犀利と明敏、無尽蔵の想像力、そしてほとんど神的なまでの表象能力において、マキァヴェッリはひとりの天才的人間である。これに対して同時代の権威ある博識者らの多くが示した冷淡な態度は、借りものの学知を積み重ねる都度に偏見を肥大させ、頑迷固陋、視野狭窄へと陥っていく類の、生来的に老いてひからびた下衆ども、おそらく人間的事柄の学究には最も不向きな下郎どもが、眩い光輝を放つ真正の天稟に対峙した際に表出する、憤怒を伴う本能的な自己防衛の態度であったのかもしれない。危殆に瀕した祖国の盾となるべく奮闘し、切望し、探求した偉大な「悲劇作者」の肖像は、この天才的人間の半身であるにすぎない。この天才は同時に、喜劇『マンドラーゴラ』および『クリツィア』を制作して好評を博した経歴のみならず、伝記作者らが一致して描出するように、そこぬけに陽気で快活にして率直、耳にした者によっては憤激するかもしれぬ当意即妙の戯言を飛ばしては、いかがわしい朋友らの哄笑を誘う性状において、そしていかなる苦難に直面しても、さわやかで明朗な、新しい未来への希望を抱き続ける類まれな能力、否むしろあくなき執念において、ひとりの「喜劇作者」だったのである。

無論、最高の「悲劇作者」の資質と最高の「喜劇作者」の資質とが、同一人格のうちに並存する可能性のありうることは、古典古代にも知られていた。だが、古典古代の伝統は、「喜劇」に対する「悲劇」の優位を認めつつ、ほとんどもっぱら、「喜劇」に固有の軽佻浮薄な楽観論を私的領域と結びつけ、公共的領域をつねに「悲劇」の尊厳ある領分として想念していたように思われる。人間的営為としての政治生活のなかに、私的生活のささやかな慰みごとに留まるべき「喜劇」を移入することは、流転循環する自然の摂理に対する違背、すなわち天誅をもって罰せられるべき「傲慢」hybrisであると意識されていたはずである。このことは、プラトンの『国家』中、言論によって構築されたる最善至高の国制すらも衰退と崩壊を回避することはできないという洞察、換言するならば「不滅の都市」は絶対的に不可能であるという、人類の政治的営為に関する根源的悲観論が明確に提示されていることからも窺い知れる。あるいは、一四〇〇年代のフィレンツェ市街に生を享けたひとりの天才的人間以前には、「喜劇」の根源的楽観論が政治に関する思惟に大挙容喙したみるべき実例は存在しなかったといえるのかもしれない。ニッコロ・マキァヴェッリの『君主論』および『ディスコルシ』が史上空前の新奇さを帯びることとなったのは、その著者が二篇の喜劇作品の制作者であったという伝記的事実にとどまらず、これら政治的主著中の諸々の教説においてさえも、著者の「喜劇作者」としての相貌が随所に垣間みえることに起因している。二つの政治的主著は、それらのうちに確かに感得される悲観的展望によって混濁されてはいるものの、政治論に常軌を逸した楽観的展望を持ち込んだことによって、「偉大な伝統」から画然と区別されるべき、新しい政治哲学を編み出すこととなったのである。

本書が追求した問題、つまりマキァヴェッリの政治哲学の斬新さの所在に関する問題に明確な回答をあたえることをかくも困難にしているのは、おそらく両著作の著者が「前人未到の海洋と大陸」を征服するコンキスタドールのみならず、古典古代の最良の弟子をも自認している事実である（see, D., I, proemio [I, pp. 197-199]）。二つの政治的主著においては、伝統的政治学のかなり忠実な継受を示す諸々の教説と、ほとんど前代未聞の性格を帯びた諸々の教説とが、極めて複雑に交錯しつつ並存しているのである。したがって、新旧の要素がめまぐるしく混淆する諸論説のうち、伝統からの離脱を示す要素のみを精確に析出する方法が肝要となる。その方法とは、『君主論』と『ディスコルシ』各々の、「悲劇」の側面ではなく「喜劇」の側面に、換言するならば悲観的側面ではなく楽観的側面にもっぱら光を照射することなのである。あまりにも見慣れた月面の像が、その裏面は地上にあっては永遠に観察しえないことを忘れさせるように、政治的主著にみえる「イタリアの悲劇」の証言者としてのマキァヴェッリの半身があまりに鮮烈で魅力に富んでいるために、これまで研究者らは、それの背後に存するいまひとつの半身、つまり「喜劇作者」の側面を忘却してきたように思われる。かくして本書は、夾雑物としての伝統の残滓が排され、楽観的展望が最も純然たる形態で露出している喜劇『マンドラーゴラ』および『クリツィア』をまずもって分析し、しかるのちにこれらの観点から『君主論』および『ディスコルシ』を再検討に付する手続きを踏んだのであった。二篇の喜劇作品に確認される「人間喜劇」commedia umana の展望は、明白に『君主論』および『ディスコルシ』の核心部分に浸透している。マキァヴェッリの政治哲学は、彼岸ならざる此岸において、しかも人間的配慮をもって大団円を成就せしめんとする展望を提示したために、史上空前の新しさを帯びることとなったのである。しばしばマキァヴェッリの政治哲学が、「近代性」modernity の概念と結び付けられ、これを「近代政治哲学」の、あるいは端的に「近代哲学」の淵源とする議論がおこなわれるのは、『君主論』および『ディスコルシ』が「人間喜劇」の展望を明示したおそらく最初の文書であることと決して無関係ではありえまい。というのも、人間の「自由な意欲」libero arbitrio をつうじて「死と滅亡」morte e rovina を回避し、「永遠の歓喜」eterna gioia を享受せんという、疑いなく古代哲学と聖書宗教にとって未知であった抱負は、確かに近現代史の指導原理となったように思われるからである。

『君主論』および『ディスコルシ』の著者が、およそ人間の能力を超越した天才的人間、技巧の水準を保ちつつ「悲劇作者」と「喜劇作者」を兼務しうる稀有の人間であったことについて、興味深い後日譚がある。すなわち、ニッコロ・マキァヴェッリの息子たちのその後である。一五三〇年、つまりニッコロ死去の三年後、メディチ一門と会盟した神聖皇帝軍はついにフィレンツェ市を攻囲する。熾烈な包囲戦ののち、これに屈したフィレンツェ市民らは、名実ともに共和政体を喪失し、以後完全なスペイン・ハプスブルク帝国、ならびにメディチ君侯の統制下に置かれることになる。この包囲戦中の同年五月のある日、凄まじい飢餓と恐怖から士気は衰え、城市全域に絶望感の蔓延するなか、共和国軍の数個部隊が市内三地点より出撃し、皇帝軍陣営を強襲、突破を試みたという。激戦がおこなわれ、両軍ともに戦死者多数、あえなく共和国軍は夕刻に至り城内へと撤退したが、このとき、二百余名のフィレンツェ将士が帰還しなかった。二日後に市内へと収容された二百余名の戦死体のなかに、部隊旗手として戦ったニッコロの次男、ロドヴィーコ・マキァヴェッリのそれが含まれていたというのである。少年期より、その激しい気性ゆえに非行が目立ち、学業を嫌い、たびたび父親を失望させたロドヴィーコがニッコロから受け継いだものがあったとするならば、それはおのれの魂よりも祖国を愛する激情、したがって「悲劇作者」の半身であったのかもしれない。同様の傾向は、四男ピエロ・マキァヴェッリにもみえるようである。というのもピエロは、長年の放浪生活を経てメディチ海軍に入隊し、強大な勢威をもって西進するオスマン帝国海軍を阻止すべく、地中海各地を転戦した。一五六四年のアフリカ遠征中、ピエロは風土の熱病に感染したものの、除隊を拒絶しつづけ、そのまま陣没したとされる。これらに対して、はなはだ感興を誘うのは三男グイドのその後である。幼年期より学業熱心で文学を好み、父親から将来を嘱望されていたグイド・マキァヴェッリは、やがて聖職に就き、平穏に天寿をまっとうすることになる。その生涯で、様々な文芸諸作品をものしたが、そのうち二篇の喜劇作品、完全な自作とテレンティウス喜劇の翻案が現存しているという。生前、ニッコロが間違いなく最もかわいがっていたのは、この三男グイドであった。この聖職者は悪辣で好色な生臭坊主であったに相違ないと、戯れに邪推してみたくもなる所以である。(7)

マキァヴェッリの諸々の私的書簡は、この天才的人間の共和国政務官、政論家、ローマ史研究者、あるいは劇作家としての表情以外の、たとえばサンタンドレア山荘の農業経営者としての、そしてひとりの家庭人としての知られざる表情の垣間みえるものが多く、味読に値する。とりわけ注意を引くのは、ニッコロ逝去の二か月前、イーモラ市逗留中の一五二七年四月二日に、三男のグイド・マキァヴェッリに宛ててしたためられた私的書簡である［II, pp. 455-456］。共和国政庁の嘱託によりパルマ市へと派遣されたニッコロは、このときフィレンツェ市への帰途にあった。同書簡中、「イタリアの悲劇」の終幕が間近に迫っていることを認識していたためか、あるいはおのれの命数が燃え尽きつつあることを予感していたためか、おそらくその両方であろうが、ニッコロはいつになくあらたまった調子で、妻、五人の男子、一人の女子という、一家全員の名前を挙げて各々を気遣っている。神聖皇帝軍の侵攻は半島各地で激越の度を増し、イタリア諸都市の抵抗はみるも無残に瓦解しようとするなか、フィレンツェ市民らも恐慌をきたしつつあり、耳目を聳動する諸々の流言が飛び交っていたのであろう。動揺する家族を案じたニッコロの愛情あふれる言葉は、はなはだ心を打つ。「いまほどフィレンツェに帰りたいと願ったことはない。……耳にする噂については、やっかいなことになる前にきっと帰郷するから心配しないようにと、それだけ〔母さんに〕伝えておいてくれ」。この大切な書簡が、素行不良の兄たちではなく三男に宛てられている事実が示すように、ニッコロはグイドにマキァヴェッリ一家の後事を託そうとしていたらしく、これに対しては学業に励むよう、とくに「文学と音楽」le lettere e la musica を勉強するよう熱心に忠告している。「……息子よ、わたしを喜ばせたいのなら、そしてお前自身が利益と名誉を得たいのなら、よく行い、よく学ぶように」。

特筆に値するのは、この私的書簡においてニッコロが、山荘に飼育される諸々の家畜のうち、ある「小さなラバ」muletino に対する奇妙な愛着を、諧謔に満ちた筆致で吐露していることである。一五五〇年代初年、ジョヴァン・バッティスタ・ピーノなる人物が、その『ろばについての考察』*Ragionamento sovra del asino* 中、ニッコロの模範とした半人半獣の「君主の教育者」は、「ろばのケンタウルス」であると示唆していたことを想起してほしい。おそらく史上最も高名な「君主の教育者」としてのニッコロ・マキァヴェッリが、古典古代の「悲劇」の伝統に忠実であるかぎりにおいて、アキレウスの師ケイロン同様、「馬のケンタウルス」であったものの、斬新奇抜な「人間喜劇」の制作者となるに際しては、「ろばのケンタウルス」であったことは確かであるように思われる。「悲劇」と「喜劇」、したがって「馬のケンタウルス」と「ろばのケンタウルス」の双方の「技術」をよくした点で、この「君主の教育者」は「ラバのケンタウルス」のごとき天才的人間であったことになる。しかるに時利あらずして、その蓋世の天稟のほんの断片すらも存命時には理解されることがなかった不遇を考慮するならば、一五二七年四月二日の私的書簡にみられる「小さなラバ」についての戯言は、あたかもおのれの悔いの多い、無念の生涯に対する最後の自嘲であるかのようにこだまする。「小さなラバは狂っているが、ほかの気違いとは別様にあつかう必要がある。ほかの気違いは綱で結んでおくが、ラバは解いておくのがよい。……手綱と端綱を解き、腹を満たしたい、狂気を解放したい、と思うところにはどこへでも行かせるように……。土地は広く、獣は小さい。なんの危害も加えないよ」[II, pp. 455-456]。

【注】

（1）「ソクラテスは、全体者あるいは存在するあらゆるものについての学を『各々の存在者』の理解と同一視したことによって、彼の先行者たちから逸脱していった。というのも、『在ること』は『何ものかであること』を、したがって、『他の何ものか』であるものとは異なることを、意味するからである。つまり、『在ること』は『部分であること』を意味するからである。したがって、全体者は、『何ものか』であるすべてのものが『在る』のと同じ意味で『在る』ことはできないことになる。全体者は『存在者を超えて』いなければならない。それでいて全体者は諸部分の総体なのである。そこで全体者を理解することは全体者のすべての部分あるいは全体者の分節化を理解することを意味する。もし『在ること』が『何ものかであること』であるとすれば、事物の存在、あるいは事物の本性は、第一義的には、その何であるかということ、その『形態』『形相』『特性』等のことであって、しかもこれらのものは、事物がそこから生じてくる根源にあるものとはとりわけ別個のものなのである。……何であるかという本質それ自体は、事物のクラスあるいは事物の『族』の特性——本性的に一つの自然的集団に属し、あるいはそれを形成している事物の特性である。全体者はある自然的分節を有している。……それ〔全体者を理解すること〕が意味するのは、完成された全体者の明白な分節化の中に示された統一性を理解することである。このような見解は、様々な学問間の区別に根拠を与えてくれる。様々な学問間の区別が全体者の自然的分節化に対応するからである。このような見方はまた、人間的な事柄それ自体の研究を可能にし、とりわけ促進するものなのである」(Strauss, 1953, pp. 122-123)。

(2)「喜劇と悲劇は、両者合わせて我々に人間の全体像を見せてくれる……」(Strauss, 1989, p. 107)。

(3) ただし、咄嗟の記憶に頼ったと思しき引用は不正確である。ダンテの詩句(Purgatorio, 20, 86-87)は、正確には以下のようなものである。“veggio in Alagna intrar lo fiordaliso, e nel vicario suo Cristo esser catto.”

(4) Ridolfi, 1969, p. 342.

(5) たとえば、以下の陳述をみよ。「……歴史家は『フィレンツェ史』に携わる。喜劇作家は再び彼の喜劇的作品を主として指示しているが、他方、悲劇作家は、われわれの想定では、イタリアの窮状をめぐる深刻な作品にかかわり、われわれはそれを道徳的かつ予言的言語ならびに政治的道徳的哲学と名づけた」(De Grazia, 1989, p. 366)。

(6) たとえば、マキァヴェッリのうちに「近代史における国家理性の理念」の始源をみることは、「悲劇的」な解釈である。「われわれが叙述しなければならないのは、ひとつの悲劇的な行程 ein tragischer Hergang、克服し難い運命の力に対する反復、やむことのない闘争である。国家理性の赤い・あまりにもしばしば鮮血の如く紅い糸は、歴史の織物の爾余のあらゆる多彩な糸目を縫って間断なく、しかも直ちにいたるところで認められる」(Meinecke, 1925, S. 27)。これに関連して丸山、二〇一四年、七四―七五頁をみよ。さらに、マキァヴェッリを「多元主義の創始者の一人」(Berlin, 1979, p. 79) と理解することもまた、「悲劇的」な解釈である。「もしもわたくしの信じているように、人間の目的が多数であり、そのすべてが原理的には、相互に矛盾のないものではありえないとするならば、衝突・葛藤の可能性――悲劇 tragedy の可能性――が、個人的にも社会的にも、人間の生活から完全に除去されるということは決してありえない」(Berlin, 1969, p. 169)。

(7) マキァヴェッリの家族、ならびにその子息たちの後日譚については、Ridolfi, op. cit., pp. 373-375 ならびに、pp. 587-588 (n. 23; n. 24) を参照した。

［文献表］

●一次文献

ニッコロ・マキァヴェッリの原典については、Niccolò Machiavelli, a cura di Corrado Vivanti, Opere, 3 vols., Einaudi-Gallimard, Torino, 1997, 1999, 2005 に拠る。引用に際して、とくに『君主論』*Il Principe* についてはP、『ディスコルシ』*Discorsi sopra la prima Deca di Tito Livio* についてはD、『戦争の技術』*Dell'arte della guerra* についてはAG、『フィレンツェ史』*Istorie fiorentine* についてはIFと略記し、巻および章番号を（　）内に記す。さらに、［　］内にイタリア語全集の巻および頁番号を記す。原典の翻訳については、以下を参照したが、必ずしもこれらに拠るものではない。

『忘恩、運命、野心、好機』須藤祐孝編訳・解説、無限社、一九九七年。

『君主論』河島英昭訳、岩波書店、一九九八年。

『マキァヴェッリ全集』全六巻、筑摩書房、一九九八―二〇〇二年。

『フィレンツェ史』（上）（下）齊藤寛海訳、岩波書店、二〇一二年。

The Chief Works and Others, 3 vols., translated by Allan Gilbert, Duke University Press, 1965.

The Art of War, translated by Ellis Farneworth, Da Capo Press, 1965.

Florentine Histories, translated by Laura F. Banfield and Harvey C. Mansfield, Princeton University Press, 1988.

Discourses on Livy, translated by Harvey C. Mansfield and Nathan Tarcov, The University of Chicago Press, 1996.

Machiavelli and His Friends: Their Personal Correspondence, translated and edited by James B. Atkinson and David Sices, Northern Illinois University Press, 1996.

The Prince, translated by Harvey C. Mansfield, 2nd edition, The University of Chicago Press, 1998.

Acton, John（1891）, “Introduction”, in *Il Principe*, edited by L. Arthur Burd, Clarendon Press, pp. xix-xl（「『君主論』への序文」石黒盛久訳、『マキァヴェッリ全集』（補巻）、筑摩書房、二〇〇二年、一五二—一七五頁）.

Alberti, Leon Battista（2012）, *I Libri Della Famiglia*, Createspace（『家族論』池上俊一・徳橋曜訳、講談社、二〇一〇年）.

Alighieri, Dante（1979-1988）, *Opere minori*, 3 vols., a cura di Domenico De Robertis, et al., R. Ricciardi.

———（2005）, *La Divina Commedia*, 3 vols., commento di Anna M. Chiavacci Leonardi, Mondadori（『神曲』平川祐弘訳、河出書房新社、一九九二年）.

Aristotle（1984）, *The Complete Works of Aristotle*, 2 vols., the revised Oxford translation, edited by Jonathan Barnes, Princeton University Press（『形而上学』（上）（下）出隆訳、岩波書店、一九五九年、一九六一年。『弁論術』戸塚七郎訳、岩波書店、一九九二年。『アリストテレース「詩学」・ホラーティウス「詩論」』松本仁助・岡道男訳、岩波書店、一九九七年。『政治学』牛田徳子訳、京都大学学術出版会、二〇〇一年。『ニコマコス倫理学』朴一功訳、京都大学学術出版会、二〇〇二年。『動物部分論・動物運動論・動物進行論』坂下浩司訳、京都大学学術出版会、二〇〇五年）.

Augustinus, Aurelius（1950-1954）, *The City of God*, 3 vols., translated by Demetrius B. Zema and Gerald G. Walsh, Catholic University of America Press（『神の国』（一）服部英次郎訳、岩波書店、一九八二年。『神の国』（四）服部英次郎・藤本雄三訳、岩波書店、一九八六年）.

Bacon, Francis（2000a）, *The Advancement of Learning*, edited with introduction, notes, and commentary by Michael Kiernan, Clarendon Press（『学問の進歩』服部英次郎・多田英次訳、岩波書店、一九七四年）.

———（2000b）, *The New Organon*, edited by Lisa Jardine and Michael Silverthorne, Cambridge University Press（『ノヴム・オルガヌム（新機関）』桂寿一訳、岩波書店、一九七八年）.

Boccaccio, Giovanni（1952）, *Decameron, Filocolo, Ameto, Fiammetta*, a cura di Enrico Bianchi, Carlo Salinari e Natalino Sapegno, R. Ricciardi（『デカメロン』平川祐弘訳、河出書房新社、二〇一二年）.

Bruno, Giordano（2002）, *Opere italiane*, 2 vols., testi critici di Giovanni Aquilecchia, coordinamento generale di Nuccio Ordine, UTET（『無限、宇宙および諸世界について』清水純一訳、岩波書店、一九八二年。『英雄的狂気』加藤守通訳、東信堂、二〇〇六年。『傲れる野獣の追放』加藤守通訳、東信堂、二〇一三年）.

Castiglione, Baldassarre（1987）, *Il Cortegiano*（対訳『カスティリオーネ宮廷人』清水純一・岩倉具忠・天野恵訳注、東海大学出版会）.

Cicero, Marcus Tullius（1942）, *De Oratore*, 2 vols., translated by H. Rackham, Harvard University Press（『弁論家について』（上）（下）大西英文訳、岩波書店、二〇〇五年）.

———（1991）, *On Duties*, edited by M. T. Griffin and E. M. Atkins, Cambridge University Press（『義務について』泉井久之助訳、岩波書店、一九六一年）.

———（1999）, *On the Commonwealth and On the Laws*, edited by James E. G. Zetzel, Cambridge University Press（『キケロー選集』（八）岡道男訳、岩波書店、一九九九年）.

Diogenes Laertius（1925）, *Lives of Eminent Philosophers*, 2 vols., translated by R. D. Hicks, Harvard University Press（『エピクロス――教説と手紙』出隆・岩崎允胤訳、岩波書店、一九五九年。『ギリシア哲学者列伝』（上）（中）（下）加来彰俊訳、岩波書店、一九八四年、一九八九年、一九九四年）.

Goethe, Johann Wolfgang von（1974-1975）, *Faust, Erster Teil; Zweiter Teil*, Insel Verlag（『ファウスト　悲劇第一部』、『ファウスト　悲劇第二部』手塚富雄訳、中央公論新社、一九七四年、一九七五年）.

Guicciardini, Francesco（1970-1981）, *Opere di Francesco Guicciardini*, 3 vols., a cura di Emanuella Lugnani Scarano, Unione tipografico-editrice torinese（『フィレンツェ史』末吉孝州訳、太陽出版、一九九九年。『フィレンツェの政体をめぐっての対話』末吉孝州訳、太陽出版、二〇〇〇年。『イタリア史』（三）末吉孝州訳、太陽出版、二〇〇二年）.

Livius, Titus（1919-1959）, *History of Rome*, 14 vols., translated by B. O. Foster, Frank Gardner Moore, Evan T. Sage and Alfred C. Schlesinger, Harvard University Press（『ローマ建国以来の歴史』（一）岩谷智訳、京都大学学術出版会、二〇〇八年）.

Locke, John（1988）, *Two Treatises of Government*, edited with an introduction and notes by Peter Laslett, Cambridge University Press（『統治二論』加藤節訳、岩波書店、二〇一〇年）.

Lucretius（1924）, *On the Nature of Things*, translated by W. H. D. Rouse, revised by Martin Ferguson Smith, Harvard University Press（『物の本質について』樋口勝彦訳、岩波書店、一九六一年）.

Manilius, Marcus（1977）, *Astronomica*, translated by G. P. Goold, Harvard University Press（『占星術または天の聖なる学』有田

忠郎訳、白水社、一九九三年）.

Marlowe, Christopher（1964）, *The Jew of Malta*, edited by Richard W. Van Fossen, University of Nebraska Press.

――（1966）, *The Tragical History of Doctor Faustus*, edited by Frederick S. Boas, Gordian Press（『エリザベス朝演劇集（一）マルタ島のユダヤ人　フォースタス博士』小田島雄志訳、白水社、一九九五年）.

Nietzsche, Friedrich Wilhelm（1950）, *Die fröhliche Wissenschaft*, mit einem Nachwort von Alfred Baeumler, A. Kröner（『ニーチェ全集（八）悦ばしき知識』信太正三訳、筑摩書房、一九九三年）.

――（1964）, *Götzendämmerung; Der Antichrist; Ecce homo; Gedichte*, mit einem Nachwort von Alfred Baeumler, A. Kröner（『偶像の黄昏　アンチクリスト』西尾幹二訳、白水社、一九九一年。『ニーチェ全集（一四）偶像の黄昏　反キリスト者』原佑訳、筑摩書房、一九九四年）.

――（1993）, *Die Geburt der Tragödie Oder: Griechenthum und Pessimismus*, Reclam（『悲劇の誕生』秋山英夫訳、岩波書店、一九六六年。『ニーチェ全集（二）悲劇の誕生』塩屋竹男訳、筑摩書房、一九九三年）.

Paine, Thomas（1984）, *Rights of Man*, with an introduction by Eric Foner, notes by Henry Collins, Penguin Books（『人間の権利』西川正身訳、岩波書店、一九七一年）.

Petrarca, Francesco（2011）, *Canzoniere*, a cura di Sabrina Stroppa, introduzione di Paolo Cherchi, Einaudi（『カンツォニエーレ』池田廉訳、名古屋大学出版会、一九九二年）.

Plato（1997）, *Complete Works*, edited, with introduction and notes, by John M. Cooper, Hackett（『プラトン書簡集』山本光雄訳、角川書店、一九七〇年。『国家』（上）（下）藤沢令夫訳、岩波書店、一九七九年。『法律』（上）（下）森進一・池田美恵・加来彰俊訳、岩波書店、一九九三年。『ピレボス』山田道夫訳、京都大学学術出版会、二〇〇五年）.

Polybius（1979）, *The Rise of the Roman Empire*, translated by Ian Scott-Kilvert, Penguin Books（『歴史』（一）―（四）城江良和訳、京都大学学術出版会、二〇〇四―二〇一三年）.

Suetonius, Gaius（1979）, *The Twelve Caesars*, translated by Robert Graves, Penguin Books（『ローマ皇帝伝』（上）（下）国原吉之助訳、岩波書店、一九八六年）.

Tacitus, Cornelius（1971）, *The Annals of Imperial Rome*, translated with an introduction by Michael Grant, Penguin Books（『年

代記』（上）（下）国原吉之助訳、岩波書店、一九八一年）.
Thomas Aquinas（1952）, *The Summa Theologica*, 2 vols., translated by Father Laurence Shapcote of the Fathers of the English Dominican Province, revised by Daniel J. Sullivan, Encyclopædia Britannica, Inc.（『神学大全』（第一冊）高田三郎訳、創文社、一九六〇年。『神学大全』（第二三冊）渋谷克美訳、創文社、一九九一年）.
Xenophon（1914）, *Cyropaedia*, 2 vols., translated by Walter Miller, Harvard University Press（『キュロスの教育』松本仁助訳、京都大学学術出版会、二〇〇四年）.

池上俊一監修（二〇一〇年）、『原典　イタリア・ルネサンス人文主義』、名古屋大学出版会。

●二次文献

Allen, J. W.（1921）, "Politics", in *Mediaeval Contributions to Modern Civilization*, edited by F. J. C. Hearnshaw with a preface by Ernest Barker, G. G. Harrap, pp. 255-268（『中世ヨーロッパ政治理論』柴田平三郎訳、御茶の水書房、一九八〇年、三一―四九頁）.
Anglo, Sydney（2005）, *Machiavelli – The First Century, Studies in Enthusiasm, Hostility, and Irrelevance*, Oxford University Press.
Arendt, Hannah（1963）, *On Revolution*, Penguin Books（『革命について』志水速雄訳、筑摩書房、一九九五年）.
Bakhtin, Mikhail M.（1984）, *Rabelais and His World*, translated by Hélène Iswolsky, Indiana University Press（『フランソワ・ラブレーの作品と中世・ルネッサンスの民衆文化』川端香男里訳、せりか書房、一九七三年）.
Baron, Hans（1966）, *The Crisis of the Early Italian Renaissance: Civic Humanism and Republican Liberty in an Age of Classicism and Tyranny*, Princeton University Press.
Benner, Erica（2009）, *Machiavelli's Ethics*, Princeton University Press.
Bergin, Thomas G. and Speake, Jennifer（1987）, *Encyclopedia of the Renaissance*, Facts on File Publications（『ルネサンス百科事典』別宮貞徳訳、原書房、一九九五年）.
Berlin, Isaiah（1969）, *Four Essays on Liberty*, Oxford University Press（『自由論』小川晃一・小池銈・福田歓一・生松敬三訳、

みすず書房、二〇〇〇年).

——(1979), "The Originality of Machiavelli", in *Against the Current: Essays in the History of Ideas*, edited by Henry Hardy, The Hogarth Press, pp. 25-79（『マキアヴェッリの独創性』佐々木毅訳、『思想と思想家——バーリン選集（一）』福田歓一・河合秀和編、岩波書店、一九八三年、一—九七頁）.

Bernal, John D.（1954）, *Science in History*, Watts（『歴史における科学』鎮目恭夫訳、みすず書房、一九六六年）.

Billig, Michael（2005）, *Laughter and Ridicule: Towards a Social Critique of Humour*, Sage Publications Ltd.（『笑いと嘲り——ユーモアのダークサイド』鈴木聡志訳、新曜社、二〇一一年）.

Bloch, Ernst（1972）, *Vorlesungen zur Philosophie der Renaissance*, Suhrkamp（『ルネサンスの哲学——ライプチヒ大学哲学史講義』古川千家・原千史訳、白水社、二〇〇五年）.

Brion, Marcel（1957）, *Machiavel*, Club des Éditeurs（『マキャヴェリ』生田耕作・高塚洋太郎訳、みすず書房、一九六六年）.

Brown, Alison（2010a）, *The Return of Lucretius to Renaissance Florence*, Harvard University Press.

——（2010b）, "Philosophy and Religion in Machiavelli", in *The Cambridge Companion to Machiavelli*, edited by John M. Najemy, Cambridge University Press, pp. 157-172.

Burckhardt, Jacob（1978）, *Die Zeit Constantins des Grossen*, Schwabe & Co. Verlag（『コンスタンティヌス大帝の時代』新井靖一訳、筑摩書房、二〇〇三年）.

——（1988）, *Die Kultur der Renaissance in Italien: ein Versuch*, A. Kröner（『イタリア・ルネサンスの文化』（上）（下）柴田治三郎訳、中央公論社、一九七四年）.

Butterfield, Herbert（1949）, *The Origins of Modern Science: 1300-1800*, G. Bell and Sons LTD.（『近代科学の誕生』（上）（下）渡辺正雄訳、講談社、一九七八年）.

Calvert, Peter（1970）, *Revolution*, Macmillan（『革命——暴力的政治変動の歴史と理論』田中治男訳、福村出版、一九七七年）.

Cassirer, Ernst（1946）, *The Myth of the State*, Oxford University Press（『国家の神話』宮田光雄訳、創文社、一九六〇年）.

——（1963）, *Individuum und Kosmos in der Philosophie der Renaissance*, Wissenschaftliche Buchgesellschaft（『個と宇宙——ルネサンス精神史』薗田坦訳、名古屋大学出版会、一九九一年）.

——— (1999), *Das Erkenntnisproblem in der Philosophie und Wissenschaft der neueren Zeit*, Bd. 1, Text und Anmerkungen bearbeitet von Tobias Berben, F. Meiner（『近代の哲学と科学における認識問題』（一）須田朗・宮武昭・村岡晋一訳、みすず書房、二〇一〇年）.

Catherine H. Zuckert, ed. (1988), *Understanding the Political Spirit: Philosophical Investigations from Socrates to Nietzsche*, Yale University Press.

Chabod, Federico (1958), *Machiavelli and the Renaissance*, translated by David Moore, with an introduction by A. P. D'Entrèves, Bowes & Bowes.

Coby, Patrick J. (1999), *Machiavelli's Romans: Liberty and Greatness in the Discourses on Livy*, Lexington Books.

Collingwood, R. George (1946), *The Idea of History*, Clarendon Press（『歴史の観念』小松茂夫・三浦修訳、紀伊國屋書店、一九七〇年）.

——— (1992), *The New Leviathan or Man, Society, Civilization & Barbarism*, Clarendon Press.

Copenhaver, Brian P. and Schmitt, Charles B. (1992), *Renaissance Philosophy*, Oxford University Press（『ルネサンス哲学』榎本武文訳、平凡社、二〇〇三年）.

Curtius, Ernst R. (1954), *Europäische Literatur und lateinisches Mittelalter*, Francke（『ヨーロッパ文学とラテン中世』南大路振一・岸本通夫・中村善也訳、みすず書房、一九七一年）.

De Grazia, Sebastian (1989), *Machiavelli in Hell*, Princeton University Press（『地獄のマキアヴェッリ』（Ⅰ）（Ⅱ）田中治男訳、法政大学出版局、一九九五年、一九九六年）.

D'Entrèves, Alessandro Passerin (1939), *Medieval Contribution to Political Thought: Thomas Aquinas, Marsilius of Padua, Richard Hooker*, Oxford University Press（『政治思想への中世の貢献』友岡敏明・柴田平三郎訳、未來社、一九七九年）.

De Sanctis, Francesco (1965), *Storia della letteratura italiana*, Sansoni（『イタリア文学史』（Ⅰ・中世篇）藤沢道郎・池田廉他訳、『イタリア文学史』（ルネサンス）在里寛司・藤沢道郎訳、現代思潮社、一九七〇年、一九七三年）.

Dionisotti, Carlo (1993), "Machiavelli, Man of Letters", in *Machiavelli and The Discourse of Literature*, edited by Albert Russell Ascoli and Victoria Kahn, Cornell University Press, pp. 17-51.

Downey, Patrick（2000）, *Serious Comedy: The Philosophical and Theological Significance of Tragic and Comic Writing in the Western Tradition*, Lexington Books.

Drury, Shadia B.（1994）, *Alexandre Kojève: the Roots of Postmodern Politics*, Macmillan Press.

———（2005）, *The Political Idea of Leo Strauss*, updated edition, Macmillan Press.

Dunn, John（1989）, "Revolution", in *Political Innovation and Conceptual Change*, edited by Terence Ball, James Farr and Russell L. Hanson, Cambridge University Press, pp. 333-356.

Eco, Umberto（1980）, *Il nome della rosa*, Bompiani（『薔薇の名前』（上）（下）河島英昭訳、東京創元社、一九九〇年）.

Evans, Michael Jay（1993）, *Machiavelli: Historian, Comic, and Tragic*, University Microfilms International.

Faulkner, Robert（2000）, "*Clizia* and the Enlightenment of Private Life", in *The Comedy and Tragedy of Machiavelli*, edited by Vickie B. Sullivan, Yale University Press, pp. 30-56.

Ferroni, Giulio（1993）, ""Transformation" and "Adaptation" in Machiavelli's *Mandragola* ", in *Machiavelli and The Discourse of Literature*, pp. 81-116.

Freyer, Hans（1938）, *Machiavelli*, Bibliographisches Institut AG.

Fukuyama, Francis（1992）, *The End of History and the Last Man*, Free Press（『歴史の終わり』（上）（下）渡部昇一訳、三笠書房、一九九二年）.

Garin, Eugenio（1967）, *La cultura del Rinascimento: profilo storico*, Laterza（『ルネサンス文化史——ある史的肖像』澤井繁男訳、平凡社、二〇〇〇年）.

Germino, Dante L.（1972）, *Machiavelli to Marx: Modern Western Political Thought*, The University of Chicago Press.

Gilbert, Felix（1965）, *Machiavelli and Guicciardini: Politics and History in Sixteenth Century Florence*, Princeton University Press.

Greenblatt, Stephen（2011）, *The Swerve: How the World Became Modern*, W. W. Norton & Company（『一四一七年、その一冊がすべてを変えた』河野純治訳、柏書房、二〇一二年）.

Hale, J. R., ed.（1981）, *A Concise Encyclopaedia of the Italian Renaissance*, Thames and Hudson（『イタリア・ルネサンス事典』

中森義宗監訳、東信堂、二〇〇三年）.
Haskins, Charles Homer（1927）, *The Renaissance of the Twelfth Century*, Harvard University Press（『十二世紀ルネサンス』別宮貞徳・朝倉文市訳、みすず書房、一九八九年）.
Hatto, Arthur（1949）, " 'Revolution': an Enquiry into the Usefulness of an Historical Term", *Mind*, new series, 58, pp. 495-517.
Hauvette, Henri（1914）, *Boccace: étude biographique et littéraire*, A. Colin（『評伝ボッカッチョ』大久保昭男訳、新評論、一九九四年）.
Hazard, Paul（1973）, *The European Mind: 1680-1715*, translated by J. Lewis May, Penguin Books（『ヨーロッパ精神の危機——一六八〇—一七一五』野沢協訳、法政大学出版局、一九七三年）.
Hill, Christopher（1965）, *Intellectual Origins of the English Revolution*, Clarendon Press（『イギリス革命の思想的先駆者たち』福田良子訳、岩波書店、一九七二年）.
Hirschman, Albert O.（1997）, *The Passions and the Interests: Political Arguments for Capitalism before its Triumph*, Princeton University Press（『情念の政治経済学』佐々木毅・旦祐介訳、法政大学出版局、一九八五年）.
Hörnqvist, Mikael（2004）, *Machiavelli and Empire*, Cambridge University Press.
Hulliung, Mark（1983）, *Citizen Machiavelli*, Princeton University Press.
Hutchins, Robert Maynard（1949）, *St. Thomas and the World State*, Marquette University Press（『聖トマス・アクィナスと世界国家』柴田平三郎訳、未來社、一九八四年）.
Kojève, Alexandre（1969）, *Introduction to the Reading of Hegel: Lectures on the Phenomenology of Spirit*, edited by Allan Bloom, translated by James H. Nichols, Jr., Cornell University Press（『ヘーゲル読解入門——「精神現象学」を読む』上妻精・今野雅方訳、国文社、一九八七年）.
Koyré, Alexandre（2008）, *From the Closed World to the Infinite Universe*, Wilder Publications（『コスモスの崩壊——閉ざされた世界から無限の宇宙へ』野沢協訳、白水社、一九九九年）.
Kristeller, Paul Oskar（1964）, *Eight Philosophers of the Italian Renaissance*, Stanford University Press（『イタリア・ルネサンスの哲学者』佐藤三夫監訳、みすず書房、一九九三年）.

Kuhn, Thomas S.（1957）, *The Copernican Revolution, Planetary Astronomy in the Development of Western Thought*, Harvard University Press（『コペルニクス革命――科学思想史序説』常石敬一訳、講談社、一九八九年）.

Le Goff, Jacques（1997）, “Laughter in the Middle Age”, in *A Cultural History of Humour, From Antiquity to the Present Day*, edited by Jan Bremmer and Herman Roodenburg, Polity Press, pp. 40-53.

――― （2003）, *Une histoire du corps au Moyen Âge*, Liana Levi（『中世の身体』池田健二・菅沼潤訳、藤原書店、二〇〇六年）.

Lord, Carnes（1979）, “On Machiavelli's Mandragola”, *The Journal of Politics*, Vol. 41, No. 3, pp. 806-827.

――― （1995）, “Allegory in Machiavelli's Mandragola”, in *Political Philosophy and The Human Soul, Essays in Memory of Allan Bloom*, edited by Michael Palmer and Thomas L. Pangle, Rowman & Littlefield Publishers, pp. 149-173.

Lovejoy, Arthur O.（1960）, *The Great Chain of Being: A Study of the History of an Idea*, Harper & Row（『存在の大いなる連鎖』内藤健二訳、筑摩書房、二〇一三年）.

Mansfield, Harvey C.（1979）, *Machiavelli's New Modes and Orders, A Study of the Discourses in Livy*, The University of Chicago Press.

――― （1996）, *Machiavelli's Virtue*, The University of Chicago Press.

――― （2000）, “The Cuckold in Machiavelli's Mandragola”, in *The Comedy and Tragedy of Machiavelli, Essays on The Literary Works*, pp. 1-29.

Martinez, Ronald L.（1993）, “Benefit of Absence: Machiavellian Valediction in *Clizia*”, in *Machiavelli and The Discourse of Literature*, pp. 117-144.

――― （2010）, “Comedian, tragedian: Machiavelli and traditions of Renaissance theater”, in *The Cambridge Companion to Machiavelli*, pp. 206-222.

Matthes, Melissa M.（2004）, “The Seriously Comedic, or Why Machiavelli's Lucrezia Is Not Livy's Virtuous Roman”, in *Feminist Interpretations of Niccolò Machiavelli*, edited by Maria J. Falco, The Pennsylvania State University Press, pp. 247-266.

Maugham, W. Somerset（1946）, *Then and Now*, Heinemann（『昔も今も』天野隆司訳、筑摩書房、二〇一一年）.

McNeill, William Hardy（1999）, *A World History*, 4th edition, Oxford University Press（『世界史』増田義郎・佐々木昭夫訳、中

中央公論新社、二〇〇一年).

Meinecke, Friedrich（1925）, *Die Idee der Staatsräson in der neueren Geschichte*, R. Oldenbourg（『近代史における国家理性の理念』菊盛英夫・生松敬三訳、みすず書房、一九六〇年).

Meyer, Edward（1897）, *Machiavelli and The Elizabethan Drama*, Verlag von Emil Feber.

Morreall, John（1983）, *Taking Laughter Seriously*, State University of New York Press,（『ユーモア社会をもとめて——笑いの人間学』森下伸也訳、新曜社、一九九五年).

Najemy, John M.（1993）, "Machiavelli and Geta: Men of Letters", in *Machiavelli and The Discourse of Literature*, pp. 53-79.

Oakeshott, Michael（1975）, *Hobbes on Civil Association*, Blackwell（『リヴァイアサン序説』中金聡訳、法政大学出版局、二〇〇七年).

O'Brien, Mary（2004）, "The Root of the Mandrake, Machiavelli and Manliness", in *Feminist Interpretations of Niccolò Machiavelli*, pp. 173-195.

Olschki, Leonardo（1945）, *Machiavelli the Scientist*, Gillick Press.

Palmer, Ada（2014）, *Reading Lucretius in the Renaissance*, Harvard University Press.

Parel, Anthony J.（1992）, *The Machiavellian Cosmos*, Yale University Press.

Pitkin, Hanna Fenichel（1999）, *Fortune Is a Woman, Gender and Politics in the Thought of Niccolò Machiavelli*, with a new afterword, The University of Chicago Press.

Pocock, John G. A.（1971）, *Politics, Language and Time: Essays on Political Thought and History*, Atheneum.

———（1975）, *The Machiavellian Moment: Florentine Political Thought and the Atlantic Republican Tradition*, Princeton University Press（『マキァヴェリアン・モーメント——フィレンツェの政治思想と大西洋圏の共和主義の伝統』田中秀夫・奥田敬・森岡邦泰訳、名古屋大学出版会、二〇〇八年).

Rahe, Paul A.（2008）, *Against Throne and Altar: Machiavelli and Political Theory under the English Republic*, Cambridge University Press.

Raimondi, Ezio（1993）, "The Politician and the Centaur", in *Machiavelli and The Discourse of Literature*, pp. 145-160.

Ridolfi, Roberto（1969）, *Vita di Niccolò Machiavelli*, Sansoni（『マキァヴェッリの生涯』須藤祐孝訳、岩波書店、二〇〇九年）.

Roecklein, Robert J.（2012）, *Machiavelli and Epicureanism: An Investigation into the Origins of Early Modern Political Thought*, Lexington Books.

Rosen, Stanley（1987）, *Hermeneutics as Politics*, Oxford University Press（『政治学としての解釈学』石崎嘉彦監訳、ナカニシヤ出版、一九九八年）.

Rosenthal, Erwin Isak Jakob（1958）, *Political Thought in Medieval Islam: An Introductory Outline*, Cambridge University Press（『中世イスラムの政治思想』福島保夫訳、みすず書房、一九七一年）.

Saxonhouse, Arlene W.（2000）, "Comedy, Machiavelli's Letters, and His Imaginary Republics", in *The Comedy and Tragedy of Machiavelli, Essays on The Literary Works*, pp. 57-77.

Singleton, Charles S.（1942）, "Machiavelli and the Spirit of Comedy", *Modern Language Note*, Vol. 57, No. 7, pp. 585-592.

Skinner, Quentin（1978）, *The Foundations of Modern Political Thought*, 2vols., Cambridge University Press（『近代政治思想の基礎――ルネッサンス・宗教改革』門間都喜郎訳、春風社、二〇〇九年）.

――（1981）, *Machiavelli*, Oxford University Press（『マキァヴェッリ――自由の哲学者』塚田富治訳、未來社、一九九一年）.

Steiner, George（1961）, *The Death of Tragedy*, Yale University Press（『悲劇の死』喜志哲雄・蜂谷昭雄訳、筑摩書房、一九九五年）.

Strauss, Leo（1953）, *Natural Right and History*, The University of Chicago Press（『自然権と歴史』塚崎智・石崎嘉彦訳、昭和堂、一九八八年）.

――（1958）, *Thoughts on Machiavelli*, The University of Chicago Press（『哲学者マキァヴェッリについて』飯島昇藏・厚見恵一郎・村田玲訳、勁草書房、二〇一一年）.

――（1959）, *What Is Political Philosophy? And Other Studies*, Free Press（『政治哲学とは何であるか？とその他の諸研究』飯島昇藏・石崎嘉彦・近藤和貴・中金聡・西永亮・高田宏史訳、早稲田大学出版部、二〇一四年）.

――（1966）, *Socrates and Aristophanes*, The University of Chicago Press.

――（1989）, *The Rebirth of Classical Political Rationalism, An Introduction to the Thought of Leo Strauss*, The University of

Chicago Press（『古典的政治的合理主義の再生』石崎嘉彦監訳、ナカニシヤ出版、一九九六年）.

——— (2000), *On Tyranny*, revised and expanded edition, edited by Victor Gourevitch and Michael S. Roth, The University of Chicago Press（『僭主政治について』（上）石崎嘉彦・飯島昇藏・面一也訳、『僭主政治について』（下）石崎嘉彦・飯島昇藏・金田耕一他訳、現代思潮新社、二〇〇六年、二〇〇七年）.

Tester, S. Jim (1987), *A History of Western Astrology*, The Boydell Press（『西洋占星術の歴史』山本啓二訳、恒星社厚生閣、一九九七年）.

Trevelyan, George Macaulay (1965), *The English Revolution, 1688-1689*, Oxford University Press（『イングランド革命　一六八八―一六八九』松村赳訳、みすず書房、一九七八年）.

Urmson, J. O. (1988), *Aristotle's Ethics*, B. Blackwell（『アリストテレス倫理学入門』雨宮健訳、岩波書店、二〇〇四年）.

Verdon, Jean (2001), *Rire au Moyen Age*, Perrin（『笑いの中世史』吉田春美訳・池上俊一監修、原書房、二〇〇二年）.

Villari, Pasquale (1898), *The Life and Times of Niccolò Machiavelli*, translated by Linda Villari, T. Fisher Unwin.

Viroli, Maurizio (1998), *Machiavelli*, Oxford University Press.

——— (2001), *Niccolò's Smile: A Biography of Machiavelli*, translated by Antony Shugaar, I. B. Tauris（『マキァヴェッリの生涯――その微笑の謎』武田好訳、白水社、二〇〇七年）.

Vorländer, Karl (1926), *Von Machiavelli bis Lenin: Neuzeitliche Staats- und Gesellschaftstheorien*, Quelle & Meyer（『マキァヴェリからレーニンまで――近代の国家＝社会理論』宮田光雄監訳、創文社、一九七八年）.

Whitehead, Alfred North (1950), *Science and the Modern World*, Macmillan（『科学と近代世界』上田泰治・村上至孝訳、松籟社、一九八一年）.

Wolin, Sheldon S. (2004), *Politics and Vision: Continuity and Innovation in Western Political Thought*, expanded edition, Princeton University Press（『政治とヴィジョン』尾形典男・福田歓一・佐々木武・有賀弘・佐々木毅・半澤孝麿・田中治男訳、福村出版、二〇〇七年）.

厚見恵一郎（二〇〇七年）、『マキァヴェッリの拡大的共和国――近代の必然性と「歴史解釈の政治学」』、木鐸社。

――（二〇一五年）、「マキァヴェッリとルクレティウス――ルネサンス・イタリアにおけるエピクロス主義改変の考察に向けて」、『早稲田社会科学総合研究』、第一六巻第一号、九五―一一三頁。

阿部謹也（一九九一年）、『ヨーロッパ中世の宇宙観』、講談社。

家田義隆（一九八八年）、『マキァヴェリ――誤解された人と思想』、中央公論社。

池上俊一（二〇〇七年）、『イタリア・ルネサンス再考――花の都とアルベルティ』、講談社。

石黒盛久（二〇〇九年）、『マキアヴェッリとルネサンス国家――言説・祝祭・権力』、風行社。

伊東俊太郎（二〇〇六年）、『十二世紀ルネサンス』、講談社。

――（二〇〇七年）、『近代科学の源流』、中央公論新社。

伊東俊太郎・広重徹・村上陽一郎（二〇〇二年）、『【改訂新版】思想史のなかの科学』、平凡社。

伊藤博明（二〇一二年）、『ルネサンスの神秘思想』、講談社。

岩倉具忠他（一九八五年）、『イタリア文学史』、東京大学出版会。

岩崎允胤（二〇〇七年）、『ヘレニズムの思想家』、講談社。

岩田靖夫（二〇一二年）、『ギリシア思想入門』、東京大学出版会。

――（二〇一四年）、『【増補】ソクラテス』、筑摩書房。

内田義彦（一九七一年）、『社会認識の歩み』、岩波書店。

岡本源太（二〇一二年）、『ジョルダーノ・ブルーノの哲学――生の多様性へ』、月曜社。

小川侃（一九九六年）、『自由への構造――現象学の視点からのヨーロッパの政治哲学の歴史』、理想社。

――（二〇一五年）、『ニッコロ・マキアヴェッリと現象学』、晃洋書房。

小川真人（二〇〇一年）、『ヘーゲルの悲劇思想』、勁草書房。

小栗浩（一九九四年）、『人間ゲーテ』、岩波書店。

小塩節（一九九六年）、『ファウスト――ヨーロッパ的人間の原型』、講談社。

小野紀明（一九八八年）、『精神史としての政治思想史――近代的政治思想成立の認識論的基礎』、行人社。

――（二〇一五年）、『西洋政治思想史講義――精神史的考察』、岩波書店。

鹿子生浩輝（二〇一三年）、『征服と自由――マキァヴェッリの政治思想とルネサンス・フィレンツェ』、風行社。

――――（二〇一四年）、「マキァヴェッリ――自由と征服の政治学」、『岩波講座　政治哲学（一）　主権と自由』、岩波書店、三―二七頁。

樺山紘一（一九九三年）、『ルネサンス』、講談社。

――――（一九九六年）、『ルネサンスと地中海』、中央公論社。

川島重成（一九九九年）、『ギリシア悲劇――神々と人間、愛と死』、講談社。

川出良枝（二〇一四年）、「公共の利益のための学問――ルソーとフィジオクラート」、『政治思想研究』、第一四号、八一―一〇九頁。

川出良枝・山岡龍一（二〇一二年）、『西洋政治思想史――視座と論点』、岩波書店。

北田葉子（二〇一五年）、『マキァヴェッリ――激動の転換期を生きぬく』、山川出版社。

桑野隆（二〇一一年）、『バフチン――カーニヴァル・対話・笑い』、平凡社。

小林標（二〇〇九年）、『ローマ喜劇――知られざる笑いの源泉』、中央公論新社。

近藤恒一（一九八五年）、『ルネサンス論の試み』、創文社。

――――（二〇〇二年）、『ペトラルカ――生涯と文学』、岩波書店。

――――（二〇一〇年）、『【新版】ペトラルカ研究』、知泉書館。

斎藤忍随（一九七二年）、『プラトン』、岩波書店。

――――（一九七六年）、『知者たちの言葉――ソクラテス以前』、岩波書店。

佐々木毅（一九七〇年）、『マキアヴェッリの政治思想』、岩波書店。

――――（一九八一年）、『近代政治思想の誕生――一六世紀における「政治」』、岩波書店。

――――（一九八四年）、『プラトンと政治』、東京大学出版会。

――――（一九九四年）、『マキアヴェッリと「君主論」』、講談社。

――――（二〇〇三年）、『「哲学と政治」講義（一）　よみがえる古代思想』、講談社。

――――（二〇〇三年）、『「哲学と政治」講義（二）　宗教と権力の政治』、講談社。

佐々木力（一九九五年）、『科学革命の歴史構造』（上）（下）、講談社。

笹倉秀夫（二〇一二年）、『政治の覚醒――マキァヴェッリ・ヘーゲル・ヴェーバー』、東京大学出版会。

佐藤研（二〇〇三年）、『聖書時代史――新約篇』、岩波書店。

佐藤三夫（一九九四年）、『ルネサンスの知の饗宴――ヒューマニズムとプラトン主義』、東信堂。

澤井繁男（二〇〇〇年）、『魔術と錬金術』、筑摩書房。

――（二〇〇三年）、『マキアヴェリ、イタリアを憂う』、講談社。

――（二〇一〇年）、『魔術師たちのルネサンス――錬金術からコスモロジーへ』、青土社。

塩野七生（二〇〇一年）、『わが友マキアヴェッリ――フィレンツェ存亡』、新潮社。

柴田翔（一九八五年）、『ゲーテ「ファウスト」を読む』、岩波書店。

柴山英一（一九六九年）、『マキァヴェリの歴史的研究序説』、風間書房。

清水廣一郎（一九七五年）、『イタリア中世都市国家研究』、岩波書店。

清水純一（一九七〇年）、『ジョルダーノ・ブルーノの研究』、創文社。

――（一九七二年）、『ルネサンスの偉大と頽廃――ブルーノの生涯と思想』、岩波書店。

清水孝純（二〇〇七年）、『ルネサンスの文学――遍歴とパノラマ』、講談社。

下村寅太郎（一九七五年）、『ルネッサンス的人間像――ウルビーノの宮廷をめぐって』、岩波書店。

杉田敦・川崎修編著（二〇一四年）、『西洋政治思想資料集』、法政大学出版局。

高階秀爾（一九八七年）、『ルネッサンスの光と闇――芸術と精神風土』、中央公論社。

高瀬学（一九七六年、一九七八年、一九八〇年）、「喜劇クリツィアにおける政治科学者――ニッコロ・マキャヴェッリの発見」（一）（二）（三）、『国士舘大学政経論叢』第二五、二七、三一号。

高橋康也（一九七七年）、『道化の文学――ルネサンスの栄光』、中央公論新社。

田中治男（一九九七年）、『西欧政治思想』、岩波書店。

田中秀夫（一九九八年）、『共和主義と啓蒙――思想史の視野から』、ミネルヴァ書房。

田中博明（一九八七年）、『マキァヴェルリ断章』、而立書房。

田中美知太郎（一九五七年）、『ソクラテス』、岩波書店。

――（二〇一四年）、『ロゴスとイデア』、文藝春秋。

丹下和彦（二〇〇八年）、『ギリシア悲劇――人間の深奥を見る』、中央公論新社。

塚田富治（一九九一年）、『カメレオン精神の誕生――徳の政治からマキアヴェリズムへ』、平凡社。

――（二〇〇一年）、『近代イギリス政治家列伝――かれらは我らの同時代人』、みすず書房。

中金聡（二〇〇〇年）、『政治の生理学――必要悪のアートと論理』、勁草書房。

――（二〇一一年）、「エピクロスの帰還――ガッサンディにおける哲学的著述の技法について」、『国士舘大学政治研究』（二）、七一―一〇五頁。

――（二〇一二年a）、「心の平静から社会の平和へ――ホッブズはどこまでエピクロス主義者か？」、『政治哲学』第一二号、一四八―一八二頁。

――（二〇一二年b）、「城壁の哲学――ローマのエピクロス主義について」、『国士舘大学政治研究』（三）、二九―七〇頁。

中野実（一九八九年）、『革命』、東京大学出版会。

中村善也（一九九四年）、『ギリシア悲劇入門』、岩波書店。

中村雄二郎（一九九〇年）『魔女ランダ考――演劇的知とはなにか』、岩波書店。

中山茂（二〇一三年）、『パラダイムと科学革命の歴史』、講談社。

南原繁（二〇〇七年a）、『【新装版】政治理論史』、東京大学出版会。

――（二〇〇七年b）、『【新装版】文化と国家』、東京大学出版会。

西川亮（一九九五年）、『古代ギリシアの原子論』、渓水社。

西村貞二（一九九一年）、『マキアヴェリズム』、講談社。

根占献一（一九九七年）、『ロレンツォ・デ・メディチ――ルネサンス期フィレンツェ社会における個人の形成』、南窓社。

――（二〇〇五年）、『共和国のプラトン的世界』、創文社。

――（二〇〇九年）、『ルネサンス精神への旅――ジョアッキーノ・ダ・フィオーレからカッシーラーまで』、創文社。

納富信留（二〇〇五年）、『哲学者の誕生――ソクラテスをめぐる人々』、筑摩書房。

野里紳一郎（一九九二年）、「『マンドラーゴラ』――現実と理想の分岐点としての」、『イタリア学会誌』（42）、一五一―一七二頁。

野田又夫（一九六三年）、『ルネサンスの思想家たち』、岩波書店。

花田清輝（一九八六年）、『復興期の精神』、講談社。

林健太郎・澤田昭夫（一九八二年）、『原典による歴史学入門』、講談社。

半澤孝麿（二〇〇三年）、『ヨーロッパ思想史における〈政治〉の位相』、岩波書店。

福田歓一（一九七一年）、『近代政治原理成立史序説』、岩波書店。

――（一九八五年）、『政治学史』、東京大学出版会。

藤沢令夫（一九九八年）、『プラトンの哲学』、岩波書店。

藤沢道郎（二〇〇一年）、『メディチ家はなぜ栄えたか』、講談社。

藤原保信（一九八五年）、『西洋政治理論史』、早稲田大学出版部。

船山信次（二〇〇八年）、『毒と薬の世界史――ソクラテス、錬金術、ドーピング』、中央公論新社。

堀田新五郎（二〇〇七年）、「革命」、『政治概念の歴史的展開』（第二巻）、古賀敬太編著、晃洋書房、一五五―一八〇頁。

堀米庸三（一九五八年）、『西洋中世世界の崩壊』、岩波書店。

松原秀一（一九九七年）、『西洋の落語――ファブリオーの世界』、中央公論社。

松本礼二・川出良枝（一九九七年）、『近代国家と近代革命の政治思想』、放送大学教育振興会。

丸山眞男（二〇一四年）、『政治の世界　他十篇』松本礼二編注、岩波書店。

水田英実（二〇〇八年）、「笑いの諸相」、山代宏道・中尾佳行・地村彰之他『中世ヨーロッパにおける笑い』、渓水社、九―四一頁。

水田洋（一九五四年）、『近代人の形成――近代社会観成立史』、東京大学出版会。

――（一九五六年）、『社会思想小史』、ミネルヴァ書房。

宮下志朗（二〇一一年）、『神をも騙す――中世・ルネサンスの笑いと嘲笑文学』、岩波書店。

宮田光雄（一九九二年）、『キリスト教と笑い』、岩波書店。

村上陽一郎（一九九六年）、『宇宙像の変遷』、講談社。

森田鉄郎（一九六七年）、『ルネサンス期イタリア社会』、吉川弘文館。
山岡龍一（二〇〇九年）、『西洋政治理論の伝統』、放送大学教育振興会。
山我哲雄（二〇〇三年）、『聖書時代史――旧約篇』、岩波書店。
山口昌男（二〇〇七年）、『道化の民俗学』、岩波書店。
山本光雄（一九七七年）、『アリストテレス――自然学・政治学』、岩波書店。
山本義隆（二〇〇三年）、『磁力と重力の発見』（一）（二）（三）、みすず書房。
――（二〇〇七年）、『一六世紀文化革命』（一）（二）、みすず書房。

あとがき

本書は、二〇一四年三月に早稲田大学へ提出された博士論文に加筆修正を加えたものである。同大学院政治学研究科の諸兄に対して謝意を表する。とくに学部時代以来の指導教授、飯島昇藏先生から賜った学恩は特記されねばならない。不肖の弟子であったことを本書が証明していることは確かであるものの、ほとんど一字一句に至るまで、永年の薫陶の痕跡が浸透しているはずである。副査をつとめていただいた佐藤正志先生にも、特別の御礼を申し上げねばならない。初期近代の政治思想に興味を懐いた最初の機会は、先生の政治学史の講義であったと思う。松本礼二先生からは、修士論文の審査に加わっていただいて以来、数多の宝石のごとき知識を賜った。石崎嘉彦先生をはじめ、中金聡先生、太田義器先生ら政治哲学研究会の諸先生には、貴重な研究報告と研鑽の機会を提供していただいた。研究上の大先輩としての厚見恵一郎先生、石黒盛久先生、鹿子生浩輝先生の理解と激励がなければ、本研究が陽の目をみることは決してなかっただろう。さらには佐々木毅先生の謦咳に接する機会のあったことは、望外の幸甚というほかはない。そして風行社の犬塚満氏には、遅延につぐ遅延にもかかわらず、あくまで寛容に原稿の完成を待っていただいた。罵詈雑言の入り混じった愚痴を常に聞き流してくれるという、まこと得難き同学の士であり続けてくれた中山健介氏と、一二歳の春以来、至極良質な清談の相手でいてくれた朋友の大沼一弘氏からは、ありがたい数々の忠告や多大な支援を頂戴した。諸氏のすべてに、あらためて謝意を呈する次第である。

だがが、あたかも大事業を成就した成功者のように、こうして来歴をおおげさに、あからさまな誇張や虚言すら交えつつ回顧してみせるのも滑稽千万であるだろう。本書は、ひとりの徒手空拳の政治学徒の修行遍歴が断片的に記録されたところの、鮮血で書かれていることは瞭然であるが、それでも出来の悪い文章の集成であるにすぎない。この児戯に等しい習作に固執する愚を犯すことなくして、あくまで人間的事柄の秩序に関する討究は継続されねばならない。諸々の文献より珠玉の明察は蒐集され、諸々の国制の治乱興亡の旧史が渉猟されて、人間的事柄の究明に益する現象のことごとくは観察と思索の対象であらねばならない。不断に心志は苦しめられ、体膚は餓えて筋骨は労せられ、ますます空乏して所為は払乱せられようとも、つねにこの世界の渦中にあり、この世界をもっておのれが使命として、やがてはこの世界の師表となることを宿願とする。たとえ終生、なんらの志を得ることがなかろうとも、ただ独りで大道を歩む。あるいは、そこに匪賊の千万人が立ちはだかることがあろうとも、ただ独りこれらすべてを殺すまで闘う。したがって地位財貨に惑乱されることもなければ、貧賤窮乏に動揺することもなく、わけても醜悪卑劣な暴威権柄の迷妄非道には、なにがあろうとも絶対的に屈服することはない。云っておくが、わたしはそのような政治学徒である。いつの日か、この不断に鍛え抜かれ研ぎ澄まされる筆鋒をもって、千歳の春に光輝を放つ不朽の金字塔を樹立してみせる。それでは、「最初のところから論じるとしよう」(Nicomachean Ethics, 1181b)。

二〇一六年　盛夏

村田　玲

《タ行》

《ナ行》

《ハ行》

《マ行》

《ヤ行》

《ラ行》

［人名索引］

《ア行》

《カ行》

《サ行》

【著者略歴】
村田　玲（むらた　あきら）

1978年　東京生まれ
1997年　海城高等学校卒業
2002年　早稲田大学政治経済学部政治学科卒業
2011年　早稲田大学大学院政治学研究科博士課程単位取得満期退学
2015年　博士（政治学）
早稲田大学政治経済学術院助手などを経て、現在、青山学院女子短期大学非常勤講師

主要業績
「マキァヴェリズムの本質――マキァヴェッリ政治学における近代性の解明のための予備的諸考察」、『年報政治学』、2010年－Ⅱ号（2010年）；"On the Florentine Republic ―― Considerations on the Historical Genesis of Machiavelli's Political Philosophy", *The Waseda Journal of Political Science and Economics*, No. 378-379（2010）；レオ・シュトラウス『哲学者マキァヴェッリについて』（共訳）、勁草書房（2011年）など

喜劇の誕生――マキァヴェッリの文芸諸作品と政治哲学

2016年9月15日　初版第1刷発行

著　者　村　田　玲
発行者　犬　塚　満
発行所　株式会社 風　行　社
〒101-0052 東京都千代田区神田小川町3－26－20
Tel. & Fax. 03-6672-4001
振替 00190-1-537252
印刷・製本　中央精版印刷株式会社
装丁　狭山トオル

ISBN978-4-86258-105-1